Ältere Menschen und Sterbenskranke im Strafvollzug

Grundlagen Gesamte Strafrechtswissenschaft

Herausgegeben von Regina Harzer

Band 3

PETER LANG
Frankfurt am Main · Berlin · Bern · Bruxelles · New York · Oxford · Wien

Maria-Rebecca Legat

Ältere Menschen und Sterbenskranke im Strafvollzug

Eine rechtsstaatliche Analyse des Vollzugsalltags von Gefangenen mit besonderem Pflegebedarf

PETER LANG
Internationaler Verlag der Wissenschaften

Bibliografische Information der Deutschen Nationalbibliothek
Die Deutsche Nationalbibliothek verzeichnet diese Publikation in der Deutschen Nationalbibliografie; detaillierte bibliografische Daten sind im Internet über <http://www.d-nb.de> abrufbar.

Zugl.: Bielefeld, Univ., Diss., 2008

D 361
ISSN 1862-667X
ISBN 978-3-631-58500-9

www.peterlang.de

VORWORT DER REIHENHERAUSGEBERIN

Der gegenwärtige Zustand des Strafrechts in Deutschland ist bedauerlich. Er ist insbesondere geprägt durch gesetzliche Orientierungslosigkeit trotz sicherheitspolitisch geführter Debatten, ängstliche und unsichere Strafpraxis und durch eine teils zerstrittene, teils an aktuellen gesellschaftlichen Veränderungen desinteressierte und sich auf dogmatische Arbeitsfelder zurückziehende Strafrechtswissenschaft. Strafgesetzgebung und Strafpraxis orientieren sich deshalb an einer irrationalen Kriminalpolitik, die sie zu ihrem eigentlichen Terrain erklären. Die Lage der Strafrechtswissenschaft ist demgegenüber unklar geworden: Sie hat an Selbstbewusstsein verloren; sie hat keinen oder bloß marginalen Einfluss auf Inhalt und Verfahren der Strafgesetzgebung; Bemühungen um wissenschaftliche Erkenntnisse bleiben in Gesetzgebung und Praxis unberücksichtigt; innovative Standortbestimmungen werden nicht vorgenommen. Gesetzgeberische und praktische Kriminalpolitik können mit diesem Zustand der deutschen Strafrechtswissenschaft gut leben und Auseinandersetzungen mit einer kritisch-rechtsstaatlich orientierten Strafrechtswissenschaft werden nicht geführt. Auseinandersetzungen sind allerdings dringend erforderlich. Ein neuer Strafrechtsdiskurs muss geführt werden. Ausgangspunkt für einen solchen Diskurs könnte sein, Veränderungen strafrechtlicher Aufgabenfelder ausfindig zu machen, sie zu analysieren und unter Einbeziehung der „gesamten Strafrechtswissenschaft" zu diskutieren. Das alte Konzept, das 1881 maßgeblich zur Begründung der „Zeitschrift für die gesamte Strafrechtswissenschaft (ZStW)" geführt hat, bedarf der Reformulierung, Rekonstruktion und Modifikation. Die Herausgeber und Begründer der Zeitschrift *Adolf Dochow* und *Franz von Liszt* hatten ein ganz unkritisches Anliegen: Das alte Konzept entwarf ein Strafrecht der flexiblen Handhabung, ein auf Prävention ausgerichtetes kontingentes Strafrecht, das als staatliches Machtinstrument Verbrechensbekämpfung mit gelegentlicher Anwendung der Strafgesetzlichkeit betreibt. *Karl Binding* schreibt den ersten Beitrag in der Erstausgabe der ZStW und trägt dieses Konzept mit.

„*Gesamte* Strafrechtswissenschaft", d.h. ein Konzept rechtsstaatlichen Strafrechts zu verfolgen unter Einbeziehung aller strafrechtlichen Disziplinen sowie den Grundlagen des Rechts. Strafrecht und die Umsetzung von Strafrecht müssen heute als ein Rechtsgebiet begriffen werden, das mit konzentrierten Spezialisierungen allein nicht mehr vermittelt werden kann. Gleichbedeutend stehen neben rechtsdogmatischer Arbeit im materiellen Strafrecht und im Strafprozessrecht die Grundlagenfächer: Philosophie, Geschichte, Soziologie des Strafrechts sowie Theorien des Strafens und Theorien des Strafrechts. Praxis- und Folgenorientierung werden von der theoretischen Strafrechtswissenschaft ebenso eingebunden wie von empirisch-kriminologischen Disziplinen. Diese Konzeption beruht auf der gedanklichen „Einheit des Strafrechts". Erscheinungsformen von Kriminalität und abweichendem Verhalten sowie Fragen nach den Ursachen von Kriminalität sind Teile einer Realität des Unrechts, in der sich diese Einheit wieder findet. Aus ihr heraus muss Strafe in einem Rechtsstaat legitimiert werden können. Kontinuierliche Legitimationsverpflichtung zeichnet rechtsstaatliches Strafrecht aus. Das gilt sowohl für strafrechtsdogmatische Aspekte als auch für den Umgang mit

Straftätern und Opfern von Straftaten innerhalb des Strafverfahrens. Bezugsdisziplinen sind ebenfalls integriert: Strafrechtliche Sanktionen, Jugendstrafrecht, Strafvollzug. Es geht nicht nur um nationales Strafrecht, sondern um supra- und transnationale, insbesondere um europäische Diskurse rechtsstaatlichen Strafrechts.

„*Grundlagen* Gesamte Strafrechtswissenschaft" vermittelt rechtsstaatliches Strafrecht über kritische Standortbestimmungen. Kritische Strafrechtswissenschaft will aufklären, will aus der Unmündigkeit kriminalpolitischer Prägung und Dominanz herausführen. Kritische Strafrechtswissenschaft will Alternativen anbieten gegenüber Legitimationsmüdigkeit, gegenüber Systemeinbrüchen in der Dogmatik aufgrund übereilter und konturenloser Präventivmaßnahmen, gegenüber strafgesetzlich verfehlten Reformbemühungen, gegenüber ineffektiven und kontraproduktiven Strafgesetzen, gegenüber „feindstrafrechtlichem" Denken und Handeln. Kritische Strafrechtswissenschaft sieht modernes Strafrecht in der Übernahme von Verantwortung. Kriminalpolitik als rational geführter Diskurs ist durchaus möglich. Kritische Strafrechtswissenschaft integriert aber nicht populistische Aufgeregtheiten. Es muss endlich begriffen werden, dass „Verbrechensbekämpfung" eine gedanklich zu einfache Konstruktion ist, simplifiziert und banalisiert sie doch Hintergründe veränderter Gesellschaftssituationen. Das führt zu Fragen der Relativierung staatlicher Souveränität; das führt dazu, kriminalpolitische Strafgesetzgebungen zu kontrollieren; diese Kontrolle beinhaltet Strafgerechtigkeit im weitesten Sinne. Das Konzept „Grundlagen Gesamte Strafrechtswissenschaft" ist an politik- und zweckfreiem Strafrecht orientiert.

Schwerpunktmäßig wird die vorliegende Reihe Grundlagen des Rechts als innovativen und gleichbedeutsamen Bestandteil kritischer Strafrechtswissenschaft ausweisen und deshalb vor allem aus grundlagenorientierten strafrechtlichen Arbeiten bestehen: Dissertationen; Tagungs- und Sammelbände; Monographien. Der Marginalisierung strafrechtlicher Grundlagenprobleme soll so entgegen gewirkt werden. Ein wachsendes Interesse an wissenschaftlich fundierten, d.h. kritischen Arbeiten besteht auch deshalb, weil sich aufgrund von Umstrukturierungen in der Juristinnen-Ausbildung ein „Strafrechts-Boom" im Studium der strafrechtlichen Schwerpunktbereiche abzeichnet. Dies führt zu steigenden Zahlen beim strafrechtlich interessierten wissenschaftlichen Nachwuchs, der einen Anspruch hat auf die Vermittlung kritischer Strafrechtslehren. In einer Zeit, in der die Grundlagenfächer aus Prüfungsinhalten der Ersten und Zweiten Juristischen Staatsprüfung nahezu verschwunden sind, kann das Konzept „Grundlagen Gesamte Strafrechtswissenschaft" darüber hinaus die Vermittlung der Grundlagen des Rechts aufrechterhalten und fortentwickeln.

Bielefeld im Mai 2007 R.H.

DANKSAGUNG

Die vorliegende Dissertation wäre nicht zustande gekommen, wenn ich nicht breite Unterstützung und Hilfe gehabt hätte.

Herrn Professor Dr. Detlev Frehsee danke ich posthum für zahlreiche Anregungen zu den juristischen wie auch gesellschafts- und kriminalpolitischen Fragestellungen der Arbeit.

Ein ebenso herzliches wie großes Dankeschön gilt Frau Professorin Dr. Regina Harzer, die die Betreuung der Arbeit nach dem Tod von Herrn Professor Frehsee übernommen hat. Besonders hervorheben möchte ich an dieser Stelle die vielen neuen und wertvollen Denkanstöße ihrerseits, von denen ich sehr profitieren konnte. Auch ihr Verständnis und ihre Flexibilität haben mich unterstützt, die Arbeit neben Berufstätigkeit und Familie fertig stellen zu können.

Frau Professorin Dr. Britta Bannenberg bin ich darüber hinaus für das rege Interesse an meinem Promotionsthema und die nützlichen fachlichen Hinweise dankbar.

Beiden danke ich zudem herzlich für ihre Mühe im Zusammenhang mit der Erstellung der Gutachten.

Meinen Eltern und Schwestern, die alle auf ihre Weise zum Gelingen dieser Arbeit beigetragen haben, gilt ebenfalls ein herzliches Dankeschön. Viele Literaturhinweise und kritische Anmerkungen verdanke ich insbesondere meinem Vater, Stefan Legat – Richter am Amtsgericht a.D. Die anregenden und differenzierten Diskussionen mit ihm haben diese Arbeit vor allem in ihren sozialen und philosophischen Aspekten gefördert und mich aus mancher „gedanklicher Sackgasse“ herausgeführt.

Meinem Ehemann, Eike-Heinrich Duhme, danke ich von ganzem Herzen für seine fortwährende und vielfältige Unterstützung, seine Geduld, seinen Halt und die Aufmunterung mit der er mir in teilweise schwierigen Phasen zur Seite stand.

INHALTSVERZEICHNIS

Einleitung

Die vorliegende Arbeit thematisiert die besondere Situation der in Strafhaft einsitzenden älteren Menschen und Sterbenskranken sowie die hieraus resultierenden (Heraus)Forderungen an den Strafvollzug.

Die Arbeit, die vor seinem Tod von Professor Dr. Detlev Frehsee[1] betreut wurde, ist entscheidend von seinen interdisziplinären[2] wie nonkonformistischen Denkanstößen geprägt. Ihm und damit dem Andenken an einen kritischen Geist[3] ist sie daher gewidmet. Basis der Kritischen Kriminologie im Gefolge des Labeling Ansatzes ist, dass ‚kriminell' kein Beobachtungsprädikat und keine Beschreibungskategorie ist, sondern dass es sich um eine Skription, einen Zuschreibungsvorgang handelt, wenn Verhalten als kriminelles eingeordnet wird. Diese Grundausrichtung bedeutet, dass kritische Kriminologen Kriminalität nicht ausgehend von der Tat bzw. vom Täter untersuchen, sondern vielmehr das Strafrecht und die Strafrechtspraxis Hauptuntersuchungsgegenstand der Kritischen Kriminologie sind[4]. So behielt auch das Strafrecht im kriminalpolitischen Koordinatensystem Frehsees seinen klassischen, wertevermittelnden Platz, aber eben nur einen bescheidenen angesichts der gesellschaftlichen Giganten: Wirtschaft, Politik und Massenmedien[5]. In seinem Aufsatz „Verbrechenskontrolle zwischen Effizienzsteuerung und Freiheitsgarantien"[6] findet sich dementsprechend die kritische Diagnose zur Lage des Strafrechts, fortgeschrieben auf den neuesten Stand der Wirkungsverluste, der Aufrüstung und Umrüstung sowie die Frage nach der Effizienz des Strafrechts. Daneben enthält der Aufsatz auch ein ausführliches, mit „Auswege" überschriebenes Kapitel[7]. Frehsee hebt zunächst das Besondere des Strafrechts gegenüber anderen Rechtsgebieten hervor: als regulatives Recht setze es seine eigenen Anforderungen mit apodiktischer Verbindlichkeit und ultimativem Zwang durch[8]. Dies beruhe auf dem Anspruch universeller Gültigkeit und darauf, „dass das Strafrecht im Gegensatz zu den anderen Rechtssystemen seine Steuerungsleistung über die Einwirkung auf die Psyche des Individuums, seine Wertstruktur und Moralität zu erbringen versuche"[9]. Frehsee, der kritische Kriminologe, bekennt, ihm sei es wichtig, dass das Strafrecht als

---

1 Professor Dr. Detlev Frehsee war seit 1990 bis 2001 an der Universität Bielefeld tätig und hatte den Lehrstuhl für Strafrecht, Strafprozeßrecht und Kriminologie inne.

2 Vgl. etwa die langjährige Forschungsarbeit Professor Dr. Detlev Frehsees im interdisziplinären Sonderforschungsbereich „Konstruktion der Wirklichkeit durch Kriminalität und Strafe" der Universität Bielefeld, in der auch die der Kriminologie benachbarten Wissenschaften zum Tragen kamen, obgleich er größten Wert darauf legte, „nur Kriminologe" zu sein.

3 Professor Dr. Detlev Frehsee selbst hat bei einem Bestimmungsversuch der Kritischen Kriminologie vorgeschlagen, man könne all diejenigen als Kritische Kriminologen einordnen, die erfolgreich als solche etikettiert werden oder sich selbst so bezeichnen, vgl. Frehsee, KrimJ 2000, S. 242.

4 Löschper, S. 474 (475).

5 Bussmann, DVJJ Journal 2001, S. 103 f.

6 Frehsee, 1999, S. 37 ff.

7 Frehsee, 1999, S. 37 (50).

8 Backes, S. 465 (469 f.).

9 Frehsee, 1999, S. 37 (51).

Instrument gerade wegen dieses spezifischen Steuerungsprinzips erhalten bleibe; dies umso mehr, als andere wertsichernde Leitsysteme auf dem Rückzug seien[10]. Das Strafrecht erbringe eine Orientierungsleistung, die „gerade unter den Bedingungen von Pluralität und Wertekonflikten eine eigenständige Rationalität behaupte“[11]. Seine Erkenntnis war: „Das effizienteste Strafrecht ist immer noch ein konzentriertes, gradliniges, regelgebundenes, rechtsstaatliches Strafrecht“[12], das immer auch menschliche Entscheidungen zulassen muss. Dem drohenden Verschwinden des Rechtsstaats in einen sich perfektionierenden Sicherheitsstaat[13] leistete er als liberaler Jurist zunehmend häufiger wissenschaftlichen Widerstand. Frehsee waren thematische Moden suspekt: Insofern war er ein kritischer Konservativer der Moderne, der an Werte und Integration glaubte, aber Gesellschafts- und Kriminalpolitik als ‚social engineering' energisch ablehnte - er sah sich als Moralist und fühlte sich gerade deshalb einer bedingungslosen Aufklärung verpflichtet[14]. Mit der Aufklärung über die sozialstrukturelle Gleichverteilung von Kriminalität[15] verfolgte er das Ziel, jene „selbstgerechte Arroganz“ abzubauen, die das Schlechte immer nur bei den anderen sieht[16]: Kriminelle Abweichung ist nach Überzeugung Frehsees nicht die „Eigenart einer Minderheit marginalisierter Menschengruppen“, sondern „eine Minderheit von Ereignissen im Lebensalltag jedes Menschen“. Abweichendes Verhalten im kriminologischen Sinn wird nicht „als Abweichung von der Mehrheit, sondern als Abweichung von der Norm“ definiert. Auch die so genannten Anständigen weichen von der Norm ab; es ist die Funktion der (exemplarischen) Missbilligung dieser Abweichung, das Normvertrauen wieder zu festigen[17]. Für ihn galt, ein Phänomen immer in seiner gesamten sozialen und psychischen Komplexität zu verstehen. Von hier aus entwickelte er erst seine zuweilen strenge Gesellschaftskritik[18]. In diesem Sinne ist die vorliegende Arbeit mithin nur ein Aspekt der viel grundsätzlicheren Frage nach dem Umgang der Gesellschaft mit abweichendem Verhalten älterer Menschen und Sterbenskranker. Sie soll infolgedessen mit dem Ziel der Enttabuisierung verschwiegener Realitäten besonders zeigen, was der Strafvollzug gegenüber älteren und sterbenskranken Straffälligen im Zusammenhang mit Kriminalitätsbekämpfung und Behandlung im Vollzug sowie der Bemühung um deren persönliche Wiedereingliederung in die Gesellschaft unternimmt, beziehungsweise unternehmen sollte. In der Untersuchung soll nicht nur auf den vielschichtigen Vorgang des Strafvollzuges im eigentlichen Sinne eingegangen werden, sondern das Thema unter rechtlichen, historischen, rechtssoziologischen und kriminalpolitischen Gesichtspunkten überprüft werden.

---

10 Backes, S. 465 (470).
11 Frehsee, 1999, S. 37 (51).
12 Frehsee, 1999, S. 37 (50).
13 Frehsee, Neue Kriminalpolitik 1999, S. 16 ff.
14 Bussmann, DVJJ Journal 2001, S. 103 f.
15 Frehsee, KrimJ 1991, S. 25 ff.
16 Backes, S. 465 (466).
17 Frehsee, KrimJ 1991, S. 25 (40).
18 Bussmann, DVJJ Journal 2001, S. 103 f.

Nach der Einleitung befasst sich die Arbeit in einem ersten Teil zunächst mit den in Strafhaft einsitzenden älteren Menschen. Dabei werden in Kapitel A die verschiedenen Dimensionen des Alterns erfasst und die Begrifflichkeit des Alters in Auseinandersetzung mit interdisziplinären Forschungsergebnissen erläutert. Anhand der amtlichen kriminologischen Statistiken der Bundesrepublik Deutschland werden in Kapitel B Umfang und Struktur der registrierten Kriminalität älterer Menschen aufgezeigt und in Bezug zum demographischen Bevölkerungsverlauf gesetzt, bevor in Kapitel C zur Erklärung der Unterschiede in Kriminalitätsbelastung und Deliktsstruktur einige Kriminalitätstheorien angeführt werden. In Kapitel D folgt eine Skizzierung und Analyse der einzelnen Phasen vom Zeitpunkt des Haftantritts über die eigentliche Haftzeit bis zum Entlassungszeitpunkt bezogen auf ältere Erst-, Gelegenheits- oder chronische Straftäter einschließlich solcher, die aufgrund der Verbüßung einer längeren Haftstrafe älter geworden sind. Dabei werden mit Hilfe gerontologischer und kriminologischer Untersuchungsergebnisse die spezifischen Dispositionen älterer Insassen im Vollzugsalltag dargestellt. Hieraus resultiert schließlich in Kapitel E die Diskussion um Sinnhaftigkeit und Erforderlichkeit einer differenzierten Unterbringung älterer Insassen in Deutschland.

Besondere Herausforderungen für den Strafvollzug stellen Gefangene dar, die dauerhaft medizinischer und pflegerischer Hilfe bedürfen, durch Krankheit oder Behinderung funktional eingeschränkt sind und möglicherweise in der Haftanstalt ihren Erkrankungen erliegen. Dabei, so auch Görgen und Greve[19], beschränkt sich der Pflegebedarf im Vollzug allerdings nicht nur auf Ältere, sondern betrifft z.B. auch HIV-Infizierte. Ältere sowie chronisch und unheilbar Kranke sind „special needs populations", die besondere Anforderungen im Hinblick auf Ausstattung und Zugänglichkeit von Hafträumen und anderen sonstigen Einrichtungen, Diagnostik, Kenntnisse und Kompetenzen des Vollzugspersonals hinsichtlich des Umgang mit derartigen Gefangenen stellen.[20] Im zweiten Teil befasst sich die Arbeit daher mit den in Strafhaft einsitzenden HIV-Infizierten bzw. an AIDS-Erkrankten. Nach einer Einführung in die medizinischen Grundlagen und die derzeitigen Therapiemöglichkeiten wird in Kapitel B anhand empirischen Untersuchungsmaterials der Frage nach der Anzahl der HIV-Infizierten bzw. der an AIDS-Erkrankten im deutschen Strafvollzug nachgegangen. Die Tatsache, dass der Justizvollzug Ländersache ist, hat einen variablen Umgang mit den im Zusammenhang mit der AIDS-Problematik auftretenden Aspekten zur Folge. Hinzu kommt, dass die maßgeblichen, mit AIDS assoziierten Krankheiten hinsichtlich ihres Verlaufs und ihrer Dauer individuell so stark voneinander abweichen und auch die Betroffenen mit ihrer Virusinfektion bzw. mit dem Krankheitsausbruch unterschiedlich umgehen, dass grundsätzlich keine pauschalen Vorkehrungen getroffen oder global zutreffenden Voraussagen gemacht werden können. Dennoch werden in Kapitel C die einzelnen Phasen des Vollzuges vom Zeitpunkt des Haftantritts über die eigentliche Haftzeit bis zum Entlassungszeitpunkt mit Blick auf die HIV-Infektion bzw. AIDS-Erkrankung von Insassen expliziert und hinterfragt. Neben dem Bereich der Ar-

19 Görgen/Greve, BewHi 2005, S. 116 (121).
20 Görgen/Greve, BewHi 2005, S. 116 (121).

beitspflicht sowie der in Schrifttum und Rechtsprechung nach wie vor kontrovers diskutierte Einzelzellenproblematik werden die medizinischen und psychosozialen Betreuungsmöglichkeiten in Haft untersucht sowie die grundsätzlichen Vor- und Nachteile der intramural möglichen Präventionsmaßnahmen gegen eine Ansteckung mit dem HI-Virus gegenübergestellt. Sodann wird das Beziehungsgeflecht zwischen infizierten/erkrankten und gesunden Inhaftierten einerseits sowie infizierten/erkrankten Inhaftierten und Vollzugsbediensteten andererseits erörtert.

Im dritten und letzten Teil befasst sich die Arbeit schließlich mit den Herausforderungen, die die vorbezeichneten Personengruppen an den Strafvollzug stellen. In diesem Zusammenhang erfolgt zunächst eine Auseinandersetzung mit der Frage der Erreichbarkeit der gesetzlich normierten Vollzugsaufgaben und -ziele unter besonderer Berücksichtigung der sowohl bei älteren Menschen als auch bei Sterbenskranken zunehmend sich verringernden Restlebenszeit. Im folgenden Kapitel B wird den herkömmlichen Reaktionsweisen, die die Rechtsordnung im Falle der Diagnose einer lebensbedrohlichen Erkrankung oder bei fortgeschrittenem Alter vorsieht, nachgegangen, bevor abschließend in Kapitel C Ansätze für einen sinnvollen Umgang des Strafvollzuges mit älteren und sterbenskranken Insassen und dementsprechend Pflichten rechtsstaatlichen Handelns herausgearbeitet werden. Dabei wird neben grundlegenden Anforderungen auf die Ausgestaltung im Einzelnen eingegangen, d.h. konkrete Behandlungsangebote sowie personelle, räumliche, kommunikative und medizinische Aspekte erörtert. In diesem Zusammenhang erfolgt abschließend eine Auseinandersetzung mit Fragen zum Lebensende in Unfreiheit sowie Reflexionen zum Umgang mit Sterben und Sterbebegleitung im Vollzug.

„Das Alter als Abstieg betrachtet ist genauso ungehörig, wie in der Jugend nur ein Versprechen zu sehen. Jedes Alter ist einer besonderen Vollkommenheit fähig."

André Gide, Tagebuch

Teil 1 Ältere Menschen im Strafvollzug

In der Öffentlichkeit ist der ältere Mensch als Straftäter nur wenig präsent[21]. Ältere Menschen werden in der Gesellschaft viel eher als Opfer von Straftaten gesehen[22]. Zu Recht wird daher in der Literatur die Gruppe der älteren Straffälligen als „vergessene Minderheit" bezeichnet[23]. Dieses Bild wird wahrscheinlich in erster Linie durch die mediale Kriminalitätsdarstellung geprägt, die sich oft auf Delikte konzentriert, die gegen ältere Menschen gerichtet sind[24]. Wenn überhaupt vom älteren Straftäter die Rede ist, dann zumeist um bestimmte Sexualdelikte[25] oder um spektakuläre Strafprozesse gegen vormalige NS-Funktionäre[26] bzw. Amtsträger der DDR[27]. Bei dieser – letztgenannten – Tätergruppe handelt es sich allerdings nicht um „Alterskriminalität". Dennoch wird im Zusammenhang mit dem fortgeschrittenen Alter solcher Angeklagter immer wieder die Frage nach Sinn und Zweck des Vollzuges einer Freiheitsstrafe aufgeworfen. Das im Übrigen erkennbare Desinteresse an älteren Menschen im Strafvollzug begründet Amelunxen damit, dass das Thema „Alter" ebenso wie das Thema „Tod" in unserer Gesellschaft zu einem „Tabuthema" geworden sei. Man wolle sich mit diesen Menschen deshalb nicht befassen, weil sie das eigene Schicksal vor Augen führten, uns zwangsläufig an das eigene Sterben erinnerten[28].

---

21 Von Fällen wie denen des „ältesten Bankräuber-Trio Deutschlands" (es handelte sich um drei 63, 72 und 74 Jahre alte Männer, die mindestens 400.000 Euro erbeutet haben) einmal abgesehen; vgl. hierzu die Berichterstattung in der „Zeit" vom 03.05.2005 oder aber in der Frankfurter Allgemeine Zeitung vom 06.06. und 10.06.2005, die mit der Bezeichnung „Opa-Bande" und den Titeln „Die Methusalem-Komplizen" bzw. „Opa-Bande: Für den Rest des Lebens im Gefängnis?" nicht nur der höheren Toleranz Ausdruck verleiht, mit der man älteren Tätern gesellschaftlich häufig begegnet, sondern auch einer gewissen medialen Bewunderung.

22 Auch in der juristischen Literatur liegt der Schwerpunkt im Bereich des älteren Menschen als Opfer von Straftaten, vgl. z.B. Görgen/Newig/Nägele/Herbst, 2005; Görgen/Nägele, Z Gerontol Geriatr 2005, S. 4 ff.; Görgen, 2004; Görgen/Greve/Tesch-Roemer/Pfeiffer, 2004; Görgen/Nägele, 2003.

23 Albrecht/Dünkel, Z Gerontol 1981, S. 259.

24 Vgl. z.B. die Fernsehreihe des ZDF: „Aktenzeichen XY – ungelöst"; zu den strukturellen Differenzen zwischen medialen und anderen kriminalitätswirklichkeiten im Allgemeinen vgl. Frehsee, 2003, S. 397 ff.

25 Sexueller Missbrauch von Kindern; vgl. Amelunxen, 1960, S. 5; Eisenberg, 2005, § 48 Rn. 33.

26 Z.B. gegen Rudolf Hess und Erich Priebke.

27 Z.B. gegen Erich Honecker und Erich Mielke.

28 Amelunxen, 1960, S. 5; so auch Schirrmacher, Der Spiegel 12/2004, S. 78: „Altern, diese angstbesetzte und zutiefst verleumdete Lebenserfahrung des Menschen…".

A. Alterns- und Alterstheorien in der interdisziplinären Forschung

Wenn im Folgenden die Problematik alternder oder älterer Menschen im deutschen Strafvollzug untersucht wird, muss vorab geklärt werden, um welchen Personenkreis es sich dabei handelt.

Im Gegensatz zum chronologischen Alter, wie es als Abgrenzungsmaßstab gemäß der Legaldefinition des § 1 JGG für die Unterscheidung zwischen Kriminalität von Kindern, Jugendlichen und Heranwachsenden festgesetzt ist, gibt es für die Alterskriminalität keine festen Grenzen und demgemäß auch keinerlei amtliche Definition, was unter Alter zu verstehen ist bzw. wann es beginnt[29]. Zur Erfassung der verschiedenen Dimensionen des Alterns, somatisch, psychisch und sozial, bedarf es auch nach Ansicht des interdisziplinären Wissenschaftszweiges der Gerontologie eines mehrdimensionalen Ansatzes[30]:

I. Biologische Alterns- und Alterstheorien

Über die Frage, warum biologische Organismen, folglich auch der Mensch, altern und schließlich sterben, gibt es zahlreiche Hypothesen:

„Der Mensch ist so alt wie seine Drüsen"[31] war die Kernthese einer Theorie des Alterns, die sich bis in die 20er Jahre des letzten Jahrhunderts einiger Beliebtheit erfreute. Aber bereits am Ende des vorletzten Jahrhunderts wurde der Frage des biologischen Alterns große Bedeutung beigemessen: Einige Wissenschaftler vertraten mit der Hormontheorie die Ansicht, dass das Altern auf eine Rückbildung der Geschlechtsdrüsen beruhe[32]. Aus dieser Vorstellung heraus spritzte sich der Pariser Physiologe Brown-Séquard[33] im Alter von 72 Jahren einen Extrakt aus Hoden von Meerschweinchen und Hunden. Voronoff[34] praktizierte eine Methode, bei der er alten Männern Affendrüsen verpflanzte und der russische Pathophysiologe Bogomolez[35] versuchte, ein Verjüngungsserum auf der Basis von Hormonen zu entwickeln.

Während also früheste Abhandlungen über das Alter fast ausschließlich Symptome oder Leiden des alten Menschen beschrieben, konzentriert sich die Altersforschung seit den 60er und 70er Jahren des letzten Jahrhunderts auf unterschiedliche Ebenen: mole-

29 Albrecht/Dünkel, Z Gerontol 1981, S. 259.
30 Fischer-*Kruse*, S. 7.
31 So der russ. Pathophysiologe Alexander A. Bogomolez, nach Fischer-*Fischer*, S. 73.
32 Fischer-*Fischer*, S.73.
33 Charles Brown-Séquard, 1889 leitet er durch Selbstversuche mit Sexualhormonen die Hormonforschung ein.
34 Voronoff.
35 Alexander A. Bogomolez, nach Fischer-*Fischer*, S. 73.

kulare, Zell-, Gewebe-, Organ- und Organismusebene[36]. Beispielhaft seien nur die wichtigsten neueren biologischen Erklärungsmodelle genannt:

1. Nach Ansicht der Kollagen- und Elastintheorie[37] nimmt der Kollagenanteil in den Gefäßwänden mit dem Alter zu. Diese Erkenntnis führte zu dem Ausspruch Verzars: „Der Mensch ist so alt wie sein Bindegewebe bzw. so alt wie seine Arterien“[38]. Nach heutigen Erkenntnissen liefern die diesbezüglichen Alterserscheinungen jedoch keine Erklärung für das Auftreten altersbedingter Veränderungen[39].

2. Die Mutationstheorie[40] vermutet demgegenüber eine Zunahme der Mutationsrate in den Zellen z.B. infolge kosmischer Strahlung oder Radioaktivität. Dies soll zu einer verminderten Lebensfähigkeit der Zellen führen. Das überzeugte die Wissenschaft schon deshalb nicht, da die Theorie für Keimzellen genauso gelten müsste wie für andere Zellen. Es sei demnach unverständlich, warum die meisten biologischen Arten in der Natur viele Millionen Jahre alt sind[41].

3. Nach der erst Ende der 1970er Jahre entwickelten Radikalentheorie[42] beruht das Altern auf einer Zerstörung der Gewebe durch freie Sauerstoffradikale, die als hochreaktive Zwischenprodukte im Zellstoffwechsel entstehen. Als auslösende Faktoren werden toxische und endogene Einflüsse angenommen.

4. Vertreten werden des weiteren genetisch orientierte Konzepte, die den altersbedingten Abbau im Erbgut „vorprogrammiert“ sehen oder auf später eintretende Fehler oder Veränderungen des genetischen Materials zurückführen, sowie Ansätze, die von einem Zusammenhang des Alterungsprozesses mit Störungen einzelner Organe oder Störungen der Regelungsmechanismen des Nervensystems ausgehen[43].

Die Vielzahl der biologischen Alternstheorien können lediglich als Teilaspekte einer noch nicht abschließend entwickelten allgemeinen Theorie zur Erklärung des Phänomens Alter dienen. Sie können somit nur im Zusammenhang mit den nachstehend ausgeführten psychologischen, soziologischen und kriminologischen Theorien zur Festlegung einer bestimmten Personengruppe für die vorliegende Arbeit ergänzend herangezogen werden.

---

36 Vgl. etwa die bis heute umstrittene Frischzellentherapie von Paul Niehans (1882-1971), der sich auch der Altbundeskanzler Konrad Adenauer unterzogen haben soll; MEDI-Report, 16.02.2000.

37 Verzar.

38 A.a.O.

39 Fischer-*Fischer*, S. 73.

40 Curtis.

41 Fischer-*Fischer*, S. 73.

42 Harman, Radiation Research 1962, S. 753.

43 Es handelt sich um die so genannte Fehlerkatastrophentheorie des Franzosen Orgel aus dem Jahr 1963, zit. nach Sebban, S. 6.

II. Psychologische Theorien des Alterns

Während sich die Biologie mit den Ursachen und Mechanismen des Alterungsprozesses sowie der Unterscheidung zwischen physiologischem Altern und Krankheit auseinandersetzt, versucht die Psychologie, die seelischen Vorgänge des Alterns durch Herausstellung eines im Alter durchgängig anwendbaren psychologischen Prinzips und dessen Auswirkungen auf das Verhalten alter Menschen verständlich zu machen. Unabhängig von der Bewertung ihrer Objektivierbarkeit und ihrer Gültigkeitsbereiche kommt psychologischen Theorien des Alterns eine große praktische Bedeutung zu. Sie prägen sowohl das Bewußtsein der Gesellschaft als auch das der Gruppe der Betagten selbst. Damit bilden sie den allgemein anerkannten Entfaltungsrahmen für alte Menschen und die Spielregeln zwischen den Generationen[44]. Der sich zur Zeit vollziehende Wechsel vom so genannten Defizitmodell zu moderneren Alternstheorien und die damit verbundene Emanzipationsbewegung der heute alten Generation macht dies beispielhaft deutlich[45].

1. Das Defizitmodell

Das Defizitmodell konzentriert sich zunächst auf die Beschreibung des geistigen Alterungsprozesses und seiner Determinanten. Es sieht Altern als einen eingleisigen zunehmenden Verlust an emotionalen und intellektuellen Fähigkeiten[46]. Seinen Ursprung findet dieses Konzept in Studien des Amerikaners Yerkes, der männliche US-Soldaten zwischen 18 und 60 Jahren mit den so genannten Army-Alpha und Army-Beta-Tests untersuchte[47]. Bereits nach dem 30. Lebensjahr stellte er einen deutlichen psychischen Leistungsabbau fest. Wechsler entwickelte die Tests weiter, indem er zwischen altersabhängigen[48] und altersunabhängigen[49] Fähigkeiten differenzierte.

Gegen diese Theorie, die, dem Ideal des mittleren Erwachsenenalter gegenübergestellt, das Altern als bedauerliche Einengung ohne spezifische eigene Leistungs- und Wertbildungsmöglichkeit erscheinen lässt, sprechen bereits methodische Argumente. So wird die Messung der Größe „Testintelligenz" bei der Erforschung des Alterungsprozesses nach neueren Untersuchungen nur als beschränkt taugliches Kriterium angesehen[50]. Jüngere - meist studentische - Probanden seien den Intelligenz-Testverfahren eher gewachsen als ältere Menschen, bei denen die Fähigkeit zur Lösung kognitiver Alltagsprobleme erheblich besser ausgeprägt sei[51]. Weinert kritisiert weiter, dass die Biographie des Individuums (historischer und generationsbezogener Kontext) bei den

44 Fischer-*Fischer*, S. 74 f.
45 Vgl. u.a. Baltes, Psychological Medicine 1991, S. 837 ff.
46 Botwinick, American Review of Psychology 1970, S. 239 ff.
47 Yerkes, S. 813 ff.
48 Z.B. die Merkfähigkeit, die intellektuelle Beweglichkeit und die psyhomotorische Geschwindigkeit.
49 Z.B. der allgemeine Wissensumfang, das allgemeine Verständnis, der Wortschatz sowie ein Unterscheidungsvermögen zwischen wesentlichen und unwesentlichen Details.
50 Fischer-*Fischer*, S. 75.
51 Schramke, S. 16.

Untersuchungen nahezu unberücksichtigt geblieben ist[52]. Nachweisbare Einbußen kognitiver Leistungsfähigkeit sind vielfach auf Ursachen zurückzuführen, die von außen her angeregt sind und nicht in unmittelbarem Zusammenhang mit dem biologischen Alterungsprozess stehen. Vielmehr sind bei älteren Menschen bestimmte latente Handlungs- und Entwicklungsreserven weitaus größer als allgemein vermutet. Sie sind lediglich unzureichend ausgeschöpft[53].

Anknüpfend an diese Kritikpunkte ist den Vertretern des Defizitmodells entgegenzuhalten, dass bislang keine Erkenntnisse darüber vorliegen, wie hoch der Anteil der Täter innerhalb der Alterskriminalität ist, bei dem physische und psychische Defizite Verhaltensauffälligkeiten verursacht haben. Die Bedeutung des Defizitmodells dürfte schlicht überschätzt worden und seine Erklärungskraft verglichen mit anderen hier umrissenen Ansätzen unterlegen sein.

2. Die kognitive Theorie

In der kognitiven Theorie wird erfolgreiches Altern durch eine Ausgewogenheit zwischen den Bedürfnissen des Individuums und der daran gemessenen erlebten Realität erklärt[54], ganz nach dem geläufigen Motto: „Man ist so alt wie man sich fühlt“. Im Mittelpunkt dieses Ansatzes stehen nicht objektive äußere Bedingungen, sondern die Art und Weise des subjektiven Erlebens dieser Bedingungen. Die subjektive Einschätzung beispielsweise des Gesundheitszustandes prägt das Wohlbefinden und die allgemeine körperliche Aktivität des alten Menschen unabhängig von tatsächlich nachweisbaren medizinischen Diagnosen. Das beweisen Studien von Thomae mit krebskranken Patienten, bei denen die Krankheit das persönliche Wohlbefinden solange nicht beeinflusst, bis ihnen der Arzt rät, sich einer Behandlung zu unterziehen[55]. Die kognitive Theorie des Alterns erklärt somit, dass es in psychologischer Hinsicht zwar vielfältige Alternsformen, jedoch nur bedingt Alternsnormen gibt. Während die Vernachlässigung externer Faktoren zwar die Gefahr einer „Laisser-Faire“-Politik in Bezug auf das Umfeld der Senioren birgt, die im Ergebnis die sozialpolitische Motivation für konzertierte Strategien zur Optimierung der Alterungsprozesse schwächen könnte[56], sieht Thomae die Stärke seiner kognitiven Theorie in ihrer Offenheit für Theorie integrierende Ansätze[57].

3. Die Aktivitätstheorie

Die Aktivitätstheorie legt ihren Schwerpunkt auf die Veränderungen im Bereich sozialer Kontakte. Sie geht von der These aus, dass auch im Alter ein hohes Niveau an ge-

52 Weinert, S. 180 (193).

53 Auch Berkowitz/Green, J Genet Psychol 1965, S. 179 (191 f), die weniger organische Prozesse als vielmehr fehlendes Training für einen Leistungsabfall im Alter verantwortlich machen.

54 Fischer-*Fischer*, S. 75.

55 Thomae, Human Development 1970, S. 1 (4).

56 Hooyman/Kiyak, S. 72.

57 Thomae, Human Development 1970, S. 1 (3).

sellschaftlich sinnvoller Aktivität gezeigt werden kann[58]. Der alternde Mensch will sozial aktiv sein, strebt soziale Teilhabe an und will aktiv soziale Rollen erfüllen. Die Vertreter der Aktivitätstheorie nehmen an, dass Glück und Zufriedenheit eines Menschen vom Umfang seines aktiven Einflusses auf die Umwelt und seinem Gebrauchtwerden abhängen[59]. Der Alterungsprozess werde vornehmlich durch äußere, überindividuelle und weniger durch innere Faktoren in Gang gesetzt[60]. Das Erreichen der gesellschaftlich festgelegten Altersgrenze (Pensionierung) führe in den meisten Fällen zur Ausgliederung aus dem Arbeitsleben. Durch diese Rollenverluste, Auflösung der Familie und Berufsaufgabe, erleide der alte Mensch einen Funktionsverlust, und dadurch eine erhebliche Begrenzung seines Verhaltensspielraumes: man zwinge ihn zur Inaktivität[61]. Die Vertreter der Aktivitätstheorie versuchen, diesen Verlust durch die Schaffung neuer Anreize auszugleichen, da das Altern dann als positiv empfunden werde, wenn der Betagte sich in der Erfüllung einer Aufgabe erlebt, die in einer gewissen Kontinuität zu seinem bisherigen Berufs- und Privatleben steht[62].

Zwar deutet einiges darauf hin, dass die nachlassende soziale Aktivität älterer Menschen in einem engen Zusammenhang mit ihrer gesellschaftlichen Situation steht. Auch die Mehrzahl der Untersuchungen sprechen für eine positive Beziehung zwischen altersgerechten Aktivitäten und allgemeiner Zufriedenheit[63]. Untersuchungen zeigen aber ebenfalls, dass die der Aktivitätstheorie zugrunde liegenden Hypothesen in ihrer generellen Form nicht aufrechterhalten werden können, da sie die komplexen Zusammenhänge und wechselseitigen Einflüsse nicht ausreichend erfassen[64]. Außerdem werden keine Aussagen über den Umgang mit solchen alten Menschen getroffen, denen bestimmte psychische bzw. physische Gebrechen oder die eingeschränkten finanziellen Mittel die Aufrechterhaltung einer relativ aktiven Lebensweise verwehren.

4. Die Disengagementtheorie

Die Disengagementtheorie stellt, wie auch die Aktivitätstheorie, unmittelbare Implikationen für einen sinnvollen Umgang mit alten Menschen bereit. Im Gegensatz zur Aktivitätstheorie sieht jedoch die Disengagementtheorie gerade in der Befreiung von sozialer Verantwortung und Pflichten beste Voraussetzungen für eine befriedigende Ausgestaltung des Alters[65]. Cumming und Henry beobachteten, dass sich ältere Menschen häufig von den Aktivitäten des mittleren Lebensalters (ab ca. 45 Jahren) zurückzogen, weniger soziale Kontakte pflegten und sich auch die Qualität der verbleibenden Kontakte veränderte[66]. Die Vertreter der Disengagementtheorie gehen dabei von einem

---

58 Tartler, S. 138.
59 Fischer-*Fischer*, S. 75.
60 Tartler, S. 138.
61 Keuchel, S. 350 (352).
62 Tartler, S. 163.
63 Lehr, Z Gerontol 1982, S. 241 (243) m.w.N.
64 Thomae, Z Gerontol 1984, S. 186 (195 f).
65 Fischer-*Fischer*, S. 75.
66 Cumming/Henry, S. 211.

unvermeidlichen wechselseitigen Rückzug des älteren Menschen und der Gesellschaft aus. Die Gesellschaft unterstelle dem alten Menschen, dass er durch den physischen Abbau unfähig sei, z.B. seine Berufsrolle zu erfüllen oder sich weiterhin aktiv in die Gesellschaft einzubringen. Der ältere Mensch selbst wünsche sich eine Reduzierung der geforderten Aktivität und seiner sozialen Kontakte in die „Außenwelt", er vollziehe eine Wendung „nach innen", um sich in Ruhe seinem Lebensabend widmen zu können[67].

An der Theorie wird kritisiert, dass sie eine Rechtfertigung für den gesellschaftlichen Status quo, die Einsamkeit und den Interaktionsmangel vieler alter Menschen in der modernen Gesellschaft darstelle[68]. Die Übereinstimmung der gesellschaftlichen Bedürfnisse mit denen des alten Menschen kann in der Tat nicht vorausgesetzt werden. Wer z.B. unfreiwillig in Rente geht, wird darunter erheblich leiden. Hauptkritikpunkt ist jedoch die Nichtbeachtung der individuellen Unterschiede im Rahmen der Untersuchungen von Cumming und Henry[69]. Während augenscheinlich die Einen ihr psychisches Wohlbefinden auf gesteigerte Aktivität zurückführen, ist es dagegen für die Anderen das gesteigerte Ruhebedürfnis. Der Rückzug auf sich selbst, z.B. auf die Pensionierung, darf jedenfalls nicht als dauerhaftes Bedürfnis ausgelegt werden. Alles dies hängt vielmehr von der Persönlichkeitsstruktur und nicht von alterstypischen Veränderungen ab.

5. Das Kompetenzmodell

Nicht zuletzt die Kritik an den bereits erörterten Theorien hat dazu geführt, bei der Erforschung des Alterungsprozesses das Kriterium der „Kompetenz" als Bewertungsmaßstab einzuführen. Kompetenz meint dabei die Fähigkeit, auch im Alter einen unabhängigen Lebensstil zu bewahren und umfasst sowohl die Bewältigung täglich anfallender Arbeiten als auch psychosoziale Aspekte wie aktives Copingverhalten, realistische Zielsetzungen, sinnvolle Planung sowie die allgemeine Fähigkeit, „flexibel auf Anforderungen der Umwelt zu reagieren" und sich Ressourcen der Umgebung und der eigenen Person zunutze zu machen[70]. Das Kompetenzmodell liefert also weniger eine Zielvorstellung für die Voraussetzungen „gelungenen" Alterns, sondern beschreibt vielmehr das Wechselspiel zwischen Lebensanforderungen an das Individuum einerseits und den zu ihrer Bewältigung vorhandenen Ressourcen andererseits[71]. Die Kompetenz alter Menschen wird demnach wesentlich von den seitens der Gesellschaft und dem persönlichen Umfeld bereitgestellten Bedingungen mitbestimmt.

Der Vorteil dieses Ansatzes besteht darin, dass er sich um eine Integration situativer und personenspezifischer Faktoren bemüht und nicht auf einen normativen Vergleich

67 Cumming/Henry, S. 216.
68 Feldmann, S. 38.
69 Olbrich/Lehr, S. 113 (114).
70 Schramke, S. 17.
71 Olbrich, Z Gerontol 1987, S. 319 (320).

mit Jüngeren gerichtet ist[72]. Dies ermöglicht im Gegensatz zu den bereits angesprochenen Theorien eine sachgerechtere Erfassung der Leistungsfähigkeit älterer Menschen, was auch für den Umgang mit älteren Menschen im Strafvollzug relevant ist.

III. Soziologische Alterns- und Alterstheorien

„Altern ist nicht nur ein biologischer Prozeß, sondern ein soziales Schicksal"[73] - so bringen es Lehr und Thomae auf den Punkt. Die Aufmerksamkeit der Sozialwissenschaftler gilt der Frage, wie sich gesellschaftliche Erwartungen auf eine bestimmte Altersrolle auswirken. Das soziale Alter umfasst demnach die gesellschaftlich bestimmten Definitionen des Altseins[74]. Diese Definition hängt jedoch erheblich von der durchschnittlichen Lebensdauer, den Wirtschaftsformen und den Wertevorstellungen in verschiedenen Gesellschaften ab[75]. Die Vorstellungen und Bewertungen, die sich auf alte Menschen und den Alterungsprozess beziehen, sind wie alle sozialen Tatsachen Wandlungen unterworfen. Um die heutigen Veränderungen in der Altersstruktur besser verstehen zu können, ist ein Überblick über frühere Strukturen und gesellschaftliche Altersmuster unumgänglich:

In den vorindustriellen Gesellschaften hatten Kenntnisse und Erfahrungen der alten Menschen in den verschiedenen Lebensbereichen, wie z.B. Religion, Arbeit, Familie, noch eine größere Bedeutung. Diese traditionelle Orientierung und starke familiäre Bindung garantierten den Alten, eine angesehene Funktion auszuüben, die nur ihnen vorbehalten war (Ältestenrat, Familienoberhaupt)[76]. Die Industrialisierung brachte eine radikale Änderung der Familienstrukturen, was auch eine Veränderung der sozialen Stellung alter Menschen zur Folge hatte. Die Großfamilie verlor durch Trennung von Arbeit und Familie ihre soziale Bedeutung. Nun galt mehr als zuvor das Leistungsprinzip: Traditionelle Werte und Wissen mußten dem Fortschritt weichen. Öffentliche Einrichtungen übernahmen Aufgaben und Funktion der Großfamilie. Der alte Mensch hatte seine angesehene Stellung in Familie und Gesellschaft verloren[77]. Einige Autoren stellten schließlich am Ende des 18. Jahrhunderts eine zunehmend negative Prägung der Leitbilder und Definitionen des Alters fest[78]. Durch die demographische Wende des 20. Jahrhunderts hat sich die Alterspyramide ins Gegenteil verkehrt: immer weniger Jungen stehen immer mehr Ältere gegenüber[79]. Dieser Generationenwechsel hat dementsprechend zu einer veränderten gesellschaftlichen Wahrnehmung gegenüber der Bevölkerungsgruppe der Betagten geführt[80].

---

72 Ebd.
73 Lehr/Thomae, 1987, S. 8.
74 Horschk, S. 5 und 7; Fischer-*Brandlmeier*, S. 13.
75 Fischer-*Brandlmeier*, S. 13.
76 Horschk, S. 3 f.
77 Ebd.
78 Übersicht in Fischer-*Brandlmeier*, S. 13 ff.
79 Fischer-*Brandlmeier*, S. 18.
80 Zu den verschiedenen Altersstereotypen vgl. Filipp/Mayer, APuZ 49-50/2005, S. 25 ff. sowie Kruse/Schmitt, APuZ 49-50/2005, S. 9 ff.

Die Altersgliederung wird in der Soziologie häufig als gesellschaftliche Konstruktion, d.h. nicht als „Kodifizierung des natürlichen Rhythmus des Lebens“ und nicht als vorwiegend durch individuelle Handlungen gestaltbar, aufgefasst[81]. So wird in modernen Industriegesellschaften die Kindheit und Jugend als Zeit der bio-sozialen Entwicklung gesehen und das Erwachsenenalter als die entscheidende Phase für den sozialen Aufstieg. Im Alter dagegen wird nicht nur der psychische und physische Verfall immer wahrscheinlicher, sondern auch der soziale Abstieg mitunter als unvermeidlich erachtet[82]. Diese negative Sichtweise des Alters ist nicht in jeder Kultur anzutreffen. So berichtet Thiel über die Völker in Bantu-Afrika: „Der Ältere steht immer über dem Jüngeren. Der absolut Älteste steht an der Spitze der Gruppe. Der älteste der Gruppe bildet das Bindeglied zwischen Diesseits und Jenseits[83].“ Die sozial angesehenen Alten und die Ahnen (Stammväter), auf denen die Kultur aufbaut, sind also untrennbar miteinander verwoben. Altern wird in diesen Kulturen als Entwicklungszustand im Rahmen einer zyklischen Erneuerung des Kollektivs gesehen. Es handelt sich also nicht primär um eine individuelle Entwicklung, sondern um eine Repräsentation eines Kollektivs[84]. Dieser Aspekt der Hochschätzung des Alters ist aber auch in den säkularisierten Industriestaaten nicht vollständig gebrochen. Noch immer sind Führungspositionen überdurchschnittlich stark von älteren Männern besetzt[85]. Für diese Minorität erfolgt der soziale Abstieg im Alter nicht, bzw. erst mit großer Verzögerung.

Das Interesse der Sozialwissenschaften gilt demnach verstärkt dem Alter als einer „kollektiven sozialen Situation“[86]. Die meisten Gesellschaften sind altersmäßig durchgegliedert in Kinder, Jugendliche, Erwachsene und Alte. An jede Altersstufe ist eine gewisse Vorstellung von Verhalten gebunden. Einprägsam sind in diesem Zusammenhang die geläufigen Sätze: „Dafür bist du noch zu jung“ und „dafür bist du schon zu alt“. Das soziale Alter wird demnach wesentlich von den jeweiligen gesellschaftlichen Bedürfnissen geprägt als das es die Interessen des Individuums auszudrücken vermag. Die öffentliche Meinung beschreibt, wie man das Alter sieht: einen von Einsamkeit, Hilfsbedürftigkeit, durch geistigen und körperlichen Abbau herbeigeführten abhängigen Lebensabschnitt[87]. Aus soziologischer Perspektive wird „Alter“ mit dem Ausscheiden aus dem Berufsleben gleichgesetzt, die eine starke Zäsur in der Lebenswirklichkeit von Menschen darstellt[88]. Zugleich hat der Ruhestand zu einer eigenständigen, längeren Lebensphase geworden. Aktuelle soziologische Studien unterscheiden daher die aktiven jungen Alten auf der einen Seite und die pflichtbewusst-häuslichen, die

81 Kohli, S. 231 (234).

82 Feldmann, S. 37.

83 Thiel, 40 ff.

84 Thiel, 40 ff.

85 Z.B. bei der Deutschen Telekom AG, zu deren Vorstandsvorsitzenden am 16.07.2002 für eine Übergangszeit von sechs Monaten der damals 72jährige Prof. Dr. Hermann Sihler bestimmt wurde. Vgl. Zum Thema „Alter und Geschlecht“ u.a. die Ausführungen von Backes, APuZ 49-50/2005, S. 31 ff.

86 Tartler, S. 12.

87 Horschk, S. 5 f.; Keßler, S. 207 ff.

88 Kohli/Künemund, APuZ B20/2003, S. 18 und 20.

sicherheits- und gemeinschaftsorientierten sowie die resignierten Älteren („alte Alte") auf der anderen Seite. Geläufig sind insoweit auch die Bezeichnungen „drittes Lebensalter" ab etwa 60 Jahren und „viertes Lebensalter" ab etwa 75 Jahren[89]. Wenngleich sich also das Bild des alten Menschen und des Alterns gerade zu wandeln scheint, werden alte Menschen zur Zeit weitestgehend immer noch als passiv, uninteressiert und ruhebedürftig angesehen. Dieses dem Stereotyp entsprechenden Bild vom Alter und den älteren Menschen beeinflusst letztlich auch die Selbsteinschätzung der Betagten. Es zwingt den älteren Menschen zu einem altersgemäßen Verhalten. Er tut, was man von ihm erwartet. Deshalb wird so lange wie möglich versucht, diesen Zustand des Alt-Seins nicht auf sich selbst anzuwenden[90].

Im Ergebnis ist das Konzept des sozialen Alters für die Festlegung einer Altersgrenze für den Begriff „ältere Menschen" nicht geeignet. Das Aufstellen tauglicher, einheitlicher Kriterien ist, nicht zuletzt auf Grund des ständigen gesellschaftlichen Wandels, problematisch. Das soziale Alter eines Individuums ist schlicht nicht messbar.

IV. Altersgrenzen in der kriminologischen Forschung

Während die Biologie, die Psychologie und die Soziologie den Alterungsprozess und das Alt-Sein mehrdimensional erforschen, zwingen in der Kriminologie rein pragmatische Gründe zur Festlegung einer gewissen Altersgrenze. Weder bei der Erstellung und Auswertung amtlicher Statistiken noch bei eigenen empirischen Untersuchungen können Wissenschaftler auf das Merkmal des Alters allgemein sowie gewisse Altersgrenzen verzichten. Dennoch ist die Definition sowohl in der kriminologischen als auch in der pönologischen Forschung uneinheitlich:

Rotthaus bezeichnete 1971 bereits die über 40jährigen als „alternde Gefangene"[91], Dünkel 20 Jahre später hingegen die 50jährigen als „alte Insassen"[92]. Kaiser/Schöch weisen darauf hin, dass jedoch in der Literatur zum Thema alte Menschen im Strafvollzug mehrheitlich diejenigen Insassen als „ältere Gefangene" der Vollzugsanstalten angesehen werden, die auf Grund des Alterungsprozesses nicht mehr für den Regelvollzug geeignet erscheinen und deren Wiedereingliederung altersspezifische Probleme aufwirft[93]. Die untere Altersgrenze wird dabei zwischen dem 55. und dem 60. Le-

89 Keßler, BewHi 2005, S. 131 (136); Kruse/Schmitt, APuZ 49-50/2005, S. 9 (13 ff.); Kohli/Künemund, APuZ B20/2003, S. 18 und 20.

90 Horschk, S. 6 f; so auch Schirrmacher, Der Spiegel 12/2004, S. 78 (84), der auf Studien der amerikanischen Akademie der Wissenschaften über die Folgen der Alterung für das Gehirn des Menschen aus dem Jahr 1992 hinweist, wonach die Ideen über das Altern das Altern selbst verändern.

91 Rotthaus, MschrKrim 1971, S. 338 ff.

92 Dünkel, ZfStrVo 1991, S. 350 (353 ff).

93 Kaiser/Schöch, § 10 Rn. 99.

bensjahr festgesetzt[94]. Angesichts der gestiegenen Lebenserwartung wäre sicherlich auch eine Anhebung der Altersgrenze auf 70 Jahre als untere Altersgrenze vorstellbar. Ungeeignet für die Festlegung einer Altersgrenze erscheint allerdings die Definition von Jäckle, der unter Alterskriminalität die Straftaten älterer Menschen versteht, die auf die sozialen, biologischen und psychologischen Besonderheiten des Alters zurückzuführen sind[95]. Insbesondere stellt sich bei dieser Definition die Frage, wie der erforderliche Kausalzusammenhang zwischen Straftat und altersspezifischem Faktor ermittelt werden soll.

V. Festlegung einer Altersgrenze

Alle Dimensionen des Alterns in einer einzigen Definition zusammenzufassen, ist, nicht zuletzt auf Grund der sich fortwährend verändernden Theorieansätze der verschiedenen Bezugswissenschaften, kaum möglich[96]. Dennoch ist es für die vorliegende Arbeit erforderlich, sich auf eine bestimmte Altersgrenze festzulegen.

Die Weltgesundheitsorganisation (WHO) spricht bei Personen im Alter zwischen 50 und 60 Jahren von „alternden", bei Personen zwischen 61 und 75 Jahren von „älteren" Menschen, 76 bis 90jährige werden als „alte", 91 bis 100jährige als „sehr alte Menschen" und schließlich die über 100jährigen als Langlebige bezeichnet[97]. Mediziner dagegen versuchen überwiegend, den Alterungsprozess nicht chronologisch – statisch – zu erfassen, sondern durch die bereits angedeuteten biologischen und psychologischen Verlaufskriterien einzugrenzen[98]. Wenn man davon ausgeht, dass diese unterschiedlichen Alterungsprozesse aufeinander bezogen sind „und sich in eine gesellschaftliche Ordnung einfügen, die einem chronologischen Alter spezifische soziale Folgen zuordnet, im Sinne einer Platzierung des Individuums im Rollen- und Statussystem der Gesellschaft während einer Lebensphase", dann könnte man bei etwa 60 Jahren von „Alter" sprechen[99]. Aufgrund der gesetzlichen Regelungen des Arbeits- und Sozialrechts bezüglich Ruhestand und Vorruhestand ist die daraus ableitbare soziale Altersgrenze jedoch auch chronologisch messbar. Diese Regelungen sind ihrerseits auf interdisziplinäre Erfahrungswerte zurückzuführen, so dass auch hier nicht von einer willkürlichen Altersgrenze gesprochen werden kann. Daher könnte es gerechtfertigt sein, den Beginn des höheren Alters für die vorliegende Arbeit entsprechend des in Deutschland durchschnittlichen Renteneintrittsalters bei 60 Jahren festzulegen. Zwar

---

94 Preusker, S. 225; Rubenstein 1984, S. 153 (154); Kaiser/Schöch, § 10 Rn. 99 m.w.N.; Hanks, J. Crim. L, Criminology & Police Sci. 1940, S. 879 (882) definiert über 45jährige als ältere Menschen; Johnson, Canadian Journal of Corrections 1966, S. 268 (276 ff.) über 40jährige; Jensen, Criminology 1977, S. 555 (560 ff.) über 25jährige und Mabli/Holley/Patrick/Walls, Crim Just Behav 1979, S. 175 definieren sogar über 21jährige als ältere Menschen.

95 Jäckle, S. 3.

96 Vgl. Filipp/Mayer, APuZ 49-50/2005, S. 25; Kruse/Schmitt, APuZ 49-50/2005, S. 9 (13).

97 Vgl. WHO, Definition of an older or elderly person, unter http://www.who.int/healthinfo/survey/ageingdefnolder/en/index.html

98 Fischer-*Fischer*, S. 73 ff.

99 Albrecht/Dünkel, Z Gerontol 1981, S. 259.

mag damit den biologischen, psychologischen und soziologischen Einzelaspekten nicht genügend Rechnung getragen werden, doch wird in aller Regel ab einem solchen Alter eine Entwicklung beginnen, die zu einem Rückzug aus beruflichen und anderen sozialen Positionen und zur Übernahme neuer (z.B. familiärer) Rollen führt bzw. insgesamt gesehen eine weitgehende Aktivitätsverlagerung zum Inhalt hat[100].

Zusammenfassend handelt es sich daher im Folgenden um Strafgefangene ab dem 60. Lebensjahr.

B. Umfang und Struktur der Alterskriminalität

Die folgende Darstellung des Umfangs und der Struktur der Kriminalität alternder und älterer Menschen stützt sich im Wesentlichen auf die Polizeiliche Kriminalstatistik, die Strafverfolgungsstatistik und die Strafvollzugsstatistik[101].

I. Alterskriminalität im Spiegel der Polizeilichen Kriminalstatistik

Die Polizeiliche Kriminalstatistik erfasst u.a. Daten über Personen, die auf Grund des polizeilichen Ermittlungsergebnisses zumindest hinreichend verdächtig sind, eine mit Strafe bedrohte Handlung begangen zu haben[102]. Nach dieser Statistik wurden im Jahre 2006 im Bundesgebiet insgesamt 3.492.933 Fälle aufgeklärt[103] und gab es 2.283.127 Tatverdächtige[104]. Lediglich 6,3 % der Tatverdächtigen (n= 143.732) waren 60 Jahre und älter[105]. Nach der demographischen Entwicklung stellen Menschen ab dem 60. Lebensjahr inzwischen die überproportional in der Gesamtbevölkerung vertretene Altersgruppe dar. Die Grafik auf Seite 17 veranschaulicht den Altersaufbau der Bevölkerung in Deutschland zum Stichtag 31.12.2005. Der ehemalige UN-Generalsekretär Kofi Annan sah bereits 1998 die „traditionelle Pyramide“ auf den Kopf gestellt: Statt einer breiten Basis von Kindern und Jugendlichen und mit zunehmendem Alter weniger Erwachsenen beschreibt er die Familie der Zukunft mit einem Kind, zwei Eltern, vier Großeltern und noch mehr Urgroßeltern. Seine Schlussfolgerung lautet, dass die Menschheit inmitten einer stillen Revolution sei[106]. Spätestens im Jahre 2050 wird eine Gesellschaft entstanden sein, in der sich der Anteil der mindestens 80-Jährigen auf fast 12 % verdreifacht haben wird[107].

---

100 Albrecht/Dünkel, Z Gerontol 1981, S. 259 (259 f.).

101 PKS (2006), SVS (2005) und Strafvollzugsstatistik (2006).

102 PKS (2006), S. 8, 20.

103 PKS (2006), S. 25.

104 PKS (2006), S. 26.

105 PKS (2006), S. 72.

106 Vgl. Annan.

107 Kruse/Schmitt, APuZ 49-50/2005, S. 9 (13 ff.). Zum Vergleich: im Jahr 1871 betrug dieser Anteil 0,4 %, vgl. Schirrmacher, Der Spiegel 12/2004, S. 78 (79), der in diesem Zusammenhang den Revolutionsbegriff von Annan aufgreift. Zum historischen Rückblick der demographischen Entwicklung vgl. auch Langenhoff, BewHi 2005, S. 99 (100 f.).

Damit spielt diese Altersgruppe bei den polizeilich ermittelten Tatverdächtigen insgesamt gesehen zwar eine quantitativ eher geringe Rolle. Allerdings darf dies nicht darüber hinweg täuschen, dass die Gruppe der älteren und alten Menschen mit dem Berichtsjahr 2006 erneut Höchstwerte an Tatverdächtigen erreicht hat. So nahm gegenüber dem Berichtsjahr 1993, in dem zum ersten Mal die Daten der neuen Bundesländer integriert waren, die Zahl älterer Tatverdächtiger bis zum Berichtsjahr 2006 um ca. 43,0 % zu, während der Gesamtanstieg „nur“ 14,8 % betrug[109]. Hinsichtlich der Dunkelziffer ist davon auszugehen, dass aufgrund der meist höheren Toleranz und entsprechend geringeren Anzeigebereitschaft gegenüber älteren Personen sowie der besonderen Deliktsstruktur der Alterskriminalität nur ein relativ kleiner Teil mutmaßlicher Straftaten alter Menschen überhaupt bekannt wird[110].

Wegen der insgesamt geringen Anzahl der dennoch ermittelten Tatverdächtigen, die 60 Jahre und älter sind, spielt die Alterskriminalität auch für das Erscheinungsbild der registrierten „klassischen Kriminalität“[111] nur eine sehr untergeordnete Rolle. Im Folgenden wird demnach der Frage nachgegangen, welche Delikte im Verhältnis zum Anteil an der Gesamtkriminalität besonders häufig und welche Delikte dagegen besonders selten registriert werden. Ferner wird es um die Frage gehen, welche Delikte oder Deliktsgruppen die Struktur der Alterskriminalität bestimmen.

Die Deliktsstruktur wird dabei weitgehend durch Diebstahl ohne erschwerende Umstände (mit einem Anteil von 32,7 % bei Männern und einem Anteil von 51,2 % bei Frauen), Betrug (mit einem Anteil von 12,2 % bei Männern und einem Anteil von 11,0 % bei Frauen) und Beleidigung (mit einem Anteil von 11,5 % bei Männern und einem Anteil von 10,7 % bei Frauen) dominiert[112].
Bei den tatverdächtigen Männern nimmt der Anteil des Diebstahls unter erschwerenden Umständen mit zunehmendem Alter beträchtlich ab und nähert sich den Werten der weiblichen Tatverdächtigen an[113]. Der Diebstahl ohne erschwerende Umstände nimmt hingegen bei tatverdächtigen Männern wie Frauen mit höherem Alter erheblich zu. Über die Hälfte der ermittelten weiblichen Tatverdächtigen über 60 Jahre wurden verdächtigt, einen „einfachen“ Diebstahl begangen zu haben, wobei der Ladendiebstahl mit 92,6 % eine herausragende Stellung einnimmt; bei den gleichaltrigen Männern waren es 88,2 %[114]. Die absoluten Zahlen verringern sich bei den älteren Tatver-

---

109 Langenhoff, BewHi 2005, S. 99, der die Zuwächse im Ergebnis nicht durch eine steigende Kriminalitätsgefahr älterer Menschen erklärt, sondern vielmehr im Zusammenhang mit einer wachsenden Überalterung unserer Gesellschaft, Langenhoff, BewHi 2005, S. 99 (100). Dabei bedient er sich eines Index, der die Tatverdächtigenzahlen ins Verhältnis zur Bevölkerungsgröße setzt, wobei er zu Recht darauf hinweist, dass dieser Index die Kriminalitätsbelastung erwartungsgemäß nicht exakt widerspiegeln kann, da Informationen bzgl. der Taten, unentdeckten Straftaten, verändertes Anzeigeverhalten etc. fehlen, sowie Informationen hinsichtlich der Personen – z.B. Anzahl älterer Tatverdächtiger mit Wohnsitz im Ausland – unberücksichtigt bleiben, Langenhoff, BewHi 2005, S. 99 (101).

110 Eisenberg, 2005, § 48 Rn. 29.

111 Die Polizeiliche Kriminalstatistik weist weder Staatsschutz- noch Verkehrsdelikte aus, gleichwohl letztere bei dem hier untersuchten Personenkreis eine quantitativ sehr große Rolle spielen, vgl. PKS (2006), S. 8 sowie Göppinger, S. 515 ff.

112 PKS (2006), S. 91.

113 Sind in der Altersgruppe der 30- bis unter 60jährigen Männer 3,4 % tatverdächtig einen Diebstahl unter erschwerenden Umständen begangen zu haben, sind es in der Altersgruppe der 60jährigen und Älteren nur noch 1,2 %; bei Frauen verringert sich die Tatverdächtigenzahl in den gleichen Altersgruppen von 1,5 % auf 0,6 %, vgl. PKS (2006), S. 91.

114 PKS (2006), S. 91 und Tabelle 20, S. 12.

dächtigen zwar auch hier, aber nicht im gleichen Ausmaß wie bei den anderen Delikten.

Tötungsdelikte (mit einem Anteil von 0,2 % bei Männern und einem Anteil von 0,1 % bei Frauen[115]), Delikte gegen die sexuelle Selbstbestimmung[116] (mit einem Anteil von 0,2 % bei Männern und einem Anteil von 0,0 % bei Frauen[117]) und Raubdelikte (mit einem Anteil von 0,2 % bei Männern und 0,1 % bei Frauen[118]) werden ab dem 60. Lebensjahr nur selten begangen, da diese Taten Energie und Mobilität voraussetzen, die in dem hier erforderlichen Umfang meistens nicht mehr vorhanden sind[119]. Dennoch waren bei vorsätzlicher leichter Körperverletzung Männer ab dem 60. Lebensjahr noch mit 10,6 % tatverdächtig und bei Straftaten gegen die persönliche Freiheit 8,0 %, wohingegen die weiblichen Tatverdächtigen in den gleichen Straftatgruppen mit 5,4% und 2,5 % deutlich unterrepräsentiert sind[120].

Bei Verstößen gegen das Betäubungsmittelgesetz sind ältere Menschen insgesamt deutlich unterrepräsentiert (Männer mit einem Anteil von 0,3 % und Frauen mit einem Anteil von 0,2 %)[121]. Hier muss jedoch mindestens eine Generation abgewartet werden, um feststellen zu können, ob dies repräsentativ ist. Die heute 60jährigen und Älteren sind in ihrer Jugendzeit hauptsächlich mit Alkohol als Betäubungsmittel in Berührung gekommen, wiederum Ältere hauptsächlich mit Morphin und anderen Opiaten, nicht jedoch mit heute vorwiegend konsumierten Rauschgiften wie Haschisch, Heroin oder Kokain. Es könnte sich demnach in fünf bis zehn Jahren in der Straftatgruppe der Rauschgiftdelikte durchaus eine Verschiebung der Tatverdächtigenzahlen nach oben abzeichnen, wenn die heute 40-50jährigen – die diese Drogen in ihrer Jugend konsumiert haben bzw. konsumieren konnten – 60 Jahre und älter sind.

Auch in Bezug auf Wirtschafts- und Steuerstraftaten kann sich aufgrund des zunehmend aktiveren Alterns und sich erst im Alter ergebender Tatgelegenheiten innerhalb der nächsten fünf bis zehn Jahre eine Verschiebung der bislang ausgeprägten Tätergruppe der 40-60jährigen[122] hin zu den über 60jährigen entwickeln.

---

115 PKS (2006), S. 91.

116 1960 wurde bei den Straftaten gegen die sexuelle Selbstbestimmung noch differenziert, da ältere Menschen unter den registrierten Tatverdächtigen z.B. bei Vergewaltigung und exhibitionistischen Handlungen zwar tatsächlich unter-, beim sexuellen Missbrauch von Kindern, der zum Zeitpunkt der Untersuchung von Amelunxen gemäß § 175 StGB a.F. noch strafbaren homosexuellen Handlungen (in der alten Bundesrepublik strafbar bis zum 11.06.1994; § 149 StGB-DDR sah hingegen ein einheitliches Schutzalter von 14 Jahren für homo- und heterosexuelle Handlungen vor) und der Verbreitung pornographischer Schriften jedoch überrepräsentiert waren, vgl. Amelunxen, 1960, S. 19 ff; Albrecht/Dünkel, Z Gerontol, 1981, S. 259 (261). Böhm weist daher zu recht darauf hin, dass die Belastung heute nicht besonders eindrucksvoll ist und somit nicht die Aufmerksamkeit rechtfertigt, die diesen Delikten früher gewidmet wurde, vgl. Göppinger-*Böhm*, S. 520.

117 PKS (2006), S. 91.

118 Ebd.

119 Amelunxen, 1960, S. 19; Eisenberg, 2005, § 48 Rn. 31.

120 PKS (2006), S. 91.

121 Ebd.

122 Ebd.

Fasst man die Analyse der Polizeilichen Kriminalstatistik zusammen, kann man im Ergebnis davon ausgehen, dass insbesondere bei der weiblichen Alterskriminalität der Ladendiebstahl als durchaus typische Form der Alterskriminalität bezeichnet werden kann. Andere Delikte spielen demgegenüber, auch bei Männern, keine besondere Rolle: neben Betrugs-, Körperverletzungs- und Beleidigungsdelikten fallen alle anderen Delinquenzformen, insbesondere die Gewaltkriminalität kaum ins Gewicht. Bezieht man in die Analyse darüber hinaus mit ein, dass gerade bei den Ladendiebstählen der verursachte Schaden in 54,7 % der Fälle unter 15 Euro liegt[123], dann deutet die Struktur der polizeilich registrierten Kriminalität älterer Menschen an, dass diese Altersgruppe vor allem weniger gefährliche und weniger schadensintensive Delikte begeht, in den meisten Fällen ohne Gewaltanwendung.

II. Alterskriminalität im Spiegel der Strafverfolgungsstatistik

Weiteres Datenmaterial zur Analyse der Alterskriminalität steht mit der Strafverfolgungsstatistik zur Verfügung. Diese Daten können zwar nicht in Beziehung zu der polizeilich registrierten Kriminalität gesetzt werden, da über die Ausfilterungs- und Selektionsvorgänge nur in Teilbereichen Erkenntnisse vorliegen[124], insbesondere aber die Behandlung alter Menschen durch Instanzen sozialer Kontrolle bislang wenig wissenschaftliche Bedeutung fand und darüber hinaus den Statistiken unterschiedliche Erfassungsmodalitäten zugrunde liegen. Dennoch belegt die Strafverfolgungsstatistik die schon in der Polizeilichen Kriminalstatistik angeführten Zahlen. Auch hiernach ist die kriminelle Belastung älterer verurteilter Straftäter im Vergleich zum Bevölkerungsanteil älterer Menschen[125] insgesamt erheblich geringer: Von den im Jahr 2005 insgesamt 780.659 Verurteilten waren 35.917 in der Altersgruppe von 60 bis 70 und älter[126], das entspricht 4,6 %[127]. Im Folgenden soll jedoch auch den Besonderheiten und Charakteristika nachgegangen werden, die die Kriminalität älterer Menschen vor dem Hintergrund der Strafverfolgungsstatistik aufweist.

Deliktsspezifisch zeigt die Analyse der Straftaten nach dem StGB (ohne Verkehrsstraftaten)[128] des Jahres 2005 eindeutige Schwerpunkte der Alterskriminalität beim Diebstahl (insg. 41,77 %[129]) und beim Betrug (insg. 13,8 %[130]), gefolgt von den Belei-

---

123 PKS (2006), S. 161.

124 In Bayern werden seit dem 01.01.2004 auch die verurteilten Delikte in den so genannten Zählkarten der Strafabteilungen der Gerichte erfasst.

125 Siehe Abbildung des Altersaufbaus in Deutschland in Teil 1 B. I.

126 SVS (2005), S. 24 f.

127 Die im Rahmen der Analyse der Strafverfolgungsstatistik (SVS) angegebenen Prozentwerte entstammen allesamt eigener Berechnung.

128 Bei den Straftaten nach dem StGB (ohne Verkehrsstraftaten) sind von den insg. 488.214 Verurteilten 18.103 Personen 60 Jahre und älter gewesen (davon 13.626 Männer und 4.477 Frauen), vgl. SVS (2005), S. 24 f.; das sind 3,71 %.

129 N=7.562 (davon 4.715 Männer und 2.847 Frauen), vgl. SVS (2005), ebd.

130 N= 2.499 (davon 1.918 Männer und 581 Frauen), vgl. SVS (2005), ebd.

digungsdelikten (insg. 6,37 %[131]). Böhm weist anhand von Statistiken seit 1882 nach, dass die Verurteiltenziffer älterer Menschen beim schweren Diebstahl ständig abnimmt, während die entsprechenden Zahlen beim einfachen Diebstahl seit 1957 kontinuierlich ansteigen[132]. Hierfür kann insbesondere der hohe Anteil von Ladendiebstählen, der schon in der Polizeilichen Kriminalstatistik sichtbar wurde, verantwortlich gemacht werden.

Die Analyse der Verkehrsstraftaten in Deutschland ergibt einen prozentualen Anteil von 8,12 % älterer Verurteilter[133]. Während ältere Menschen damit im Straßenverkehr häufiger auffallen als Jugendliche[134], ist ihre Belastung insoweit etwas geringer als bei anderen Altersgruppen wie etwa der 30-40jährigen[135]. Ein Grund hierfür ist die Mobilität. Wer arbeitet, fährt auch häufiger. Rentner sind deshalb nicht mehr so häufig am Straßenverkehr beteiligt wie die Gruppe der 30-40jährigen[136]. Verkehrsdelikte ohne Trunkenheit liegen in der Altersgruppe der verurteilten älteren Menschen bei insgesamt 53,73 %, wobei die Anzahl der bei diesen Delikten verursachten Unfälle bei insgesamt 79,96 % liegt[137]. Dementsprechend liegt die Anzahl der Verkehrsdelikte in Trunkenheit bei den Verurteilten dieser Altersgruppe bei insgesamt 46,27 %, wobei hier die Anzahl der Delikte ohne Unfälle mit 67,59 % überwiegt[138]. Wenn man sich die detaillierte Aufschlüsselung des Statistischen Bundesamtes für das Berichtsjahr 2005 ansieht, fällt auf, dass ältere Menschen überwiegend wegen unerlaubten Entfernens vom Unfallort gemäß § 142 StGB mit 34,43 %[139] und Trunkenheit im Verkehr ohne Fremdschaden gemäß § 316 StGB mit 32,28 %[140] verurteilt worden sind. Delikte wie die fahrlässige Tötung gemäß § 222 StGB mit insgesamt 0,76 %[141] oder die fahrlässige

131 N= 1.153 (davon 1.041 Männer und 112 Frauen), vgl. SVS (2005), ebd.

132 Göppinger-*Böhm*, S. 519.

133 N= 15.372 (davon 12.603 Männer und 2.769 Frauen) von insgesamt 189.302 Verurteilten, vgl. SVS (2005), S. 24 f; vgl. zur Rolle der über 60 Jahre alten Kraftfahrer in der Verkehrskriminalität: Bundesanstalt für Straßenwesen Bereich Unfallforschung, S. 70 ff.; zum Ganzen auch Landesverkehrswacht Bayern e.V., S. 10 ff.

134 Von der Gesamtzahl der Verurteilten aufgrund von Straftaten im Straßenverkehr waren lediglich 4,21 % Jugendliche, vgl. SVS (2005), ebd.

135 Die Anzahl der 30-40jährigen Verurteilten liegt hier bei 22,43 %; vgl. SVS (2005), ebd.

136 Vgl. die heute noch aktuellen Analysen von Legat, Blutalkohol 1985, 272 (278 f.); vgl zum Gesichtspunkt der Mobilität auch die Ausführungen in Landesverkehswacht Bayern e.V., S. 6 ff.

137 Von den insgesamt 15.372 verurteilten Erwachsenen ab 60 Jahre haben im Berichtsjahr 2005 insgesamt 8.259 Verkehrsdelikte ohne Trunkenheit begangen, davon wurden 6.604 mit Unfällen begangen und 1.655 ohne, vgl. SVS (2005), S. 44 f.

138 Von den insgesamt 15.372 verurteilten Erwachsenen ab 60 Jahre wurden im Berichtsjahr 2005 insgesamt 7.113 ältere Menschen ab 60 wegen Verkehrsdelikten in Trunkenheit verurteilt, von denen 2.310 mit Unfällen und 4.808 ohne Unfälle begangen wurden, vgl. SVS (2005) ebd.; vgl. zum Einfluß von Alkohol und Arzneimitteln auf ältere Verkehrsteilnehmer auch Bundesanstalt für Straßenwesen Bereich Unfallforschung, S. 131 ff.

139 N= 5.293, vgl. SVS (2005) ebd.

140 N= 4.962, vgl. SVS (2005), S. 46 f.

141 N= 117, vgl. SVS (2005), S. 44 f.

Körperverletzung gemäß § 229 StGB mit insgesamt 12,52 %[142] fallen vergleichsweise kaum ins Gewicht. Interessant in diesem Zusammenhang ist auch, dass z.B. die allgemeine Zunahme der Straßenverkehrsdelikte sich weniger bei „älteren" Kraftfahrern als vielmehr bei älteren nicht motorisierten Verkehrsteilnehmern auswirkt. Wenn ein über 60jähriger Verkehrsteilnehmer als Kraftfahrer einen Unfall verursacht, so ist dies meist auf körperliche Ausfallerscheinungen zurückzuführen, die er selbst – in dem unbewussten Bestreben, die eigene Leistungsminderung zu ignorieren – nicht erkannt hat[143]. Viel häufiger sind dagegen ältere Fußgänger oder Radfahrer, die durch verminderte Reaktionsfähigkeit sowie Unkenntnis der Verkehrsregeln und Verkehrszeichen – was zum Teil auf Eigensinn und „Besserwisserei" zurückgehen dürfte – schuldhaft an Verkehrsunfällen beteiligt.

Zu gleichen Ergebnissen betreffend die Analyse der Straftaten im Straßenverkehr kommt Killias[144] für die Schweiz: Die geschlechts- und Altersverteilung entspricht der seit den 1980er Jahren unverändert gebliebenen allgemeinen Tendenz: auch hier nimmt die Delinquenz mit dem Alter ab, und Männer werden weitaus häufiger verurteilt als Frauen[145]. Mit Blick auf die seit jeher als umstritten geltenden Kriminalitätsstatistiken belegt Killias dieses Ergebnis anhand der Statistik der tödlichen Straßenverkehrsunfälle, da derartige Statistiken – zumindest in Europa – aufgrund der polizeilichen Untersuchungen der jeweiligen Unfallumstände von Amts wegen, sehr zuverlässig und valide sind. Sie haben auch im Ausland immer wieder gezeigt, dass Männer weit häufiger als Frauen tödliche Unfälle verursachen[146]. Die Übervertretung der jungen Männer unter den fehlbaren Fahrern, die in der Schweiz einen tödlichen Verkehrsunfall verwickelt waren, ist besonders massiv bei übermäßiger Geschwindigkeit. Bei der Missachtung des Vortrittsrechts anderer Verkehrsteilnehmer ist die Verteilung weniger extrem, da hier offenbar auch Konzentrationsprobleme eine größere Rolle spielen, unter denen ältere Menschen eher leiden. Allerdings sind die Dimensionen dieses Problems bescheiden, wenn man die extreme Übervertretung junger Männer bei den deutlich häufiger tödlich ausgehenden Geschwindigkeitsexzessen berücksichtigt. Die Analysen von Killias für die Schweiz verdeutlichen, wie wenig die in der heutigen politischen Diskussion vertretene Ansicht, ältere Fahrer möglichst aus dem Verkehr zu entfernen, den empirischen Gegebenheiten entspricht[147].

Die Verurteiltenzahlen der Strafverfolgungsstatistik belegen weiterhin die genannte Tendenz einer geringeren Belastung alter Menschen bei Delikten, die Gewaltanwendung oder Gewaltandrohung beinhalten, wie z.B. Straftaten gegen das Leben

---

142 N= 1.924, ebd.

143 Amelunxen, 1960, S. 23.

144 Killias, S. 199 ff.; ebenso auch Schneeberger Georgescu, KrimPäd 2007, S. 27 (28 f.).

145 Killias, S. 200 f, Rn. 505, wobei in seinen Analysen die Raten der Frauen und Männer sowie der verschiedenen Altersklassen nach ihrer Verkehrsteilnahme gewichtet wurden, um der Tatsache Rechnung zu tragen, dass Frauen und ältere Menschen etwas seltener am Steuer sitzen als Männer jüngeren und mittleren Alters, vgl. ebd. Grafik 5.2.

146 Killias, S. 201, Rn. 506.

147 Killias, S. 202, Rn. 507.

(0,2 %)[148] oder Straftaten gegen die sexuelle Selbstbestimmung (0,15 %)[149]. Ein in etwa identisches Ergebnis zeigt sich auch anhand der Erhebung der Außenstelle Singen der JVA Konstanz, die im Rahmen der differenzierten Gestaltung des Strafvollzuges in Baden-Württemberg 1970 als Vollzugseinrichtung ausschließlich für ältere Gefangene geschaffen wurde[150]:

Deliktsgruppen	1992		1994		1996		1998		2000		2002	
	Gef.	%	Gef.	%	Gef.	%	Gef.	%	Gef.	%	Gef.	%
Gewaltdelikte	19	38,0	14	32,6	15	27,8	9	17,6	9	18,4	13	23,6
Sexualdelikte	5	10,0	12	27,9	12	22,2	19	37,2	15	30,6	17	30,9
BtMG	2	4,0	0	0,0	1	1,8	1	2,0	1	2,0	2	3,6
Diebstahl	4	8,0	3	7,0	8	14,8	3	5,9	4	8,2	5	9,2
Betrug	17	34,0	9	20,9	15	27,8	16	31,4	15	30,6	12	21,8
Sonstige	3	6,0	5	11,6	3	5,6	3	5,9	5	10,2	6	10,9
Belegung insg.	58	100,0	43	100,0	54	100,0	51	100,0	49	100,0	55	100,0

Quelle: JVA Konstanz, Außenstelle Singen, Erhebung jeweils zum Stichtag 1. Oktober[151].

Zutreffend beschreibt Amelunxen daher die Struktur der Alterskriminalität zutreffend als „Kriminalität der Schwäche“[152]. Laut Albrecht und Dünkel[153] scheint ein weiteres bedeutsames Charakteristikum verurteilter älterer Menschen ferner zu sein, dass es sich bei diesen im Vergleich zu den insgesamt Verurteilten häufiger um Erstbestrafte handelt. Von drei Verurteilten mindestens 60jähriger seien danach etwa zwei Erstbestrafte, während der Vorbestraftenanteil im mittleren Alter wohl gerade umgekehrt sei. Der Gehalt dieser Theorie von Albrecht und Dünkel ist aufgrund der Tilgungsfristen nach §§ 45 ff. Bundeszentralregistergesetz (BZRG) kaum überprüfbar. So werden etwa Eintragungen über Verurteilungen (§ 4 BZRG) nach Ablauf bestimmter Fristen (fünf,

148 Von den insg. 35.917 Verurteilten über 60 Jahre haben lediglich 71 Straftten gemäß §§ 211-222 StGB (ohne Verkehrsdelikte) begangen, vgl. SVS (2005), S. 24 f.

149 Von den insgesamt 35.917 Verurteilten über 60 Jahre haben lediglich 54 Straftaten gemäß §§ 177, 178 StGB begangen, ebd.

150 Justizvollzugsanstalt Konstanz, 2005, S. 2.

151 Auflistung der Alters- und Deliktsstruktur der Insassen der Justizvollzugsanstalt Konstanz, Außenstalle Singen, die als Anlage einem Schreiben des Anstaltsleiters Herrn Rennhak, Az. E457 vom 02.12.2002 an die Verfasserin beigefügt war. Im Jahr 2007 gibt er hinsichtlich der Zusammensetzung der Gefangenen nach Delikten für das Jahr 2005 lediglich die Veränderungen in drei Deliktsgruppen an: danach lag die Anzahl der wegen Betrugsdelikten Inhaftierter bei 8, wegen Gewaltdelikten bei 12 und wegen Sexualdelikten bei 21; vgl. Rennhak, KrimPäd 2007, S. 19.

152 Amelunxen, 1960, S. 23.

153 Albrecht/Dünkel, Z Gerontol 1981, S. 259 (265).

zehn, 15 oder 20 Jahre, je nach Verurteilung[154]) getilgt. Eine zu tilgende Eintragung wird ein Jahr nach Eintritt der Tilgungsreife aus dem Register entfernt. Während dieser Zeit darf über die Eintragung keine Auskunft erteilt werden. Gerade bei der Analyse der Anzahl älterer Verurteilter sind diese Tilgungsfristen von besonderer Bedeutung, da nicht nur etwaige Verurteilungen im jugendlichen Alter, sondern auch etwaige Verurteilungen im beginnenden und mittleren Erwachsenenalter verbüßt und aus dem Register entfernt sein können. Eine stichhaltige Angabe, wie hoch der Anteil erstmalig verurteilter älterer Menschen tatsächlich ist, kann daher nicht gemacht werden.

III. Alterskriminalität im Spiegel der Strafvollzugsstatistik

Der Vollständigkeit halber soll die Alterskriminalität abschließend auch im Spiegel der Strafvollzugsstatistik, die Angaben über die Anzahl der Justizvollzugsanstalten und ihre Belegung macht, analysiert werden.

Zur Sanktionspraxis durch die Gerichte insbesondere bei älteren Menschen lässt sich bereits aus der Strafverfolgungsstatistik entnehmen, dass ein Großteil der Verurteilten dieser Altersgruppe mit Sanktionen unterhalb der Freiheitsstrafe ohne Bewährung bestraft wird. Das ergibt sich neben der vorwiegend aus Bagatell- oder leichten Deliktsbereichen betreffenden Kriminalitätsstruktur auch aus dem hohen Anteil „Erstbestrafter"[155], bei denen generell eher Geldstrafen oder Freiheitsstrafen zur Bewährung verhängt werden[156]. Albrecht und Dünkel weisen auf eine Untersuchung der Sanktionierungspraxis in Baden-Württemberg aus dem Jahre 1972 hin, die ergab, dass etwa 95 % der über 60jährigen (6,3 %, n= 114) zu einer Geldstrafe verurteilt wurden, während der entsprechende Anteil bei der Gruppe der 21-59jährigen bei etwa 87 % lag[157]. Dies bedeutet, dass in jüngeren Altersgruppen etwas mehr als das Doppelte an Freiheitsstrafen verhängt wird. Auch die Höhe der verhängten Geldstrafe war bei der Gruppe der über 60jähigen im Durchschnitt niedriger als bei den 21-59jährigen. Auch hinsichtlich der Wiederverurteilungsraten nach einem Legalbewährungszeitraum von fünf Jahren ließen sich große Unterschiede zwischen den beiden Altersgruppen beobachten. Von den älteren Verurteilten waren nach fünf Jahren 12,6 % wiederverurteilt, während diese Quote bei den Jüngeren bei 32,2 % lag[158]. So blieb seinerzeit nur ein kleiner Teil der wegen eines Verbrechens oder Vergehens verurteilten alten Menschen als Klientel der Bewährungshilfe[159] oder in psychiatrischen Krankenhäusern[160] bzw. als Insassen im Strafvollzug übrig. Langenhoff, der die Inhaftiertenzahlen bis ein-

---

154 Zur Länge der Tilgungsfrist vgl. § 46 BZRG sowie die Ausführungen hierzu bei Rebmann/Uhlig, BZRG, § 46 Rn. 1 ff.

155 Besser: Verurteilter ohne Eintragungen im BZRG, vgl. Teil 1. B. II. zu den Tilgungsfristen des BZRG.

156 Vgl. Teil 1 B. II.

157 Die Untersuchung wurde beschränkt auf Straßenverkehrs-, Eigentums-, Vermögens-, Körperverletzungs- und Nebenstrafrechtsdelikte.

158 Albrecht/Dünkel, Z Gerontol 1981, S. 259 (265 f.) m.w.N.

159 Albrecht/Dünkel, Z Gerontol 1981, S. 259 (266 f) m.w.N.

160 Albrecht/Dünkel, Z Gerontol 1981, S. 259 (268 f) m.w.N.

schließlich 2003, speziell mit Blick auf Nordrhein-Westfalen, analysiert stellt hingegen im Zeitraum 1993 bis 2003 eine Zunahme der Strafgefangenenzahl (+206) überwiegend bei deutschen Männern (+189) fest, während die Zahl der älteren ausländischen männlichen Strafgefangenen nur in geringem Umfang zugenommen hat (+17). Sowohl 1993 als auch 2003 waren rund ein Drittel der älteren Strafgefangenen vor der Inhaftierung nicht vorbestraft. Die Zahl der älteren Strafgefangenen mit Hafterfahrung ist zwischen 1993 und 2003 überproportional angestiegen. Der Anteil der Erstinhaftierten unter den älteren Strafgefangenen ist von 58,3 % auf 49,6 % gesunken und stellte 2003 erstmals die Minderheit. Zudem ist die Zahl der älteren Personen mit langer voraussichtlicher Vollzugsdauer, die in der Regel dem Zeitraum zwischen Strafzeitbeginn und voraussichtlich berechnetem Strafzeitende am Stichtag der Erhebung, d.h. am 31. März des Jahres entspricht, schneller angestiegen[161].

Von den am 31.03.2006 insgesamt 64.137 Strafgefangenen waren 1.785 Personen 60 Jahre und älter[162], das entspricht 2,78 %[163], und damit einer Verdreifachung in den letzten 13 Jahren (von 537 im Jahre 1993 auf 1.785 im Jahr 2006).

Der Zuwachs älterer Gefangener ist kein spezifisch deutsches Phänomen. Vergleichbare Entwicklungen lassen sich in anderen westlichen Industriestaaten beobachten. Auch in den Vereinigten Staaten von Amerika verändert sich die Altersstruktur der Gefangenenpopulation. So ist der Anteil der Altersgruppe ab 55 Jahren zwischen 1995 und 2003 von 3,0 % auf 4,3 % gestiegen[164]. Auch aus England und Wales werden Daten berichtet, die eine Veränderung der Altersstruktur der Gefangenenpopulation anzeigen. Zwischen 1988 und 1998 hat sich die Zahl der Gefangenen über 50 Jahre mehr als verdoppelt, die der über 60-Jährigen etwa verdreifacht; im Zeitraum 1995 bis 2001 war der Zuwachs in der Gruppe der 60-Jährigen und Älteren mit +170 % weitaus am Stärksten[165]. Eine Verdreifachung der Inhaftierten über 65-Jährigen und Älteren wird auch aus Australien im Zeitraum zwischen 1987 und 1997 berichtet, von 50 auf 158 Personen[166]. Während amerikanische Untersuchungen mit Blick auf die Gesamtzahlen inzwischen „Entwarnung“ geben[167], scheint in Japan die einst für Nordmerika benutzte

161 Langenhoff, BewHi 2005, S. 99 (101).

162 Davon 1.694 Männer (94,9 %) und 91 Frauen (5,1 %), vgl. Strafvollzugsstatistik (2006), S. 16 f. Der Anstieg von den am 31.03.1979 (Stichtag) 424 mindestens 60jährigen Strafgefangenen auf die heutigen 1.785 dürfte neben anderen Gründen sicherlich auch einen Effekt der Erfassungsmodalitäten widerspiegeln.

163 Die in diesem Punkt angegebenen Prozentzahlen entstammen allesamt eigener Berechnungen.

164 Görgen/Greve, BewHi 2005, S. 116 (118) unter Hinweis auf Harrison, P. M./Beck, A. J., Prisoners in 2003, Washington, D.C.: U.S. Department of Justice, 2004, S. 8.

165 Görgen/Greve, BewHi 2005, S. 116 (119) unter Hinweis auf Frazer, L. Ageing Inside, School for Policy Studies Working Papers Series, Paper Number 1, University of Bristol 2003, S. 34.

166 Grant, Trends & Issues in Crime and Criminal Justice 1999, S. 2.

167 Sapp, S. 19 (29); Aday, S. 9 f., der unter Hinweis auf 'The Corrections Yearbook' 1990 und 2001 dennoch auf die Verdreifachung der Insassen hinweist, die alter als 50 Jahre sind. Von den in den USA im Jahr 2001 insg. 1,3 Mio. Insassen waren 113.358 über 50, im Jahr 1990 waren es – bei in etwa gleich gebliebenen Gesamt-Insassenzahlen 33.499.

Metapher der „geriatric crime wave“[168] tatsächlich wahr zu werden: keine Bevölkerung eines Industriestaates altert so schnell wie die Japans. Eine stark gesunkene Geburtenrate (1,29 in 2003) und die weltweit höchste Lebenserwartung (Frauen 84 Jahre, Männer 78 Jahre) werden voraussichtlich dazu führen, dass im Jahr 2050 jeder dritte Japaner 65 Jahre und älter sein wird. Schon heute, so Forscher der Universität Fukushima, lässt sich eine zunehmende Alterskriminalität als Phänomen aus der Umkehrung der Alterspyramide ausmachen. Seit 1994 ist die Kriminalitätsrate unter Rentnern in Japan um 320 % gestiegen[169].

Belege für den vor etwa 25 Jahren in nordamerikanischen Untersuchungen und Medienberichten dargestellten und prognostizierten dramatischen Anstieg der Alterskriminalität[170] sind den vorgenannten Statistiken – wenn auch hierzulande ein überproportionaler Anstieg verzeichnet werden kann[171] - für Deutschland nicht zu entnehmen. Die Anzahl der Strafgefangenen, die älter als 60 Jahre sind, ist im Vergleich mit den anderen Altersgruppen insgesamt gesehen – dies bestätigt somit die Ergebnisse der Polizeilichen Kriminalstatistik und der Strafverfolgungsstatistik – immer noch außerordentlich gering[172]. Besonderheiten sind zunächst bei der Analyse der Unterbringung in einer offenen oder geschlossenen Anstalt sichtbar. Während im Jahr 1979 6,8 % der älteren Strafgefangenen im offenen Vollzug untergebracht waren[173], ist dies im Jahr 2006 schon bei 27,73 % der Fall[174]. Gleichwohl dürfte der Anteil älterer Gefangener, die aus Gründen der Sicherheit nicht in eine offene Anstalt verlegbar erscheinen (vgl. § 10 StVollzG) weit geringer sein als die Praxis davon Gebrauch macht. In einzelnen Bundesländern hängt dies auch damit zusammen, dass ältere Gefangene wie z.B. in Baden-Württemberg in der Außenstelle Singen der Justizvollzugsanstalt Konstanz, die eine geschlossene Anstalt ist, zusammengefasst werden[175]. Interessant ist ferner die Analyse der voraussichtlichen Vollzugsdauer: So ist bei den meisten älteren Insassen eine Vollzugsdauer von mehr als zwei bis einschließlich fünf Jahre zu erwarten (n= 580, das entspricht 32,49 %). An zweiter Stelle liegt die voraussichtliche Vollzugsdauer bei mehr als fünf bis einschließlich zehn Jahren (n= 206, das entspricht 11,54 %), dicht gefolgt vom Zeitraum der voraussichtlichen Vollzugsdauer von mehr als einem bis einschließlich zwei Jahren (n= 197, das entspricht 11,04 %)[176]. Diese marginale Anzahl älterer Gefangener lässt sich grob in drei Gruppen untergliedern:

---

168 Cullen/Wozniak/Frank, S. 151.

169 Informationsdienst Straffälligenhilfe BAG-S in ZfStrVo 2005, S. 44 unter Hinweis auf einen Bericht der ‚Neue Zürcher Zeitung' vom 22.08.2004.

170 Malinchak, S. 150; Wilbanks, 1984, S. 1; ders. 1985, S. 269; Cullen/Wozniak/Frank, S. 151.

171 Langenhoff, BewHi 2005, S. 99 (109 ff).

172 So auch ausdrücklich ein Schreiben des Thüringer Ministeriums für Justiz und Europaangelegenheiten, Az. 4551/E-5/96 vom 11.09.1996 an die Verfasserin.

173 Dies könnte damit zusammenhängen, dass der offene Vollzug vor 20 Jahren mehr mit Freigang, d.h. Arbeit außerhalb der Anstalt, verbunden wurde als dies heute der Fall ist.

174 N= 495, vgl. Strafvollzugsstatistik (2006), S. 16 f.

175 Albrecht/Dünkel, Z Gerontol 1981, S. 259 (267 f).

176 Strafvollzugsstatistik (2006), S. 16 f.

(1) Menschen, die durch Krankheiten, Gebrechen, Unfallfolgen, aber auch durch ihren Lebenswandel früh körperlich und geistig „abgebaut“ haben; (2) Insassen, die als Wiederholungstäter häufig rückfällig geworden sind, und alte Straffällige, die ihren Lebensabend im Vollzug beschließen wollen oder müssen, nachdem ihre kriminelle Aktivität - mit vielen Haftjahren verbunden - häufig Jahrzehnte gedauert hat und sich allmählich dem Ende nähert; (3) Spätstraffällige, die erst im Alter gegen die Gesetze verstoßen haben, insbesondere wegen Vorsorgedelikten[177].

C. Theorien zur Erklärung von Alterskriminalität

Der bisherige Abschnitt konnte, mit Hilfe der Polizeilichen Kriminalstatistik, der Strafverfolgungsstatistik sowie der Strafvollzugsstatistik, klären, inwieweit sich die Gruppe der älteren Menschen in Bezug auf Häufigkeit und Struktur offiziell registrierter Kriminalität von anderen Altersgruppen unterscheidet. Im Weiteren wird nun die daraus resultierende Frage aufgegriffen, ob die festgestellten Unterschiede durch mit dem Klassifizierungskriterium des kalendarischen Alters indizierten biologischen, psychologischen oder soziologischen Besonderheiten mittels „Alters“- Kriminalitätstheorien erklärt werden können.

Wenn man das bisher Ausgeführte zusammenfasst, so lässt sich die Alterskriminalität charakterisieren als ein in der betreffenden Altersgruppe, verglichen mit anderen Ereignissen weitaus selteneres Ereignis, das zudem, ausgehend von der Deliktsart, völlig neue Schwerpunkte setzt. Männliche Alterskriminalität wird dabei dominiert von den Deliktsgruppen Straßenverkehrskriminalität (und hier v.a. Trunkenheit im Straßenverkehr) und Diebstahl, während die weibliche Alterskriminalität fast ausschließlich Diebstahlskriminalität darstellt. Typisch ist weiter das im Vergleich zu jüngeren Altersgruppen weitaus seltenere Auftreten gewalttätiger Formen der Deliktsbegehung. Aus diesen Tatsachen lässt sich nun auch ableiten, was eine Theorie der Alterskriminalität leisten sollte: Sie muss einmal in der Lage sein, die wesentlich geringere kriminelle Belastung älterer Menschen zu erklären, zum anderen die deliktsspezifischen Besonderheiten der Verurteilung. Schließlich sollte sie die Frage beantworten helfen, warum sich alte Menschen in diesem Lebensabschnitt zum ersten Mal (oder nach längeren Karenzzeiten wiederum) bzw. in diesem Lebensabschnitt weitere Male kriminell abweichend verhalten[178]. Diese Frage, bezogen auf ältere Erst-, Gelegenheits- oder chronische Straftäter, beschäftigt Wissenschaft und Praxis gleichermaßen. Dennoch existiert keine eigene „Alters“- Kriminalitätstheorie, so dass insoweit auf verschiedene sozialpsychologische und soziologische Kriminalitätstheorien bzw. Theorie integrierender Ansätze zurückgegriffen werden muss.

177 Kaiser/Schöch, § 10 Rn. 101; zur Typologie vgl. Degenhardt, S. 215 (216 f.); Preusker, S. 225 f.; Aday/Webster, Offender Rehabilitation 1979, S. 271 (273) m.w.N.; Krajick, Corrections Magazine 1979, S. 32 (34); Teller/Howell, Criminology 1981, S. 549 ff. m.w.N.; Rubenstein, S. 153 (155 f., 157 ff. m.w.N.).

178 Albrecht/Dünkel, Z Gerontol 1981, S. 259 (269).

I. Theorie der Schwäche

Die wohl am häufigsten verwendete Theorie zur Erklärung von Alterskriminalität und ihrer Besonderheiten ist die These der „Kriminalität der Schwäche". Diese leitet das Auftreten von Kriminalität bei alten Menschen aus „besonderen, an die Lebensphase gebundenen biologisch-psychologischen Bedingungen"[179] oder „ gewissen Veränderungen im psychologischen System während der Rückbildungsjahre" ab[180]. Diese Veränderungen sollen zu einer Schwächung der physischen und psychischen Konstitution im Laufe von Alterungsprozessen führen, die einmal zu einer Reduktion von auch kriminellen Aktivitäten führt und zum anderen bei der verbleibenden „Restkriminalität" zu einer Umstrukturierung, wobei die nunmehr inkriminierten Handlungen eher „Ersatzcharakter" tragen sollen[181]. Der Begriff der „Ersatzhandlungen" meint, dass ab einem bestimmten Alter „Angriffe gegen bestimmte Personen und fremde Rechtsgüter in Formen begangen (werden), die ein Minimum an Körperkraft und äußerer Aktivität voraussetzen"[182] (also Hehlerei statt Raub und Diebstahl; Beleidigung, Verleumdung und Bedrohung statt direkter Gewaltanwendung; Exhibitionismus und sexueller Missbrauch von Kindern statt Vergewaltigung). Altersbedingte Abbauprozesse werden in zweierlei Hinsicht relevant, einmal in Form „dementiver Abbauzustände" und zum anderen in Form der „lebensphasischen Schwäche"[183], die eine adäquate Beherrschbarkeit der Umwelt infolge „geschwächter moralischer Widerstandskraft"[184] z.B. in im Alter auftretenden wirtschaftlichen Mängellagen nicht mehr erlaubt[185].

Die Theorie der Schwäche vermag zwar Hinweise darauf zu geben, warum Gewaltdelikte oder andere kriminelle Handlungen, die bestimmte körperliche Fertigkeiten abverlangen, bei alten Menschen unterdurchschnittlich häufig auftreten, sie vermag aber nicht zu erklären, warum die Kriminalitätsrate insgesamt gesehen bei dem Vorhandensein solcher Bedingungen der psychisch-physischen Schwäche im Vergleich zu anderen Gruppen so gering ist. Darüber hinaus zeigt ein Vergleich der heutigen Kriminalitätssituation mit Analysen aus früherer Zeit, auf die sich die Theorie der Schwäche hauptsächlich stützt, dass gerade im Bereich der Kriminalität älterer Menschen ein Strukturwandel stattgefunden hat, der die Fruchtbarkeit des Begriffes „Ersatzhandlung" fraglich erscheinen lässt[186].

Diese These kann folglich nicht zur Erklärung der Kriminalitätsschwerpunkte älterer Straftäter herangezogen werden.

---

179 Bürger-Prinz/Lewerenz, S. 3.
180 Nass, S. 188.
181 Amelunxen, 1960, S. 20.
182 Amelunxen, 1960, S. 19.
183 Fopp, S. 83.
184 Amelunxen, 1960, S. 21.
185 Albrecht/Dünkel, Z Gerontol 1981, S. 259 (269).
186 Göppinger, 1997, S. 521 ff.

II. Theorie der differentiellen Assoziation

Der US-amerikanische Kriminologe Sutherland entwickelte die lerntheoretisch orientierte Kriminalitätstheorie der differentiellen Assoziation. Diese Theorie geht davon aus, dass kriminelles Verhalten - wie danach alles Verhalten - gelerntes Verhalten ist. Es wird erlernt in Interaktion mit anderen Personen und meist in kleinen Gruppen, wobei das Erlernte sowohl die Motive als auch die Techniken kriminellen Verhaltens umfasst[187]. Delinquenz ist nach dieser Theorie das Ergebnis eines Lernprozesses, der sich im Rahmen von Interaktionen mit den Angehörigen verschiedener sozialer Gruppen vollzieht. Hierbei werden bestimmte Wertorientierungen, Verhaltensweisen, Definitionen und Reaktionsmuster erlernt. Innerhalb der verschiedenen Gruppierungen werden die gesetzlich vorgegeben Verhaltensregeln als angemessen oder nicht angemessen definiert[188]. Delinquenz ist das Resultat eines Überwiegens von Definitionen, die abweichendes Verhalten gegenüber gesetzeskonformem Verhalten als erstrebenswerter beschreiben[189].

Problematisch ist an dieser Theorie, dass eine empirische Überprüfung nur schwer möglich ist. Außerdem fehlen Aussagen darüber, warum einige Personen Kontakte zu Kriminellen knüpfen, andere unter den gleichen Bedingungen aber nicht. Zudem passt die Lerntheorie nicht auf Affekt- und Triebtaten[190]. Trotzdem gehen Akers, La Greca und Sellers mit geringfügigen Modifikationen von einer Übertragbarkeit der Theorie der differentiellen Assoziation auf alle Altersgruppen aus[191]. Während die entscheidenden Peer-Group-Einflüsse bei Jugendlichen hauptsächlich im Bereich der Schule lägen, würden bei älteren Menschen beispielsweise Freizeitgruppen, politische und religiöse Gruppen, Vereine oder Gruppen im Bereich der Sozialarbeit relevant. Der Familie komme in beiden Fällen maßgebliche Bedeutung zu. Bei den Jüngeren vorwiegend die Eltern und die Geschwister, bei den Älteren die erwachsenen Kinder, die Ehepartner und evtl. die Geschwister[192]. In dem Überwiegen der Kontakte zu besagten Personen und Gruppen könnte ein gewisses Erklärungspotential für die eben dargestellte vergleichsweise niedrige Kriminalitätsrate sowie die Struktur der Kriminalität älterer Menschen liegen, speziell bei älteren Gelegenheits- oder chronischen Straftätern.

Schwieriger gestaltet sich anhand dieser Theorie allerdings die Erklärung für ältere Ersttäter. Die Annahme, dass eine Vielzahl von Personen gerade im höheren Lebensalter im Rahmen ihrer sozialen Interaktion einem Übermaß normwidriger Definitionen ausgesetzt sei, widerspricht jeglichen Alltagserfahrungen. So sind dem alten Menschen infolge seines gesellschaftlich geförderten vollständigen oder teilweisen Rückzugs aus verschiedenen Handlungsfeldern (insbesondere Beruf und Straßenverkehr) sowie

187 Kerscher, S. 41; Kaiser, 1996, § 45 Rn. 17.
188 Sutherland/Cressey, S. 80.
189 Kaiser, 1996, § 45 Rn. 17; Sutherland/Cressey, ebd.
190 Kaiser, 1996, § 45 Rn. 18.
191 Akers/La Greca/Sellers, S. 35 (40 ff.).
192 Ebd.

durch veränderte Quantität und Qualität sozialer Kontakte und Kontaktmöglichkeiten wohl ein Teilbereich sozialer Situationen versperrt, die die Gelegenheiten zu kriminellem Handeln erst bieten[193]. Allenfalls wäre daran zu denken, dass ein in früheren Jahren erlerntes Verhalten im Alter zutage tritt. Dann müsste jedoch auch geklärt werden, warum nach einer über Jahre andauernden Anpassung an Recht und Gesetz gerade im hohen Alter erst die früher erlernten Definitionen das Verhalten bestimmen sollten. Schramke äußert in dem Zusammenhang die Vermutung, dass mögliche Desintegrationsprozesse im Alter ein Verlernen sozialer Verhaltensnormen bedingen können[194].

Im Ergebnis kann die Theorie der differentiellen Assoziation ebenfalls nicht zur Erklärung der Kriminalitätsschwerpunkte älterer Straftäter herangezogen werden.

III. Social bonding theory

Ein Mehr an Erklärung der Unterschiede in der Kriminalitätsbelastung der verschiedenen Altersgruppen verspricht ein kontrolltheoretischer Ansatz. Während der zuvor dargestellte lerntheoretische Ansatz versucht, abnormes Verhalten zu erklären, geht es dem kontrolltheoretischen Ansatz der social bonding theory um die Frage, warum sich der Großteil der Menschen in den meisten Situationen normkonform verhält[195]. Es wird vermutet, dass die Intensität sozialer Kontakte und damit die Häufigkeit registrierter Kriminalität bei alten Menschen nachlassen, sich andererseits informelle Kontrollen verstärken und gleichzeitig das Ausmaß persönlichkeitsinterner Kontrolle zunimmt[196]. Für die Plausibilität dieser Überlegungen sprechen verschiedene Forschungsergebnisse der Kriminologie und Gerontologie:

Mit zunehmendem Alter sinkt die Risikobereitschaft während die Anpassungsbereitschaft steigt. Diese Entwicklung vermag eine Erklärung für die weitaus geringere Kriminalitätsbelastung zu sein, obgleich gerade wegen der bei älteren Menschen häufiger zu beobachtenden wirtschaftlichen Mängellagen eine höhere Motivation zur Begehung von Eigentums- oder Vermögensdelikten gegeben sein könnte. Gerade hinsichtlich der vergleichsweise hohen Anpassungsbereitschaft älterer Menschen kann davon ausgegangen werden, dass diese von einem höheren Bestrafungsrisiko ausgehen und sich deshalb weniger häufig abweichend verhalten[197].

Allerdings wird das Ausmaß informeller Kontrolle bei älteren Menschen, ausgeübt durch Familienangehörige, Pflegepersonal oder Heime, oftmals überschätzt. So leben etwa 4 % der über 65jährigen in Deutschland zu bestimmten Stichtagen in Heimen[198], ein unwesentlich höherer Anteil dürfte bei dem Verlassen des Hauses oder der Woh-

193 Albrecht/Dünkel, Z Gerontol 1981, S. 259 (270).
194 Schramke, S. 39.
195 Eisenberg, 2005, § 7 Rn. 5.
196 Eisenberg, 2005, § 7 Rn. 8.
197 Albrecht/Dünkel, Z Gerontol 1981, S. 259 (270).
198 Zimmermann, S. 115 ff.

nung auf Hilfspersonen angewiesen sein[199]. Zu bedenken ist deshalb, dass lediglich bei einem kleinen Anteil älterer Menschen das Verhaltensrepertoire durch körperliche Gebrechlichkeit so eingeschränkt ist, dass abweichende oder kriminelle Aktivitäten nicht mehr enthalten sein können[200].

Hirschi versucht hingegen das vorwiegend normkonforme Verhalten mit den Einbindungen des Individuums in die Gesellschaft zu erklären:

Von entscheidender Bedeutung sei die emotionale Bindung an andere Menschen (*attachment to others*), wobei es ausschließlich auf die Bindung als solche ankomme. Die Sensibilität und das Interesse für andere Menschen verpflichte den Einzelnen gegenüber bestehenden sozialen Normen und bilden gleichsam die Grundlage für die drei weiteren Ebenen des konformen Verhaltens. Die nächste Ebene konformen Verhaltens liege im persönlichen Engagement des Individuums (*commitment*): Durch dieses Engagement erreiche der Einzelne einen bestimmten sozialen Status. In einer Art „Kosten-Nutzen-Analyse" wäge er den erreichten Status gegen das Risiko ab, diesen durch nicht konformes Verhalten einzubüßen. Folge des persönlichen Engagements sei die Einbindung von Individuen in konventionelle Aktivitäten und damit in einen sozial- und normkonformen Lebensstil (*involvement*). Der Großteil der Menschen verhalte sich letztlich deshalb in den meisten Fällen normkonform, da sie die gesellschaftlich anerkannte Werteordnung billigten und akzeptierten (*belief*), während Straffällige das gemeinsame Wertesystem lediglich äußerlich anerkennen würden[201].

Diese Theorie soll nach Ansicht von Akers, La Greca und Sellers grundsätzlich auch die Kriminalität älterer Menschen erklären können. Die emotionale Bindung erfolge bei älteren Menschen jedoch naturgemäß eher an den Lebenspartner, erwachsene Kinder usw. Während das persönliche Engagement bei Jüngeren zukunftsorientiert sei, ginge es Senioren eher um das bereits Erreichte, die momentane gesellschaftliche Stellung. Auch die Einbindung in konventionelle Aktivitäten hätten bei der Bevölkerungsgruppe der Betagten, nicht zuletzt wegen der spürbaren Begrenztheit der noch verbleibenden Zeit, einen anderen Charakter: so werde nach der Pensionierung zunehmend ehrenamtliches Engagement oder persönliche Hobbys im Vordergrund stehen[202]. Zu berücksichtigen ist allerdings, dass die Ansicht von Akers, La Greca und Sellers auf US-amerikanische Verhältnisse aufbaut, die eine im Vergleich zur Bundesrepublik Deutschland sehr unterschiedliche vereinsmäßige Organisationsdichte aufweisen. Unabhängig davon fungieren die Vereine in Deutschland sicherlich ebenso als Kontrollinstanz. Die social bonding theory liefert jedoch weder eine Erklärung für den Umfang noch für die evidenten Unterschiede in der Struktur der Alterskriminalität im Vergleich zur Kriminalität anderer Altersgruppen. Sie kommt daher als Erklärung für die Kriminalität älterer Menschen nicht in Betracht.

---

199 Bergener/Husser/Kähler/Mehne, S. 100.

200 Albrecht/Dünkel, Z Gerontol, 1981, S. 259 (270).

201 Hirschi, S. 23 ff.

202 Akers/La Greca/Sellers, S. 35 (44 f.).

IV. Anomietheorie

Die von Merton erstmalig 1938 publizierte Anomietheorie[203] stützt sich auf grundlegende Forschungsergebnisse des französischen Soziologen Durkheim. Dieser vertrat die Auffassung, dass Kriminalität eine normale Erscheinung innerhalb der Gesellschaft sei (*Theorie der strukturell-funktionalen Bedingtheit der Kriminalität*). Negativ wird die Entwicklung erst dann, wenn sie zugunsten der Kriminalität umschlägt und sich gesellschaftliche Werte und Normen auflösen (so genannter *anomischer*[204] Zustand)[205]. Merton ging davon aus, dass Kriminalität durch ein Auseinanderfallen von angestrebten Zielen, z.B. der Erlangung materiellen Wohlstandes, und der zur Verfügung stehenden Mittel, z.B. des zu geringen Lohns, entstehe. Merton entwarf eine Typologie der Situationsbewältigung: die Ziele zu bejahen und sie mit legalen Mitteln zu erreichen (*Konformität*), die Ziele herunterzuschrauben (*Ritualismus*), die Ziele und Mittel zu bekämpfen (*Rebellion*), die Ziele und Mittel nicht weiter zu verfolgen (*Apathie*) oder die Ziele zu bejahen und sie mit illegalen Mitteln zu erreichen (*Innovation*). Würde über das normale Maß hinaus Innovation betrieben, führe dies die Gesellschaft in einen anomischen, d.h. normlosen Zustand[206].

Die Anomietheorie scheitert jedoch, wenn es um die Frage geht, warum die meisten Menschen trotz angestrebter Ziele nicht zu illegalen Mitteln greifen. Ferner bleibt unklar, welche der oben angeführten Reaktionen durch welchen Umstand ausgelöst wird. Im Übrigen findet Kriminalität, die mit der Erreichung gesellschaftlicher Ziele nichts zu tun hat (z.B. Gewaltkriminalität), keine Beachtung[207]. Dennoch hat sich die gerontologische Forschung mit dem Begriff der Anomie im Alter auseinandergesetzt:

Während nach einer Ansicht weder ein positiver Zusammenhang zwischen Alter und Anomie noch eine ausgeprägte Beziehung zwischen dem Maß sozialer Partizipation und Anomie existiert[208], machte eine andere Ansicht einen höheren anomischen Druck bei über 60jährigen im Vergleich zu jüngeren Altersgruppen aus: Niedriges Einkommen durch beruflichen Ausstieg, fehlende Anerkennung im Beruf und nicht zuletzt hohes Alter als solches schlössen ältere Menschen weitgehend von gesellschaftlich idealisierten Zielen aus. Hinzu komme der Mangel an Zukunftsperspektiven, die positive Veränderungen erwarten ließen[209]. In die gleiche Richtung argumentieren Akers, La Greca und Sellers die davon ausgehen, dass Anomie bei Senioren als eine aus

---

203 Merton, S. 186 ff. und 193 ff.

204 A-nomos *(gr.)* = kein Gesetz, eigentlich Theorie des Werteverfalls in einer Gesellschaft. In der Dritten Republik (1875-1940) herrschte in Frankreich das staatsbürgerliche Bewusstsein vor, dass Erziehung das Heilmittel gegen diesen Werteverfall sei, vgl. Haensch/Tümmers, S. 49 ff.

205 Durkheim, 1965; ders. 1977; sowie zum Ganzen Göppinger, 1997, S. 128 ff.; Kerscher, S. 37; Killias, S. 100 f.

206 Merton, S. 186 ff. und 193 ff.; Kerscher, S. 39 f.; Eisenberg, 2005, § 6 Rn. 17.

207 Kaiser, 1996, § 39 Rn. 5 f.

208 Pope, H./Ferguson, M. D.: Age and Anomia in Middle and Later Life. In: International Journal of Aging and Human Development 1982-83 (15), S. 51-74, zit. nach Schramke, S. 44.

209 Leonard, Journal of Gerontology 1977, S. 303 (309).

der Retrospektive erscheinende oder zumindest gegenwärtige Diskrepanz zwischen Lebenszielen und tatsächlich Erreichtem auftrete[210].

Auch mit dieser Theorie gelingt es, delinquentes Verhalten älterer Menschen grundsätzlich zu erklären. Die Frage, warum Senioren trotz höheren anomischen Drucks mit einer, wie gezeigt wurde, niedrigeren Kriminalitätsrate belastet sind und wie es zu den Eigenheiten der Struktur der Alterskriminalität kommt, wird jedoch nicht beantwortet. Deshalb kann auch die Anomietheorie nicht als Erklärungspotential herangezogen werden.

V. Labeling Approach

Der aus den USA stammende Etikettierungsansatz (oder Labeling Approach) geht im Gegensatz zu den bisherigen Ansätzen zunächst davon aus, dass Kriminalität in allen Gesellschaftsschichten vertreten ist (so genannte Ubiquität)[211]. Dadurch, dass die Kontrollinstanzen nicht jeden mit der gleichen Intensität verfolgten (so genannte Selektion), komme es zu einem verzerrten Bild der Kriminalitätsverteilung. Insbesondere untere soziale Schichten seien einer stärkeren Verfolgung ausgesetzt. Auch durch die Gesetzgebung würden obere Schichten privilegiert. Da die Gesetze von dem mächtigeren Teil der Bevölkerung erlassen würden, könnten deren Interessen gewahrt werden; es komme zu einer „Klassengesetzgebung"[212].

Für diesen Ansatz spricht, dass er die Entscheidungsfindungsprozesse der Kontrollinstanzen analysiert und eine kritische Auseinandersetzung mit denselben ermöglicht. Kritisiert werden muss an dieser Theorie jedoch, dass sich eine gleichmäßige Verteilung der Straftaten in der Gesellschaft nicht nachweisen lässt[213]. Zudem führt der Ansatz dazu, dass die Diskussion über die Ursachen der Kriminalität abgeschnitten wird[214]. Einer analogen Anwendung der Theorie zur Erklärung der Alterskriminalität steht dennoch nichts entgegen. Danach sind Definitions- und Selektionsprozesse bei älteren Menschen genauso dafür verantwortlich, dass bestimmte Verhaltensweisen als abweichend gekennzeichnet werden. Gerade bei chronischen Straftätern führe die wiederholte Etikettierung als „Bewährungsversager" oder „Rückfalltäter" durch eine „self-fulfilling-prophecy" zur Verinnerlichung und zur Übernahme der zugeschriebenen Rolle in das Selbstbild des Betroffenen, das sich mit jeder erneuten Verurteilung weiter verfestige[215].

Erklärungsbedürftig ist jedoch die Art der Selektionsprozesse, die bei der Verfolgung älterer straffälliger Menschen greifen. Ältere Menschen werden, verglichen mit jüngeren Altersgruppen, relativ gesehen erheblich seltener registriert. In der analogen

---

210 Akers/La Greca/Sellers, S. 35 (48 f.).
211 Amelung, S. 122 ff.
212 Göppinger, 1997, S. 255.
213 Kaiser, 1996, § 32 Rn. 11 f.
214 Ebd.
215 Lemert, S. 75 ff.

Anwendung der Theorie des Labeling Approach verzichtet Schramke daher auf das Merkmal der Schichtzugehörigkeit und ersetzt es durch das Altersmerkmal der hier zu untersuchenden Bevölkerungsgruppe[216].

Danach könnte man zunächst vermuten, dass die in unserer Gesellschaft vornehmlich herrschenden mittleren Altersgruppen ihren Machtanspruch durch die Unterdrückung älterer Menschen im Wege der Kriminalisierung und Strafverfolgung zu festigen suchen. Diese Vermutung wird jedoch durch die quantitativ deutlich geringere Auffälligkeit der Senioren widerlegt. Andererseits könnte man überlegen, dass eine Kriminalisierung älterer Menschen nicht erforderlich ist, weil andere Prozesse - biologische oder gesellschaftliche (Pensionierung) - bereits dafür Sorge tragen, dass Senioren bestehende Herrschaftsverhältnisse kaum zu erschüttern vermögen[217].

In der zuletzt genannten Interpretation des Etikettierungsansatzes von Schramke enthält dieser als einziger ein gewisses Erklärungspotential für die geringere Kriminalitätsbelastung älterer Menschen.

VI. Altenspezifische Theoriesegmente

Nachdem die klassischen Kriminalitätstheorien selbst in analoger Anwendung die qualitativen und quantitativen Unterschiede zur Kriminalität anderer Altersgruppen so gut wie nicht zu erklären vermögen[218], sollen im Folgenden die bisher angesprochenen Ansätze um altenspezifische Theoriesegmente[219] erweitert werden.

Dabei wird vor allem die so genannte Burn-Out-Hypothese angeführt, die den Rückgang der Kriminalität im höheren Alter mit einer bestimmten „Lebensmüdigkeit" älterer Menschen erklärt, auf Grund derer sich die Verhaltensweisen änderten[220].

Eine weitere Argumentation wird in der Abnahme physischer Stärke und Beweglichkeit sowie der sozialen Interaktion im Alter gesehen[221]. Letztere Hypothese kann zwar tatsächlich durch die Reduzierung der Tatgelegenheiten eine gewisse präventive Wirkung zugesprochen werden. Allerdings kommt in ihr auch ein kriminogener Faktor zum Ausdruck, denn abgesehen von der möglichen Funktion eines Diebstahls als Ausgleich für einen erlebnisarmen Alltag, wird in extremen Fällen sozialer Isolation der ein oder andere Ladendiebstahl zumindest teilweise auch ein Appell auf mangelnde Fürsorge und Einsamkeit sein[222]. Die häufig als Erklärung angeführte materielle Not scheint jedoch bislang keineswegs das typische Motiv älterer Ladendiebe zu sein[223]. Dieses könnte sich, nicht zuletzt auf Grund des zu erwartenden Einkommensgefälles innerhalb der Gruppe der Senioren, in Zukunft ändern.

---

216 Schramke, S. 46 in Anlehnung an Kreuzer, 1986, S. 219 (305 ff.) und Krämer, S. 35 ff., die einige Thesen des Etikettierungsansatzes in vergleichbarer Weise auf den Bereich der Frauenkriminalität übertragen haben.

217 Schramke, S. 46 f.

218 Einzige Ausnahme bildet die zuvor dargestellte Theorie des Labeling Approach.

219 Eine Übersicht der verschiedenen Segmente findet sich bei Fattah/Sacco, S. 13 ff.

220 Ebd.

221 Ebd.

222 Kreuzer/Hürlimann, S. 11 (27 und 34 f., Bsp. 5).

223 Feinberg, 1984 (a), S. 35 (42), Ritzel, MschrKrim 1972, S. 345 (348).

Ferner wird die Hypothese der Änderung der Richtung aggressiver Tendenzen angeführt, wonach ältere Menschen ihre Aggressionen mit zunehmendem Alter mehr gegen sich selbst richten würden[224].

Schließlich könnte der quantitativ geringe Anteil an Alterskriminalität in einem Zusammenhang mit einer geringeren Aufklärungsquote stehen. Zwar sind die bei dieser Altersgruppe am meisten vertretenen Delikte wie Diebstahl ohne erschwerende Umstände oder Betrug ohnehin schwieriger zu verfolgen. Andererseits besteht generell die Tendenz, älteren Menschen mit mehr Toleranz zu begegnen und bei ihnen Abweichungen eher zu dulden[225]. So ergibt die Untersuchung von Gillig über die Verfolgungspraxis bei Ladendiebstählen, dass bei der Gruppe der über 60jährigen das Strafverfahren überdurchschnittlich häufig wegen Geringfügigkeit nach § 153a StPO eingestellt wird, obwohl sich die durchschnittliche Schadenshöhe in dieser Gruppe von der anderer Altersgruppen nicht unterscheidet[226]. In einem der von ihm geschilderten Fälle lautet die Begründung zur Einstellung des Verfahrens sogar schlicht: „Rentner – 76 Jahre alt!“[227]. In diesem Zusammenhang muss darauf hingewiesen werden, dass die Gerichte bei Strafverfahren gegen ältere Menschen auch einer gewissen sozialen Kontrolle durch die Medien ausgesetzt sind, die – je nach Delikt – mitunter wenig Verständnis für eine Verurteilung haben. Die Nachsichtigkeit der Strafverfolgungsorgane führt bisher in den USA z.B. dazu, dass ältere Menschen schlicht in den Kriminalitätsstatistiken weniger auftreten. Auf die breite, von New York ausgehende Strömung des „Zero-Tolerance“[228] kann hier nicht weiter eingegangen werden. Auf Grund des in Deutschland geltenden Legalitätsprinzips, wonach die Polizei gemäß § 136 StPO obligatorisch ihre Ermittlungstätigkeit aufzunehmen hat, wird ein älterer Straftäter auch in die Polizeiliche Kriminalstatistik eingehen.

Letztlich werden auch der zerebrale Abbau sowie hirnorganische Störungen älterer Menschen als Hypothese für straffälliges Verhalten angeführt[229]. Psychisch Kranke machten, so Schüttler und Schulte, einen vergleichsweise hohen Anteil der straffälligen älteren Menschen aus[230]. Gerade im Bereich der Sexualdelikte wird größtenteils ein Zusammenhang mit der genannten Hypothese herzustellen versucht[231]. Bei älteren Erststraftätern lässt sich der Rückgriff auf psychische Störungen in gewisser Weise noch nachvollziehen, möglicherweise sogar belegen. Nachdem aber Art und Maß des kriminogenen Einflusses psychischer Krankheiten älterer Menschen nach wie vor ungeklärt sind[232], verbietet sich jegliche dahingehende Generalisierung.

224 Dafür spricht auch die bei Senioren stark erhöhte Selbstmordrate, siehe dazu auch unten.
225 Woll-Schumacher, S. 19; Kreuzer/Hürlimann, S. 11 (55 f.).
226 Gillig, S. 239 ff.
227 Ebd.
228 Vgl. hierzu jedoch Dreher/Feltes, S. 3 ff.
229 Amelunxen, Fortschritte der Medizin 1966, S. 41 (42); Kreuzer/Hürlimann, S. 11 (27 m.w.N.).
230 Schüttler/Schulte, S. 377 (383).
231 Amelunxen Fortschritte der Medizin 1966, S. 41 (42); Pollak, Journal of Criminal Psychopathology 1941, S. 213 (230) m.w.N.
232 Fattah, S. 239 (254).

Die hier nur fragmentarisch dargestellten Hypothesen können sicherlich bis zu einem gewissen Grad den zahlenmäßigen qualitativen Rückgang der Kriminalität im Alter ergänzend zu den soziologischen und sozialpsychologischen Kriminalitätstheorien erklären - eine umfassende Erklärung, das zeigen die kritischen Anmerkungen, ist jedoch keineswegs möglich.

VII. Zusammenfassung

Grundsätzlich können die herkömmlichen Kriminalitätstheorien auch zur Erklärung der Alterskriminalität herangezogen werden. Was die Beantwortung der eingangs gestellten Fragen anbelangt, muss jedoch hinsichtlich der dargestellten Theorien bzw. Theoriesegmente differenziert werden:

Zwar thematisieren sowohl die Theorie der Schwäche als auch einige Theoriesegmente die psychischen und physischen Veränderungen im Alter. Da diese Veränderungen aber abhängig vom subjektiven Empfinden und individuellen Gegebenheiten sind, können die getätigten Aussagen insoweit nicht generell als Erklärung für den dargestellten Umfang und die Struktur der Alterskriminalität herangezogen werden. Während der Theorie der Schwäche lediglich ein Erklärungsgehalt dafür zukommt, warum im höheren Alter bestimmte Delikte, wie z.B. Gewaltdelikte, unterdurchschnittlich häufig auftreten, kann mit einer analogen Anwendung des Etikettierungsansatzes die wesentlich geringere kriminelle Belastung älterer Menschen grundsätzlich erklärt werden. Auch die altenspezifischen Theoriesegmente liefern mit der Burn-Out-Hypothese, der Änderung der Richtung aggressiver Tendenzen und der schwächeren Motivation eine Begründung für die geringere Kriminalitätsbelastung.

Für die Frage, warum manche Menschen erstmals im Alter straffällig werden, bieten insbesondere die altenspezifischen Theoriesegmente gewisse Anhaltspunkte. So thematisieren bestimmte Hypothesen den Abbau sozialer Bindungen bis hin zur Isolation sowie den Mangel an Anerkennung und Aufmerksamkeit sowie zunehmend die wirtschaftliche Not älterer Menschen. Für das Phänomen älterer Gelegenheits- und chronischer Straftäter kommt hingegen hauptsächlich der Theorie der differentiellen Assoziation ein gewisses Erklärungspotential zu.

Die angeführten Theorien bieten jedoch allesamt im Zusammenhang mit dem eingangs anhand statistischer Materialien dargestellten Umfang der Alterskriminalität und deren Struktur die Möglichkeit, Ansätze für einen sinnvollen Umgang mit älteren Menschen im Strafvollzug herzuleiten, auf die im 3. Teil[233] eingegangen werden wird.

---

233 Vgl. Teil 3 C.

D. Vollzugsalltag im Alter

So wie der Strafprozess, auf den insoweit nicht eingegangen werden soll[234], vom älteren Angeklagten, je nachdem ob er zum ersten oder wiederholten Male vor Gericht steht, hilflos oder routiniert erlebt wird, gibt es auch beim Inhaftierten unterschiedliche Empfindungen hinsichtlich der Inhaftierung bzw. spezifische Anpassungschancen und -probleme. Schramke, der mit Interviews arbeitet, kommt zu dem Ergebnis, dass Befragungen aus der Retrospektive wenig Aussagekraft über die psychische Verfassung von Inhaftierten haben dürften. Für eine detaillierte Beschreibung des subjektiv Erlebten während der verschiedenen Haftphasen sei eine dauerhafte Beobachtung der Entwicklung einzelner Insassen erforderlich[235]. Da hierüber jedoch keine gesicherten Erkenntnisse vorliegen, soll im Folgenden die Situation älterer Insassen während der verschiedenen Haftphasen beschrieben werden[236]. In der Darstellung wird nicht nur die Situation älterer Ersttäter, Gelegenheits- oder chronischer Straftäter wiedergegeben. Vielmehr geht es auch um die Straftäter, die in der Vollzugsanstalt auf Grund der Verbüßung einer längeren Haftstrafe älter geworden sind[237] und sich im Laufe der Jahre Veränderungen ausgesetzt sehen.

I. Der Haftantritt

Vollzugserfahrene Straftäter haben lediglich vereinzelt Probleme mit dem Haftantritt. Die Anpassung an die vertrauten anstaltsinternen Verhältnisse und die dort geltenden Regeln wird im Alter zwar mitunter als lästig nicht aber als dramatisch empfunden. Gerade das fortgeschrittene Alter stellt für sie eine besondere Bewältigungshilfe der Haftantrittsphase dar[238].

Für den erstmalig oder gelegentlich Verurteilten bedeuten die bevorstehende Inhaftierung und der tatsächliche Antritt der Strafe in einer Vollzugsanstalt dagegen in jeder Hinsicht Stress[239]. So geht das Herausgerissenwerden aus dem gewohnten Umfeld bei diesem Personenkreis einher mit der Eingliederung in ein neues, für viele gänzlich unbekanntes bzw. im Vergleich zur möglicherweise länger zurückliegenden Inhaftierung verändertes Umfeld.

---

234 Zum Thema allgemein vgl. Fattah/Sacco, S. 75; Ritzel, MschrKrim 1972, S. 345 (346); Rodstein, The journal of American Medical Association 1975, S. 639.

235 Schramke, S. 164.

236 Speziell zu den subjektiven Erfahrungen älterer weiblicher Inhaftierter in Großbritannien, vgl. die Untersuchung von Wahidin.

237 Bei dieser Gruppe handelt es sich nicht um einen Bereich der oben geschilderten „Alterskriminalität". Dennoch sind auch die Zahlen derjenigen älteren Strafgefangenen aufgrund bzw. mit einer langen Haftzeit in der Zeit von 1993 bis 2003 stetig gestiegen, vgl. Langenhoff, BewHi 2005, S. 99 (112).

238 Mößle/Greve, KrimPäd 2007, S. 37 (40).

239 Ohm, S. 7.

Die grundsätzliche Schwierigkeit in dieser ersten Haftphase liegt darin, dass sich im fortgeschrittenen Alter zunehmend bestimmte Rhythmen und ein festgelegter Tagesablauf, mit festen Zeiten für die zu bewältigenden Tätigkeiten verfestigt haben. Jede Abweichung auf Grund äußerer Zwänge, hier die Anpassung an die in der Justizvollzugsanstalt geltende Hausordnung gemäß § 161 StVollzG, wird als Ärgernis, Unannehmlichkeit oder Belastung empfunden[240]. Hauptsächlich ältere Erstverbüßer leiden demnach im Vergleich zu jüngeren Altersgruppen und hafterfahrenen Senioren besonders unter diesem Autonomieverlust, der im Vollzug am stärksten durch den Entzug der körperlichen Bewegungsfreiheit zum Ausdruck kommt. Dies verlangt vom Betroffenen ein hohes Maß an Anpassungsleistung an die formellen und informellen Normen der Institution und der Gefangenengemeinschaft. Der ältere Mensch durchläuft nach seinem Empfinden eine Reihe von Erniedrigungen, Degradierungen, Demütigungen und Entwürdigungen, da er mit Strafantritt zum Bestandteil einer formell gleichen Gruppe wird, in der auf individuelle Wünsche und Besonderheiten nur wenig Rücksicht genommen werden kann. Speziell die Eingangsuntersuchungen im Zuge des Aufnahmeverfahrens nach § 5 Abs. 3 StVollzG, die Befragung des Gefangenen nach § 6 StVollzG im Rahmen der Behandlungsuntersuchung, die Ent- und Neueinkleidung nach § 20 Abs. 1 StVollzG sowie der eventuelle Entzug persönlichen Besitzes nach §§ 19, 53 Abs. 2 und 3, 68-70, 83 StVollzG sind prädestiniert, von ältere Erstinhaftierten als Statusverlust und gleichsam als Aufgabe ihrer Identität empfunden zu werden.

Zamble und Porporino konnten bei einer Längsschnittuntersuchung nachweisen, dass gerade in den ersten Tagen und Wochen der Haft verstärkt emotionale Störungen auftreten, die sich nach einer gewissen Akklimatisierungsphase reduzieren[241]. Das Dilemma für den älteren Verurteilten besteht darin, dass er sich allein auf Grund seines Alters in einer Lebensphase befindet, in der Bewältigungsmechanismen bereits erheblich reduziert sind und er sich in dieser Phase an die veränderte Situation anpassen muss[242]. Zahlreiche gerontologische Arbeiten haben sich mit den Wirkungen eines plötzlichen Umgebungswechsels und des Eintritts in eine Institution auf das Befinden älterer Menschen befasst[243]. Untersucht wurden dabei die Reaktionen der Senioren kurz vor und nach ihrer Aufnahme in einem Alten- oder Pflegeheim, nach baulichen und organisatorischen Änderungen innerhalb dieser Einrichtungen oder nach der Verlegung in ein anderes Heim. Hierbei konnten erhebliche Beeinträchtigungen des psychischen und physischen Befindens der Betroffenen beobachtet werden[244]. Die Mehrzahl der Studien zeigte, dass in den ersten Monaten nach solchen Umgebungswechseln die Sterberate sprunghaft stieg[245]. Besonders kritisch sei die Phase unmittelbar vor der Aufnahme in eine solche Einrichtung, da in der Vorstellung der Senioren das Heim als

240 Mößle/Greve, KrimPäd 2007, S. 37 (40 f.).

241 Zamble/Porporino, S. 113.

242 Wormer, S. 79.

243 Lieberman, Journal of Gerontology 1969, S. 330 (332 ff.); Lehr, 1991, S. 303 ff.

244 Jansen, Actuelle Gerontologie 1971, S. 285 (286).

245 Dabei ist darauf zu achten, dass eine Pflegeheimunterbringung grundsätzlich erst bei multimorbiden älteren Menschen erfolgt, die möglicherweise auch in ihrer gewohnten Umgebung verstorben wären.

unwiderruflich letzte Station des Lebens gelte und daher wegen des erlebten Endgültigkeitscharakters abgelehnt werde[246]. Objektiv kann dem Strafvollzug kein solcher Endgültigkeitscharakter zugeschrieben werden. Angesichts der reduzierten Lebenserwartung wird dieser in der subjektiven Wahrnehmung der Betroffenen jedoch oftmals als eine „letzte Station" des Lebens aufgefasst. Deutlich wird dies bei Personen, die zu mehrjährigen Haftstrafen verurteilt wurden. Die Ängste konzentrieren sich nicht, wie beim Alten(pflege)heim auf das mögliche Sterben, sondern vielmehr auf das Gefühl der Perspektivlosigkeit im Blick auf die Zeit nach der Entlassung. Diese Gedanken lassen den Gefangenen die Freiheitsstrafe als endgültigen Verlust alles bisher Erreichten und wegen fehlender Zukunftsperspektiven gleichsam als „Lebensabschluss" empfinden. Dieses Gefühl wird durch ein im Alter verändertes Zeitempfinden intensiviert. Während junge Menschen Zeit überwiegend als etwas begreifen, das überwunden werden muss, um gesetzte Ziele zu erreichen, bekommt der Faktor Zeit bei älteren Menschen den Charakter einer zur Verfügung stehenden „Lebensrestzeit", die als etwas Positives Bedeutung erlangt[247]. Dieses Bewusstsein hat in der besonderen Situation älterer Häftlinge durchaus ambivalenten Charakter: Die eingeschränkte Lebensperspektive kann einigen als Bewältigungshilfe dienen, insbesondere wenn sie zu einem abgeklärten Umgang mit extremen Belastungssituationen führt; bei anderen wird sie jedoch zu einer extremen Belastung, die zur Aufgabe von Hoffnungen und Zukunftswünschen führt.

Des Weiteren empfinden besonders erstmals Inhaftierte anstaltsinterne Reglementierungen mit dem Ziel der Aufrechterhaltung der Sicherheit und Ordnung in der Anstalt als belastend. Gemäß § 4 Abs. 2 S. 2 StVollzG müssen sich die für erforderlich gehaltenen Vorgaben der Bediensteten und der Anstaltsleitung an den gefährlichsten Insassen mit dem höchsten Sicherheitsbedarf orientieren. Senioren gehören jedoch im Allgemeinen nicht zu dieser Gruppe, das zeigen nicht zuletzt die Statistiken über den Umfang und die Struktur der Alterskriminalität[248]. Sie sind folglich einem Regelwerk unterworfen, das im Hinblick auf eine ganz andere Population konzipiert wurde. Besondere Schwierigkeiten macht die Anpassung gerade dann, wenn diese unerwünschtem Verhalten vorbeugen sollen, das von dem Betroffenen ohnehin nicht zu erwarten ist, wie zum Beispiel die im offenen Vollzug durchgeführten Anwesenheitskontrollen. Erhöht wird das Spannungspotenzial bei älteren Insassen durch den Umstand, dass die Reglementierung in der Regel durch wesentlich jüngere Beamte umgesetzt wird[249]. Als weiteres Ärgernis und mitunter als regelrechte Entmündigung wird insbesondere in der ersten Phase der Haft auch die anstaltsinterne Bürokratie empfunden. Die Berbeitung individueller Anliegen, die zumeist schriftlich vorgebracht werden müssen, nimmt aufgrund der Verwaltungsabläufe häufig mehrere Tage in Anspruch.

---

246 Lehr, 1970, S. 344 (346 f.), dies. 1991, S. 299 m.w.N.
247 Lehr 1991, S. 151; Wilson/Vito, Criminal Justice Policy Review 1986, S. 399 (409).
248 Siehe Teil 1 B.
249 Vgl. hierzu auch Teil 1 D. II. 4. b.

Neben den bereits geschilderten Belastungen und Eindrücken erschüttert nicht zuletzt die Angst vor negativen Reaktionen im sozialen Umfeld sowie dem Scheitern von persönlichen Beziehungen das psychologische Gleichgewicht mancher Insassen. Bei den Reaktionen im sozialen Umfeld sind je nach sozialer Schicht und danach, ob es sich um einen Erst-, Gelegenheits-, oder chronischen Straftäter handelt, erhebliche Unterschiede auszumachen[250].

Besonders negativ sind die Reaktionen bei erstmals im Alter straffällig werdenden Tätern. Vormals in der Öffentlichkeit stehende Personen leiden häufig unter Presseberichten und Anfeindungen der Umwelt, die den völligen Niedergang der gesellschaftlichen Existenz nach sich ziehen können. Temporäre oder dauerhafte Störungen im familiären Umfeld, namentlich bei Tötungs- und Sexualdelikten dauerhaft, können auf Grund der einhergehenden Bindungslosigkeit zu einem gesteigerten Selbstmordrisiko führen.

Gelegenheitstäter treffen ebenfalls auf wachsendes Unverständnis und Enttäuschungen des sozialen Umfeldes. Gerade von einem älteren Menschen wird erwartet, dass er konforme Verhaltensweisen und allgemein anerkannte Wertvorstellungen verinnerlicht hat.

Bei chronischen Straftätern würden sich Konflikte dagegen sowieso nicht verheimlichen lassen, so dass man annehmen könnte, dass hier eine erneute Inhaftierung nicht unbedingt den sozialen Abstieg bedeutet und sich die Ängste vor möglichen Reaktionen der Umwelt in Grenzen halten. Allerdings könnte bei älteren chronischen Straftätern auch das Unverständnis gegenüber ihren Fehltritten steigen, zumal sie sich vorherige Strafen offensichtlich nicht zur Warnung dienen ließen.

Gerade in dieser ersten Haftphase könnte daher ein erhöhtes Selbstmordrisiko gegeben sein[251]. Während Schweitzer und Heisterborg bei ihrer Untersuchung der Selbsttötungen von Strafgefangenen in nordrhein-westfälischen Justizvollzugsanstalten zwischen 1947 und 1967 einen sprunghaften Anstieg der Selbttötungshäufigkeitsziffer bei den über 60jährigen Insassen feststellten, ist es in neuerer Zeit zu einer Verschiebung dieser Untersuchungsergebnisse gekommen. Nach Zahlen des nordrhein-westfälischen Justizministeriums für die Jahre 1982 bis 1992 liegt die höchste Selbsttötungsziffer der sich in Strafhaft befindlichen Insassen[252] in der Altersgruppe der 21 bis 30jährigen. Die über 60jährigen folgen erst an dritter Stelle. Dessen ungeachtet stellen ältere Insassen eine besonders selbstmordgefährdete Gruppe dar, die jedoch auf Grund der geringen

---

250 Kreuzer/Hürlimann, S. 11 (53).

251 So ist im Informations- und Merkblatt über das Erkennen selbstmordgefährdeter Gefangener und Verwahrter und das Verhüten von Selbstmorden in Justizvollzugsanstalten in der Anlage zur RV vom 27.04.1987 (4518-IV A. 3) zu lesen, dass Gefangene nach Vollendung des 50. Lebensjahres und alte Menschen den Selbstmord überlegt und planvoll mit dem Ziel des unbedingten Gelingens anlegen. Nicht vorbestrafte und gering vorbestrafte Täter im höheren Lebensalter neigen besonders häufig zum Selbstmord; vgl. http://www.jvv.nrw.de/htm/4518_19872704.htm

252 Für die in Untersuchungshaft Einsitzenden bleibt es jedoch bei dem Ergebnis von Schweitzer/Heisterborg, S. 87 (118 f.): so wurden etwa 79 % der Suizide von über 50jährigen in der Untersuchungshaft verübt, dabei drei von vier Suiziden bei den über 60jährigen.

Zahl älterer Gefangener wenig Beachtung findet, weshalb die Gefahr vom Vollzugspersonal häufig unterschätzt wird[253].

Um bei dem eingangs genannten Vergleich zur Altenpflegeheimunterbringung zu bleiben, muss an dieser Stelle darauf hingewiesen werden, dass in der Gerontologie die verschiedenen Anpassungsschwierigkeiten älterer Menschen nach der Einweisung in ein Heim auf mangelnde Vorbereitung zurückzuführen sind[254]. Auch wenn eine abschließende Information über die Verhältnisse in einer Haftanstalt kaum möglich ist, so erleichtert die gedankliche Vorbereitung im Vorfeld, möglicherweise in Zusammenarbeit mit Sozialarbeitern, Straffälligenhilfe, Psychologen und unter Umständen durch Einbindung von Familienangehörigen, die Bewältigung der ersten Haftphase für erstmals oder gelegentlich Inhaftierte.

II. Ältere Menschen in Haft

1. Arbeit

Während die Arbeit im Strafvollzug seit Einführung der neuzeitlichen Freiheitsstrafe im 16. Jahrhundert zumeist als Strafübel verstanden oder als Ausbeutung von Gefangenen eingesetzt wurde[255], stand sie später für eine Erziehungs- bzw. Resozialisierungsmaßnahme[256]. Das Strafvollzugsgesetz definiert heute in § 37 Abs. 1 StVollzG die Funktion der Arbeit als ein Instrument, das der Vermittlung, dem Erhalt und der Förderung von Fähigkeiten für eine Erwerbstätigkeit nach der Entlassung dient. Gefangene unterliegen nach § 41 Abs. 1 S. 1 StVollzG grundsätzlich einer körperlich angemessenen Arbeitspflicht. Ausgenommen von dieser Pflicht sind nach § 41 Abs. 1 S. 3 StVollzG über 65 Jahre alte Gefangene. Die Ausnahme resultiert aus dem Angleichungsgrundsatz, wonach Gefangene, die nach § 44 SGB VI als erwerbsunfähig gelten und deshalb eine Rente beziehen, von der Arbeitspflicht auszunehmen sind[257].

Die meisten älteren Insassen möchten jedoch trotz der für sie nicht geltenden Arbeitspflicht einer Arbeit nachgehen. Wichtigster Beweggrund scheint dabei neben der Ablenkung von belastenden Gedanken im Zusammenhang mit der verübten Straftat und der Haftsituation im Allgemeinen der des bloßen Zeitvertreibs zu sein, um also der Langeweile entgegenzuwirken. Auch weitere pragmatische Gründe dürften den Wunsch nach Arbeit beeinflussen: die Steigerung des Selbstwertgefühls, der Erhalt

---

253 Vgl. hierzu die „Mannheimer Suicidalitätsskala" von Schaffner, S. 110 ff., die von Vollzugsbeamten mangels anderweitiger Testverfahren, trotz der in sich bergenden Gefahr von Verzerrungen als erstes Indiz für die suizidale Gefährdung älterer Insassen herangezogen werden sollte. So im Ergebnis auch Schramke, S. 181 und 184.

254 Jansen, Actuelle Gerontologie 1971, S. 285 (286).

255 Kaiser/Schöch, § 2 Rn. 1.

256 Kaiser/Schöch, § 2 Rn. 68.

257 AK-StVollzG-*Däubler/Spaniol*, § 41, Rn. 9; Calliess/Müller-Dietz, StVollzG, § 41, Rn. 5; OLG Frankfurt, NStZ 1985, S. 429 mit kritischer Anm. von Müller-Dietz. Nicht berücksichtigt werden jedoch die Vorruhestandsregelungen, vgl. OLG Koblenz, NStZ 1987, S. 429.

von Freiräumen und Vergünstigungen, die Erlangung eines höheren Status innerhalb der Insassengemeinschaft und die Profilierung vor den Vollzugsbediensteten (z.B. um positiv auf die für Lockerungen und Reststrafenaussetzung entscheidenden Beurteilungen einwirken). Rein wirtschaftliche Erwägungen spielen wohl nur eine untergeordnete Rolle, da die Senioren, zumindest in der jetzigen Zeit, in der Regel eine Rente beziehen, die sie für die Zeit nach der Entlassung finanziell absichert. Nach VV Nr. 1 Abs. 2 und Nr. 2 zu § 22 StVollzG kann die Rente als Eigengeld auch in angemessenem Umfang für den Einkauf verwendet werden. Ansonsten wird Gefangenen unter den Voraussetzungen des § 46 StVollzG auf Antrag ein angemessenes Taschengeld gewährt. Bedeutsamer sind die finanziellen Erwägungen daher bei Senioren ohne Renteneinkünfte. Für die überwiegende Zahl der einsitzenden Senioren verliert somit das in § 37 Abs. 1 StVollzG definierte Ziel sowohl objektiv als auch subjektiv an Bedeutung. Denn bei den wenigsten über 60jährigen Insassen dürfte, trotz der Anhebung des Rentenalters auf 67 Jahre[258], nach Entlassung aus der Haftanstalt eine Rückkehr in die Erwerbstätigkeit zu erwarten sein. Die Arbeit dient älteren Insassen folglich nicht als Resozialisierungsmaßnahme, sondern den dargestellten anderen Funktionen.

Im Wissen um die besondere Bedeutung, die der Arbeit auch im höheren Alter zukommen kann, ist man in den Vollzugsanstalten verstärkt bemüht, arbeitswilligen Senioren eine angemessene Tätigkeit zuzuweisen. Geistige und körperliche Schwächen der arbeitswilligen älteren Gefangenen sowie vollzugsorganisatorische Gründe erschweren mitunter die Zuweisung einer geeigneten Tätigkeit. Schramke geht diesbezüglich sogar so weit, dass durch einen Ausschluss von der Arbeit im Einzelfall zumindest subjektiv gravierende Benachteiligungen entstehen könnten. Unter Umständen würde dem Gefangenen eine entscheidende Bewältigungshilfe vorenthalten[259]. Dies kann jedoch nur für den Fall des Ausschlusses von Beschäftigung im Allgemeinen gelten. Durch die zum Teil schlechte Arbeitssituation im Vollzug könnten wenn überhaupt Jüngere, die später vielleicht keine Rente mehr beziehen werden, durch den Einsatz arbeitswilliger Rentner benachteiligt werden. Bei allem Verständnis für die Gründe der Anstaltsleitung, Ältere auf Grund ihrer im Vergleich zu Jüngeren deutlich ausgeprägteren Verlässlichkeit und Arbeitskonstanz einzusetzen, erscheint dies nicht zuletzt aus Resozialisierungsgründen schwer vertretbar. Hinsichtlich des Resozialisierungsziels kommt der Arbeit bei Jüngeren ein weitaus höherer Stellenwert zu. Darüber hinaus sind jüngere Altersgruppen meist stärker auf die Entlohnung angewiesen. Schließlich wecken intramurale Arbeitsmöglichkeiten für Senioren Begehrlichkeiten, die, spätestens nach Ablauf der Haft, in dieser Form in der freien Gesellschaft nicht befriedigt werden (können). Außerdem handelt es sich häufig um sehr eingeschränkte

258 Vgl. nur den Altersforscher Paul Baltes, Der Tagesspiegel, 07.01.2003, wobei zu diesem Zeitpunkt die Anhebung des Rentenalters noch in der Diskussion war. Wegen der Übergangsregelungen, wonach diese Grenze im Zeitraum von 2012 bis 2029 stufenweise auf 67 Jahre angehoben und somit erst bei dem Geburtsjahrgang 1964 vollständig abgeschlossen sein wird, betrifft die Anhebung jedoch für lange Zeit keine älteren Menschen, vgl. Darstellung des BMAS, http://www.gemeinschaft-der-generationen.bmas.de/datenfakten.html.

259 Schramke, S. 297.

und meist auf stereotype Abläufe abgestimmte Arbeitsvorgänge[260]; Arbeit im Haftraum, z.B. die Nutzung von Computern in der Zelle, dürfte allenfalls in eng beschränkten Ausnahmefällen möglich sein.

Erforderlich erscheinen jedoch Verständnis und Blickschärfung für den qualitativen Wandel der Bedeutung von Arbeit im fortgeschrittenen Alter. Das zeigt nicht zuletzt die bereits angesprochene Anhebung des Rentenalters, wenn diese sich auch eher an wirtschaftlichen Gesichtspunkten orientiert. Auch für ältere Häftlinge mit körperlichen und geistigen Ermüdungserscheinungen sollte die Anstalt spezielle, ihren Fähigkeiten entsprechende Angebote zur Verfügung stellen, wobei in diesen Fällen das nach § 37 Abs. 2 StVollzG geltende Wirtschaftlichkeitsprinzip zugunsten arbeitstherapeutischer Gesichtspunkte zurückgedrängt werden sollte.

2. Gesundheitsfürsorge und Ernährung

Die Vollzugsbehörde ist gemäß § 56 Abs. 1 StVollzG verpflichtet, für die körperliche und geistige Gesundheit des Gefangenen zu sorgen. Ihrer Fürsorgepflicht kommt sie vor allem durch die Sicherstellung der ärztlichen Versorgung gemäß § 158 StVollzG und durch Maßnahmen der Gesundheitsfürsorge nach, die im Wesentlichen den Leistungen der gesetzlichen Krankenversicherung entsprechen[261].

Die Krankheiten älterer Insassen unterscheiden sich nicht wesentlich von denen der Senioren in der freien Gesellschaft[262]. Der geriatrische Patient ist charakterisiert durch das Auftreten mehrerer Erkrankungen (Multimorbidität), die vielschichtig ineinander greifen[263]. Neben der Beeinträchtigung körperlicher Funktionen (vorwiegend Krankheiten des Herz-Kreislaufsystems, des Bewegungsapparates, der Verdauungsorgane, der Augen und Ohren sowie Diabetes) werden Störungen der Psyche (vorwiegend Demenzerkrankungen) hervorgerufen, durch Funktionseinbußen wird die Selbständigkeit bedroht[264]. Körperliche Behinderungen und Krankheiten gehen ebenso wie belastende und lebensverändernde Ereignisse, etwa die hier in Rede stehende Inhaftierung, mit einem erhöhten Risiko psychischer Erkrankung einher[265]. Dazu kommen bestimmte, individuell ausgeprägte Alterserscheinungen, wie zum Beispiel die Veränderungen des Schlafes, die zwar nicht in den Status des Pathologischen erhoben werden dürfen, andererseits aber zu erheblichen Funktionseinbußen im Alltag führen[266]. Auch unter den älteren Insassen wird es „Simulanten" geben, die jedoch, im Gegensatz zu Jüngeren, Krankheiten weitaus seltener vorschieben, um Vergünstigungen zu erlangen[267].

260 Früher „Tüten kleben", heute z.B. Stecker zusammenbauen.
261 BT-Drs. 7/3998, S. 25.
262 Adams/Vedder, Geriatrics 1961, S. 177 (178).
263 Görgen/Greve, BewHi 2005, S. 116 (120).
264 Görgen/Greve, BewHi 2005, S. 116 (121); Fischer-*Nikolaus*, S. 14; Fischer-*Kruse*, S. 9.
265 Görgen/Greve, ebd.; Fischer-*Klein-Lange*, S. 79.
266 Fischer-*Kruse*, S. 9.
267 Schramke, S. 280.

Die Beurteilung der medizinischen Versorgung im Strafvollzug wird, wie auch außerhalb des Vollzuges, maßgeblich von der Beziehung zwischen Arzt und Patient bestimmt. In der Justizvollzugsanstalt ist diese Beziehung bereits dadurch belastet, dass der Insasse sich seinen behandelnden Arzt nicht frei wählen kann[268]. Speziell bei älteren Gefangenen, die erstmals inhaftiert sind, fällt der mit der Inhaftierung einhergehende Wechsel vom bisher behandelnden Arzt zum Anstaltsarzt schwer. Der Hausarzt stellt in der Regel für den älteren Menschen eine Bezugsperson dar. Das Vertrauen und die Kenntnisse, die durch oft jahrelange Betreuung gewonnen wurden, sind von unschätzbarem Wert für die medizinische Behandlung[269]. Das anstaltsinterne Zwangsverhältnis kann auf Grund des nicht vorhandenen Vertrauens sogar dazu führen, dass notwendige Konsultationen unterbleiben und auf die Zeit nach der Haft „verschoben" werden[270]. Bei mehrfach inhaftierten chronischen Straftätern, für die im Laufe der Jahre Vollzugsanstalt und Vollzugspersonal zum Feindbild geworden sind, steht der Anstaltsarzt mitunter sogar unter dem Verdacht, Handlanger des „gegnerischen Systems" zu sein, der nicht um das Wohl des Patienten bemüht ist sondern vielmehr die Interessen der Anstalt vertritt[271].

Die medizinische Versorgung an sich ist im Allgemeinen mit der Qualität und den Standards in der freien Gesellschaft durchaus vergleichbar[272]. Insbesondere kann dies für den nordrhein-westfälischen Strafvollzug festgestellt werden: so verfügt das Justizvollzugskrankenhaus in Fröndenberg über zwei große Abteilungen für Chirurgie und innere Krankheiten mit angeschlossener Infektionsabteilung[273]; 300 Bedienstete, davon 21 hauptamtliche Ärzte betreuen insgesamt 228 Patientenbetten[274]; darin enthalten sind auch eine intensivmedizinische Station mit acht Intensivbehandlungsplätzen und eine Reihe von Belegbetten anderer medizinischer Fachrichtungen. Daneben stehen für chronisch erkrankte und/oder erhöht pflegebedürftige Gefangene je eine Pflegeabteilung bei den Justizvollzugsanstalten Bochum und Hövelhof zur Verfügung[275].

Auch die Ernährung im Vollzug ist für gewöhnlich ausgewogen und aus medizinischer Sicht kaum zu beanstanden. Problematisch ist aus vollzugsorganisatorischen

---

268 AK-StVollzG-*Boetticher/Stöver*, vor § 56 Rn. 5. Im Hinblick auf die Gefahren, die mit der Möglichkeit einer freien Arztwahl in der Anstalt verbunden sind, wie etwa einer möglichen Inanspruchnahme vollzugsunerfahrener Ärzte zur Erlangung sachlich ungerechtfertigter Leistungen oder Vorteile (Bescheinigung über Arbeits- und Haftunfähigkeit, Verschreibung bestimmter Medikamente) und der Gefahr von Arzneimittelmissbrauch, müsse der Gesichtspunkt der Angleichung an das Leben in Freiheit zurücktreten. Vgl. Calliess/Müller-Dietz, StVollzG, § 58 Rn. 5; AK-StVollzG-*Boetticher/Stöver*, § 58 Rn. 10 mit kritischer Anm. zur restriktiven Regelung der einzelfallbezogenen Ausnahmen der Hinzuziehung eines Vertrauensarztes gemäß VV Nr. 3 zu § 58 StVollzG.

269 Fischer-*Nikolaus*, S. 31.

270 Schramke, S. 281 und 286 f.

271 AK StVollzG-*Quensel*, vor § 56 Rn. 5.

272 Schramke, S. 280.

273 Vgl. hierzu unter Teil 2 C. II. 2. a

274 Hübner, ZfStrVo 1991, S. 88 ff.

275 Skirl, ZfStrVo 2003, S. 283 (284).

Gründen mitunter die Einnahme verschiedener, kleinerer Mahlzeiten bei Diabetespatienten, die Durchführung indizierter Untersuchungen und Therapien, z.B. physikalischer Therapien wie Krankengymnastik und Bäderbehandlung, oder auch die Einschaltung eines Facharztes.

Die Einbeziehung externer Einrichtungen im Rahmen der medizinischen Versorgung richtet sich nach §§ 56 ff. StVollzG i.V.m. den jeweiligen Verwaltungsvorschriften. Von Bedeutung ist VV Nr. 2 zu § 58 StVollzG, wonach ein anderer Arzt hinzugezogen werden kann, wenn der Anstaltsarzt in einem dringenden Fall nicht erreicht werden kann (Abs. 1), bzw. wenn es der Anstaltsarzt nach Art oder Schwere des Falles für erforderlich hält (Abs. 2). Auch hier hat der Gefangene keine Möglichkeit einer freien Arztwahl. Der Anstaltsarzt entscheidet nach ärztlichem Ermessen nicht nur ob, sondern auch welcher Facharzt heranzuziehen ist[276]. Besteht in der Anstalt keine Behandlungsmöglichkeit, kommt zunächst eine Verlegung in eine andere Anstalt oder in ein Vollzugskrankenhaus gemäß § 65 Abs. 1 StVollzG in Betracht. Ferner besteht die Möglichkeit der Wahrnehmung einer Untersuchung oder einer physikalischen Therapie im Rahmen einer Ausführung oder eines Ausgangs nach §§ 12, 35 StVollzG. Dabei erwachsen mitunter erhebliche Personal- und Sicherheitsprobleme[277]. Schließlich besteht die Möglichkeit einer Verlegung in ein externes Krankenhaus gemäß § 65 Abs. 2 StVollzG, wenn die Krankheit in einer Vollzugsanstalt oder einem Anstaltskrankenhaus nicht erkannt oder behandelt werden konnte bzw. es unmöglich ist, den Gefangenen rechtzeitig in ein Anstaltskrankenhaus zu verlegen. Da die Verlegung nicht automatisch eine Unterbrechung der Strafvollstreckung bewirkt, befindet sich der Betroffene weiterhin im Status eines Strafgefangenen. Die Entscheidung über eine Unterbrechung der Strafvollstreckung wegen Vollzugsuntauglichkeit obliegt der Staatsanwaltschaft als Vollstreckungsbehörde. Gemäß § 455 Abs. 4 StPO kann eine solche Unterbrechung nur erfolgen, wenn der Gefangene in Geisteskrankheit verfällt, eine nahe Lebensgefahr für den Gefangenen besteht oder eine schwere Krankheit in den Einrichtungen des Vollzugs nicht erkannt bzw. behandelt werden kann. Darüber hinaus muss die Krankheit für eine erhebliche Zeit fortbestehen und es dürfen keine überwiegenden Gründe entgegenstehen. Selbst lebensbedrohliche Krankheiten wie Krebs oder AIDS rechtfertigen keine Strafunterbrechung, solange im Vollzug adäquate medizinische Betreuung möglich ist[278].

Neben den geschilderten Schwierigkeiten im Rahmen der Gesundheitsfürsorge darf nicht unerwähnt bleiben, dass sich der Gesundheitszustand einiger Insassen gerade während ihrer Inhaftierung auf Grund regelmäßiger Mahlzeiten, Alkoholabstinenz und

---

276 OLG Hamm, NStZ 1981, 240. Zu den Fragen, welche Aufgaben der eingeschaltete Arzt wahrnehmen kann und wer bei Erforderlichkeit einer Weiterbehandlung die Kosten trägt, vgl. Calliess/Müller-Dietz, StVollzG, § 58 Rn. 2 f.; Schwind/Böhm/Jehle-*Riekenbrauck*, StVollzG, § 58 Rn. 10; AK-StVollzG *–Boetticher/Stöver*, § 58 Rn. 5.

277 Schwind/Böhm/Jehle-*Riekenbrauck*, StVollzG, § 58 Rn. 11.

278 Vgl. Teil 2 C. II. 2 a. am Ende sowie ausführlicher Teil 3 B. III.; zur Verlegung psychisch Kranker in psychiatrische Kliniken vgl. Lesting, RUP 1992, S. 81 (84 f).

regelmäßiger medizinischer Untersuchung verbessert[279]. Für viele Senioren stellen jedoch körperlicher und geistiger Abbau, Behinderung und Krankheit eine zusätzliche Hafterschwernis dar. Aufgrund strenger gesetzlicher Voraussetzungen nach § 455 StPO und § 45 StVollstrO der Länder für die Annahme von Vollzugsuntauglichkeit werden Freiheitsstrafen auch bei multimorbiden älteren Insassen vollstreckt, ohne durch bauliche Konzeptionen[280] und flexiblere Organisation anstaltsinterner Regelungen, wie zum Beispiel bei Dusch- oder Waschzeiten, auf besondere Bedürfnisse älterer Insassen einzugehen. Gerontologen weisen auf die große Bedeutung des Gesundheitszustandes für ein positives Selbstbild alter Menschen hin[281]. Ist jedoch durch äußere Umstände das Vertrauensverhältnis zum Anstaltsarzt gestört, kann dies zu weiteren Belastungen führen. Weitaus entscheidender für das Maß an Lebenszufriedenheit als der objektive Gesundheitszustand ist gerade bei Älteren die subjektive Wahrnehmung. Nicht selten weichen beide Komponenten erheblich voneinander ab[282]. Im Rahmen der „Bonner Gerontologischen Längsschnittstudie" wurden enge Zusammenhänge zwischen subjektivem Gesundheitszustand und Persönlichkeitsvariablen wie Auftreten, Stimmungslage, Aktivität, Anregbarkeit, Angepasstheit und Steuerung nachgewiesen[283]. Dabei handelt es sich, wie später gezeigt werden wird, um Komponenten, die innerhalb einer subkulturellen Vollzugsgemeinschaft und mitunter langen Haftstrafen von großer Bedeutung sind. Nicht zuletzt deshalb sollte die Gesundheitsfürsorge im Strafvollzug mittels flexiblerer Behandlungsstrukturen auf die besonderen Bedürfnisse älterer Insassen eingehen.

3. Freizeit

Die Freizeitgestaltung nimmt neben der Arbeit einen wichtigen Platz im Vollzugsalltag ein. Die zentrale Bedeutung der Freizeit für den Behandlungsauftrag wird schon allein dadurch deutlich, dass das StVollzG diesen Zeitraum im Anstaltsleben in einem besonderen Titel regelt. So soll der Gefangene im Vollzug angeregt und interessiert werden, um eigene Impulse und Initiativen für eine sinnvolle Freizeitgestaltung nach der Inhaftierung zu fördern. Die erforderlichen Kenntnisse und Fähigkeiten sollen ihm vermittelt werden. Notwendig ist insofern, dass die Angebote in der Haftanstalt den Freizeitbedingungen, die den Gefangenen in Freiheit erwarten, weitest möglich angeglichen sind[284].

Gerade aufgrund der Tatsache, dass viele ältere Insassen in Justizvollzugsanstalten nicht arbeiten bzw. spätestens nach der Entlassung vom Arbeitsleben ausgeschlossen sein werden, stellen Vermittlung und Erhalt von Fähigkeiten zur sinnvollen, befriedi-

---

279 Schramke unter Rückgriff auf unterschiedliche Untersuchungen, S. 277.

280 Zu Lösungsansätzen aktueller Probleme der Strafvollzugsarchitektur vgl. Seelich, S. 131 (132 ff.).

281 Lehr, 1991, S. 147.

282 Lehr, 1991, S. 312 ff.; Fischer-*Fischer*, 1991, S. 47.

283 Lehr, 1991, S. 318 f.; Fischer-*Klein-Lange*, S. 83.

284 Mörs, S. 84.

genden Freizeitgestaltung im Blick auf die Zeit nach der Inhaftierung die dringlicheren Aufgaben des Behandlungsvollzuges dar. Die Angebote der Gemeinschaftsveranstaltungen stellen jedoch in den meisten Vollzugsanstalten auf die Bedürfnisse der jüngeren Majorität ab. Für ältere Insassen stehen in größeren Anstalten vereinzelt neben den üblichen Gesprächs- und Bastelgruppen sowie Bibelkreisen spezielle Altensportveranstaltungen zur Verfügung. Letztere scheitern in kleineren Anstalten häufig am zu kleinen Kreis potentieller Interessenten[285]. Die individuelle Freizeitgestaltung, die Gefangenen nach § 67 S. 1 StVollzG eingeräumt wird, nimmt deswegen bei Senioren einen hohen Stellenwert ein. Dominierend sind hierbei Lesen, Fernsehen, Radio hören sowie Gesellschaftsspiele[286].

Eine rege Partizipation an den angebotenen Programmen stellen die Mitarbeiter der JVA Singen fest, der einzigen Vollzugseinrichtung für ältere Gefangene in Deutschland. Ihr Angebot kommt der Realität in Freiheit, allein durch die Zusammenarbeit mit örtlichen Kirchenkreisen und der ortsansässigen Volkshochschule, sehr nahe. So stehen den Häftlingen je nach Interesse zum Beispiel spezielle Altengymnastik, Kochkurse der VHS (Diät, Sonderkost, einfache Mahlzeiten), Einzelveranstaltungen kultureller, unterhaltender und bildender Art sowie Veranstaltungen im Rahmen des sozialen Trainings zur Auswahl[287].

Trotz einiger Angebote werden diese in anderen Anstalten nicht immer von älteren Häftlingen genutzt. Dies wird mit der generellen Tendenz zum Rückzug aus dem (Anstalts-)Leben und dem mutmaßlichen altersbedingten Bedürfnis nach Ruhe erklärt[288]. Die Ablehnung sozialer Partizipation könnte aber auch schlicht der Ausfluss fehlender altersgerechter Möglichkeiten sein[289]. Nach Ergebnissen der gerontologischen Forschung sind auch in der freien Gesellschaft Rückzugstendenzen betagter Personen seltener die Konsequenz eines vermeintlichen inneren Bedürfnisses nach Disengagement als vielmehr fehlender Chancen zur sozialen Teilnahme[290]. In Haftanstalten kommt hinzu, dass eine primär konfliktorientierte, jugendlich-gruppendynamische Lebensgestaltung vorherrscht.

Auch wenn vermutet werden kann, dass die individuelle Freizeitgestaltung einigen Senioren ausreicht, muss bezweifelt werden, dass eine Reduzierung hierauf dem Resozialisierungsziel dienlich ist. So könnte eine derartig verstandene Freizeitgestaltung Rückzugstendenzen älterer Gefangener fördern und die Verinnerlichung entsprechender Verhaltensmuster zu einem gefährlichen Nährboden für soziale Isolationsprozesse nach der Entlassung geraten[291]. Deswegen sollte eine verstärkte Einbindung älterer

285 Ebd.; Schramke, S. 299 f.
286 Ham, S. 203.
287 JVA Konstanz, 2001, S. 7.
288 So die von Schramke im Rahmen seiner Untersuchung befragten Experten, S. 300.
289 Golden, S. 143(146).
290 Siehe Ausführungen unter Teil 1 A. II. 4.
291 Schramke, S. 301.

Insassen bei Gemeinschaftsveranstaltungen, u.a. durch ein differenzierteres Veranstaltungsangebot, angestrebt werden.

4. Verhältnis zu den im Vollzug anzutreffenden Gruppen

Eine Justizvollzugsanstalt ist ein formelles System, das verschiedene Subsysteme umfasst, so auch das informelle soziale System der Insassen, mit eigener Kultur, eigenen Hierarchien und eigenen informellen Normen. Der folgende Teil widmet sich dem älteren Gefangenen als Teil dieser Insassengesellschaft. Neben dem Verhältnis des älteren Insassen zu den im Vollzug anzutreffenden Gruppen, das stark vom Status des älteren Gefangenen in der subkulturellen Insassenhierarchie abhängig ist, sollen auch die Auswirkungen der Haft auf den älteren Gefangenen dargestellt werden.

a. Verhältnis zu Mitgefangenen

Eine Durchsicht der Literatur über die Situation älterer Menschen in den Strafvollzugsanstalten zeigt, dass das Verhältnis der Senioren zu ihren Mitgefangenen kaum empirisch beleuchtet ist. Grundlage der Beschreibungen sind meist Mutmaßungen über den Status der Betagten in der Insassenpopulation. Häufig wird hierbei das Bild von einer unterdrückten Minorität gekennzeichnet, die der Impulsivität und den Aggressionen jüngerer Mithäftlinge ausgesetzt ist[292]. Dieses Bild findet in den Untersuchungen von Schramke keine Unterstützung. Die von ihm befragten Probanden charakterisierten ihr Verhältnis zu den Mitgefangenen zum ganz überwiegenden Teil als im Wesentlichen spannungsfrei[293]. In seiner Analyse der Persönlichkeitscharakteristika älterer Insassen von Justizvollzugsanstalten ermittelte Panton, dass die Senioren verhältnismäßig naiv und egozentrisch seien, sich unsicher fühlten, eine besondere Disposition für negative Einflüsse zeigten und anfällig für Einschüchterungen durch jüngere Insassen seien[294]. Obgleich das tatsächliche Verhältnis zu den Mitgefangenen nicht Gegenstand der Untersuchung war, impliziert diese Beurteilung eher ungünstige Voraussetzungen für positive Beziehungen älterer Insassen zum Rest der Vollzugsgesellschaft.

In der Analyse der Vollzugsgesellschaft unterscheidet Clemmer[295] verschiedene Typen von Strafgefangenen nach ihren Beziehungen zu einzelnen Insassengruppen. Auf die einzelne Unterteilung muss hier jedoch nicht eingegangen werden, da er in seinen Untersuchungen zu dem Ergebnis kommt, dass 41,9 % seiner Untersuchungspopulation so genannte *ungrouped* sind, d.h. Gefangene ohne Gruppenbeziehungen. Tendenziell handelt es sich bei diesen Gefangenen um ältere, weniger intelligente und meist verheiratete Insassen[296]. Nach Steinhagen nimmt die Bereitschaft der Gefangenen, sich

292 Muthmann, Z Gerontol 1981, S. 274 f.
293 Schramke, S. 188.
294 Panton, Offender Rehabilitation 1977, S. 203 f.
295 Vgl. hierzu Clemmer, 1965, S. 118 f.
296 Clemmer, 1965, S. 130.

informellen Gruppen anzuschließen, mit zunehmendem Alter ab[297]. Ähnlich beschreiben Wiegand und Burger ältere Insassen als Einzelgänger, die sich kaum Gruppen anschlössen[298]. Ebenso neigten ältere Insassen weniger dazu, innerhalb des Vollzugs Primärbeziehungen zu unterhalten[299]. Auch nach einer Untersuchung von Hoppensack ist der Wunsch nach so genannten Anstaltsfreundschaften bei jüngeren Gefangenen signifikant stärker ausgeprägt als bei älteren[300]. Während einige eher den Kontakt zu älteren Mitgefangenen suchen, ist anderen daran gelegen, sich mit jüngeren zu umgeben. Die übliche Anrede mit „Opa“ wird hierbei meist nicht als diskriminierend empfunden. Einige der befragten Praktiker haben tatsächlich eine Übernahme von großväterähnlichen Rollen durch ältere Insassen beobachten können. Die Beziehungen seien in diesen Fällen von einer besonderen Fürsorge der Senioren gekennzeichnet, die zum Ausdruck komme in auffallend intensiven Gesprächskontakten, der Übernahme von Beraterfunktionen für rechtliche, vollzugsinterne und persönliche Fragen, bei denen der ältere Insasse seine Lebenserfahrung, und bei Gelegenheits-, chronischen und lange einsitzenden Straftätern, auch die Vollzugserfahrung einbringen kann. Auch der persönliche Einsatz für den jungen Mitgefangenen vor Bediensteten und Anstaltsleitung ist häufig zu beobachten. Einige sahen in der Beziehung einen Ersatz für familiäre Defizite der meist aus broken-home-Situationen stammenden jüngeren Strafgefangenen[301]. Andere vermuten dahinter primär homosexuelle Motive[302].

Durch diesen Einsatz für andere Mitgefangene dürfte der ältere Mensch mit Anerkennung rechnen, die ihm letztlich ein höheres Ansehen in der Insassengemeinschaft einbringt. Letztlich wird ihm seine Fürsorge- und Beraterfunktion auch materielle Vorteile bringen. Unabhängig von diesen Funktionen wird der Kontakt auch als entscheidende Hilfe und Unterstützung bei der Bewältigung der eigenen Situation empfunden.

Ein offenbar von einem gewissen Mitleid geprägtes Verhältnis der jüngeren Insassen zu ihren älteren Mitgefangenen bildet die Grundlage für den von Experten beobachteten allgemeinen „Altersbonus“, der den Senioren in der Subkultur eingeräumt wird. Gelegentlich konnten Praktiker Situationen beobachten, in denen sich Mitgefühl und Sympathie gegenüber den Alten dokumentieren. Ein besonders markantes Beispiel liefert ein Anstaltsleiter in einem Interview mit Schramke. Ein über 60jähriger Häftling, der eine Ersatzfreiheitsstrafe gemäß § 43 StGB zu verbüßen hatte, hatte offenbar Hunde zuhause, die nicht versorgt waren. Jüngere Mitgefangene riefen eine Sammelaktion ins Leben und bekamen auf diese Weise den Betrag für die zu zahlende Geldstrafe zusammen, um ihm die Freiheitsstrafe zu ersparen. Sie wurden wohl von dem Gefühl geleitet, so konstatiert der Anstaltsleiter, dass dieser alte Mann nicht mehr in die Haftanstalt gehöre. Er solle rausgehen und sich um seine Hunde kümmern[303].

297 Steinhagen, S. 75.
298 Wiegand/Burger, The Prison Journal 1979, S. 48 f.
299 Steinhagen, S. 33.
300 Hoppensack, S. 104.
301 Steinhagen, S. 33.
302 Clemmer, 1965, S. 130.
303 Schramke, S. 190, Interviewausschnitt Nr. 61.

Nutznießer dieses Mitgefühls jüngerer Insassen können sowohl erstmals im Alter Inhaftierte als auch in Justizvollzugsanstalten Gealterte sein. Letztere führen eine Art „Maskottchen-Dasein“ und werden als „zum Inventar gehörend“ angesehen. Natürlich gibt es auch ältere Gefangene, die sich ihres Sonderstatus durchaus bewusst sind und ihn für sich zu nutzen wissen.

Die Liste positiver Momente im Verhältnis der Senioren zu ihren Mitgefangenen darf jedoch nicht darüber hinwegtäuschen, dass es auch hier Rückzugstendenzen und ein erhöhtes Bedürfnis nach Distanz zur übrigen Vollzugspopulation gibt. Freundschaften werden im Allgemeinen abgelehnt, intensivere Beziehungen bestenfalls als Zweckgemeinschaften akzeptiert. In einigen wenigen Fällen muss gar von einer intramuralen Isolation ausgegangen werden. Gründe für das distanzierte Verhältnis zur Insassengesellschaft gibt es verschiedene:

- Desinteresse am Aufbau intramuraler Beziehungen durch starke Bezüge zur Außenwelt, meist in Kombination mit einer eher kurzen Haftdauer (gleichermaßen bei Gelegenheitstätern und chronischen Straftätern im Kurzstrafenbereich zu beobachten);
- Abgrenzungen zur Insassengesellschaft auf Grund divergierender Selbstdefinitionen. Der Häftling fühlt sich als „nicht-krimineller“ Fremdkörper innerhalb einer überwiegend „kriminellen“ Population. Diese Andersartigkeit soll auch nach außen durch die Distanz zu den Mitgefangenen dokumentiert werden (vornehmlich bei Erstverbüßern und Gelegenheitstätern);
- Abgrenzung zur Insassengesellschaft zum Schutz vor Unannehmlichkeiten oder Viktimisierungen (vornehmlich bei Hafterfahrenen, mitunter auch bei Erstverbüßern);
- Generations- und altersbedingter Mangel an gemeinsamen Interessen, Vorlieben, Werten und Ansichten mit der wesentlich jüngeren Insassenpopulation. Hierfür werden fehlende Lebenserfahrung bzw. fehlende Vollzugserfahrung der Jüngeren verantwortlich gemacht (ersteres sowohl von Erstverbüßern als auch von Vollzugserfahrenen; letzteres von Vollzugserfahrenen);
- Persönlichkeits- und verhaltensbedingte Ausgrenzungen durch Mitgefangene (Erstverbüßer und Vollzugserfahrene).

Während bei erstverbüßenden Gelegenheitstätern weniger kalendarische Altersunterschiede als vielmehr die eigene Selbstdefinition ausschlaggebend zu sein scheint, sind es bei den chronischen Straftätern die fehlende Vollzugserfahrung der jüngeren Insassen bzw. deren Missachtung subkultureller Codes, die für ein distanziertes Verhältnis verantwortlich sind. Die faktische Isolation einzelner Gefangener erscheint überwiegend als Resultat handlungsautonomer Prozesse. Der Rückzug aus dem informellen Anstaltsleben stellt sich als opportune Strategie für ein möglichst unbeschadetes Überstehen der Haft dar.

Häufig fällt das Bedürfnis auf, sich von Mitgefangenen auf einer moralischen Basis abzugrenzen. Vielen gelingt es, sich trotz schwerster Delikte weiterhin als rechtschaffene, normtreue Individuen zu definieren. In der Vollzugsgesellschaft sehen sie sich als Mitglieder der formal egalitären Insassengemeinschaft, die von der freien Gesellschaft weitgehend verachtet wird. Eigene Wertvorstellungen und Anschauungen, namentlich der Erstverbüßer, stimmen im Wesentlichen mit denen der freien Gesellschaft überein. Die intramurale Gesellschaft wird daher auf der Grundlage der selbst übernommenen bürgerlichen Wertehaltung auch von diesen älteren Verurteilten verachtet. Die Überzeugung von der eigenen Andersartigkeit verbietet jegliche intensivere positive Beziehung zur Insassengesellschaft oder einzelnen Mitgliedern. Diese Einstellung erweist sich als unabhängig vom eigenen Delikt.

Insassen mit langjähriger Hafterfahrung zeigen dagegen meist ein gewisses Maß an Solidarität mit der Insassengemeinschaft. Man sieht sich auf der Seite der Insassen, während Bedienstete, Anstaltsleitung und Justiz im Allgemeinen auf der anderen Seite stehen. Trotzdem finden sich auch hier ausgeprägte Rückzugstendenzen aus der informellen Vollzugsgesellschaft. Dies ist vornehmlich auf negative Erfahrungen während früherer Haftphasen oder vorherigen Inhaftierungen zurückzuführen, wobei sich ein gewisses Misstrauen gegenüber Mitgefangenen verfestigt hat. Vertraulichkeiten bergen nach ihrer Ansicht die Gefahr von Unannehmlichkeiten oder gar Viktimisierungen, wogegen Distanz gleichsam Schutzräume sichert.

Während die Mehrzahl der Probanden keinen Unterschied zwischen ihrem Verhältnis zu jüngeren und zu älteren Mitgefangenen machen möchte, ziehen einige den Umgang mit älteren Insassen vor. Teilweise machen diese Senioren auch das weitaus niedrigere Durchschnittsalter der Insassenpopulation für ihren Rückzug aus dem Anstaltsleben verantwortlich. Mitunter wird der mangelnde Gesprächsstoff auf Grund unterschiedlicher Interessen oder fehlender Lebenserfahrung der jüngeren angeführt. Vollzugserfahrene Gefangene beobachten zudem einen kontinuierlichen Werteverfall in den jüngeren Gefangenengenerationen. Solche von intramural gealterten Senioren getroffenen Feststellungen erinnern an Parallelen aus der freien Gesellschaft. Beklagt man dort den Verfall konventioneller moralischer Wertvorstellungen, ist es hier die bei jüngeren Generationen beobachtete Mißachtung subkultureller Normen, die dazu führt, dass intensive Beziehungen nicht zustande kommen. Im Laufe der hinter Mauern verbrachten Jahre stellt sich offenbar eine Abgeklärtheit gegenüber den alltäglichen Problemen der Gefangenenwelt ein. Gleichzeitig schwindet damit das Interesse an Konversation, die sich mit solchen „Banalitäten" befasst. Nicht nur gravierende Gehörschäden älterer Insassen erschweren teilweise die Kommunikation und damit häufig auch das Verhältnis zu Mitgefangenen, sondern auch die Tatsache, dass die überkommene Sprache der Älteren auf eine - ihnen im allgemeinen nicht geläufige - Jugendsprache trifft. Langjährige Vollzugserfahrung, möglicherweise verbunden mit einsetzenden Hospitalisierungseffekten, lassen den intramural gealterten Insassen zudem Dinge gelassen zur Kenntnis nehmen, die für den Großteil der Insassen außerordentliche Belastungsfaktoren sein können und deren Verhalten im Vollzug sowie den Inhalt deren Diskussionen prägen. Desinteresse an derlei Gesprächen führt zum Rückzug aus den entsprechenden Kreisen und allgemeinem Disengagement.

Gekennzeichnet wird das Verhältnis der Insassen zueinander vorwiegend durch den jeweiligen Status innerhalb der subkulturellen Insassenhierarchie. Unter Status ist im Schrifttum das Ansehen innerhalb einer Gruppe zu verstehen[304]. Intramurale Über- und Unterordnungsverhältnisse waren bereits mehrfach Gegenstand kriminologischer Untersuchungen. Die Ergebnisse sind jedoch unterschiedlich und teilweise widersprüchlich[305]. Nach Untersuchungen von Hürlimann sehen Gefangene Intelligenz als wichtigstes Merkmal eines Führers, so dass eine solche Position altersunabhängig ist[306]. Für eine Statusbestimmung älterer Menschen in der Insassengesellschaft kann neben dem Führungsmerkmal auch auf andere Merkmale abgestellt werden. Wie bereits dargestellt, weisen ältere Häftlinge häufig keine oder nur schwache Gruppenbeziehungen zu Mitgefangenen auf. Dennoch gehören sie formal betrachtet verschiedenen haftinternen Gruppen an: Zellengemeinschaft, Station, gesamte Insassengesellschaft. Selbst ohne Führungsposition, etwa auf Grund fehlender intensiver Bezüge zu informellen Gruppen oder physischer Schwäche, kann ein Gefangener hohes Ansehen genießen. Dieses Ansehen ist, im Gegensatz zu Führungspositionen, von machtunabhängigen Kriterien bestimmt[307]. Wiltz konstatiert nach eigenen Fallstudien günstige Voraussetzungen für einen gehobenen subkulturellen Status[308]. Während Senioren in der freien Gesellschaft wegen ihrer vermeintlichen ökonomischen Nutzlosigkeit marginalisiert würden, gingen sie innerhalb des Vollzuges häufig auch als Rentner weiterhin einer Arbeit nach, seien daher weniger von dem Prestigeverlust betroffen, der mit dem Ausscheiden aus der Erwerbstätigkeit einhergehe, und durch ihre Renteneinkünfte gegenüber jungen Insassen wirtschaftlich privilegiert. Zusätzlich werde hafterfahrenen Senioren wegen ihrer Kenntnisse des Vollzugssystems und der daraus resultierenden Fähigkeit zu gewissen Manipulationen ein hohes Maß an Respekt zuteil[309]. Nach Cressey basiert die Insassenhierarchie auf dem Prinzip der Seniorität. Führer seien danach meist Insassen mit langer Hafterfahrung, die mit Strukturen der Anstalt und Eigenheiten der Bediensteten vertraut sind und unerfahrenen Insassen Strategien vermitteln können, die Zeit der Inhaftierung erträglich zu gestalten[310]. Bergmann und Amir sehen dagegen den alten Gefangenen grundsätzlich von Führungspositionen gegenüber den Mithäftlingen ausgeschlossen[311]. Ein etwas differenziertes Bild, das auch die Untersuchungen Hürlimanns stützt, zeichnet Schramke. Auch er kommt zu dem Ergebnis, dass sich ältere Insassen z.B. durch materielle Zuwendungen bestimmte Schutzräume innerhalb kleinerer intramuraler Gruppierungen „erkaufen" sowie über vollzugsinternes bzw. -externes Expertenwissen verfügen, das zu einem gehobenen Status führen könne. Letztlich sei der subkulturelle Status sowohl durch die Art der Straftat - Raub und Erpressung genießen

304 Statt Vieler: Hürlimann, S. 28.

305 Harbordt; Kaufmann, S. 16 ff. liefert eine Zusammenfassung der unterschiedlichen Sichtweisen; Hürlimann, S. 181; vgl. auch Kaiser/Schöch, § 13 Rn. 15.

306 Hürlimann, S. 178 f. und 187 f.

307 Schramke, S. 201.

308 Wiltz, C. J.: The Aged Prisoner: A Case Study of Age and Aging in Prison, Kansas State University 1973, zit. nach Goetting, 1985, S. 17 ff.

309 Goetting, 1984, S. 296.

310 Cressey, 1961, S. 165

311 Bergman/Amir, Geriatrics 1973, S. 149 (156).

hohes, Sexualstraftaten überhaupt kein Ansehen -[312] als auch durch Straflänge und Vollzugserfahrung prädestiniert[313]. Die von Schramke befragten Experten beobachten eine Distanz älterer Insassen zum organisierten subkulturellen Geschehen, das wesentlich vom Drogenhandel geprägt ist. Fast einhellig schließen die Befragten zugleich aus, dass die Alten durch diese Randstellung Gefahr liefen, von der jüngeren Population „geknechtet" oder „terrorisiert" zu werden[314]. Vielmehr wird gerade in der Zurückhaltung älterer Insassen ein Schutzfaktor vor eventuellen Repressalien gesehen. Auch lasse ein intramuraler Ehrenkodex nicht zu, sich durch Unterdrückung oder Sanktionierung älterer Insassen zu profilieren[315]. Neben informellen Regeln der Vollzugsgesellschaft wird aber auch geschicktes Verhalten älterer Insassen als Schutzfaktor wahrgenommen. Der Lebenserfahrung wird insofern eine besondere Bedeutung zugeschrieben.

Das Maß an formeller Kontrolle durch die Bediensteten der Anstalt ist zwar hoch, doch weiß der Betroffene aus Medienberichten oder eigener Erfahrung von Strukturen organisierter subkultureller Kriminalität und Übergriffen auf einzelne Mitgefangene bis hin zu Tötungsdelikten. Körperverletzung, Nötigung und Erpressung scheinen in der Gefangenensubkultur weitestgehend akzeptiert zu sein.[316] Rieger listet die vier Hauptformen subkultureller Gewalt auf: Unterwerfungs- und Integrationszeremonien gegenüber Neulingen, extreme Unterwerfungsverhältnisse einzelnen Gefangenen oder herrschenden Cliquen gegenüber, Zwang und Verführung zum Schuldenmachen und Eintreiben der Schulden durch Gewalt, Ausplündern unter einfacher Gewaltandrohung[317]. Alle diese Straftaten belegen die typische Unfähigkeit des insbesondere jüngeren Kriminellen zur Kommunikation (beginnend und aufbauend auf den Erfahrungen elterlicher Misshandlung) - wer nicht kommunizieren kann, greift zur Gewalt!

Dem älteren Gefangenen ist bewusst, dass er unter dem Gesichtspunkt des Lebensalters zu einer verschwindenden Minderheit in der Anstalt gehört und den meisten seiner Mithäftlinge körperlich unterlegen ist, was ihn anfälliger für Viktimisierungen machen könnte. Im wissenschaftlichen Schrifttum wird vermutet, dass der ältere Insasse, ob hafterfahren oder nicht, einem gesteigerten Viktimisierungsrisiko ausgesetzt ist[318] und unter erhöhter Viktimisierungsfurcht leidet[319]. Nach Golden ziehen sich ältere Gefangene wegen dieser Ängste aus dem Anstaltsleben zurück und meiden soziale Inter-

---

312 Gerade die Bedeutung der Straftat für den subkulturellen Status ist im Schrifttum allerdings umstritten, vgl. Kaufmann, S. 17 ff.

313 Schramke, S. 202 ff. In Anlehnung an Klassifizierungskriterien von Hürlimann, S. 181, spricht Schramke von Belohnungs-, Experten- und Legitimationsmacht älterer Insassen.

314 So aber Schneider, S. 713; Hinzu kommt, dass er im Normalvollzug für Gewalttaten jüngerer Mitgefangener besonders verletzbar ist.

315 Schramke, S. 207.

316 Kreuzer/Gebhardt/Maassen, S. 264 (265).

317 Rieger, ZfStrVo 1977, S. 218 (219).

318 Fattah/Sacco, S. 96; Bergman/Amir, Geriatrics 1973, S. 149 (156); Wiegand/Burger, The Prison Journal 1979, S. 48 (51); Schneider, S. 713.

319 Ham, S. 195; Krajick, Corrections Magazine 1979, S. 32 (33).

aktionen[320]. Einige Autoren in der viktimologischen Forschung sehen in sozialer Isolation sowie geistiger und körperlicher Schwäche vieler Betagter die Gründe für ein überdurchschnittliches Verletzbarkeitspotential[321]. Mit diesem Gegenstand befasste Untersuchungen gelangen zu dem Ergebnis, dass ältere Menschen allgemein zwar verstärkt unter Verbrechensangst leiden[322]. Tatsächlich werden Senioren ausweislich der Polizeilichen Kriminalstatistik aber seltener Opfer von Straftaten als jüngere Menschen[323]. Allerdings muss hierbei berücksichtigt werden, dass sich ältere Menschen weniger häufig in gefährliche Situationen begeben oder sich in entsprechenden Lagen (Nachtschwärmer, Lokale, Straßenbetrieb, etc.) aufhalten und insgesamt weniger mobil sind. Dennoch scheint gerade bei Personen ohne jegliche Opfererfahrung die Angst vor Verbrechen besonders gestiegen zu sein[324]. Auffallend ist, dass das Risiko überwiegend auf einer abstrakten Ebene angesiedelt wird, losgelöst vom konkreten persönlichen Kontext. Dieser vermeintliche Widerspruch wird im Schrifttum allgemein als Kriminalitätsfurcht-Paradoxon bezeichnet[325]. Paradox sind die Zusammenhänge jedoch keineswegs, denn zum einen leiden Senioren unter den psychischen und physischen Folgen einer Straftat weitaus mehr als jüngere. Zum anderen könnte die geringere Viktimisierungsrate gerade Folge des erhöhten Verletzungsrisikos sein, da viele ältere Menschen aus Furcht, Opfer zu werden, vermeintlich gefährliche Orte und kritische Situationen meiden, intensive Sicherheitsvorkehrungen treffen oder sich gar aus der Öffentlichkeit zurückziehen[326].

Auch in einer Strafvollzugsanstalt sind die erwähnten Strategien bis zu einem gewissen Grad zu verwirklichen. Gerade in einer totalen Institution können sich Insassen aus dem Anstaltsleben in eine weitgehende Isolation zurückziehen. Senioren helfen ihre Lebenserfahrung, Konflikte weitgehend zu vermeiden. Zudem genießen sie innerhalb der Insassengesellschaft gewisse Schon-, Schutz- und Freiräume. Im Hinblick auf den zuvor bereits angesprochenen Ehrenkodex könnte sich jedoch in Zukunft einiges verändern: der sowohl intra- als auch extramural vermutete Wertewandel und der dadurch bedingte Wegfall von Tabus, die bisher durch informelle Codes und Moralvorstellungen garantiert schienen, könnte die Gefahr des Opferwerdens künftig erhöhen. Überfüllungstendenzen in den Anstalten tragen zudem zu einer allgemeinen Verschlechterung der Haftbedingungen und des Vollzugsklimas bei. In persönlich und räumlich überlasteten Anstalten kann ein zunehmendes Aggressionspotential unter den Gefangenen festgestellt werden, das auch auf die Sicherheit der Senioren innerhalb der

---

320 Golden, S. 143 (146).

321 Boers, S. 72 f; Kreuzer/Hürlimann, S. 11 (45).

322 Clemente/Kleimann, Social Forces 1977, S. 519 (527 f.); Akers/La Greca/Sellers/Cochran, Criminology 1987, S. 487 (488 f.); Bilsky/Mecklenburg/Pfeiffer/Wetzels, S. 35 ff. und 57 ff.; zusammenfassend mit Kritik an den unterschiedlichen kognitiven, affektiven und behavioralen Ansätzen Fattah/Sacco, S. 207 ff. m.w.N.

323 PKS (2006), S. 55.

324 Alston, L. T., Crime and Older Americans, Springfield 1986, S. 101 m.w.N., zit. nach Schramke, S. 211.

325 Eisenberg, 2005, § 50 Rn. 29.

326 Boers, S. 220 und 307 f.

Einrichtung Auswirkungen haben dürfte. Trotz dieser Option und trotz des hohen Maßes an formeller Kontrolle erscheint es zweifelhaft, ob ein älterer Gefangener im Vollzug ein Gefühl der persönlichen Sicherheit entwickeln wird.

Übliche Formen intramuraler Kriminalität liegen vorwiegend im Bagatellbereich, die weniger von körperlicher Unterlegenheit oder Alter des Opfers abhängen, als vielmehr von einer günstigen äußeren Tatgelegenheit, wie der unverschlossenen Zellentür bei Diebstahlsdelikten, und werden meist auch von den Betroffenen nicht als gravierend empfunden. Selbstverständlich gibt es in Ausnahmefällen auch tätliche Übergriffe auf ältere Insassen. Hier scheinen aber auch konfliktfördernde Verhaltensweisen älterer Gefangener mitursächlich zu sein. So können verfestigte Einstellungen, die mit zunehmendem Alter kompromissloser verfochten werden, auf das Unverständnis jüngerer Mitgefangener stoßen und zu Konflikten führen. Altersbedingte körperliche und geistige Schwächen scheinen, von Ausnahmen abgesehen, insofern nur von untergeordneter Bedeutung zu sein. Bestätigung findet dieses Ergebnis in den Untersuchungen von Schramke, der die Probanden nach Opfererfahrungen und Viktimisierungsängsten befragte. Auch hier konnten vorwiegend Diebstahlsdelikte sowie Drohungen im Rahmen von alltäglichen Streitigkeiten festgestellt werden[327].

Die Ausführungen implizieren die Ansicht, insbesondere von hafterfahrenen Insassen, dass Partizipation am subkulturellen Leben die Viktimisierungsgefahr entscheidend erhöhe. Der Distanz zu anderen Insassen und zu subkulturellen Aktivitäten wird konsequenterweise eine Schutzfunktion zugeschrieben. Solche Bemühungen um eine gewisse Distanz zum Rest der Insassenwelt als bloße Konsequenz einer latenten Viktimisierungsfurcht und damit ausschließlich als Vermeidungsstrategien wäre eine vereinfachende Sichtweise[328]. Dasselbe gilt für die ebenfalls vertretene Auffassung, Angst vor Straftaten treibe ältere Menschen in eine soziale Isolation[329]. Denn Rückzugs- und Distanzierungstendenzen im Vollzug haben verschiedene Gründe: So können sie auch das altersbedingte Bedürfnis nach einem gewissen Maß an Disengagement widerspiegeln oder der subjektiv wichtigen Dokumentation der eigenen Andersartigkeit dienen. Die Senkung des Viktimisierungsrisikos erscheint dann eher ein positiver Nebeneffekt zu sein. Aus langjähriger Hafterfahrung und dem damit einhergehenden Status innerhalb der Anstaltspopulation erwachsen nicht zuletzt Sicherheit und Souveränität im Umgang mit anderen, jüngeren Insassen. Die Angst vor Übergriffen relativiert sich zumeist nach einer schwierigen Anpassungsphase.

b. Verhältnis zu den Vollzugsbediensteten

Das Verhältnis eines Gefangenen zum Vollzugspersonal hat wesentlichen Einfluss auf die Befindlichkeit des Insassen[330]. Im Folgenden sollen daher die unterschiedlichen

327 Schramke, S. 212 ff.

328 Golden, S. 143 (146).

329 Yin, Social Problems 1980, S. 492 (499).

330 Schaffner, S. 46.

Beziehungskomponenten zwischen den einsitzenden Senioren und den Bediensteten der JVA betrachtet werden, wobei auch auf die Verschiedenartigkeit der Beziehungen eingegangen werden soll, je nachdem, ob es sich um Mehrfach-, Erst oder Langzeitverbüßer handelt. Diese Beziehung wird entscheidend von der Einstellung gegenüber dem Vollzugssystem und dem Justizapparat bestimmt. Wird etwa bereits der Urteilsspruch subjektiv als Unrecht empfunden, ist das Verhältnis zur Institution und dem Personal von vornherein negativ vorbelastet. Dennoch besteht die Möglichkeit einer positiven Beziehung auf persönlicher Ebene.

Auch hier behindern altersbedingt fortschreitende Schwerhörigkeit einiger Insassen die Kommunikation, was das Verhältnis mitunter negativ belasten und beim Insassen die Entstehung paranoider Zustände begünstigen kann. Bei Mehrfachinhaftierten kann sich sogar ein regelrechtes Feindbild gegenüber Justiz, Vollzug und deren Bediensteten verfestigen. Das „System" wird bei jeder sich bietenden Gelegenheit angeklagt, ihm werden Machtmissbrauch, Schikane und Befangenheit unterstellt. Auch Schramke weist im Zusammenhang mit seinen Untersuchungen in hessischen Vollzugsanstalten darauf hin, dass überwiegend chronische Straftäter über 60 Jahren die Ansicht vertreten, dass es das Hauptziel der Institution sei, den Insassen zu „brechen", d.h. zu einem willenlosen, leicht zu kontrollierenden Objekt zu degradieren[331]. Andere Mehrfachinhaftierte hingegen definieren ihr Verhältnis zu Justiz und Strafvollzug zwar ebenso als Gegnerschaft, eine Definition, die sicherlich stark vom intramural existierenden Ehrenkodex geprägt sein dürfte, erkennen darin aber gleichzeitig Züge von Fairness und gegenseitiger Achtung. Dieser so genannten Knastehre kommt sicherlich gerade im Hinblick auf die Beziehung zum Vollzugspersonal als Repräsentant der Strafjustiz ein gewisser Stellenwert zu. Die Existenz eines Ehrenkodex bei älteren Insassen wird offenbar auch von Bediensteten als Faktor registriert, der eine gewisse Berechenbarkeit des Gegenübers gewährleistet[332]. Daneben rührt die distanzierte Haltung einiger Gefangener gegenüber Vollzugsbeamten auch aus ihrem subkulturellen Status, von dem sie sich eine gewisse Prestigesteigerung gegenüber ihren Mitgefangenen versprechen[333].

Der systemimmanente Antagonismus zwischen Bewacher und Bewachtem verbietet zwar gegenseitige Solidarität, lässt aber einer gewissen Sympathie auf individueller Ebene durchaus Raum. Letzteres hat möglicherweise seinen Grund in den teilweise ähnlichen sozialen Herkunftsumständen von JVA-Personal und Häftlingen – vorwiegend untere Mittelschicht - und dementsprechend vielfach ähnliche prägende Erfahrungen.

In den meisten Interviews von Schramke fanden sich keine Anhaltspunkte dafür, dass die anstaltsinterne Reglementierung ein herausragender Belastungsfaktor wäre.

---

331 Schramke, S. 243 f.

332 So auch ein Psychologe im Interview mit Schramke, der im Ehrenwort eines älteren Gefangenen eine tragende Grundlage für seine Entscheidung sah, einer Verlegung in den offenen Vollzug zuzustimmen. Schramke, S. 245, Interviewausschnitt Nr. 117.

333 Schramke, S. 204.

Vielmehr tritt bei vollzugserfahrenen Gefangenen ein gewisser Gewöhnungseffekt ein. Man findet sich mit den Reglementierungen und dem Bürokratismus ab und stellt sich darauf ein. Erstverbüßer treten ihre Strafe hingegen mit zum Teil überaus pessimistischen Vorstellungen hinsichtlich intramuraler Freiheiten an und zeigen sich letztlich überrascht angesichts der nicht erwarteten vergleichsweise „lockeren" Ausgestaltung des Vollzugs. Dazu kommt, dass ältere Häftlinge durchaus individuelle Freiräume und Privilegien genießen. Hierzu gelangen sie häufig durch den Einsatz als Hausarbeiter innerhalb des Vollzuges, durch den sie ohnehin einen Sonderstatus einnehmen. Ausschlaggebend bei dem Einsatz für diese Tätigkeit ist neben der Loyalität zur Administration auch das Durchsetzungsvermögen gegenüber den Mitgefangenen, das älteren Insassen auf Grund ihrer Lebenserfahrung zugeschrieben wird. Durch die Eingliederung in die formelle Organisationsstruktur und die damit verbundenen Privilegien gelingt es, die Betroffenen in noch stärkerem Maße an die Ziele der Institution zu binden.

Das von vielen Experten hervorgehobene gute Verhältnis zwischen älteren Insassen und Bediensteten beruht indes nicht ausschließlich auf dem angepassten Verhalten der Senioren. Vielmehr sind es wechselseitige Prozesse, die für die weitgehend konfliktfreie Beziehung verantwortlich sind[334]. Auch die Vollzugsbeamten gehen eher nachsichtig mit Senioren um, so dass dieser wechselseitige Respekt letztlich zu einem überwiegend positiven Verhältnis beiträgt. Die Schonung der alten Insassen durch die Beamten führt vielfach zu einem regelrechten Altersbonus, der sich einerseits in der Gewährung von Vergünstigungen, andererseits in der Tolerierung bestimmter Verhaltensweisen äußert[335]. Gelegentlich sprechen Praktiker gar von einer „Narrenfreiheit", die den Älteren zugestanden werde. Während bei Erstverbüßern der Mitleidfaktor eine entscheidende Rolle spielen dürfte und ihnen die günstige Legalbiographie sowie das hohe Maß an sozialer Konformität zugute gehalten wird, greifen bei Langzeithäftlingen und chronischen Straftätern, die häufig in derselben Anstalt einsitzen, andere Mechanismen. Man hat sich aneinander gewöhnt und wird zusammen älter.

Erstverbüßer definieren im Gegensatz zu Mehrfachverbüßern die Institution nicht als Gegenseite. Entsprechend ihrem Selbstverständnis als grundsätzlich normkonforme Individuen zeigt sich mitunter eine gewisse Solidarität mit der Institution und den Bediensteten. Teilweise wird dies bewusst nach außen demonstriert, um in den Genuss von Vergünstigungen zu kommen oder erlangte Freiräume zu sichern. Bei anderen resultiert die Solidarität dagegen aus dem bloßen Bedürfnis nach Sicherheit und Ordnung. Es gibt zwei Typen: der eine hat sich vollständig den formellen Normen der Anstalt unterworfen und von den informellen Insassennormen sowie der gesamten informellen Vollzugsgesellschaft distanziert. Dem zweiten Typ, der sich auch unter den Mehrfachinhaftierten findet, gelingt es, Solidarität sowohl mit Insassen als auch mit Bediensteten zu zeigen. Die Solidarität mit Mithäftlingen endet dort, wo er Sicherheit und Ordnung gefährdet sieht. Dabei geht es nicht ausschließlich um persönliche Belange, sondern auch um ein subjektives Verantwortungsgefühl gegenüber dem reibungslosen Vollzugsablauf. Bei Erst- oder Gelegenheitsstraftätern resultiert dieses

334 Görgen/Greve, BewHi 2005, S. 116 (123).
335 Hemmens/Marquardt, J Crim Just 2000, S. 297.

Verantwortungsgefühl in Obrigkeitstreue und Loyalität gegenüber Staat, Justiz und formellem Normengefüge. Besonders ausgeprägt ist dies bei vormaligen NS-Funktionären und Amtsträgern der DDR. Auf Distanziertheit und ein unterkühltes Verhältnis zum Vollzugspersonal trifft man auch seitens Erstverbüßern, vornehmlich in großen Vollzugsanstalten, in der der Einzelne auf Grund der Größe der Anstalt häufig kaum wahrgenommen wird, und in der ihm die erforderliche Hilfe in Bezug auf vollzugsorganisatorische Fragen oftmals aus Zeit- und Kapazitätsgründen versagt bleibt.

Ferner scheinen sich ältere Gefangene in aller Regel im Vollzug gut einzuordnen und sind deshalb bei den Beamten beliebt[336]. Gerade bei im Vollzug auf Grund einer langen Haftstrafe gealterten Insassen tritt ab einem bestimmten Zeitpunkt eine stillschweigende gegenseitige Schonung ein.

5. Anpassung an das Vollzugsleben

a. Einhaltung formeller Anstaltsregeln durch ältere Insassen

Im Schrifttum wird die Einhaltung der formellen Anstaltsregeln durch Gefangene aus Sicht der Institution mitunter als Gradmesser für ihre Anpassung an das Vollzugsleben gesehen[337]. So bietet sich im Gegenzug der Regelverstoß als Mittel an, sich über freiheitsbeschränkende Vorgaben hinwegzusetzen. Wolfgang entwickelte einen „adjustment index", der ebenfalls ausschließlich auf die von der Anstalt verfolgten Ziele abstellt. Kriterien für die Anpassung sind danach Kontinuität in der Arbeit, Arbeitsverlust auf Grund von Regelverstößen und die in den Akten festgehaltene Anzahl negativer „Statements" über einen Gefangenen durch Vollzugsbeamte[338]. Mit Hilfe dieser Kriterien untersuchte Wolfgang verschiedene Variablen (Herkunft, Verbüßungszeit, Familienstand, Intelligenz, Leistungsfähigkeit, Persönlichkeit und Alter) auf ihren Zusammenhang mit dem Anpassungsgrad der Häftlinge im oben dargelegten Sinne. Als bedeutsamstes Kriterium erwies sich das Alter der Betroffenen[339]. Eine Studie von Wolf, Freinek und Shaffer ergab, dass ältere Gefangene nicht nur seltener durch Regelverstöße auffallen als jüngere Gefangene, sondern solche zumeist weniger schwer ausfallen[340]. Nach Untersuchungen von Hanks[341], Flanagan[342] und Schnur[343] wurden

336 Rotthaus, MschrKrim 1971, S. 338 (341).
337 Wolf/Freinek/Shaffer, J Clin Psychol 1966, S. 244.
338 Wolfgang, Psychiatry Digest 1964, S. 21 (31).
339 Wolfgang, Psychiatry Digest 1964, S. 21 (31 ff.). Zu dem gleichen Ergebnis gelangten auch Goetting, Crim Just Rev 1984, S. 14 (19) und Johnson, Canadian Journal of Corrections 1966, S. 268 (276 ff.).
340 Wolf/Freinek/Shaffer, J Clin Psychol 1966, S. 244 (247). So im Ergebnis auch Jensen, Criminology 1977, S. 555 (560 ff.), Flanagan, Criminology 1983, S. 29 (34) und Zink, J. Crim. L., Criminology & Police Sci. 1957, S. 433.
341 Hanks, J Crim L, Criminology & Police Sci 1940, S. 879 (882).
342 Flanagan, Criminology 1983, S. 29 (34).
343 Schnur, J Crim L, Criminology & Police Sci 1949, S. 36 (40).

gegen höheraltrige Strafgefangene im Vergleich mit ihren jüngeren Mithäftlingen weit weniger Disziplinarmaßnahmen verhängt. In der Konsequenz stellten Ellis, Grasmick und Gilman in ihrer Untersuchung über das Ausmaß der Gewalt in verschiedenen Vollzugsanstalten daher fest, dass es in Anstalten mit einem höheren Anteil älterer Gefangener an der Gesamtpopulation seltener zu aggressiven Übergriffen kommt[344]. Außerdem nimmt die Wahrscheinlichkeit aggressiven Verhaltens, mit Ausnahme von Verbalaggressionen, mit fortschreitendem Alter ab[345]. Das zeigt auch die bereits dargestellte Struktur der Alterskriminalität[346].

Bescheinigen die hier aufgeführten Untersuchungen unisono die Tendenz zu regelkonformerem Verhalten mit zunehmendem Lebensalter, darf doch nicht verkannt werden, dass ein Teil von ihnen auf hier nicht interessierende Populationen abstellt, da es ihr Anliegen ist, Verhaltensweisen besonders junger Inhaftierter mit denen „reiferer" Insassen zu vergleichen. Leicht entsteht dadurch der Eindruck vom älteren Häftling als einem gänzlich unauffälligen, völlig angepassten, stets regelkonformem Gefangenen. McShane und Williams stellen diesem Stereotyp ein differenziertes Bild des alten Gefangenen gegenüber. Sie untersuchten über 50jährige Insassen, gegen die Disziplinarmaßnahmen verhängt wurden und verglichen sie mit gleichaltrigen ohne entsprechende Eintragungen in der Personalakte[347]. Das Durchschnittsalter der auffälligen Probanden zum Zeitpunkt der Begehung der Straftat und der Inhaftierung war niedriger, sie verbüßten längere Haftstrafen und waren zu einem größeren Prozentsatz bereits mehrfach inhaftiert. Zudem waren ihre sozialen Bindungen zur Außenwelt schwächer ausgeprägt. Der häufigste Regelverstoß war die Nichtbeachtung von Anordnungen des Stabs, gefolgt von Besitz unerlaubter Gegenstände, Verursachung von Störungen und vulgärer Sprache[348] vor den Bediensteten[349].

Der ältere Gefangene ist also keineswegs ein schwacher, stets ergebener und fügsamer, wie häufig gemutmaßt wird. Dieses Ergebnis wird durch die Untersuchungen von Schramke bei über 60jährigen in hessischen Vollzugsanstalten gestützt[350], der sowohl minder schwere Verstöße wie verbale Auseinandersetzung mit Beamten und Rauchen in der rauchfreien Zone feststellte wie auch schwere Verstöße von aggressivem Verhalten gegenüber Vollzugsbeamten bis hin zu Entweichungs- und Ausbruchversuchen. Bei inhaftierten Senioren handelt es sich keineswegs um eine homogene Gruppe die sich durchweg durch angepasstes Verhalten auszeichnet. Abgesehen von solchen Aus-

---

344 Ellis/Grasmick/Gilman, Am J Sociology 1974, S. 16 (28 f. und 31); Mabli/Holley/Patrick/Walls, Crim Just Behav 1979, S. 175.

345 Ebd.

346 Siehe Teil 1 B.

347 McShane/Williams, Int J Offender Ther Comp Criminol 1990, S. 197 (203 ff.).

348 Hier weichen die US-Amerikanischen Verhältnisse, wie schon an anderer Stelle, von den deutschen ab: in deutschen Justizvollzugsanstalten werden im Allgemeinen nur gezielte Beleidigungen disziplinarisch geahndet, vgl. CalliessMüller-Dietz § 102 Rn. 4; AK-StVollzG-*Walter*, § 102 Rn. 13.

349 McShane/Williams, Int J Offender Ther Comp Criminol 1990, S. 197 (203 ff., insb. 205).

350 Schramke, S. 235.

nahmefällen lassen die Untersuchungen von Schramke gleichwohl erkennen, dass sich Insassen mit zunehmendem Alter tendenziell angepasster und weniger aggressiv verhalten. Bei Mehrfachinhaftierten wird dies im Vergleich zu früheren Inhaftierungen besonders deutlich[351].

b. Eingaben älterer Insassen

Neben dem Einhalten von anstaltsinternen Regeln bieten sich als Gradmesser für eine Anpassung an das Vollzugsleben auch das Verfassen von Beschwerden bzw. die Einlegung von Rechtsbehelfen gegen Maßnahmen der Justizverwaltung als Mittel sich über freiheitsbeschränkende Maßnahmen hinwegzusetzen, an. Damit kommt dem Beschwerdeverhalten der älteren Insassen eine ähnliche Indikatorenfunktion für die Anpassung an formelle Normen und die Organisationsstruktur der Anstalt zu. Auch hierin spiegelt sich bis zu einem gewissen Grad das Maß der Bereitschaft wieder, sich Regeln und Anordnungen zu unterwerfen. Die zur Verfügung stehenden Rechtsbehelfe im weiteren Sinne sind das Beschwerderecht nach § 108 StVollzG, der Widerspruch, der Antrag auf gerichtliche Entscheidung nach § 109 StVollzG, die Dienstaufsichtsbeschwerde, die Strafanzeige, die Anfechtung von Verwaltungsakten nach § 23 EGGVG, die Verfassungsbeschwerde und letztlich die Petition. Hier interessieren insbesondere die Beschwerden, die sich gegen Maßnahmen der Anstaltsleitung oder die einzelner Bediensteter richten.

Während insbesondere jüngere Häftlinge mit Aggressionen gegen Personen und Sachen auf ihnen missliebige Entscheidungen reagieren, werden in Einzelfällen, die gerade unter älteren, meist hafterfahrenen Gefangenen kein unbekanntes Phänomen sind, rudimentäre, meist autodidaktisch erworbene Rechtskenntnisse eingesetzt, um eigene oder fremde rechtliche Interessen durchzusetzen. Das Verfassen von Beschwerden gerät mitunter zu einer Ersatzhandlung für gewalttätiges Verhalten oder sonstige Regelverstöße.

Natürlich gibt es ältere Häftlinge, die durch querulatorisches Verhalten auffallen. Bei den Beschwerden geht es häufig um die medizinische Versorgung, gelegentlich auch um Verhaltensweisen jüngerer Mitgefangener. Wird im Einzelfall in der intensiven Verfolgung eigener Interessen durch rechtliche Schritte eine adäquate Strategie erblickt, Unannehmlichkeiten abzuwenden, setzen Senioren jedoch allgemein auf Konfliktvermeidung als Mittel, um dieses Ziel zu erreichen. Konformes Verhalten sowie Duldung und Akzeptanz von Entscheidungen des Stabs werden als wesentliche Voraussetzungen für ein gutes Auskommen mit den Bediensteten und letztlich für ein möglichst unbeschadetes Überstehen des Vollzugsaufenthaltes gesehen. Erstes Indiz dafür ist bereits die große Zahl der Probanden, die auf formelle Beschwerden und Rechtsmittel verzichtet. Sowohl ältere Erst- als auch Gelegenheits- und Mehrfachverbüßer wägen vielmehr Pro und Contra einer Eingabe gegen als ungerecht empfundene Anordnungen und Entscheidungen des Vollzugspersonals gegeneinander ab. Gerade

351 Schramke, S. 236.

bei chronischen Straftätern stellt Schramke fest, dass mit zunehmendem Alter Gelassenheit und Abgeklärtheit gegenüber unbeliebten Maßnahmen der Beamten sowie ein gewisses Verständnis für Aufgaben und Pflichten der „Gegenseite“ eintritt[352]. Viele Befragte sehen hierin einen bedeutsamen Unterschied zu jüngeren Insassen, die weitaus impulsiver und unüberlegt reagieren. Zurückgeführt wird dies sowohl auf altersbedingte Faktoren, wie etwa mehr Gelassenheit oder Ruhe, die zu weniger impulsivem, eher bedachtem Vorgehen führen, als auch generationsbedingte Faktoren, wie etwa der Tatsache, dass sich heute über 60jährige überwiegend einem auf Ordnung und Gehorsam aufbauenden Wertgefüge verpflichtet fühlen.

Im Ergebnis bestätigt auch diese Untersuchung das im Zusammenhang mit der Einhaltung anstaltsinterner Regeln gezeichnete Bild vom tendenziell konformen, zurückhaltenden älteren Gefangenen. Dieses kongruiert im Wesentlichen mit der Einschätzung der Experten aus der Praxis. Auch sie weisen auf Ausnahmen hin, beschreiben die Gruppe der Senioren aber allgemein als integriert, unauffällig und weniger aggressiv[353].

6. Auswirkungen der Haft auf ältere Gefangene

Die meisten im Schrifttum geschilderten Auswirkungen der Haft auf Gefangene beziehen sich altersunabhängig auf die Verbüßung langer Haftstrafen[354]. Lediglich wenige Autoren erweitern die Schilderung um das Kriterium des Alters[355]. Aday und Webster zeichnen in ihrem Konzept der institutional dependency ein ambivalentes Bild der Inhaftierungssituation älterer Insassen. So seien Senioren bereits in der freien Gesellschaft in besonderem Maße vom Verlust sozialer Bindungen und Rollen betroffen und müssten sich mit bestimmten altersbedingten physischen und emotionalen Veränderungen auseinandersetzen. Die Haft ermögliche dem Betagten, neue Bindungen aufzubauen und neue Rollen zu übernehmen, die entscheidend für sein soziales und psychisches Wohlbefinden seien[356].

Die Übernahme und Verinnerlichung subkultureller Normen und Werthaltungen sind auch bei vollzugserfahrenen älteren Insassen feststellbar. Bei ihnen lässt sich jedoch häufig nach einer Phase intensiver subkultureller Partizipation im frühen und

---

352 Schramke, S. 238.

353 Ham, S. 168 ff.

354 Schleusener, ZfStrVo 1976, S. 19 (21), stellt einen Katalog der wesentlichen Risiken auf; zum Phänomen der Prisonisierungsprozesse vgl. Clemmer, 1965, S. 294 ff.; Wheeler, Am Sociological Rev 1961, S. 697 (706 f); Göppinger, S. 788, Eisenberg, 2005, § 37 Rn. 3 ff. und 16 ff.; zum Phänomen der Institutionalisierungsprozesse Harbordt, S. 85; Tokarski, S. 214 (217); zum Phänomen der Hospitalisierungseffekte Barton, S. 11 (16 ff.), der diese Effekte allerdings bei Patienten in psychiatrischen Kliniken untersuchte. Die einzelnen Theorien weisen einige Überschneidungen auf, was aus einem uneinheitlichen Gebrauch der verschiedenen Begriffe der jeweiligen Autoren herrührt.

355 Aday/Webster, Offender Rehabilitation 1979, S. 271 (271); Ham, S. 89 ff.

356 Aday/Webster, Offender Rehabilitation 1979, S. 271 (271).

mittleren Erwachsenenalter ein gewisses Maß an Distanz und Disengagement im höheren Alter beobachten[357]. Insbesondere bei mehrfachinhaftierten, chronischen Straftätern spielt diese Phase eine maßgebliche Rolle. Die subkulturelle Partizipation war am intensivsten während früherer Inhaftierungen. Bei den im höheren Alter zu verbüßenden Haftstrafen sind Rückzugstendenzen und Distanzierungen von subkulturellen Standards erkennbar. Trotz des Rückzugs kann wiederholtes Scheitern in der freien Gesellschaft dazu führen, dass soziale Rollen, die der Betroffene innerhalb der Anstalt übernimmt, von ihm positiver bewertet werden. Da der ältere Mensch in der freien Gesellschaft generell eine eher untergeordnete Akzeptanz erfährt, kann für einen vorbestraften, inhaftierten, älteren Menschen von noch ungünstigeren Voraussetzungen ausgegangen werden[358].

Die Vollzugsanstalt gewährt einigen Gefangenen sogar ein gewisses Maß an Geborgenheit und Sicherheit, ein Gefühl, das bei chronischen, hafterfahrenen Straftätern mit jeder weiteren Inhaftierung bis ins hohe Alter zunehmend an Bedeutung gewinnt[359]. Anders als bei Aday und Webster, die der Verbindung des Gefangenen mit der Insassenkultur die maßgebliche Bedeutung zuschreiben[360], erweisen sich in den Untersuchungen von Schramke der durch die Institution gewährte Versorgungsgrad und die Möglichkeiten der Übernahme neuer Rollen durch die Eingliederung in den formellen Anstaltsbetrieb als entscheidender für die Abhängigkeit von der Institution[361].

Noch deutlicher wird die Bedeutung des formellen Anstaltsbetriebs für die Straftäter, die im Zuge der Verbüßung einer langen Haftstrafe im Vollzug gealtert sind. In den meisten Fällen handelt es sich hierbei um Personen, die ihre erste und einzige Freiheitsstrafe bereits im fortgeschrittenen Erwachsenenalter antreten, vorher vergleichsweise gut sozialisiert waren und deshalb mit einer gewissen Resistenz gegen subkulturelle Einflüsse ausgestattet sind[362].

Neben diesen Prisonisierungs- und Institutionalisierungseffekten können gerade bei längeren Haftaufenthalten auch Hospitalisierungsschäden entstehen[363]. Hospitalismus ist die zusammenfassende Bezeichnung für die krankhaften Folgen (neurotische Störungen wie z.B. Depressionen, Angstzustände, Halluzinationen, Veränderungen der Zeitwahrnehmung, intellektuelle Störungen, Verwahrlosungstendenzen) eines längeren Anstalt- oder Heimaufenthalts[364]. Görgen und Greve verweisen insoweit auf mehrere Studien, die eine hohe Prävalenz psychischer Erkrankungen unter älteren Gefangenen fanden[365]. Rund 20 % der von Reagan, Alderson und Reagan untersuchten über

357 Siehe Teil 1 D. II. 4. b.

358 Adams/Vedder, Geriatrics 1961, S. 177 (179).

359 Jackson, B.: Who Goes to Prison: Caste and Careerism in Crime, in: Atlantic Monthly 1966 (1), S. 52-57 (56), zit. nach Schramke, S. 261.

360 Aday/Webster, Offender Rehabilitation 1979, S. 271 (274).

361 Schramke, S. 261.

362 Ebd.

363 Fiedeler, S.67; Skirl, ZfStrVo 2003, S. 283 (284).

364 Pschyrembel, S. 792; Stark, S. 61 (62).

365 Görgen/Greve, BewHi 2005, S. 116 (121) m.w.N.

55jährigen Gefangenen in Tennessee litten an psychischen Erkrankungen; am häufigsten waren Depressionen, Angsterkrankungen, Störungen aus dem schizophrenen Formenkreis und Demenzen[366].

Als Hauptursachen für diese pathologischen Folgeerscheinungen sieht Barton fehlende Kontakte zur Außenwelt, erzwungene Untätigkeit, autoritäres Verhalten der Bediensteten, Verlust von Freunden, persönlichem Besitz und Privatleben, Medikamente, Anstaltsatmosphäre sowie mangelnde Zukunftsaussichten außerhalb der Anstalt[367]. Einige der benannten Faktoren können durchaus das Auftreten von Hospitalisierungsschäden bei älteren Häftlingen mit langen Haftstrafen erklären[368]:

Dies gilt zunächst hinsichtlich fehlender Kontakte zur Außenwelt. Diese können bei älteren Insassen unterschiedliche Gründe haben. Zum einen wirken sich bereits das Verüben einer Straftat, das Strafverfahren und die Verurteilung zu einer Haftstrafe nachteilig auf die sozialen Beziehungen des Betroffenen aus. Durch die zum Teil lang andauernde Haftstrafe werden die noch bestehenden Kontakte weiter belastet[369]. Der Bekannten- und Verwandtenkreis älterer Menschen rekrutiert sich in der Regel zum größten Teil aus älteren Personen. Die im Vergleich zu jüngeren Inhaftierten reduzierten Besuche können daher mit dem für diesen Personenkreis als zu lang andauernd und beklemmend empfundenen anstaltsinternen Prozedere, zu großer räumlicher Entfernung oder krankheitsbedingter Verhinderung der Bezugsperson erklärt werden. Darüber hinaus sind ältere Menschen weitaus stärker vom Verlust von Freunden betroffen. So reduziert sich das Maß sozialer Kontakte älterer Menschen mitunter bis hin zur völligen Vereinsamung[370]. Verantwortlich hierfür sind, neben Todesfällen im Bekannten- und Verwandtenkreis, eine Vielzahl von Einflussfaktoren sozialer und psychologischer, sozioökonomischer und nicht zuletzt zeitgeschichtlicher Art[371].

Senioren sind ferner in stärkerem Maße vom Verlust von Freunden betroffen. Nicht nur der Wegfall von Außenkontakten durch Besuche ist hier von Bedeutung, ebenso wichtig sind eingeschränkte Schreibfähigkeiten (Sehschwäche, Schreibschwäche pp.) sowie die Unfähigkeit des Häftlings anderen Personen die Verhältnisse in der Anstalt zu schildern - es gehen teilweise schlicht die Gesprächsthemen aus.

Ferner dürften besonders ältere Häftlinge von der erzwungenen Untätigkeit betroffen sein. Denn Arbeits- und Freizeitangebote sind, wie gezeigt, auf die Mehrzahl der jüngeren Insassen zugeschnitten.

---

366 Reagan, J. J./Alderson, A./Reagan, W. M, Psychiatric disorders in aging prisoners, in: Clinical Gerontologist 2002, S. 117-124, zit. nach Görgen/Greve, BewHi 2005, S. 116 (121).

367 Barton, S. 11 (16 ff.).

368 Stark, S. 61 ff.

369 Zum Ganzen Busch/Fülbier/Meyer, S. 309, die sich mit der so genannten Drittwirkung der Strafe beschäftigen und eine Rangfolge der verschiedenen Belastungsfaktoren aus Sicht der Angehörigen anführen. In diesem Zusammenhang dürfte auch die Problematik der so genannten Intimbesuche Bedeutung finden, obgleich der Sexualität im Alter - wenn auch zu Unrecht - nur untergeordnete Bedeutung zugesprochen wird; vgl. Calliess/Müller-Dietz, StVollzG § 27 Rn. 8; Schramke, S. 302; Fischer-*Schrömbgens*, S. 51 ff.

370 Fischer-*Klein-Lange*, S. 80.

371 Fischer-*Fischer*, S. 47.

Schließlich sind es die mangelnden Zukunftsaussichten außerhalb der Anstalt, die in besonderem Maße Hospitalisierungsschäden hervorrufen können. Fehlende Hoffnung auf ein eigenständiges Leben nach der Haft fördert solche Prozesse. Je geringer die verbleibende Lebenszeit ist, desto stärker reduzieren sich Zukunftsperspektiven und desto weniger wird der Betreffende gewillt sein, seine gewohnte Umgebung zugunsten eines ungewissen neuen Umfeldes aufzugeben. Gleichzeitig dürften Resignation und mangelnde Zukunftsorientierung Verwahrlosungstendenzen, Rückzugs- und Isolationsprozesse sowie eine allgemeine Antriebsschwäche fördern[372].

7. Zusammenfassung

Die mittlere Inhaftierungsphase ist stark geprägt vom Arbeits- und Freizeitangebot der Vollzugsanstalt. Ältere Insassen unterliegen zwar keiner Arbeitspflicht, können aber in den meisten Fällen, sofern sie arbeitswillig sind, einer Beschäftigung nachgehen. Das Freizeitangebot ist vorwiegend auf die Bedürfnisse jüngerer Altersgruppen ausgerichtet, so dass Senioren vorwiegend von der gesetzlich vorgesehenen Möglichkeit der individuellen Freizeitgestaltung Gebrauch machen. Im Rahmen der Gesundheitsfürsorge werden individuellem Altersabbau, Krankheiten und Behinderungen, von Ausnahmefällen abgesehen, kaum Rechnung getragen. Ursache sind neben mangelnden baulichen Konzeptionen vorwiegend vollzugsorganisatorische Gründe sowie die wenig einzelfallorientierte Handhabung strafvollzugsrechtlicher Normen und der dazugehörenden Verwaltungsvorschriften.

Geprägt wird das Leben älterer Menschen im Vollzug des Weiteren durch den eigenen Status innerhalb der Anstalt, also das Verhältnis zu Mithäftlingen und Vollzugsbeamten. Fortgeschrittenes Alter bedeutet nicht zwangsläufig einen subalternen Status innerhalb der Vollzugshierarchie. Der überwiegende Teil der Senioren lässt sich nicht in eine „Hackordnung“ einordnen. Eine gehobene Führungsposition kann auf Grund Lebenserfahrung, langjähriger Hafterfahrung und besonderer Intelligenz erworben werden. Auch wenn keine Führungsposition eingenommen wird bedeutet das nicht zwangsläufig, dass Ältere Opferrollen einnehmen. Sowohl objektives Viktimisierungsrisiko als auch konkrete Viktimisierungsfurcht sind bei älteren Insassen als relativ gering einzustufen. Dennoch weisen ältere Häftlinge häufig keine oder nur schwache Gruppenbeziehungen auf. Das Verhältnis zu Anstalt und Personal ist als ambivalent zu kennzeichnen. Dies geht von absoluter Antipathie, die zu erheblichen Störungen im Vollzugsablauf führen kann, über weitgehende Indifferenz bei vorwiegend bei kürzeren Freiheitsstrafen, bis hin zur Solidarität.

Soweit ersichtlich konstatieren alle zum Thema Anpassung an das Anstaltsleben durchgeführten Untersuchungen, dass ältere Strafgefangene weitaus seltener durch Regelverstöße auffallen als Gefangene jüngerer Altersgruppen. Von übermäßigen Eingaben insbesondere querulatorischer Senioren im Einzelfall abgesehen, werden Beschwerden oftmals nur als Ersatzhandlungen für gewalttätiges Verhalten oder sonstige

372 Schreiner, S. 207 ff.

Regelverstöße verfasst. Prisonisierungs-, Institutionalisierungs- und Hospitalisierungseffekte sind vorwiegend bei mehrfachinhaftierten, chronischen Straftätern sowie erstverbüßenden Langzeitinhaftierten zu erkennen und erschweren nicht nur auf Grund der langen Zeit in Haft sondern gerade auf Grund des Alters eine Wiedereingliederung bzw. machen diese unmöglich.

III. Entlassungsvorbereitung und Entlassung

Der Entlassungszeitraum ist eine der entscheidenden Phasen des Vollzuges. Nicht zuletzt durch die Art und Weise seiner Ausgestaltung entscheidet sich, ob der Gefangene zur Lebensführung in sozialer Verantwortung befähigt oder ob er rückfällig wird.

Zur direkten Vorbereitung der sich nähernden Entlassung soll der Vollzug gelockert werden, vor allem durch Ausgang und Freigang.

Auch die Gewährung von Sonderurlaub nach § 15 Abs. 3 StVollzG ist möglich, wenngleich die Dauer von bis zu einer Woche angesichts der Bedeutung für Wohnungsbeschaffung oder Behördengänge zu eng bemessen ist[373]. Die gerade bei älteren Insassen häufig fehlenden Sozialkontakte haben jedoch Auswirkungen auf die Gewährung von Sonderurlaub im Rahmen der Lockerungspraxis. So ist der Gefangene nach § 15 Abs. 3 S. 2 StVollzG i.V.m. VV Nr. 5 Abs. 2 zu § 13 StVollzG zur Angabe einer Urlaubsanschrift verpflichtet. Hat er keine eigene Wohnung oder keine Bezugsperson, bei der er während des Hafturlaubs unterkommen kann, und verfügt er nicht über die finanziellen Mittel für eine Übernachtung in einer Pension, kann eine Beurlaubung im Regelfall aus Gründen möglicher Fluchtgefahr nicht erfolgen[374].

Die daneben übliche Verlegung eines Gefangenen in eine offene Abteilung oder in eine (andere) offene Anstalt als ersten Schritt der Wiedereingliederung nach langjähriger Haft in einer geschlossenen Einrichtung bringt für Senioren eine Vielzahl von Belastungsfaktoren mit sich. Wie bereits im Zusammenhang mit dem Haftantritt geschildert, ist jede Veränderung äußerer Rahmenbedingungen gerade für den älteren Menschen problematisch[375]. Der grundsätzlichen Freude über die Gewährung weiterer Freiräume stehen häufig zahlreiche Ängste gegenüber. Dieses Phänomen resultiert nicht zuletzt aus den zuvor angesprochenen Institutionalisierungseffekten, insbesondere der institutionellen Abhängigkeit[376]. In erster Linie ist die Verlegung in den offenen Vollzug mit einem Rollenverlust verbunden. Der Betroffene muss über Jahre gewachsene soziale Bezüge zu Beamten und Mitgefangenen sowie bisher ausgeübte Tätigkeiten aufgeben und neue Beziehungen aufbauen. Zugleich muss er lernen, mit neuen Freiheiten umzugehen.

---

373 Schwind/Böhm/Jehle-*Ittel/Ullenbruch*, StVollzG, § 15 Rn. 7; AK-StVollzG-*Lesting*, § 15 Rn. 11.

374 AK-StVollzG-*Lesting*, § 13 Rn. 16 ff.

375 Siehe Teil 1 D. II. 4. a.

376 Siehe Teil 1 D. II. 4. b. und 6.

Schließlich kommt auch der bedingten Entlassung aus dem Vollzug nach Verbüßung eines Teils der Strafe nach § 57 StGB, vor allem für Gefangene, die zu langjährigen Haftstrafen verurteilt wurden, eine wichtige Bedeutung zu. Nach einer Untersuchung von Dünkel über alte Menschen im Strafvollzug[377] verbüßten die mindestens 50jährigen Männer der untersuchten Stichprobe überdurchschnittlich häufig ihre Freiheitsstrafe in vollem Umfang. Nur 31 % wurden bedingt entlassen, während dies bei den unter 50jährigen bei mehr als der Hälfte (55 %) der Fall war. Etwas günstiger stellte sich die Situation für die älteren Frauen dar, die immerhin zu 61 % bedingt entlassen wurden (Vergleichswert für die unter 50jährigen: 52 %). Bei diesem Ergebnis ist allerdings zu berücksichtigen, dass die Voraussetzungen für eine bedingte Entlassung strenger gefasst sind als die Voraussetzungen für die primäre Aussetzung der Strafe. Neben anderen Erfordernissen bedarf es nämlich gemäß §§ 57 Abs. 1 S. 1 Nr. 3, 57 a Abs. 1 S. 1 Nr. 3 StGB der Zustimmung des Betroffenen. Eine Entlassung gegen den Willen des Gefangenen bei lebenslangen Freiheitsstrafen ist daher kaum möglich. Die Zustimmung wird mitunter sogar - aus den bereits im Zusammenhang mit einer Verlegung in den offenen Vollzug dargestellten Gründen - verweigert[378].

Die Entlassungsvorbereitung ist eine mittelfristige Vollzugsmaßnahme und als solche im Vollzugsplan nach § 7 Abs. 2 Nr. 8 StVollzG in denselben aufzunehmen. § 15 StVollzG ist im Zusammenhang mit zahlreichen anderen Vorschriften über die Behandlung des Gefangenen zu sehen, namentlich der Zuweisung der Arbeit gemäß § 37 StVollzG, dem Überbrückungsgeld gemäß § 51 StVollzG, der ärztlichen Behandlung zur sozialen Wiedereingliederung gemäß § 63 StVollzG und der sozialen Hilfe zur Entlassung gemäß § 74 StVollzG. Wie gezeigt, hält, von wenigen Ausnahmen abgesehen, der Vollzug für ältere Insassen wenig altersgerechte Arbeits- und Freizeitangebote bereit. Auch die Entlassungsvorbereitung ist vorwiegend auf jüngere Insassen und deren Wiedereingliederung in das Arbeitsleben abgestimmt, was bei älteren Menschen oft gerade nicht erforderlich ist. Die Leitidee des spezialpräventiv orientierten Freiheitsentzuges ist es zwar, den Vollzug in den Justizvollzugsanstalten dergestalt zu strukturieren, dass die Frage der Entlassung alsbald nach der Aufnahme des Gefangenen aktiv mit bedacht wird[379]. Aber lediglich in der Außenstelle Singen der JVA Konstanz, die sich auf den Strafvollzug an älteren Menschen spezialisiert hat, gehören zur Entlassungsvorbereitung tatsächlich die verschiedenen Lockerungsstufen, das Herstellen oder Festigen sozialer Beziehungen, die Integration der Inhaftierten in die Familie bzw. in das soziale Umfeld, sowie die Vermittlung von Therapieangeboten bei Persönlichkeitsstörungen und bestehenden Abhängigkeiten. Inhaftierte ohne familiäre Kontakte werden bei der Beschaffung von Wohnraum unterstützt. Bei Bedarf werden sie mit ihrem Einverständnis in eine betreuende Wohneinrichtung (z.B. Seniorenwohnheim) vermittelt. Inhaftierte, für die keine Wohnmöglichkeit gefunden wurde, können

---

377 Dünkel hat sich in seiner Analyse unter anderem mit empirischen Befunden zur Insassenstruktur anhand der Untersuchungsergebnisse umfassender Forschungsprojekte im Schleswig-Holsteinischen und Berliner Strafvollzug beschäftigt, vgl. ZfStrVo 1991, S. 350 (353, 356 f.).

378 Schramke, S. 273.

379 BMI/BMJ, S. 433.

sich um eine Aufnahme im Übergangswohnheim für Haftentlassene bewerben. Die Inhaftierten werden frühzeitig an der Entlassungsvorbereitung beteiligt. Der Sozialdienst liefert Unterstützung und ist gegebenenfalls bei der Sicherung der Altersversorgung behilflich[380].

Dieses Angebot wird jedoch aus organisatorischen und personaltechnischen Gründen in anderen Anstalten, gerade bei der zahlenmäßig geringen Gruppe älterer Gefangener, kaum in die Tat umgesetzt. Deutlich wird dies bei der Analyse von Dünkel[381]. Danach waren entlassungsvorbereitende Maßnahmen wie etwa die Hilfe bei der Wohnungssuche, die Vermittlung an Einrichtungen der Strafentlassenenhilfe, die Zahlung einer Überbrückungsbeihilfe oder anderer finanzieller Hilfen wie Kleidung, Fahrkarten etc., bezogen auf die alten Strafgefangenen, aus den Akten nur im Einzelfall zu entnehmen. Allein die Vermittlung an Einrichtungen der Strafentlassenenhilfe war im Frauenvollzug bei elf Gefangenen aktenmäßig registriert (= 22 %; bezogen auf die Freiheitsstrafe verbüßenden Frauen 30 %).

Charakteristisch für über 60jährige, z.T. mehrfach- aber auch langzeitinhaftierte Straftäter ist daher, dass für die Rückerlangung der mittlerweile gewohnten straff organisierten Strukturen, der verinnerlichten Rollen und Verhaltensweisen mit der Möglichkeit, eigene Verantwortung auf die Institution abzuschieben, tiefgreifende Freiheitsbeschränkungen in Kauf genommen werden. So schildert Schramke die Situation einiger Probanden, die um Rückverlegung in den geschlossenen Vollzug baten, ihrer bedingten Entlassung nicht zustimmen wollten und letztlich auch in der Vollzugsanstalt sterben wollten[382].

Die Einbindung des sozialen Umfeldes spielt auf Grund der genannten Schwierigkeiten gerade bei älteren Insassen, nicht nur bei Haftantritt, sondern auch im Rahmen der Vorbereitung der Entlassung eine wesentliche Rolle. In nicht wenigen Fällen gelingt die Einbeziehung nicht, teilweise, weil die Gefangenen es ablehnen, sich über ihre Pläne nach der Entlassung zu äußern oder sich Anregungen geben zu lassen, teilweise weil Angehörige jeglichen Kontakt mit den Inhaftierten ablehnen oder keine Angehörigen existieren. In diesen Situationen bleibt manchmal der Weg in ein Altersheim, oft jedenfalls nur in unbefriedigende Wohnungssituationen, in denen der Entlassene auf mehr Einsamkeit trifft, als er es während des Freiheitsentzuges gewohnt war. Ohne die Unterstützung aus der Gesellschaft, in die er entlassen wird, hat ein solcher Gefangener geringe Chancen den Alltag zu bewerkstelligen. Diese Unterstützung ist bereits während der Dauer des Vollzuges notwendig; sie wird dringend gesucht, das Opfer an Zeit und Geduld aber nur selten erbracht[383].

380 JVA Konstanz, 2001, S. 11.
381 Dünkel, ZfStrVo 1991, S. 350 (353, 356 f.).
382 Schramke, S. 261 ff.; weitere Fallschilderungen bei Ham, S. 268.
383 BMI/BMJ, S. 435; Muthmann, Z Gerontol 1981, S. 274 (279).

Nach allgemeiner Erfahrung sind die ersten Wochen und Monate in Freiheit besonders kritisch[384]. Gerade in der Zeit nach Haftentlassung zeigen sich die herausragende Bedeutung und die Folgen der Gewöhnung älterer Gefangener an feste Organisationsstrukturen, die damit verbundenen Rollen und das reglementierte Leben[385]. Das Leben in Freiheit ist und bleibt zwar das primäre Ziel, sie werden aber nach der Entlassung mit verschiedenen Problemen konfrontiert, auf die sie nicht eingestellt sind, so dass das Leben in Freiheit an Attraktivität verliert[386]. So konnte Busch bei seiner Untersuchung von Langzeitinhaftierten die Bereitschaft feststellen, sich nach der Entlassung freiwillig einer relativ intensiven Einschränkung und Kanalisierung ihres Lebens zu unterziehen und weiterhin vollzugsähnliche Verhältnisse zu akzeptieren[387].

Folglich besteht ein grundsätzlicher Bedarf für das Tätigwerden der Strafentlassenenhilfe im Zuge der Entlassungsvorbereitung und der Entlassung selbst. Besonders wichtig wird solche Hilfe unter praktischen Gesichtspunkten für Senioren, die über keine sozialen Bindungen mehr verfügen, oder für chronische Straftäter, die sich auf Grund zahlreicher Inhaftierungen in der freien Gesellschaft kaum zurechtfinden. Vor allem bei Straftätern, die eine lange Haftstrafe zu verbüßen hatten und im Vollzug gealtert sind, dient die Entlassenenhilfe auch der Kompensation von Erlebnissen, Gefühlen der Verlassenheit und Zukunftsängsten, die sich typischerweise einstellen, wenn die Verbindungen zum familiären und beruflichen Umfeld während der Haft eingeschränkt oder aufgegeben wurden.

Eine als solche behördlich organisierte Entlassenenhilfe gibt es im Bereich der Justiz in Deutschland traditionell nicht. Entsprechende Funktionen werden durch Amtsträger, wenn überhaupt, nur in Einzelfällen mit übernommen. In Frage kommen dabei folgende Konstellationen[388]:

- Nachbetreuung von Probanden durch Sozialarbeiter und Sozialpädagogen im Rahmen konkreter Programme der Justizvollzugsanstalt;
- Nachbetreuung von Probanden durch Sozialarbeiter und Sozialpädagogen in Fällen von Bewährungshilfe bei der Aussetzung von Strafen und Maßregeln oder bei Führungsaufsicht;
- Nachverfahren oder Gnadeverfahren durch die Gerichtshilfe, wenn für einen Probanden kein Bewährungshelfer bestellt ist und nur begrenzter Betreuungsbedarf besteht;
- Resozialisierungsfonds in staatlicher Regie oder unter staatlicher Beteiligung im Bereich der Schuldnerberatung[389].

---

384 BMI/BMJ, S. 438.
385 Busch, ZfStrVo 1982, S. 18 (25).
386 Adams/Vedder, Geriatrics 1961, S. 177 (179).
387 Busch, ZfStrVo 1982, S. 18 (24).
388 BMI/BMJ, S. 440.
389 Z.B. die Stiftung „Resozialisierungsfonds Dr. Traugott Bender" in Baden-Württemberg, Geschäftsstelle im Justizministerium, Postfach 103461, 70029 Stuttgart; vgl. dazu auch Walz, S. 482 f. m.w.N.

In den Ländern Hamburg, Bremen und Berlin haben die Senatoren für Soziales und Jugend besondere Dienststellen eingerichtet. Sie stützen sich, was die Leistungen an Entlassene betrifft, auf §§ 67-69 SGB XII[390]. Danach ist solchen aus Freiheitsentziehung Entlassenen, bei denen besondere soziale Schwierigkeiten der Teilnahme am Leben in der Gemeinschaft entgegenstehen, Hilfe zur Überwindung dieser Schwierigkeiten zu gewähren, wenn sie aus eigener Kraft hierzu nicht fähig sind[391].

Ein wesentlicher Teil der Betreuung wird jedoch von privaten Vereinigungen und Verbänden getragen[392]. Sie firmieren zwar unter unterschiedlichen Bezeichnungen, werden aber gemeinhin unter dem Begriff der „Straffälligenhilfe" zusammengefasst. Ihre Tradition reicht bis zum Anfang des 19. Jahrhunderts zurück.[393]. Je nach Region und geschichtlichem Hintergrund sind die Vereine oder Verbände auch heutzutage in der personellen Basis und in den Verknüpfungen mit Behörden und Gerichten entweder eher justiznah ausgestaltet und orientiert[394] oder sie betonen das selbständige und stärker gesellschaftspolitische Engagement[395]. Die praktische Tätigkeit folgt heutzutage bei allen Vereinigungen und in allen Einrichtungen im Wesentlichen denselben fachlichen Grundsätzen. Die konkrete Ausgestaltung der personellen und sozialen Hilfsprogramme differiert hauptsächlich durch die unterschiedlichen finanziellen Möglichkeiten[396] der einzelnen Organisationen.

Die spezifische Disposition älterer Insassen im Blick auf Institutionalisierungs- und Hospitalisierungsschäden macht intensive Bemühungen zur Schaffung akzeptabler Entlassungsbedingungen erforderlich. In einigen Fällen erscheint eine Entlassung in die freie Gesellschaft außerhalb eines institutionellen Rahmens kaum mehr denkbar. Dies gilt namentlich für einen Teil der weit über 60jährigen langstrafigen Gelegen-

390 Vor allem Beratung und Betreuung des Hilfesuchenden und seiner Angehörigen sowie Maßnahmen bei der Beschaffung und Erhaltung einer Wohnung.

391 Bei Ausländern, die aus anderen Staaten als den Mitgliedern der EU stammen, bestehen allerdings Restriktionen in den Hilfs- und Unterstützungsmöglichkeiten vgl. BMI/BMJ, S. 441.

392 Auf Bundesebene haben sich die Spitzenverbände der Freien Wohlfahrtspflege (Arbeiterwohlfahrt Bundesverband e.V., Deutscher Caritasverband e.V., Deutscher Paritätischer Wohlfahrtsverband Gesamtverband e.V., Deutsches Rotes Kreuz e.V., Diakonisches Werk der Evangelischen Kirche in Deutschland e.V., Zentralwohlfahrtsstelle der Juden in Deutschland) und die Deutsche Bewährungshilfe (jetzt: Fachverband für Soziale Arbeit, Strafrecht und Kriminalpolitik) zur Bundesarbeitsgemeinschaft für Straffälligenhilfe zusammengeschlossen, vgl. http://www.bag-straffaelligenhilfe.de.

393 Bemerkenswert vor allem die 1826 gegründete Rheinisch-Westfälische Gefängnisgesellschaft sowie der 1831 in Karlsruhe im Großherzogtum Baden gegründete „Verein zur Besserung der Strafgefangenen und Verbesserung des Schicksals entlassener Häftlinge" (heute: Badischer Landesverband für soziale Rechtspflege, Körperschaft des öffentlichen Rechts); vgl. zur Entwicklung, Kerner, BewHi 2002, S. 5 (8 ff.); Walz, S. 34 ff. und 495 ff.

394 Hauptsächlich in Bayern und Baden-Württemberg, vgl. nur den „Landesverband Straffälligenhilfe Württemberg e.V." mit Sitz in Stuttgart, vgl. http://www.lsw.paritaet-bw.de.

395 Insbesondere Norddeutschland, vgl. nur den Verein „ Freie Hilfe Berlin e.V. - Gefährdeten- und Straffälligenhilfe".

396 Die Finanzierung erfolgt zum größten Teil über Mitgliedsbeiträge, Spenden sowie Bußgeldzuweisungen der Staatsanwaltschaften und Gerichte.

heitstäter, die im Laufe der Haft sämtliche bedeutsamen sozialen Bindungen zur Außenwelt verloren haben. So macht in diesem Zusammenhang die Landesarbeitsgemeinschaft ehrenamtlicher Mitarbeiter im Strafvollzug Bayern e.V. den durchaus diskussionswürdigen Vorschlag, Seniorenheime für ältere Haftentlassene einzurichten[397]. Starke Bindungen zu externen Bezugspersonen haben positiven Einfluss auf die Anpassung an die Situation im Strafvollzug[398]. Deshalb sollte gerade bei älteren Insassen für eine Kontinuität der Bindungen im Vollzug Sorge getragen, bzw. eine frühzeitige Anbindung an private oder staatliche Straffälligenhilfe für die Zeit nach der Entlassung ermöglicht werden.

E. Differenzierte Unterbringung älterer Insassen

Grundsätzlich weisen die Lebensaltersstufen von Jugendlichen und älteren Menschen einige Parallelen auf, die sich z.B. in Veränderungen der physischen und psychischen Gegebenheiten äußern, sich aber auch an einer gewissen Distanz zu so genannten sozialen Subsystemen ablesen lassen[399]. Hieraus ergibt sich eine Herabsetzung der sozialen Verpflichtungen und – im Vergleich zu anderen Altersklassen – der Toleranz gegenüber Abweichungen auf ein Mindestmaß[400]. Wenn man allerdings die Entwicklungsrichtung dieser Prozesse betrachtet, so handelt es sich bei den Jüngeren eher um integrierende und bei den Älteren eher um desintegrierende Mechanismen[401].

Die gesetzliche Ausgangslage für ältere Menschen im Vollzug ist jedoch ungünstiger, da das StVollzG – wie bereits angedeutet – für diesen Personenkreis keine Sonderregelungen vorsieht[402]. Die bestehenden Regelungen sind vielmehr entsprechend der Vollzugserfahrung hauptsächlich auf jüngere Gefangene zugeschnitten.

Um die Bedürfnisse älterer Strafgefangener besser berücksichtigen zu können, werden im Rahmen der differenzierten Gestaltung des Strafvollzuges bereits seit den 1970er Jahren in der Außenstelle Singen der JVA Konstanz Freiheitsstrafen an älteren männlichen Strafgefangenen vollzogen[403]. Die JVA Schwalmstadt in Hessen verfügt seit einigen Jahren über eine eigene Abteilung für Verurteilte über 55 Jahre[404]. Niedersachsen diskutiert die Frage der Einrichtung einer eigenen Haftanstalt für betagte Strafgefangene, etwa innerhalb der JVA Bückeburg[405]. Während die Schweiz erst seit

397 LAG-Info Nr. 36, S. 12 f.
398 Schramke, S. 274.
399 Woll-Schumacher, S. 38 ff.
400 Albrecht/Dünkel, Z Gerontol 1981, S. 259 (260).
401 Woll-Schumacher, S. 17 ff.
402 Vgl. hierzu Teil 3 B. I.
403 Vgl. hierzu Teil 1 B. II. sowie Schramke, S. 315 ff. und Rennhak, KrimPäd 2007, S. 19 ff.
404 Vgl. Porada, KrimPäd 2007, S. 23 ff.
405 Niedersächsisches Ministerium der Justiz, ZfStrVo 1987, S. 163, seinerzeit ablehnend; im Jahr 2004 erneut in der Diskussion, vgl. Süddeutsche Zeitung vom 14.11.2004 unter dem Titel „Knast für alte Gauner"; vgl. auch den Hinweis bei Görgen/Greve, BewHi 2005, S. 116.

Kurzem einen etwaigen Handlungsbedarf diskutiert[406], bestehen in anderen Ländern derartige Einrichtungen bereits: In Onichini (Japan) wurde im Sommer 2004 das erste Gefängnis für ältere Straftäter eingerichtet[407]. In den Vereinigten Staaten existieren verschiedene Modelle der Separierung älterer Insassen[408]. Neben geriatrischen Krankenabteilungen haben einige US-Amerikanische Bundesstaaten spezifische Programme für ältere Insassen entwickelt. Die Angebote reichen von besonderen Betreuungsmaßnahmen über die Einrichtung von Altenabteilungen innerhalb größerer Anstalten bis hin zur völlig getrennten Unterbringung älterer Gefangener in separaten Gebäuden[409]. Eine Befragung von 47 Vollzugsverwaltungen der US-Bundesstaaten im Jahr 2001 ergab, dass bis zu diesem Zeitpunkt bereits 16 Bundesstaaten über eigene Haftanstalten für Ältere verfügten[410]. Im Weiteren wird daher der Frage nachgegangen, ob die Einführung spezieller Seniorenstrafanstalten nach dem Muster der Jugendstrafanstalten, speziell mit Blick auf die Situation in Deutschland, sinnvoll und erforderlich ist. Diese Frage beschäftigt nicht nur Gerontologen, sondern wird mit Blick auf die Organisation des Strafvollzugs auch im pönologischen Schrifttum kontrovers diskutiert[411].

Zur Klärung der Sinnhaftigkeit einer Separationspraxis im Allgemeinen[412] ist zunächst der Frage nachzugehen, wie die Grenze zur Einweisung in die jeweilige Anstalt gezogen werden kann. In Bezug auf die Problematik der Bestimmung einer Grenze, wann man einen Menschen als „älteren Menschen“ bezeichnen kann, sei insbesondere auf die eingangs dargestellten Ausführungen verwiesen[413]. Die Schwierigkeit der

---

406 Siehe Schneeberger Georgescu, die jedoch aufgrund der geringen Anzahl an Strafgefangenen über 60 Jahre die Forderung nach einem Gefängnis für ältere gefangene zurückweist, während sie aufgrund der steigenden Zahl älterer Sicherungsverwahrter für entsprechende Einrichtungen des Verwahrvollzuges plädiert, KrimPäd 2007, S. 27 (31 f.).

407 Einsamkeit, so das Ergebnis der Forscher der Universität Fukushima, ist vermutlich das Hauptmotiv für die mehr als 30.000 Senioren, die allein im Jahr 2003 wegen Diebstahls und anderer Bagatelldelikte festgenommen wurden; vgl. Infodienst Straffälligenhilfe BAG-S, ZfStrVo 2005, S. 44.

408 Clayton, Corrections Compendium 2001, S. 6 ff.

409 Krajick, Corrections Magazine 1979, S. 21 (35 ff.); Goetting, 1984, S. 171; Aday, S. 89; Clayton, Corrections Compendium 2001, S. 6 ff.

410 Clayton, Corrections Compendium 2001, S. 6 ff.

411 Vgl. etwa Kaiser/Kerner/Schöch-*Kaiser*, 1992, § 9 Rn. 105; Kaiser/Schöch, § 10 Rn. 103; Muthmann, Z Gerontol 1981, S. 274 (279); Goetting, 1984, S. 171; Schramke, S. 315 ff.; Marquart/Merianos/Doucet, Ageing Soc 2000, S. 79 ff.; Görgen/Greve, BewHi 2005, S. 99, (125 ff.); Fichte, KrimPäd 2007, S. 33 ff. jeweils m.w.N.

412 Zur Separationspraxis im Bereich des Maßregelvollzugs vgl. den in den Niederlanden unternommenen Vorstoß in dieser Richtung mit dem „Longstay-Pilotprojekt Veldzicht“, in dem Täter, die als nicht-therapierbar gelten, getrennt von anderen untergebracht und betreut werden. Auch dieses Projekt wird mit Blick auf die Beurteilung der Sinnhaftigkeit und Erforderlichkeit der Separation bestimmter Insassengruppen kritisch diskutiert. Vgl. zu diesem Thema ausführlich: Osterheider, RUP 2002, S. 17 ff; Perik, Proces 2000, S. 99 ff; Perik, RUP 2002, S. 23 ff; Lindemann, RUP 2001, S. 21 ff; Leygraf, RUP 2002, S. 3 ff.

413 Siehe hierzu Teil 1 A. sowie Mößle/Greve, KrimPäd 2007, S. 37 (41), die die Gewinnung weiterer Erkenntnisse über den Prozess des Alterns als Voraussetzung erfolgversprechender Behandlungskonzepte für ältere Gefangene ansehen.

Grenzziehung aufgrund der Tatsache, dass Alter und Altern keine fixen Persönlichkeitseigenschaften, sondern ein sehr komplexes, individuelles Phänomen sind[414], zeigt sich auch in der JVA Singen, so dass sich die Anstaltsleitung entschlossen hat, von einer starren Grenze abzusehen, und diese die Aufnahme ab einem gewissen Alter auf Wunsch des Insassen und den entsprechenden Kapazitäten ermöglicht[415]. Unabhängig von der Grenzziehungsproblematik des Alters in theoretischer Sicht handelt es sich beim Lebensalter um ein allgemeines Merkmal im Sinne des § 152 Abs. 3 StVollzG[416], so dass eine getrennte Unterbringung älterer Gefangener ohne Probleme prinzipiell zulässig wäre. Dennoch stehen sich in dieser Frage zwei Auffassungen gegenüber: Zum einen wird die Trennung älterer Insassen vom Regelvollzug befürwortet, d.h. eine Konzentration dieses Personenkreises in eigenen Einrichtungen angestrebt[417]. Zum anderen wird dagegen die Integration älterer Gefangener für richtig erachtet, d.h. eine Einbindung in den gesamten Regelvollzug, so wie es derzeit im deutschen Strafvollzug überwiegend praktiziert wird[418].

Nach Ansicht der Befürworter der Konzentration älterer Häftlinge in eigenen Einrichtungen ermöglicht gerade das Fehlen besonderer rechtlicher Bestimmungen innerhalb einer selbständigen Einrichtung wegen der darin gegebenen homogenen Altersstruktur, besser auf die Bedürfnisse älterer und alter Gefangener einzugehen[419]. Die einzigen Beispiele praktischen Vollzugs in Deutschland in dieser Richtung bieten die bereits angesprochene Außenstelle Singen der JVA Konstanz[420] und die JVA Schwalmstadt[421].

Die Vertreter einer Integration älterer Insassen in den allgemeinen Erwachsenenvollzug gehen in ihrer Grundauffassung davon aus, dass ihr Konzept den Vorstellungen moderner Altenbetreuung Rechnung trägt und außerdem die Einbindung älterer Menschen in den Regelvollzug in sinnvoller Weise einer Ausgrenzung und Isolierung entgegenwirkt[422].

Es gibt empirische Hinweise darauf, dass ältere Gefangene ebenso wie medizinisches Personal eine Separierung begrüßen würden[423]. Bei den jeweils angeführten

---

414 Aday, S. 16.

415 JVA Konstanz, 2001, S. 2; in den Ausführungen der JVA Konstanz, Stand 2005, ist dieser Passus in der Darstellung der Zuständigkeit nicht mehr vorhanden. Außerdem ist das Lebensalter, ab dem die Einweisung in die Einrichtung erfolgt von 60 auf 62 angehoben worden, vgl. JVA Konstanz, 2005, S. 2.

416 Calliess/Müller-Dietz, StVollzG, § 152 Rn. 4.

417 Muthmann, Z Gerontol 1981, S. 274 (279).

418 So noch Kaiser/Kerner/Schöch-*Kaiser*, 1992, § 9 Rn. 105. Aktuell offenbar doch tendenziell für eine Konzentration, vgl. Kaiser/Schöch, § 10 Rn. 103.

419 Fichte, KrimPäd 2007, S. 33 (35); Muthmann, Z Gerontol 1981, S. 274 (279).

420 Rennhak, KrimPäd 2007, S. 19 ff.; JVA Konstanz, 2001, S. 1; Muthmann, Z Gerontol 1981, S. 274 (279).

421 Porada, KrimPäd 2007, S. 23 ff.

422 So noch Kaiser/Kerner/Schöch-*Kaiser*, 1992, § 9 Rn. 105.

423 Marquart/Merianos/Doucet, Ageing Soc 2000, S. 79 ff.

Gründen mischen sich neben praktischen und pragmatischen Überlegungen (einschließlich erwarteter Arbeitserleichterungen[424]) auch Rücksichtnahme und Fürsorge (durchaus auch mit Blick auf spezifische Sorgen, etwa dem Schutz Älterer vor möglichen Übergriffen durch jüngere Gefangene)[425]. Dies alles scheint auf den ersten Blick nachvollziehbar, vielleicht sogar kaum vermeidlich; schließlich sind Haftanstalten bislang vor allem auf die Behandlung akuter gesundheitlicher Störungen ausgerichtet, kaum aber auf den Umgang mit chronischer Krankheit, Behinderung und Pflegebedürftigkeit.

Wenn man aber berücksichtigt, dass jegliche Form der Separationspraxis nach den klassischen Straftheorien nicht vorgesehen ist und deshalb als systemfremd in die mittel- und westeuropäischen Rechtsordnungen eingefügt werden müsste, erscheint das Konzept selbständiger Altenstrafanstalten prinzipiell daher nur aus dem Grund förderungswürdig, als dort bewusst von der Sondersituation älterer Gefangener Notiz genommen wird[426]. Dies zeigt sich in der JVA Singen besonders in der Schaffung und Gestaltung altersgerechter Arbeitsplätze und Sportmöglichkeiten[427]. In der Tat gibt es bei Menschen höheren Lebensalters besondere Auffälligkeiten und Krankheitssymptome (Demenz, Depressivität, Inkontinenz usw.), aber auch ernährungsbedingte Störungen, die z.T. durch bestimmte Diäten ausgeglichen werden müssen[428] und denen man im normalen Strafvollzug nur schwer Rechnung tragen kann. Nachdem jedoch die Gesundheitsversorgung älterer Insassen im Normalvollzug gemäß §§ 56 ff. StVollzG gegeben ist, wonach auch geriatrische Krankheiten durch den jeweiligen Anstaltsarzt adäquat betreut werden können, spricht dieser Problembereich nicht unbedingt für die Einführung eigener Seniorenstrafanstalten. Zudem wird in der Selbstdarstellung der JVA Singen darauf hingewiesen, dass dort keine Krankenstation vorhanden ist und keine Pflegeplätze zur Verfügung stehen[429]. Selbst in dieser Anstalt müsste demnach bei schwerwiegenderen Erkrankungen eine Verlegung in Vollzugsanstalten mit Krankenstation gemäß § 65 Abs. 1 StVollzG oder gemäß § 65 Abs. 2 StVollzG die Einweisung in ein externes Krankenhaus erfolgen. Demnach sind die Voraussetzungen hinsichtlich der Gesundheitsfürsorge identisch mit vielen Anstalten des Regelvollzuges, so dass spezielle Einrichtungen für ältere Gefangene diesbezüglich nicht begründet sind. Görgen und Greve[430] weisen zudem auf die bereits an anderer Stelle aufgezeigten unterschiedlichen Gruppen älterer Strafgefangener hin: ältere Erstinsassen, ältere Insassen mit Hafterfahrung und ältere Insassen, die aufgrund der Verbüßung einer oder mehrerer Haftstrafen Jahrzehnte- oder gar ihr Leben lang inhaftiert waren und dement-

424 Eine Erleichterung scheint es für die im Vollzug tätigen Behandler und die Pflegekräfte insoweit zu bedeuten als derzeit im Strafvollzug das Personal weder von den Kapazitäten noch von der Ausbildung auf den Umgang mit geriatrischen Insassen eingestellt und demnach zum Teil überfordert ist.

425 Fichte, KrimPäd 2007, S. 33 (34); Görgen/Greve, BewHi 2005, S. 116 (120).

426 Kaiser/Schöch, § 10 Rn. 103; Fichte, KrimPäd 2007, S. 33 (35).

427 JVA Konstanz, 2001, S. 2.

428 Kruse/Nikolaus, S. 9 f.; Rennhak, KrimPäd 2007, S. 19 (20).

429 JVA Konstanz, 2001, S. 10.

430 Görgen/Greve, BewHi 2005, S. 116 (120).

sprechend im Vollzug gealtert sind. Für diese ergeben sich offenkundig jeweils spezifische Anpassungschancen und -probleme, und mithin ein Grund, warum mit der bloßen Einrichtung einer Strafvollzugsanstalt für ältere Inhaftierte alleine die Probleme nicht gelöst sind[431].

Weiterhin wird bei der Darstellung des Konzentrationskonzepts vor allem auf die Möglichkeit verwiesen, innerhalb der Anstalt dem einzelnen Häftling größtmögliche Freiheit zu gewährleisten; auch die Möglichkeit, sich unüberwacht im Freien zu bewegen, gelte als besonderer Vorteil, weil sich dadurch bessere Beziehungen der Insassen untereinander entwickeln ließen[432]. Auf die Vor- und Nachteile der hier eingeführten Vollzugslockerungen, auch im Hinblick auf eine mögliche Wiedereingliederung in die Gesellschaft, wird an späterer Stelle genauer eingegangen.

Zu verweisen ist im Hinblick auf die Organisationsstruktur der JVA Singen auf die besonderen Mitwirkungsbefugnisse des Dienstleiters, der Sozialarbeiterin und eines jeweils wechselnden Mitarbeiters des allgemeinen Vollzugsdienstes im Rahmen der vom Anstaltsleiter mindestens einmal wöchentlich einberufenen Vollzugskonferenz (§ 159 StVollzG)[433]. Dadurch wird das Klima in der Anstalt erheblich verbessert, und zwar sowohl unter den Mitarbeitern, als auch zwischen Mitarbeitern und Häftlingen, da jeder Beteiligte über die wesentlichen Erkenntnisse bezüglich des Vollzugsverhaltens der Insassen verfügt[434]. Die auf diese Weise praktizierte Offenheit und Zusammenarbeit aller am Vollzugsgeschehen Teilhabenden ist als beispielhaft für alle Justizvollzugsanstalten anzusehen.

Eine weitere Begründung für die Zusammenfassung älterer Strafgefangener geht dahin, ältere Häftlinge stünden im Regelvollzug in einer Konkurrenzsituation mit jüngeren Häftlingen, was zwangsläufig – wie außerhalb des Vollzuges auch – zu einem Unterliegen der älteren Menschen führen würde[435]. Dem ist jedoch entgegenzuhalten, dass im Normalvollzug gerade ältere Strafgefangene für jüngere Häftlinge gewissermaßen den „ruhenden Pol“ bilden und umgekehrt ältere Gefangene von der Dynamik der Jüngeren profitieren können[436]. Zudem ist nicht recht ersichtlich, wieso gute oder – unter Berücksichtigung der Situation des permanenten Freiheitsentzuges – relativ gute Beziehungen zwischen jüngeren und/oder älteren Häftlingen nicht auch im Normalvollzug möglich sein sollten. Schließlich entspricht ein Aufeinandertreffen und die Auseinandersetzung verschiedener Generationen den Lebensbedingungen in Freiheit: Bedingungen also, denen der Vollzug gemäß § 3 StVollzG angeglichen sein soll, um

---

431 Ebd.

432 So noch Kaiser/Kerner/Schöch-*Kaiser*, 1992, § 9 Rn. 105.

433 Muthmann, Z Gerontol 1981, S. 274 (276); JVA Konstanz, 2001, S. 5 f.

434 JVA Konstanz, 2001, S. 5.

435 Fichte, KrimPäd 2007, S. 33 (34); Muthmann, Z Gerontol 1981, S. 274 (275).

436 Justizministerium Niedersachsen, ZfStrVo 1987, S. 163; Görgen/Greve, BewHi 2005, S. 116 (122). Nach Fichte trifft dies jedoch allenfalls für die „alten Wiederholungstäter“ zu, da diese sich im Strafvollzugssystem häufig beheimatet fühlen und ihnen die Gefängniswelt ein vertrautes Geborgenheitsgefühl gibt, vgl. Fichte, KrimPäd 2007, S. 33 (34).

das Vollzugsziel nach § 2 StVollzG – in sozialer Verantwortung ein Leben ohne Straftaten zu führen - erreichen zu können. Radbruch beschreibt dies in seinem Aufsatz „Die Psychologie der Gefangenschaft" wie folgt[437]:

> *„Nur in der Gesellschaft kann man für die Gesellschaft erziehen, und es eröffnet sich nun ein doppelter Weg, den Gefangenen zu sozialisieren: man kann ihn mit der bürgerlichen Gesellschaft oder man kann ihn mit seinen Mitgefangenen zu einer nach dem Modell der bürgerlichen Gesellschaft gebauten Assoziation vergesellschaften."*

„Soziale Verantwortung" meint sonach Verantwortung für das Soziale, für die Gesellschaft, für den gesellschaftlichen Zusammenhalt und beinhaltet damit zwischenmenschliche Aspekte. Das Erlenen derartiger Fähigkeiten erfordert gemäß §§ 2, 3 StVollzG eine Interaktion, auch der Generationen untereinander und spricht folglich für die Integration älterer Insassen in den normalen Erwachsenenvollzug.

Auch ökonomische Gründe sprechen eher gegen die Einrichtung spezieller Altenstrafvollzugsanstalten. Auf Grund der Tatsache, dass einerseits die polizeilich registrierte Alterskriminalität insgesamt gesehen eine absolut untergeordnete Rolle spielt[438], andererseits dementsprechend auch nur eine außerordentlich geringe Zahl von Verurteilten über 60 Jahre längere Haftstrafen zu verbüßen hat, widersprechen die zu erwartenden Kosten für Errichtung und Unterhalt der Anstalten, die Besoldung des Personals und der weiteren Mitarbeiter (Psychologen, Sozialarbeiter, etc.) jeglichem vernünftigen Preis-Leistungsverhältnis. Anders mag sich dies bei weiterer Umkehr der Alterspyramide und erhöhtem Umfang der Alterskriminalität darstellen.

Schließlich spricht gegen die Schaffung einer fast definitionsgemäß als „Endstation" im individuellen Behandlungsverlauf fungierenden Seniorenstrafanstalt bzw. Altenabteilung die Gefahr einer zusätzlichen Stigmatisierung. So muss dem zuvor dargestellten positiven Eindruck entgegengesetzt werden, dass für einige Betroffene der Übergang in eine Einrichtung, die ausschließlich betagte und hochbetagte Straftäter betreut, mit dem schmerzhaft empfundenen Verlust einer Lebensperspektive einhergeht, die extramural vergleichbar ist mit den Empfindungen einiger Betroffener bei der Einweisung in ein Alten- und Pflegeheim. Schließlich geht der Aufnahme in eine Altenstrafanstalt bzw. eine eigene Alten-Abteilung die unmissverständliche Mitteilung an den Insassen voraus, dass sein körperlicher und/oder geistiger Zustand dergestalt ist, dass eine Zugehörigkeit zur „normalen" Erwachsenenpopulation nicht mehr gegeben ist.

Abgesehen davon, dass der Normalvollzug die Betreuung der älteren Häftlinge ebenso sicherstellen kann wie eine Sonderanstalt und dass sich angesichts der geringen Zahl der Betroffenen solche Einrichtungen aus wirtschaftlicher Sicht geradezu verbieten, liefe die Zusammenfassung älterer Gefangener aus einem gesamten Bundesland

---

437 Radbruch, ZStW 1911, S. 339 (351).
438 Siehe Teil 1 B. I.

dem Ziel eines möglichst heimatnahen Vollzuges zuwider[439] und könnte diese die meist sowieso nur noch schwach ausgebildeten Außenbeziehungen älterer Menschen erst recht gefährden.

Zusammenfassend sollten somit die haftfähigen über 60 Jahre alten Straffälligen wie bisher auf die bestehenden Vollzugsanstalten verteilt und sollte von der grundsätzlichen Einführung spezieller Seniorenstrafanstalten abgesehen werden. Für die wenigen Senioren, die tatsächlich im geschlossenen Vollzug verbleiben müssen, empfehlen sich statt einer „Absonderung" allenfalls Bemühungen um eine Unterbringung in ruhigeren Abteilungen des Regelvollzuges, ohne diese notwendigerweise formell zu „Altenabteilungen" zu deklarieren. Jedenfalls sollte ein ständiger Kontakt mit Gefangenen anderer Altersstufen möglich sein[440]. In jedem Fall sollten sich Vollzugseinrichtungen die bereits vorhandenen positiven Erfahrungen durch Erweiterung eines speziellen Haftangebots für ältere Gefangene zunutze machen[441], die der gesundheitlichen und altersmäßigen Lebenssituation mehr entsprechen als der bisherige Standardvollzug.

F. Zusammenfassung

Der erste Teil der Arbeit behandelt mit älteren Strafgefangenen ein Thema, dem in Deutschland aufgrund der demographischen Verschiebungen erst in jüngster Zeit verstärkte Aufmerksamkeit entgegengebracht wird[442]. In diesem Zusammenhang wurden zunächst die verschiedenen Dimensionen des Alterns erfasst und die Begrifflichkeit des Alters in Auseinandersetzung mit biologischen, psychologischen, soziologischen und kriminologischen Alternstheorien analysiert[443]. Auf den Punkt bringt es de Beauvoir[444]:

> *„Das Alter ist kein statisches Faktum; es ist Ende und Verlängerung eines Prozesses. Worin besteht er? Mit anderen Worten: was ist altern? Dieser Gedanke ist mit der Veränderung verbunden. Aber das Leben des Embryos, des Neugeborenen, des Kindes ist eine fortgesetzte Veränderung. Muß man daraus schließen, wie manche es getan haben, daß unsere Existenz ein langsames Sterben ist? Sicher nicht. Ein solches Paradoxon verkennt die essentielle Wahrheit des Lebens; es ist ein labiles System, bei dem das Gleich-*

---

439 Justizministerium Niedersachsen, ZfStrVo 1987, S. 163; so auch noch Kaiser/Kerner/Schöch-*Kaiser*, 1992, § 9 Rn. 105.

440 Schramke, S. 404.

441 So im Ergebnis auch Görgen und Greve, BewHi 2005, S. 116 (120), die offenbar nicht die Einrichtung spezifischer Einrichtungen für erforderlich, sondern eine problemspezifische Konzeption und Ausstattung des bestehenden Strafvollzuges für entscheidend erachten. Vgl. dazu auch Porada, KrimPäd 2007, S. 23 ff. und Mößle/Greve, KrimPäd 2007, S. 37 (40 ff.).

442 Vgl. etwa Schramke; Keßler; Fichte, KrimPäd 2007, S. 33 ff.; Rennhak, KrimPäd 2007, S. 19 ff.; Porada, KrimPäd 2007, S. 23 ff.; Langenhoff, BewHi 2005, S. 99 ff; Görgen/Greve, BewHi 2005, S. 116 ff.

443 Vgl. Teil 1 A.

444 Beauvoir, S. 12.

gewicht in jedem Augeblick verloren geht und wiedergefunden wird: nur Stillstand ist gleichbedeutend mit Tod. Das Gesetz des Lebens ist Veränderung. Und eine ganz bestimmte Art von Veränderung kennzeichnet das Altern: unumkehrbar und ungünstig, ein Verfall."

Aufgrund der Individualität des Alterungsprozesses konnte aus Sicht der interdisziplinären Forschungsergebnisse keine einheitliche Grenze für den Begriff des Alters gefunden werden[445]. Aus pragmatischen Gründen wurde daher für die vorliegende Arbeit das 60. Lebensjahr als Altersgrenze festgelegt[446].

Des Weiteren galt es, ausgehend von den Analysen der Polizeilichen Kriminalstatistik, der Verurteiltenstatistik und der Strafvollzugsstatistik, eine Bestandsaufnahme hinsichtlich des Umfangs und der Struktur der Alterskriminalität zu leisten[447]: im Ergebnis kann man davon ausgehen, dass die Kriminalitätsstruktur weitestgehend den Bereich der Bagatell- oder der leichten Delikte betrifft. Die Untersuchungen machen deutlich, dass Alterskriminalität dabei von den Deliktsgruppen Diebstahl, Betrug, Beleidigung sowie Straßenverkehrskriminalität dominiert wird. Typisch ist weiter das im Vergleich zu jüngeren Altersgruppen weitaus seltenere Auftreten gewalttätiger Formen der Deliktsbegehung. Dies deutet darauf hin, dass ein Großteil der Verurteilten dieser Altersgruppe mit Sanktionen unterhalb der Freiheitsstrafe rechnen kann. So verbleibt nur ein kleiner Teil der wegen eines Verbrechens oder Vergehens verurteilten alten Menschen als Insassen im Strafvollzug.

Zur Erklärung der Unterschiede in Kriminalitätsbelastung und Deliktsstruktur im Vergleich zu anderen Altersgruppen[448] wurden Kriminalitätstheorien angeführt. Dabei wurde erkennbar, dass es spezifischer Alterskriminalitätstheorien nicht bedarf, da „allgemeine" Ansätze in Verbindung mit altenspezifischen Theoriesegmenten ein ausreichendes Erklärungspotential bieten: psychische und physische Veränderungen im Alter, Abbau sozialer Bindungen bis hin zur jüngst auch in Japan festgestellten Isolation sowie den Mangel an Anerkennung und Aufmerksamkeit sowie zunehmend die wirtschaftliche Not[449] älterer Menschen[450].

---

445 Vgl. zum Bild des differenziellen Alterns etwa Filipp/Mayer, APuZ 49-50/2005, S. 25 f.

446 Vgl. Teil 1 A. V.

447 Vgl. Teil 1 B.

448 Einerseits ist die Rate der Ersttäter innerhalb der älteren Straffälligen überdurchschnittlich hoch, andererseits nimmt aber die Kriminalität mit zunehmendem Alter stetig ab, vgl. Teil 1, B. So findet sich auch die Mehrheit älterer Strafgefangener in den unteren Altersgruppen der 60- bis 64-Jährigen wieder, die zur Zeit zwei Drittel der älteren Inhaftierten stellen (68,3 %), vgl. Langenhoff, BewHi 2005, S. 99 (112).

449 Armut, so Frehsee, ist jedoch ein relativer und sbjektiver Begriff: „Armut ist natürlich nicht per se kriminalitätsfördernd, wie man von stabilen, homogenen Armutsgesellschaften weiß. Vielmehr wird Armut erst sichtbar in der Differenz zu Wohlstand und Reichtum und erst spürbar, wenn diese Differenz nicht akzeptiert wird." Bedeutungsvoller als die neue Armut – und mithin die wirtschaftliche Not - an sich ist also zunächst die Tatsache, dass wir zugleich eine mindestens ebenso beeindruckende Reichtumsentwicklung zu verzeichnen haben, vgl. Frehsee, DVJJ-Journal 1995, S. 269 (272).

450 Vgl. Teil 1 C. I. bis VI.

Die anschließende Skizzierung und Analyse des Vollzugsalltages im Alter erfolgte anhand der einzelnen Haftphasen sowie unter besonderer Berücksichtigung der individuellen Hafterfahrungen älterer Insassen[451]. Insoweit wurde deutlich, dass die die mittlere Haftphase prägenden Bildungs- und Ausbildungsmaßnahmen typischerweise auf die Integration in den Arbeitsmarkt gerichtet sind, die für den älteren Gefangenen in der Regel aufgrund seines Alters kaum zu realisieren und jenseits des Rentenalters überdies nicht mehr erforderlich sind. Gleichzeitig bietet die Haft Älteren wenig Möglichkeiten zur „Nachsozialisation“ und versperrt biographische Optionen in irreversibler Weise[452]. Ferner handelt es sich bei höheraltrigen Insassen um Gefangene mit besonderen Erfordernissen. Gerontologische und kriminologische Untersuchungen zeigen, dass dem individuellen Altersabbau, alterstypischen Krankheiten und Einschränkungen, von Ausnahmefällen abgesehen, im Bereich der Gesundheitsversorgung insbesondere aus Gründen mangelnder baulicher Konzeptionen sowie der Vollzugsorganisation kaum Rechnung getragen wird.

Die Betrachtung des Verlaufs und der Folgen des Haftaufenthaltes älterer Inhaftierter sowie der Perspektiven der Integration nach der Entlassung offenbart ganz grundsätzlich das Erfordernis verbesserter Entlassungsbedingungen. Es zeigt sich aber auch, dass eine Haftentlassung von älteren Menschen, insbesondere von Langzeitinhaftierten bzw. älteren, chronischen Straftätern als besonders kritischer Übergang und daher durchaus als ambivalent erlebt wird[453].

In Anbetracht dieser unbefriedigenden Situation wurde die Sinnhaftigkeit und Erforderlichkeit der Einrichtung von auf ältere Gefangene ausgerichtete Vollzugsformen nach dem Muster der Jugendstrafanstalten diskutiert. Diese Diskussion setzt keineswegs Spekulationen um eine bevorstehende „Welle von Alterskriminalität“ voraus. Vielmehr wird auch bei konstanten Altersrelationen der Anteil älterer Menschen an der Gesellschaft insgesamt erwartbar zunehmen. Selbst wenn der Anteil älterer Straftäter zurückgehen sollte, muss angesichts der demographischen Entwicklung eine zunehmende absolute Zahl älterer und hochaltriger Strafgefangener erwartet werden. Für die wenigen Senioren, die zum jetzigen Zeitpunkt tatsächlich im geschlossenen Vollzug verbleiben müssen, empfehlen sich statt einer „Absonderung“ ebenfalls Bemühungen um eine Unterbringung in ruhigeren Abteilungen des Regelvollzuges, ohne diese aus Gründen der Stigmatisierung formell zu „Altenabteilungen“ zu deklarieren. Jedenfalls sollte ein ständiger Kontakt mit Gefangenen anderer Altersstufen möglich sein.

---

451 Der ältere Gefangene, der zum ersten Mal dem Strafvollzug zugeführt wird, muss sich in einem System eigener Sozialisation („Subkultur“) mit eigenen Regeln und Tabus zurechtfinden und ist zugleich von allen bisherigen Lebensgewohnheiten abgeschnitten. Ganz anders der ältere Straftäter, der eine lange „Karriere“ hinter sich hat und den Vollzug gleichsam „abgebrüht“, jedenfalls aber ohne besonderen Überraschungen erlebt, weil ihm das Vollzugsmilieu durch und durch bekannt ist, vgl. Teil 1 D. sowie Kaiser/Schöch, § 10 Rn. 100.

452 Görgen/Greve, BewHi 2005, S. 116.

453 Fliedner, S. 172 ff.

„AIDS macht uns bewusst, dass wir nicht unsterblich sind. AIDS entlarvt den Jugendkult, der nur gesunde, produktive und kräftige Menschen zuließ, als Absurdität."

Rosa von Praunheim

Teil 2 Sterbenskranke im Strafvollzug

Bei alternden und älteren Menschen geht die breite Öffentlichkeit grundsätzlich davon aus, dass deren Lebenserwartung herabgesetzt ist. Bei ihnen scheint demnach der Gedanke an den Tod „realistisch". Nichtsdestoweniger kann die Lebenserwartung ebenso bei Heranwachsenden oder Erwachsenen etwa durch eine tödliche Krankheit verkürzt sein. Zu derartigen Krankheiten zählen insbesondere Diabetes, Mucoviscidose, Krebs und AIDS[454]. Der Blick auf den Strafvollzug erfolgt hier somit unter dem für beide Gruppen vergleichbaren Aspekt der Nichtumkehrbarkeit – von Alterungsprozessen einerseits und von Krankheitsprozessen andererseits. Im Folgenden soll vor allem auf die in Strafhaft einsitzenden HIV-Erkrankten eingegangen werden, die aller heutiger Erkenntnis nach – trotz der Entwicklungen im Bereich der Medikation – zu einem absehbaren Zeitpunkt an AIDS sterben werden[455]. Der Umgang mit dem Prozess des Sterbens und mit Sterbenden scheint generell äußerst problematisch zu sein. Im Falle der HIV-Erkrankten kommen jedoch zu den allgemeinen Schwierigkeiten noch Tabus und zumeist unbegründete Ängste hinzu, die zu Abwehrreaktionen führen[456]. In einer Haftanstalt, in der relativ viele Menschen auf engstem Raum zusammenleben müssen, erzeugen Angst und Unsicherheit der Inhaftierten und Bediensteten vor einer möglichen Ansteckung[457] (die den sicheren Tod zu bedeuten scheint) trotz aktiver Aufklärung enorme Belastungen im Vollzugsalltag. Gerade diese Schwierigkeiten, die zu einer Diskriminierung erkrankter Gefangener innerhalb der Anstalt führen können, bieten den Nährboden, der dann auch HIV-Infizierte selbst zu Gewalt gegen Dritte herausfordert[458].

A. Medizinische Grundlagen

Innerhalb der Thematik des vorliegenden Teils der Arbeit ist es aufgrund des Gesamtkontextes erforderlich, medizinische Grundlagen im Zusammenhang mit HIV und

454 Dencker, StV 1992, S. 125 (126 Fn. 9).

455 Von grundlegender Bedeutung ist der Unterschied zwischen der HIV- Infektion einerseits und der AIDS- Erkrankung andererseits. Die Infektion mit dem HI-Virus (HIV= Human Immunodeficiency Virus) ist die Voraussetzung für die Entwicklung der Krankheit AIDS (Acquired Immunodeficiency Syndrome) vgl. Wolters, S. 19.

456 Dertinger, S. 169 (170); Bruns, MDR 1987, S. 353.

457 Etwa durch angedrohte oder reale Bissverletzungen oder Vergewaltigungen durch HIV- Positive; Schwind/Blau-*Zettel*, S. 205; Bruns, StV 1987, S. 504.

458 Bruns, StV 1987, S. 504.

AIDS darzustellen, um später auf die Besonderheiten des Vollzugsalltages eingehen zu können. Die nachfolgende Darstellung beschränkt sich auf einen Überblick der epidemiologischen Aspekte, der Übertragungswege und der Virologie. Im Anschluss werden die Diagnostik der HIV-Infektion, der Krankheitsverlauf und die derzeit gängigen Therapiemöglichkeiten beschrieben.

I. Epidemiologie

Seit Ende der 1970er Jahre wurden zuerst in Kalifornien und in New York gehäuft neuartige Krankheitsbilder beobachtet, die durch andauernde Erkrankungen der Lymphknoten[459], Infektionen mit opportunistischen Erregern[460] und bis dahin seltene Gewebe-Neubildungen (Tumore)[461] gekennzeichnet waren. Allen Patienten gemeinsam waren ausgeprägte und irreversible Störungen der zellulären Immunabwehr. Die schwerste Form dieser neuen Krankheiten wurde als Acquired Immune Deficiency Syndrome "AIDS" bezeichnet[462].

Heute muss davon ausgegangen werden, dass sich zu diesem Zeitpunkt die HIV-Infektion bereits in einigen Ländern der Welt unerkannt ausgebreitet hatte. Phylogenetische Analysen legen nahe, dass HIV schon seit der ersten Hälfte des 20. Jahrhunderts (1920–1930) Eingang in menschliche Populationen gefunden hat. Die HIV-Epidemie hat sich seit ihrer Erkennung Anfang der 1980er Jahre mit großer Geschwindigkeit in alle Teile der Welt ausgedehnt. Nach Schätzungen von UNAIDS und der WHO lebten Ende 2006 etwa 40 Millionen Menschen weltweit mit einer HIV-Infektion oder AIDS. Allein im Jahr 2006 haben sich etwa 4,3 Millionen Menschen neu mit HIV infiziert. Mehr als 95 % aller HIV-Infizierten leben in Entwicklungsländern. Bis Ende 2006 sind bereits ca. 20 Millionen Menschen an den Folgen der HIV-Infektion verstorben. Allein im Jahr 2006 waren es schätzungsweise 2,9 Millionen[463].

In Deutschland sind von Beginn der Epidemie bis Ende 2006 etwa 32.500 Menschen an AIDS erkrankt und etwa 26.000 an den Folgen der HIV-Infektion verstorben. Insgesamt lebten nach Einschätzung des RKI Ende 2006 etwa 56.000 mit HIV infizierte Menschen in Deutschland, davon etwa 47.000 Männer und 8.500 Frauen. Die Zahl der HIV-infizierten Kinder liegt bei ungefähr 400[464]. Dank der seit Mitte der 1990er Jahre deutlich verbesserten Therapiemöglichkeiten und auf Grund der Möglichkeit, diese durch ein regelmäßiges Monitoring rechtzeitig vor dem Auftreten klinischer Komplikationen einzusetzen, ist die Zahl der AIDS-Erstmanifestationen von 1994 bis ins Jahr 2006 deutlich rückläufig gewesen. Wurden im Jahre 1994 noch mehr als 2000 AIDS-Erkrankungsfälle registriert, war diese Zahl bis zum Jahr 2000 auf etwa 500

---

459 Sog. Persistierende Lymphadenopathien, vgl. Pschyrembel, S. 1084.

460 Vgl. die Auflistung im Einzelnen in Pschyrembel, S. 778 (CDC-Klassifikation, Gruppe C).

461 Sog. Neoplasien (Tumore, z.B. Kaposi-Sarkom), vgl. Pschyrembel, S. 777 und 1246.

462 RKI, Bundesgesundheitsblatt 12/2000, S. 1021.

463 UNAIDS/WHO, S. 1, 75 (76).

464 UNAIDS/WHO, S. 64; RKI, Epidemiologisches Bulletin 47/2006, S. 413.

neue Erkrankungsfälle im Jahr zurückgegangen[465] und ist bis Ende 2006 auf etwa 1.200 angestiegen[466]. Der erneute Anstieg der Erkrankungsfälle wurde möglicherweise verursacht durch einen Verlust an Behandlungsoptionen auf Grund von Resistenzentwicklung. Im Gegensatz zu den AIDS-Erkrankungen ist die Zahl der jährlich erfolgenden HIV-Neuinfektionen in den letzten Jahren weitgehend konstant geblieben. Für das Jahr 2006 wurden etwa 2.700 HIV-Infektionen, knapp ein Viertel davon bei Frauen, geschätzt. Als Folge dieser Entwicklung steigt seit 1996 die Zahl der lebenden, mit HIV infizierten Personen wieder an, nachdem in der ersten Hälfte der 1990er Jahre vorübergehend ein Gleichgewichtszustand erreicht worden war, in dem sich etwa gleich viele Personen neu mit HIV infizierten wie Patienten an AIDS verstarben[467].

Homo- bzw. bisexuelle Männer stellen nach wie vor den größten Anteil (62 %) unter den Neuinfizierten in Deutschland[468]. Zugenommen hat in den letzten Jahren der Anteil der Personen aus Ländern mit einer hohen HIV-Verbreitung in der allgemeinen Bevölkerung. Zu solchen so genannten Hochprävalenzregionen zählen Länder, vor allem in Afrika südlich der Sahara, der Karibik und Südostasien, mit HIV-Prävalenzen >1% in der Gesamtbevölkerung; in den am stärksten betroffenen Ländern werden mittlerweile bereits HIV-Prävalenzen von bis zu 35% der gesamten erwachsenen Bevölkerung erreicht[469]. Hier zeigt sich, dass die Entwicklung in anderen Teilen der Welt Deutschland nicht unberührt lässt.

Auch der Anteil der anderen - nicht aus Hochprävalenzgebieten stammenden - über heterosexuelle Kontakte Infizierten (17 %) hat in den letzten Jahren zugenommen, während der Anteil der intravenösen Drogenkonsumenten unter den HIV-Neudiagnosen in Deutschland (9 %) offenbar aufgrund entsprechender Präventionsmaßnahmen abgenommen hat. Die Zahl neu infizierter Kinder konnte durch die mittlerweile möglichen Vorbeugemaßnahmen zur Verhinderung einer Mutter–Kind-Übertragung auf wenige Einzelfälle reduziert werden[470].

II. Übertragungswege

Jeder Infizierte ist lebenslang potentiell ansteckungsfähig. Die Ansteckungsfähigkeit ist in den ersten Wochen nach der Infektion, bevor sich Antikörper gebildet haben, be-

465 RKI, Bundesgesundheitsblatt 12/2000, S. 1021.

466 RKI, Epidemiologisches Bulletin 47/2006, S. 413.

467 RKI, Epidemiologisches Bulletin 47/2006, S. 417.

468 RKI, Epidemiologisches Bulletin 47/2006, S. 415.

469 UNAIDS/WHO, S. 11 ff., 27 ff., 51 ff.

470 RKI, Bundesgesundheitsblatt 12/2000, S. 1023; HIV-Infektionen bzw. AIDS-Erkrankungen sind in Deutschland in der Bevölkerung sehr ungleich verteilt. Die HIV/AIDS- Epidemie führt daher regional – und hier in bestimmten Altersgruppen – zu einer erheblichen Morbidität und Mortalität. Nach wie vor bestimmen die Großstädte das epidemiologische Geschehen. Über die Hälfte aller an AIDS Erkrankten leben in den Großstädten Berlin, Frankfurt am Main, München, Köln, Düsseldorf und Hamburg, ebd.; vgl. auch RKI, Epidemiologisches Bulletin 47/2006, S. 413 ff.

sonders hoch. Danach sinkt die Infektiosität in der Regel und nimmt bei fortgeschrittenem Immundefekt und dem Auftreten klinischer Symptome wieder zu[471]. Lokale Faktoren, wie gleichzeitig vorliegende andere sexuell übertragbare Infektionen, können vor allem die sexuelle Übertragung durch Steigerung sowohl der Infektiosität als auch der Empfänglichkeit erheblich erleichtern und stellen damit wichtige Kofaktoren für eine Übertragung von HIV dar[472]. Blut, Samenflüssigkeit und Vaginalsekret weisen bei HIV-Infizierten in der Regel die höchsten Viruskonzentrationen auf. Eine Übertragung durch Muttermilch ist ebenfalls möglich. Bei einigen Patienten konnte HIV in geringen Konzentrationen auch in anderen Körperflüssigkeiten nachgewiesen werden. Im Allgemeinen können die HIV-Infektionen einem der drei Hauptübertragungswege zugeschrieben werden[473]:

- Ungeschützter Geschlechtsverkehr;
- Einbringung von erregerhaltigem Blut oder Blutprodukten in die Blutbahn (Gebrauch von Spritzbestecken durch mehrere Personen;
- „Nadeltausch" bei intravenös-Drogengebrauchern, Transfusion von kontaminierten Blutkonserven oder Gerinnungspräparaten);
- Prä-, peri- oder postnatal (durch Stillen) von der infizierten Mutter auf ihr Kind[474].

Weltweit erfolgt die Ansteckung mit Abstand am häufigsten (etwa 85 %) über sexuelle Kontakte[475]. Daneben spielt die Übertragung von HIV durch infiziertes Blut bei Personen, die Drogen intravenös applizieren und dabei Injektionsbestecke gemeinsam benutzen, die wichtigste Rolle[476]. Einzelne Infektionen bei Krankenhaus- und Laborpersonal durch Verletzung mit HIV-kontaminierten scharfen und/oder spitzen Gegenständen (Kanülen, Skalpelle o.ä.) sind wiederholt aufgetreten. Das mittlere Übertragungsrisiko einer HIV-Infektion durch eine perkutane Verletzung (bei gesichert positivem Indexfall) wird mit 1:300 beziffert[477]. Körperkontakte im alltäglichen sozialen Miteinander, die gemeinsame Benutzung von Geschirr, Besteck u.ä. sowie die gemeinsame Benutzung sanitärer Einrichtungen stellen kein Infektionsrisiko dar. HIV wird nicht über Tröpfcheninfektion und nicht durch Insektenstiche übertragen[478].

---

471 Ebd.

472 Altfeld/Walker, S. 87 (89 ff.).

473 Gallwass/Riedel/Schenke-*Hilfenhaus*, S. 102; Deutsche AIDS-Hilfe e.V., 2002, S. 11 ff.

474 Das Risiko der HIV-Übertragung von einer infizierten Mutter auf ihr Kind betrug vor der Einführung von präventiven Maßnahmen in europäischen Studien zwischen 15 % und 25 %. Heute kann die Übertragungswahrscheinlichkeit durch eine antiretrovirale Behandlung während der Schwangerschaft in Verbindung mit einer Entbindung durch Kaiserschnitt vor Einsetzen der Wehen auf unter 2 % gesenkt werden, RKI, Bundesgesundheitsblatt 6/2000, S. 449 (450 ff.).

475 RKI, Bundesgesundheitsblatt 6/2000, S. 449 (450 ff.).

476 Knapp, S. 107 f.

477 RKI, Bundesgesundheitsblatt 6/2000, S. 449.

478 Gallwass/Riedel/Schenke-*Hilfenhaus*, S. 102; Nationales Referenzzentrum für Retroviren, Institut für Klinische und Molekulare Virologie Universität Erlangen-Nürnberg, Retrovirus Bulletin 4/2003, S. 1 f.

III. Virologie

Wegen der Häufung der Erkrankungen bei homosexuellen Männern, Drogenabhängigen und auch Empfängern von Bluttransfusionen bzw. Plasmaprodukten (bis zur Einführung der Blutspendertestung in industrialisierten Ländern) wurde schon früh die Vermutung geäußert, dass es sich bei diesen Krankheitsbildern um unterschiedliche Formen einer neuen Infektionskrankheit handeln müsse. Im Jahr 1983 wurde aus einem Patienten mit Lymphadenopathie ein bis dahin unbekanntes lymphotropes Lentivirus aus der Familie der Retroviren isoliert. Diese Viren wurden 1984 als Auslöser der AIDS-Erkrankung bestimmt und werden als Humane Immundefizienz-Viren (HIV-1 bzw. HIV-2), oder „menschliches Immunschwäche-Virus" bezeichnet[479].

Die beiden Virustypen HIV-1 und HIV-2 unterscheiden sich in molekularen und virologischen Eigenschaften, morphologisch sind sie nicht zu differenzieren. Die als RNA vorliegende genetische Information[480] ist vom Kapsidprotein umhüllt. Dieses sogenannte "Core" ist eingeschlossen von einer Membran, die aus virusspezifischen Glykoproteinen und zellulären Lipiden besteht. Die auf der Oberfläche des Viruspartikels vorhandenen Glykoproteine vermitteln die Anheftung an sowie auch das Eindringen des Virus in die Zelle. Ein bestimmtes Glykoprotein bindet dann an die CD4-Rezeptoren. Zusätzlich zu dem Hauptrezeptor CD4 benötigt HIV zum Eintritt in die Wirtszelle noch weitere Korezeptoren[481].

Wie bei allen Retroviren erfolgt bei HIV nach der Infektion eine reverse Transkription des RNA-Genoms in DNA, die nach Komplettierung zum DNA-Doppelstrang als Provirus in das zelluläre Genom eingebaut wird, d. h. mit Hilfe eines bestimmten Wirkstoffes setzt das Virus die Einzelteile der Viren zu neuen Viren zusammen und schleust sie aus der Zelle hinaus, wobei die T-Helferzelle geschädigt oder komplett zerstört wird. In dieser Form kann das Virus in einer einzelnen infizierten Zelle für die Immunabwehr lange Zeit unerkannt bleiben[482]. Die Folge ist die stetige Zerstörung der Körperzellen, die Teil des menschlichen Immunsystems sind und die gleichzeitige Vermehrung der HI-Viren. Die Mutation der einzelnen HI-Viren, d. h. die Veränderung des Erbmaterials, wird auf die fehlerhafte Umschreibung des Enzyms reverse Transkriptase zurückgeführt[483]. Zwar bildet das Immunsystem zunächst noch Antikörper gegen das HI-Virus, seine Fähigkeit, gezielt und mit der erforderlichen Schnelligkeit auf die in den Körper eindringenden Krankheitserreger reagieren zu können, ist aber an funktionstüchtige T4-Helferzellen gebunden. Werden diese Zellen nach einer HIV-Infektion von dem HI-Virus angegriffen, können die Helferzellen die Vermeh-

---

479 Dies gelang der Arbeitsgruppe um den französischen Wissenschaftler Luc Montagnier, vgl. Janeway/Travers, S. 470.

480 RKI, Bundesgesundheitsblatt 12/2000, S. 1021 f.

481 Janeway/Travers, S. 471; Nowak/McMichael, S. 82 (84); Rübsamen-Waigman, S. 94.

482 Janeway/Travers, S. 478; Wiebe, S. 29; RKI, Bundesgesundheitsblatt 12/2000, S. 1021 (1022).

483 Nowak/McMichael, S. 82 (84).

rung des Virus und damit die langfristige Zerstörung der körpereigenen Immunabwehr dauerhaft nicht mehr verhindern[484].

IV. Diagnostik der HIV-Infektion

Die Einleitung einer HIV-Diagnostik ist in der Regel nur zulässig nach vorheriger Aufklärung und Beratung des Patienten und mit dessen Zustimmung. Dies gilt auch für den Strafvollzug, obgleich dort oftmals der Ruf nach Reihenuntersuchungen laut wird[485]. Die Diagnostik der HIV-Infektion stützt sich im Wesentlichen auf den Nachweis spezifischer Antikörper. Solche erscheinen in der Regel vier Wochen bis drei Monate nach der Infektion. Der Nachweis der Antikörper erfolgt in zwei Schritten: mit einem Antikörpersuchtest und - bei positiver Reaktion - einem nachfolgenden Bestätigungstest. Im ersten Schritt wird in einem ELISA[486] oder einem vergleichbaren Test geprüft, ob Antikörper gegen virale Antigene vorliegen. Die meisten der in Deutschland verwendeten ELISAs sind Kombinationstests, die gleichzeitig HIV-1- und HIV-2-Antikörper erkennen[487]. In einem zweiten Schritt wird mittels eines so genannten Westernblot ein Bestätigungstest durchgeführt.[488]. Erst nach Vorliegen eines positiven Bestätigungstests sollte der Patient, insbesondere wenn kein Infektionsrisiko erkennbar ist, über seine HIV-Infektion informiert werden[489].

Es wurden in der Literatur nur vereinzelt Fälle berichtet, bei denen Antikörper erst später als drei Monate nach Infektion nachweisbar waren. Sind auch sechs Monate nach möglicher Exposition noch keine spezifischen Antikörper nachweisbar, kann eine Infektion mit großer Sicherheit ausgeschlossen werden[490].

V. Krankheitsverlauf

Die Tödlichkeit der HIV-Infektion ist im Vergleich zu anderen Infektionskrankheiten erschreckend hoch. Unbehandelt versterben innerhalb von 15 Jahren etwa zwei Drittel der Infizierten an den Folgen ihrer Infektion[491].

Die HIV-Infektion verläuft bei jedem Menschen unterschiedlich. Der Verlauf hängt unter anderem davon ab, wie pathogen der vorliegende Virusstamm ist, wie hoch die Virusmenge war, die zur Infektion geführt hat, und wie schlagkräftig das Immunsystem ist. Im Folgenden wird daher der Verlauf der Infektion bis zum völligen Ausbruch der Krankheit AIDS soweit skizziert, als es sich um den Verlauf im Allgemeinen handelt.

---

484 Janeway/Travers, S. 471.

485 Siehe Teil 2 C. II. 3. b.

486 Sog. Enzyme-linked immunosorbent assay, vgl. Pschyrembel, S. 475.

487 Stöffler-Meilicke, Diagnostik im Gespräch 2/2001, S. 1 (2).

488 Vgl. Ausführungen zur Diagnostik der HIV-Erkrankung in Pschyrembel, S. 778.

489 RKI, Bundesgesundheitsblatt 12/2000, S. 1021 (1024).

490 Ebd.

491 RKI, Bundesgesundheitsblatt 12/2000, S. 1021.

Der wesentliche, die Klinik der HIV-Infektion bestimmende Faktor ist die Unfähigkeit des infizierten Organismus, HIV zu eliminieren und seine Ausbreitung im Organismus langfristig zu unterbinden[492]. Hieraus folgt, dass die HIV-Infektion bzw. die durch sie verursachte Immunschwäche und die daraus resultierenden Krankheitsbilder kontinuierlich – wenn auch mit von Patient zu Patient unterschiedlicher Geschwindigkeit – fortschreiten. Mit verschiedenen Klassifikationen wurde versucht, sowohl den unterschiedlichen Krankheitsbildern als auch der fortschreitenden Schädigung des Immunsystems gerecht zu werden[493].

Neben dem klinischen Verlauf und der Anzahl der CD4-Helferzellen stellt die Virusbelastung im Blut (Virusgenomäquivalente/ml Plasma) einen wichtigen und entscheidenden prognostischen Faktor für den Verlauf der Erkrankung und die Wirksamkeit der Therapie dar. Unter einer wirksamen antiretroviralen Kombinationstherapie kommt es nicht nur zu einer ausgeprägten Hemmung der Virusreplikation, sondern in der Regel auch zu einem Wiederanstieg der CD4-Zellzahl und zur Wiederherstellung verschiedener Immunfunktionen. Der eingetretene Immundefekt ist also in Teilen reversibel[494].

Ergebnisse prospektiver Kohortenstudien zeigten, dass ohne Behandlung zehn Jahre nach Infektion etwa 50 % der Infizierten mit schweren Immundefekten erkrankt sind. In den beiden ersten Jahren nach Infektion ist der Anteil der an AIDS Erkrankenden gering, danach erkranken jährlich etwa 6 % der Infizierten[495].

Sechs Tage bis sechs Wochen nach der Infektion wird bei einem Teil der Infizierten ein akutes mononukleoseähnliches Krankheitsbild („akute HIV-Infektion") mit Fieber, akuter Lymphknotenschwellung und schmerzhaften Schluckbeschwerden beobachtet. Das in der Regel nur ein bis zwei Wochen andauernde akute Krankheitsbild ist häufig so schwach ausgeprägt, dass es nicht zum Arztbesuch veranlasst, oder es wird bei den differentialdiagnostischen Überlegungen vergessen, an eine akute HIV-Infektion zu denken[496].

Der einzige Hinweis auf eine bestehende HIV-Infektion kann danach der Nachweis HIV-spezifischer Antikörper sein. Diese asymptomatische Infektion, die „klinische Latenzphase", kann Monate bis Jahre oftmals nahezu schmerz- und symptomlos dauern[497]. Die allmähliche Ausbreitung des Virus im Organismus manifestiert sich nach sehr unterschiedlicher Zeit in einer zunehmenden klinischen Symptomatik. Die individuellen Verläufe und Krankheitsbilder sind vielfältig und können von Phasen völliger oder weitgehender Beschwerdefreiheit gefolgt sein. Andererseits können sich die Komplikationen, die durch einen schweren Immundefekt bedingt sind, auch aus scheinbar völliger Gesundheit akut ausdehnen[498].

---

492 Siehe Teil 2 A. III.

493 RKI, Bundesgesundheitsblatt 12/2000, S. 1021 (1025).

494 Ebd.

495 Ebd.

496 Altfeld/Walker, S. 87.

497 Janeway/Travers, S. 470.

498 Häufige Symptome sind unspezifische Störungen des Allgemeinbefindens, Veränderungen an Haut und Schleimhäuten und gastrointestinale Beschwerden, Deutsche AIDS-Hilfe e.V., 2000, S. 4.

Der schwere Immundefekt (AIDS) manifestiert sich dann in der überwiegenden Mehrzahl der bis dahin unerkannten und nicht prophylaktisch behandelten Fälle (70 %) in Form lebensbedrohlicher opportunistischer Infektionen. Die bedeutsamsten sind Lungenentzündungen, Speiseröhrenentzündungen sowie zerebrale Abszesse. Reaktivierungen von Tuberkulosen sind nicht selten. Die häufigsten Todesursachen sind schließlich nicht mehr beherrschbare Komplikationen opportunistischer Infektionen[499].

VI. Therapien

Ein Virus ist – wie eingangs dargestellt[500] und untechnisch gesagt - nicht viel mehr als Erbmaterial, umgeben von einer Hülle aus Eiweißstoffen. Vermehren kann es sich nur, wenn es in Zellen des menschlichen Körpers gelangt. Es kann sich nicht von sich aus bewegen, es nimmt keine Nahrung auf, es atmet nicht und scheidet nichts aus. Deswegen kann man Viren auch nicht wie Bakterien mit Antibiotika behandeln. Möglich ist aber, die Vermehrung von Viren zu hemmen[501].

An der Entwicklung von Impfstoffen wird intensiv gearbeitet, jedoch wird es nach jetzigem Stand der medizinischen Forschung wohl noch Jahre dauern, bis sie verfügbar sind[502]. Dies liegt unter anderem daran, dass HIV in vielen Varianten vorkommt und sich dauernd weiter verändert. Nach wie ist deshalb wichtig, HIV-Infektionen insbesondere durch geschützten Geschlechtsverkehr oder das Benutzen steriler Spritzenbestecke beim Drogenkonsum zu verhindern.

Es gibt verschiedene Möglichkeiten, die HIV-Vermehrung zu verhindern oder wenigstens zu vermindern. Heute sind drei Klassen von Anti-HIV-Medikamenten auf dem Markt, so genannte NRTI, NNRTI und PI[503]. An der Entwicklung weiterer Medikamentenklassen wird geforscht. Die Medikamente setzen dabei an verschiedenen Punkten des HIV-Vermehrungszyklus an[504]. Bei der Antiretroviralen-Therapie (ART-Therapie) werden verschiedene gegen HIV gerichtete Medikamente miteinander kom-

499 Jäger, 1996, S. 83 ff. und 103 ff.

500 Siehe Teil 2 A. III.

501 Deutsche AIDS-Hilfe e.V., 2000, S. 3.

502 Nach Angaben der Internationalen AIDS Vaccine Initiative (IAVI) sind etwa 25 Impfstoffe zur Vorbeugung gegen AIDS in der klinischen Erprobung - bisher jedoch ohne greifbare Erfolge. Die bundesweit ersten Tests mit einem im Children Research Institut in Ohio entwickelten AIDS-Impfstoff sind Mitte April 2004 in Bonn und Hamburg angelaufen. Bei einem Versuch mit Affen habe der Impfstoff mit der Bezeichnung «tgAAC09» im Immunsystem sowohl Antikörperantworten als auch eine Stimulation der so genannten Killerzellen bewirkt, vgl. dpa Meldung vom 16.02.2004; vgl. i.Ü. Janeway/Travers, S. 483 und 577 ff.

503 Nukleosidale Reverse Transkriptase-Hemmer (NRTI), Nicht-Nukleosidale Reverse Transkriptase-Hemmer (NNRTI), Protease-Hemmer (PI), vgl. Ausführungen zur Therapie der HIV-Erkrankung bei Pschyrembel, S. 779.

504 RKI, Bundesgesundheitsblatt 12/2000, S. 1021 (1026).

biniert, um auf diese Weise die Schlagkraft der Behandlung zu erhöhen[505]. Die HIV-Vermehrung kann eine Zeit lang gehemmt und die Viruslast um bis zu 99,9 Prozent gesenkt werden. Drei bis sechs Monate nach Therapiebeginn steigen in der Regel auch die CD4-Zellzahlen an[506]. Symptome können gemildert werden und opportunistische Infektionen, d.h. durch Viren, Pilze, Parasiten oder Bakterien verursachte Krankheiten, zurückgehen[507]. Unter der Therapie bleibt die Zahl der CD4-Zellen auf hohem Niveau, so dass der natürliche Schutz des menschlichen Immunsystems ausreicht, um Krankheitserreger abzuwehren. Falls die CD4-Zellzahlen aber trotz Therapie unter bestimmte Werte fallen, kann man die natürliche Abwehr durch die gezielte Gabe von Medikamenten unterstützen, um opportunistischen Infektionen vorzubeugen.

Durch die Kombinationstherapie ist auch die Todesrate bei Menschen im fortgeschrittenen AIDS-Stadium gesunken. Der größte Nutzen der Therapie liegt darin, dass sie die symptomfreie Phase[508] verlängert und die Lebenserwartung erhöht. In der Folge ist es jedoch möglich, dass die Zahl der Krebserkrankungen steigen wird, da Tumore eine der gängigen Begleiterkrankungen darstellen[509].

Weil permanent ausreichend hohe Wirkspiegel erreicht werden müssen, ist die regelmäßige Einnahme der Medikamente eine Bedingung für die langfristige Aufrechterhaltung ihrer Wirksamkeit. Die antiretrovirale Therapie erfordert daher ein außergewöhnlich hohes Maß an Disziplin und Einnahmeverlässlichkeit, das in enger Zusammenarbeit von Arzt und Patient erreicht werden muss[510]. Insoweit kommt der im Zusammenhang mit dem Vollzugsalltag diskutierten Eigenheit der Anstaltsmedizin eine ganz besondere Bedeutung zu.

Auf Grund der raschen Erkenntnisfortschritte wird bezüglich der Frage nach der Indikation für einen Behandlungsbeginn und der Wahl der sinnvollsten Kombinationen auf die regelmäßig aktualisierten Konsensusempfehlungen zur antiretroviralen Therapie der HIV-Infektion verwiesen[511]: Konsens besteht darüber, dass für Personen mit HIV-bedingten Symptomen und Erkrankungen eine klare Behandlungsindikation besteht. Des Weiteren besteht Einigkeit darüber, dass eine Behandlung möglichst begin-

505 Für die ART-Therapie von HIV- und Hepatitis-Erkrankten im Jahr 2001 wurden allein in den Hamburger Justizvollzugsanstalten 187.951 € aufgewendet. Durch die medikamentöse Behandlung HIV-assoziierter Pilzerkrankungen sind im Jahr 2001 Kosten in Höhe von 7.865 € entstanden. Nicht erfasst wurden die Kosten für die Behandlung anderer HIV-assoziierter Symptome, etwa bösartige Hautveränderungen, Geschwüre und Lungenerkrankungen – allerdings wird eine Statistik darüber, wie viele Strafgefangene der Hamburger Justizvollzugsanstalten jährlich wegen Hepatitis- oder HIV- Erkrankung behandelt werden, nicht geführt; vgl. die Antwort des Senats der Bürgerschaft der Freien und Hansestadt Hamburg vom 05.03.2002 auf die Große Anfrage der SPD vom 06.02.2002, Drs. 17/321, S. 4.

506 Siehe Teil 2 A. III.

507 Siehe dazu nachstehend Teil 2 A. VI. 2.

508 Siehe Teil 2 A. V.

509 Deutsche AIDS-Hilfe e.V., 2000, S. 19.

510 RKI, Bundesgesundheitsblatt 12/2000, S. 1021 (1026).

511 Diese werden unter Koordination der Deutschen AIDS-Gesellschaft (DAIG) erarbeitet. Der jeweils aktuelle Stand der Empfehlungen findet sich auch auf den Internet-Webseiten des RKI, http://www.rki.de.

nen sollte, bevor schwere Komplikationen z.B. in Form opportunistischer Infektionen auftreten[512]. Umstritten ist jedoch vor allem die Frage, wann asymptomatische HIV-Infizierte, d.h. Personen die sich bereits mit dem Virus infiziert haben, bei denen die Krankheit AIDS jedoch noch nicht ausgebrochen ist, eine Therapie beginnen sollen. Für einen frühen Behandlungsbeginn spricht, dass behandelbare Infektionskrankheiten im allgemeinen so früh wie möglich therapiert werden sollten, um infektionsbedingte Schädigungen so gering wie möglich zu halten[513]. Gegen einen frühen Behandlungsbeginn spricht jedoch, dass die tägliche Medikamenteneinnahme zu einer deutlichen körperlichen und psychischen Belastung werden kann, insbesondere wenn sie bei asymptomatischen Patienten zu einem stärkeren Krankheitsgefühl und einer Minderung der Lebensqualität, z.B. durch Nebenwirkungen, beiträgt[514]. Hinzu kommt, dass das HI-Virus selbst unter Kombinationstherapien Resistenzen entwickeln kann, insbesondere dann, wenn der Patient die Therapie nicht mit der notwendigen Konsequenz durchführt[515]. Im Ergebnis ist die Frage, wann asymptomatische HIV-Infizierte mit einer Kombinationstherapie behandelt werden, vom jeweiligen Einzelfall abhängig.

Neben der direkt gegen HIV gerichteten Therapie gibt es Möglichkeiten, die meisten opportunistischen Infektionen, Tumorerkrankungen und sonstigen HIV-bedingten Begleiterkrankungen direkt zu behandeln[516]. Entscheidend für einen Therapieerfolg ist, dass die Infektion bzw. Tumore rechtzeitig erkannt und behandelt werden. Der Behandlung von opportunistischen Infektionen sind allerdings Grenzen gesetzt, solange es nicht gelingt, die zu Grunde liegende Immunschwäche und ihren Verursacher - HIV - zu beherrschen[517].

Unabhängig davon, welche der vorstehend skizzierten Therapiemöglichkeiten bei einem Patienten angewandt wird, muss abschließend darauf hingewiesen werden, dass sie keine Heilung von AIDS bewirken[518]. Selbst bei einem optimalen Verlauf der Therapie bleibt die Krankheit als solche und damit auch das ihr anhaftende Ansteckungsrisiko bestehen.

---

512 RKI, Bundesgesundheitsblatt 12/2000, S. 1021 (1026).

513 Ebd.

514 Zu unterscheiden sind dabei akute und Langzeitnebenwirkungen. Akute Nebenwirkungen, am häufigsten gastrointestinale Beschwerden, treten nicht selten bei Beginn einer Therapie auf, nehmen an Intensität aber in der Regel nach einigen Tagen oder Wochen wieder ab. Zu achten ist auch auf z.T. lebensbedrohliche Hypersensitivitätsreaktionen wie Arzneimittelexantheme und systemische Reaktionen, die vor allem in den ersten Wochen einer ART-Kombinationstherapie auftreten können. Langzeitnebenwirkungen, die den Fettstoffwechsel, die Fettgewebsverteilung, den Kohlenhydratstoffwechsel und die Knochenfestigkeit betreffen können, treten bei einem hohen Prozentsatz der Behandelten nach monate- bis jahrelanger Therapie in unterschiedlichem Ausmaß und Schweregrad auf und sind z.T. schwer reversibel, RKI, Bundesgesundheitsblatt 12/2000, S. 1021 (1026 f.).

515 Franck, S. 28.

516 RKI, Bundesgesundheitsblatt 12/2000, S. 1021 (1026 f.).

517 Deutsche AIDS-Hilfe e.V., 2000, S. 18.

518 Deutsche AIDS-Hilfe e.V., 2000, S. 9 f.

B. Anzahl der HIV-Infizierten und an AIDS-Erkrankten im deutschen Strafvollzug

Umfassende statistische Erhebungen zur Fragestellung der HIV-Infektion und AIDS-Erkrankung spezifisch im deutschen Strafvollzug liegen – aus Datenschutzgründen - nicht vor.

In Haftanstalten treten Infektionskrankheiten allerdings nach wie vor wesentlich häufiger auf als außerhalb der Mauern einer Justizvollzugsanstalt. Da der Strafvollzug jedoch gemäß Art. 30 i.V. m. 83 GG Ländersache ist, gibt es keine bundesweite Untersuchung zur gesundheitlichen Situation Gefangener. Daher ist auch nicht bekannt, wie viele Menschen in Deutschlands Haftanstalten mit HIV infiziert sind. So schreibt das StVollzG bei Haftantritt zwar eine Zugangsuntersuchung gemäß § 5 Abs. 3 StVollzG vor, bei der auch ein HIV-Test angeboten wird. Die Testhäufigkeit ist aber je nach Bundesland äußerst unterschiedlich: in einigen Bundesländern sind über 90 % aller Gefangenen getestet, in anderen dagegen nur ein geringer Teil[519]. Daten zur Verbreitung von HIV-Infektionen stammen daher meistens aus Untersuchungen, die in einzelnen Haftanstalten durchgeführt wurden. Obgleich nicht repräsentativ, sollen im Folgenden einzelne Erhebungen sowie eigene Recherchen dargestellt werden, die zumindest Tendenzen erkennen lassen.

Nach Ansicht der Deutschen AIDS-Hilfe e.V. ist davon auszugehen, dass die HIV-Verbreitung unter Gefangenen 25-mal höher ist, als dies für die übrige Bevölkerung angenommen wird (etwa 1 %). Da bei weiblichen Häftlingen der Anteil von Drogengebrauchern deutlich höher ist als bei männlichen, werden hier auch weitaus mehr HIV-Infektionen vermutet[520].

Am Stichtag 31.12.1993 bzw. 31.03.1994 waren den Justizbehörden 406 inhaftierte Männer und 55 inhaftierte Frauen als HIV-positiv sowie 42 Männer und 15 Frauen als AIDS-krank bekannt[521].

Albota fand in ihrer Analyse der HIV-Epidemiologie im Hamburger Strafvollzug im Jahr 1993 eine HIV-Prävalenz von 2,2 %[522], in 4,2 % der Fälle[523] gaben die Befragten intravenösen Drogenkonsum an[524]. Nach leichtem Rückgang bis zum Jahr 1997 stiegen die Zahlen bis 2001 auf 4,3 % der Gesamtbelegung an[525].

Mit der Verordnung über die Berichtspflicht für positive HIV-Bestätigungsteste (Laborberichtsverordnung, LabVO) vom 09.09.1987 ist die Meldepflicht nach § 7 Abs. 3 IfSG um die Berichtspflicht für positive HIV-Bestätigungstests erweitert wor-

519 AK-StVollzG-*Boetticher/Stöver*, vor § 56 Rn. 37.
520 Jacob/Keppler/Stöver, S. 87.
521 BMG/BMJ, 1995.
522 N= 69 von 3.194.
523 N= 34.
524 Albota, S. 8.
525 N= 122; vgl. die Antwort des Senats der Bürgerschaft der Freien und Hansestadt Hamburg vom 05.03.2002 auf die Große Anfrage der SPD vom 06.02.2002, Drs. 17/321, S. 2.

den. Hierbei handelt es sich aber um eine nichtnamentliche Meldepflicht an das Robert-Koch-Institut[526]. Daher existieren nur in Einzelfällen Hinweise auf die Herkunft des Infizierten. Im Zusammenhang mit Drogenkonsum wurden vor einigen Jahren Studien zur HIV Infektion und AIDS-Erkrankung durchgeführt: Von HIV und AIDS im Strafvollzug waren fast ausnahmslos Konsumenten illegaler Drogen betroffen. 88 % der HIV-Infizierten in Berliner Justizvollzugsanstalten (1983-1995) waren intravenös Drogengebrauchende. In den letzten Jahren ist der Anteil der intravenös Drogengebrauchenden unter den Strafgefangenen kontinuierlich angestiegen. So weist z.B. Krumsiek darauf hin, dass sich die Zahl der Drogenabhängigen im Strafvollzug in Nordrhein-Westfalen innerhalb der letzten zehn Jahre verdoppelt hat[527].

Stöver weist auf die Erhebungen von Heinemann[528] hin, wonach im Hamburger Strafvollzug eine HIV-Prävalenz von durchschnittlich 1,5 % mit einem Anstieg von 1,1 % im Jahr 1993 bis zu 1,9 % im Jahr 1997 festzustellen war. Bei intravenös drogengebrauchenden Insassen konnte er im gleichen Zeitraum einen Anstieg von 2,1 % bis 6,3 % feststellen. In einer Aufstellung „Infectious diseases among prisoners in some EU-contries“ wird für Deutschland angegeben, dass 0,12 bis 2,8 % der männlichen und 0,48 bis 8,0 % der weiblichen Inhaftierten laut Gesundheits- und Justizministerium (Stand 1995) HIV infiziert seien[529].

Laut Jahresbericht „Drogenproblematik in der Europäischen Union“ aus dem Jahr 1999, beträgt der Anteil der intravenös Drogenabhängigen mit HIV-Infektion im Strafvollzug in Deutschland 1,4 %[530].

C. Vollzugsalltag im Zusammenhang mit HIV-Infektion/ AIDS-Erkrankung

Nachdem es sich bei Justizvollzug um Ländersache handelt, hat dies zur Folge, dass mit den im Zusammenhang mit der AIDS-Problematik auftretenden Schwierigkeiten unterschiedlich umgegangen wird[531]. Hinzu kommt, dass die Krankheiten, um die es geht, hinsichtlich ihres Verlaufs und ihrer Dauer individuell so stark voneinander abweichen, dass grundsätzlich keine pauschalen Vorkehrungen getroffen oder global zu-

526 Bales/Baumann/Schnitzler, IfSG, § 7 Rn. 5.

527 Krumsiek, ZfStrVo 1992, S. 3 (5).

528 Heinemann, Seroprevalence of infectious diseases (HIV, Hepatitis A, B, C and Lues) among iv drug users inside and outside prisons in Hamburg (1991-1997), Konferenzbeitrag Nov. 2000, Hamburg, zitiert nach Stöver 2001, S. 41.

529 Stöver, 2001, S. 41 (44).

530 EBDD, S. 23. Hinsichtlich der aktuellen Entwicklung der HIV- Infektionen in deutschen Haftanstalten allgemein arbeitet das RKI zusammen mit dem Europäischen Netzwerk zu Infektionen und Drogen im Gefängnis (EN-DIPP) zur Zeit an einer gemeinsamen Studie, die im Laufe des Jahres 2007 abgeschlossen sein soll, vgl. BMG/BMBF/BMZ, S. 19.

531 Auch an dieser Stelle, ebenso wie bei den zuvor abgehandelten Besonderheiten älterer Menschen, soll nicht auf die Eigenheiten des Strafverfahrens eingegangen werden; vgl. zu der Thematik jedoch Franck, S. 112 ff.

treffende Voraussagen gemacht werden können. Dennoch sollen im Folgenden einige Schwierigkeiten aufgezeigt werden, die sich im Zusammenleben von kranken und gesunden Gefangenen einerseits und im Umgang von kranken Gefangenen und den Vollzugsbediensteten ergeben können; auch die Belastungen, die sich im Vollzugsalltag für den einzelnen HIV-Infizierten /AIDS-Erkrankten ergeben, werden dabei thematisiert.

Wenn im Folgenden immer wieder unter anderem auch auf die Veröffentlichungen der Deutschen AIDS-Hilfe e.V. und vergleichbaren Interessengruppen abgestellt wird, so muss man sich darüber im Klaren sein, dass hier auch gezieltes Lobbying betrieben wird. Die in den Materialien vorgetragenen Ergebnisse und Schlussfolgerungen sind also von vornherein als überwiegend meinungsbildend zu verstehen.

I. Der Haftantritt

Ebenso wie das Merkmal des Alters unterschiedliche Empfindungen im Zusammenhang mit einer Inhaftierung bei den Betroffenen auslöst[532], erleben auch kranke Menschen die Haftantrittsphase in mannigfacher Weise, je nachdem ob der Inhaftierte von seiner Krankheit weiß oder dies im Rahmen der ersten Inhaftierungsphase erfährt[533] und ob bzw. gegebenenfalls welche Hafterfahrungen (mit und ohne Wissen um die Krankheit) der Betroffene bereits gemacht hat.

Insoweit kann auf die Erkenntnisse von Knapp zurückgegriffen werden, der durch Befragungen von Insassen aus der Retrospektive unter anderem auch die Besonderheiten der Haftantrittsphase von HIV-Infizierten mit Blick auf die vorgenannten unterschiedlichen Grundvoraussetzungen ermittelt hat[534].

Zwei Drittel der von ihm befragten Inhaftierten, die bei erstmaliger Inhaftierung von ihrer HIV-Infektion wussten, und Inhaftierte, die bereits in mehreren Haftanstalten Erfahrungen mit ihrer HIV-Betroffenheit gesammelt hatten, gaben vor allem mit Blick auf das Verhalten des medizinischen Personals im Zusammenhang mit deren Wissen um die Krankheit an, die Haftantrittsphase negativ oder gar sehr negativ erlebt zu haben[535]. Auf die Frage nach dem subjektiven Erlebnis der Situation, als HIV-Betroffener zum ersten Mal inhaftiert zu sein, konnten anhand der Antworten der von Knapp Befragten Inhaftierten drei Tendenzgruppen gebildet werden: Zu der ersten Gruppe gehörten jene Befragten, die den Eindruck vermittelten, das Problem eigener HIV-Betroffenheit in der Haftsituation ohne die Hilfe Dritter im wesentlichen erfolgreich selbst bewältigt haben zu können. Die zweite Gruppe schien trotz erheblicher Anfangsschwierigkeiten zumindest mit der Zeit in der Lage gewesen zu sein, erfolgreiche Lösungs-, Verarbeitungs- oder Verdrängungsstrategien zu entwickeln. Die Angehörigen der dritten Gruppe vermittelten schließlich den Eindruck, dass ihnen die Dimension der spezifischen Problemlage in Gestalt eines extrem traumatischen Erlebnis-

532 Siehe Teil 1 D. I.
533 Zur Problematik der immer wieder geforderten Reihenuntersuchungen Teil 2 C. II. 3. b.
534 Knapp, S. 117 ff.
535 Knapp, S. 144 ff.

ses bewusst geworden war und dass mangels Hilfsangeboten oder eigenen Problemlösungsstrategien eine oft anhaltende Resignation ihrer psychischen Verfassung, auch weit über die Haftantrittsphase hinaus, dominierte[536].

Bei zeitlichem Zusammentreffen einer Inhaftierung mit der Benachrichtigung über die eigene HIV-Infektion wurde, wiederum aus ex-post-Sicht, von nahezu 80 % der Befragten angegeben, sie hätten es vorgezogen, das Testergebnis in Freiheit zu erfahren[537]. Als Gründe hierfür gaben die Befragten unter anderem den Vorteil der Anonymität an, der ihrer Ansicht nach einen besseren Umgang mit dem Verarbeiten des Ergebnisses ermögliche. Weiter böten sich in Freiheit bessere Möglichkeiten zu hilfreichen Gesprächen und zur sachlichen Information. Außerdem könne man seine Lebensweise in Freiheit seinem Gesundheitszustand eher anpassen[538]. Diese zuletzt genannte Begründung ist sicherlich auch mit Blick auf die schließlich angegebenen und als sehr belastend empfundenen „Gegnerschaften", die es in der Vollzugsanstalt gebe[539], zu bewerten. Insoweit scheint für alle Betroffenen das Ausmaß an Fremdwissen und dementsprechend die häufig nicht gewährleistete Diskretion um die HIV-Infektion ein großes Problem zu sein[540].

Unbestritten gilt die ärztliche Schweigepflicht nach § 203 Abs. 1 Nr. 1 StGB grundsätzlich auch für den Anstaltsarzt innerhalb der Vollzugsanstalt[541]. Uneinheitlich sind allerdings die Ansichten darüber, wann und in welchem Umfang eine Durchbrechung der Schweigepflicht gerechtfertigt ist[542]. Am weitesten geht in diesem Zusammenhang Dargel, der unter Rückgriff auf den Grundsatz des rechtfertigenden Notstands nach § 34 StGB eine Mitteilung an das Personal für erforderlich und gerechtfertigt hält[543]. Während dagegen Eberbach die Information des Anstaltsleiters im Rahmen der von diesem zu tragenden Verantwortung für die Wahrung der Fürsorgepflicht innerhalb der Anstalt für erforderlich erachtet, lehnt Keppler dies unter Verweis auf den Wortlaut des § 156 Abs. 2 StVollzG ab. Danach habe nicht nur der Anstaltsleiter kein Weisungsrecht gegenüber dem Anstaltsarzt, sondern der Anstaltsarzt einen alleinigen Verantwortungsbereich hinsichtlich der medizinischen Versorgung. Auch wenn dies ausdrücklich in den §§ 56 ff. StVollzG nicht erwähnt ist, sprechen nicht zuletzt Gründe der Effektivität der medizinischen Versorgung dafür, den Anstaltsarzt als den für die medizinische Betreuung allein Verantwortlichen anzusehen. Eine insoweit ernst genommene Schweigepflicht dürfte Voraussetzung für ein vertrauensvolles Arzt-Patienten-Verhältnis sein. Auch aus datenschutzrechtlichen Gründen bzw. zum Schutz

---

536 Knapp, S. 147 f.

537 Knapp, S. 153.

538 Knapp, S. 153 f.

539 Knapp, S. 153.

540 Vgl. dazu allgemein Geppert, S. 41 Fn. 116.

541 AK-StVollzG-*Boetticher/Stöver*, vor § 56 Rn. 57; Calliess/Müller-Dietz, StVollzG, § 182 Rn. 4; Tag, S. 89 ff.; Höflich, ZfStrVo 1991, S. 77 (80).

542 Calliess/Müller-Dietz, StVollzG, § 56 Rn. 12; AK-StVollzG-*Boetticher/Stöver*, vor § 56 Rn. 48; Eberbach, 1988, S. 249 (258); Dargel, ZfStrVo 1987, S. 156 (160); Höflich, ZfStrVo 1991, S. 77 (80).

543 Dargel, ZfStrVo 1987, S. 156 (160).

des allgemeinen Persönlichkeitsrechts darf die Information, dass ein Gefangener HIV-positiv ist, nicht allgemein, sondern nur ganz bestimmten Personen zugänglich sein[544]. Die bei Vollzugsanstalten verwendeten Formblätter zur Aufnahme von Verhafteten in die Untersuchungshaft enthalten jedoch entsprechende, vom Ermittlungsrichter auszufüllende Spalten „Krankheiten" etc., in die selbstverständlich, soweit der Betroffene Angaben macht, auch HIV- bzw. Hepatitis-Erkrankungen einzutragen sind und eingetragen werden[545], die in der Folge auch den Anstaltsleiter in Kenntnis der Infektionsbetroffenheit setzen. Ob daneben, wie von Dargel gefordert, auch die Vollzugsbeamten über die HIV-Infektion eines Gefangenen informiert werden müssen, ist mit Blick auf die Tatsache, dass der Eingriff in Grundrechtspositionen durch Staatsorgane nicht ohne weiteres auf Basis allgemeiner Rechtfertigungsgründe zulässig ist, abzulehnen. Etwas anderes folgt nicht aus § 158 i.V. m. §§ 56 ff., 182 Abs. 2 S. 3 StVollzG, da aus einer schlichten Aufgabenzuweisung keine Zwangskompetenz zur Erfüllung dieser Aufgaben folgt[546]. Nachdem sachliche Gründe, z.B. eine besondere Gefährdung, nicht gegeben sind - bei verletzten Gefangenen sind die Beamten ohnehin gehalten, jeden Kontakt mit Blut zu vermeiden[547] und im gewöhnlichen Vollzugsalltag eine Ansteckung daher ausgeschlossen ist, kann die Durchbrechung der ärztlichen Schweigepflicht unter Rückgriff auf § 34 StGB nur dann gerechtfertigt sein, wenn das Tatbestandsmerkmal der „gegenwärtigen, nicht anders abwendbaren Gefahr" etwa durch das Vorliegen der Voraussetzungen des § 101 StVollzG, d.h. von einem Gefangenen eine konkrete Gefahr der Übertragung ausgeht, erfüllt ist. Hieraus ließe sich ein Überwiegen der Sicherheitsinteressen der Bediensteten und Mitgefangenen gegenüber der Schweigepflicht des Arztes und mithin ein entsprechendes Informationsrecht durch denselben ableiten. Eine umfassende Informationspflicht ist jedoch weder als erforderlich noch als sachdienlich anzusehen.

Das unabhängig von dieser rechtlichen Situation dennoch bestehende Fremdwissen, sei es über die bei Gesprächen mit dem Anstaltsarzt meist anwesenden Sanitäter, Vollzugsbeamte oder Mithäftlinge geht bei den Betroffenen einher mit dem Gefühl des hilflosen Ausgeliefertseins oder der Angst vor dem Ausgestoßenwerden[548]. Die Auswirkungen im Zusammenhang mit tatsächlich bestehendem oder befürchtetem Wissen Dritter sind extreme Passivität der Betroffenen, die zu fehlendem Lebenswillen und damit auch zu einem erhöhten Selbstmordrisiko führen können[549]. Insoweit ist daher Dargel[550] zu widersprechen, der annimmt, dass Ausgrenzungen in einer Justizvollzugsanstalt nicht mit denselben negativen Folgen möglich seien, wie in Freiheit. Dargel übersieht dabei, dass es neben der Ausgrenzung von Gefangenen durch Maßnahmen

---

544 Calliess/Müller-Dietz, StVollzG, § 56 Rn. 12.

545 Diese Angaben finden sich dann auch in den Personalblättern der Justizvollzugsanstalten wieder; so z.B. in einem der Verfasserin vom AG Kempten zur Verfügung gestellten Personalblatt der JVA Kempten.

546 Höflich, ZfStrVo 1991, S. 77 (80).

547 Bammann, 2003, S. 99 (100).

548 Knapp, S. 150.

549 Püschel/Lieske, AIFO 1989, S. 29 (31).

550 Dargel, ZfStrVo 1988, S. 148 (152).

der Vollzugsbehörde, auf die er sich ausschließlich bezieht, für die Betroffenen zumindest ebenso wichtig ist, eine bestimmte Position in der Rangordnung der Gefangenengemeinschaft einzunehmen, bzw. nicht zu verlieren. Da aufgrund des offenbar häufig kaum zu kanalisierenden Informationsflusses in der Anstalt auch Mitgefangene von der HIV-Betroffenheit des Einzelnen erfahren, ist der Aspekt vor Ausgrenzung von erheblich größerer Bedeutung, als Dargel dies annimmt.

Im Ergebnis sollte daher, die Besonderheiten dieser ersten Haftphase im Allgemeinen und im Besonderen berücksichtigend, zeitnah das Angebot zur Zusammenarbeit mit speziell geschulten Personen unterbreitet und eine entsprechende Umsetzung sichergestellt werden.

II. HIV-Infizierte und AIDS-Kranke in Haft

1. Arbeit, Freizeit, Vollzugslockerungen

a. Arbeit

Abweichend vom älteren Menschen können zumindest HIV-Infizierte, bei denen das Vollbild AIDS noch nicht ausgebrochen ist, innerhalb wie auch außerhalb der Justizvollzugsanstalt grundsätzlich ihrer Arbeitspflicht nachkommen[551]. Im Folgenden soll daher ein Überblick über die rechtlichen Bestimmungen zu Arbeit, Sozialversicherung und Geld gegeben werden, Bereiche die intra- wie extramural eine wichtige Rolle spielen.

Für Arbeit, aber auch Aus- und Weiterbildung gelten in der Justizvollzugsanstalt andere rechtliche Bestimmungen als in Freiheit. Diese Bereiche werden seit dem Inkrafttreten des StVollzG im Jahr 1977 durch die §§ 35 ff. StVollzG geregelt.

§ 37 StVollzG ist mit dem Begriff „Zuweisung“ überschrieben, was bereits sprachlich darauf hinweist, dass Häftlinge nicht selbst entscheiden können, welche Arbeit sie verrichten, welchen Beruf sie erlernen oder in welchem Bereich sie sich weiterbilden möchten. Gleichwohl sollen bei der Zuweisung von Arbeit die Fähigkeiten und Neigungen des Einzelnen berücksichtigt werden, haben Arbeit und Beschäftigung (und ebenso Bildungsmaßnahmen) doch die Wiedereingliederung in die Gesellschaft zum Ziel. Der Resozialisierung wird im StVollzG - neben dem Strafaspekt - ein erhöhter Stellenwert beigemessen, wobei die Arbeit als wichtiger, wenn nicht gar wichtigster Resozialisierungsfaktor gilt[552]. Die Rolle der durch Häftlinge geleisteten Arbeit ist dennoch widersprüchlich, weil sie als Bestandteil des Behandlungskonzepts zugleich

---

551 Bei Insassen, die an AIDS erkrankt sind, ist aufgrund der körperlichen Geschwächtheit eine regelmäßige Arbeit nicht möglich. Für diese Gruppe von Inhaftierten gilt das unter Teil 1 D. II. 1. Gesagte entsprechend.

552 Schwind/Böhm/Jehle-*Matzke/Laubenthal*, StVollzG, vor § 37 Rn. 1, die den Begriff des „Resozialisierungsfaktors ersten Ranges“ aufgreifen.

auch einen Teil des durch den Freiheitsentzug auferlegten Strafübels darstellt[553]. So garantiert Art. 12 Abs. 1 GG das Recht auf Berufsfreiheit und schränkt dieses zugleich in Abs. 3 für den Fall gerichtlich angeordneter Freiheitsentziehung wieder ein. Diese durch die Verfassung gestattete Zwangsausübung wird in § 41 Abs. 1 StVollzG zur Arbeitspflicht für Gefangene:

„Der Gefangene ist verpflichtet, eine ihm zugewiesene, seine körperlichen Fähigkeiten angemessene Arbeit, arbeitstherapeutische oder sonstige Beschäftigung auszuüben, zu deren Verrichtung er auf Grund seines körperlichen Zustandes in der Lage ist. Er kann jährlich bis zu drei Monaten zu Hilfstätigkeiten in der Anstalt verpflichtet werden, mit seiner Zustimmung auch darüber hinaus...“

Dem in § 37 Abs. 2 StVollzG formulierten Willen des Gesetzgebers wird in der Vollzugspraxis nur mangelhaft oder gar nicht entsprochen. Oft nämlich gelingt es den Leitern der Arbeitsverwaltung nur äußerst schwer, Aufträge für die Anstaltsbetriebe und damit Arbeit für die Gefangenen zu beschaffen - dies vor allem in Zeiten von wirtschaftlicher Stagnation und hoher Arbeitslosigkeit. Vor diesem Hintergrund ist es meist auch nicht möglich, bei der Arbeitszuweisung die Fähigkeiten, Fertigkeiten und Neigungen der Betroffenen gemäß § 37 Abs. 2 StVollzG zu berücksichtigen oder Gefangenen eine „wirtschaftlich ergiebige“, sprich: als sinnvoll empfundene und daher zu Leistungsbereitschaft motivierende Arbeit zuzuweisen[554]. Ein schönes literarisches Beispiel, das diese Problematik aufgreift, ist der Schuster Voigt in Carl Zuckmayers „Hauptmann von Köpenick“:

„...denn stehste vor Gott dem Vater, stehste,...und der fragt dir ins Jesichte: Wilhelm Voigt, wat haste jemacht mit dein Leben? Und das muss ick sagen - Fußmatte, muss ick sagen. Die hab ick jeflochten im Gefängnis, und denn sind se alle druff rummjetrampelt, muss ick sagen...“[555].

Art und Umfang der zugewiesenen Arbeit richten sich in der Regel nach dem Arbeitskräftebedarf der Anstaltsbetriebe. Je nach Anstaltsgröße und -struktur gibt es Eigenbetriebe, Werkbetriebe und Unternehmerbetriebe[556]. Die in erster Linie für die Grundversorgung der Anstalt eingerichteten Eigenbetriebe sind Küche, Bäckerei, Wäscherei, Bau- und Malerkolonne[557]. Fast alle größeren Vollzugsanstalten verfügen über

553 Schwind/Böhm/Jehle-*Matzke/Laubenthal*, StVollzG, vor § 37 Rn. 2.

554 Dieser grundsätzlichen Verpflichtung der Vollzugsbehörde steht kein entsprechendes Recht des Gefangenen gegenüber, vgl. OLG Nürnberg, NStZ 1981, S. 200; Calliess/Müller-Dietz, StVollzG, § 37 Rn. 3; Knorr, S. 71 (72).

555 Zuckmeyer, II. Akt, 14. Szene.

556 In den so genannten Unternehmerbetrieben wird die technische und fachliche Leitung der Arbeitsvorgänge Angehörigen eines Unternehmens übertragen, während die Vollzugsbehörde die öffentlich-rechtliche Verantwortung für die ihnen anvertrauten Gefangenen behält, BVerfGE 98, S. 169 (209); Kaiser/Schöch, § 7 Rn. 124.

557 Schwind/Böhm/Jehle-*Matzke/Laubenthal*, StVollzG, § 148 Rn. 2.

Werkbetriebe wie Schlosserei und Tischlerei[558]; eine Druckerei und Buchbinderei gibt es pro Bundesland meist nur in jeweils einer Anstalt[559]. Unternehmerbetriebe schließlich bieten Arbeit z.B. in den Bereichen Montage und Fertigstellung an (Wickeln von Kabelbäumen für elektrische Haushaltsgeräte und Autos, einfache Klebe- und Falzarbeiten)[560].

Immer wieder wird in diesem Zusammenhang berichtet, HIV-infizierte Gefangene würden aus bestimmten Arbeitsbereichen ausgeschlossen, z.B. aus Küche und Kantine, in denen Lebensmittel zubereitet bzw. verarbeitet werden[561]. Die HIV-Infektion für sich genommen kann jedoch kein Ausschlussgrund sein[562]. Insoweit ist, neben allen medizinischen Gründen, die gegen eine Ansteckung sprechen, auch auf den 8. Abschnitt des Infektionsschutzgesetzes (IfSG) zu verweisen, der „Gesundheitliche Anforderungen an das Personal beim Umgang mit Lebensmitteln" regelt. § 42 IfSG nennt verschiedene Krankheiten und Krankheitserreger, die zu einem Tätigkeits- und Beschäftigungsverbot für Erkrankte, Krankheitsverdächtige und Ausscheider führen. Die HIV-Infektion befindet sich nicht darunter. Damit gehören Menschen mit HIV auch nicht zu dem Personenkreis, der von der Zubereitung, Herstellung und Verteilung von Lebensmitteln ausgeschlossen ist. Die Hepatitis A und E dagegen wird in § 42 IfSG genannt, was bedeutet, dass bei zeitlich begrenzter Erkrankung oder Krankheitsverdacht ein Tätigkeits- und Beschäftigungsverbot ausgesprochen wird[563]. Viele Anstalten lehnen es auch ab, dass HIV-Infizierte in Bereichen mit höherer Verletzungsgefahr arbeiten, so etwa in der Schreinerei oder Schlosserei, wo es schnell drehende Maschinen oder scharfe, schneidende Werkzeuge und Materialien gibt. Das gleiche gilt für die Arbeit als Friseur und die Tätigkeit auf der Krankenstation[564]. Diese Praxis hat jedoch offenbar eher mit psychischen Gründen als erhöhten Ansteckungsrisiken zu tun[565], deren Ursache nach wie vor in der mangelhaften Aufklärung der Vollzugsmitarbeiter liegen dürfte. Im Ergebnis kann bei HIV-infizierten Gefangenen - wie bei anderen Gefangenen auch - eine Sonderbehandlung daher nur im Einzelfall auf Grund des Verhaltens begründet werden (z.B. bei gezielter Unruhestiftung)[566].

Durch die Einfügung der §§ 190-193 in das StVollzG hat der Gesetzgeber versucht, die Kranken- und Rentenversicherung für Gefangene zu regeln. Diese Paragraphen sind jedoch bis heute nicht in Kraft getreten, denn dazu müsste gemäß § 198 Abs. 3

558 Zur Bedeutung des Werkdienstes vgl. Kaiser/Schöch, § 11 Rn. 18 f.
559 Knorr, S. 71 (72).
560 Kaiser/Schöch, § 7 Rn. 124 ff.; Knorr, S. 71 (72).
561 Knorr, S. 71 (74).
562 Siehe Teil 2 A. II.
563 Knorr, S. 71 (74).
564 Bammann, 2003, S. 99 (101).
565 Calliess/Müller-Dietz, StVollzG, § 21 Rn. 2, § 56 Rn. 13; für Bayern ZfStrVo 1988, S. 171 f.; für Hamburg: Staatl. Pressestelle der Freien und Hansestadt Hamburg, ZfStrVo 1987, S. 345 und für Hessen ZfStrVo 1987, S. 167.
566 Bales/Baumann/Schnitzler, IfSG, § 42 Rn. 5.

StVollzG erst ein besonderes Bundesgesetz erlassen werden[567]. Entsprechende Gesetzesinitiativen der Bundesregierung sind bisher jedes Mal am Widerstand des Bundesrates gescheitert, weil die Bundesländer erhebliche zusätzliche Kosten befürchten[568]. Strafgefangene gehören somit (noch) nicht zum Kreis der kranken-, pflege- und rentenversicherungspflichtigen Personen. Die einzige Regelung, die bisher zu Gunsten einer sozialen Mindestsicherung für Gefangene getroffen wurde, ist die Arbeitslosen- und Unfallversicherung bei bestehendem Beschäftigungsverhältnis. Seit dem Urteil des Bundesverfassungsgerichts vom 01.07.1998 sind die Justizverwaltungen verpflichtet, entsprechende Beiträge abzuführen, womit die Gefangenen zumindest Ansprüche auf Arbeitslosengeld und Arbeitslosenhilfe erwerben können[569].

Die Gefangenen erhalten für ihre Arbeit das bereits erwähnte Arbeitsentgelt gemäß § 43 StVollzG oder aber, wenn sie an beruflichen oder schulischen Bildungsmaßnahmen teilnehmen, eine „Ausbildungsbeihilfe“ gemäß § 44 StVollzG. Wer ohne Verschulden weder Arbeitsentgelt noch Ausbildungsbeihilfe erhält[570], kann nach § 46 StVollzG einen Antrag auf Erhalt von Taschengeld stellen. Das Taschengeld beträgt in der Regel ca. 30,- Euro, man bekommt es nur bei Bedürftigkeit, und es muss für jeden Monat neu beantragt werden[571]. Nach Abs. 3 der Verwaltungsvorschriften (VV) zu § 46 StVollzG ist bedürftig, wer im laufenden Monat aus Hausgeld und Eigengeld keinen Betrag bis zur Höhe des Taschengeldes zusammenbekommt. Nicht verbrauchtes Taschengeld wird bei der Neubewilligung im nächsten Monat nicht angerechnet[572] und kann daher auch angespart werden.

Das Arbeitsentgelt gemäß § 43 StVollzG wird zu $^{3}/_{7}$ als „Hausgeld“ (§ 47 StVollzG) gutgeschrieben, das den Gefangenen zur freien Verfügung steht[573]. Das Hausgeld ist unpfändbar und kann daher auch nicht für Unterhaltsforderungen in Anspruch genommen werden[574]. Ausnahmen gibt es bei Ansprüchen wegen „vorsätzlicher oder grob fahrlässiger Selbstverletzung oder Verletzung eines anderen Gefangenen“ (§ 93 StVollzG) sowie bei den Kosten eines Gerichtsverfahrens, das gegen eine Maßnahme des Strafvollzugs beantragt wurde (§§ 109 ff. StVollzG). Die verbleibenden $^{4}/_{7}$ des Arbeitsentgelts werden bis zur vollen Ansparung dem „Überbrückungsgeldkonto“ gutgeschrieben[575]. Das Überbrückungsgeld dient zur Sicherung des notwendigen Lebensunterhalts in den ersten vier Wochen nach der Entlassung aus der Haft und soll das

567 Mit Ausnahme des § 190 Nr. 11 und 12 (Ansprüche auf Leistungen der gesetzlichen Unfallversicherung).

568 BT-Drs. 7/3998, S. 53 und 127; AK-StVollzG-*Brühl*, vor § 190 Rn. 1 und 2.

569 BVerfGE 98, S. 169 ff.

570 Schwind/Böhm/Jehle-*Matzke/Laubenthal*, StVollzG, § 46 Rn. 3.

571 Vgl. auch VV Abs. 2 S. 1 für die Berechnung (25 % der Eckvergütung) sowie Schwind/Böhm/Jehle-*Matzke/Laubenthal*, StVollzG, § 43 Rn. 4 und § 46 Rn. 5.

572 BGH, NStZ 1997, S. 205.

573 Z.B. für den Einkauf von Genussmitteln oder für andere Zwecke, vgl. Calliess/Müller-Dietz, StVollzG, § 47 Rn. 1.

574 Schwind/Böhm/Jehle-*Matzke/Laubenthal*, StVollzG, § 46 Rn. 6.

575 Vgl. § 51 Abs. 1 StVollzG i.V.m. §§ 43-45 StVollzG.

Doppelte des Sozialhilfesatzes nach § 22 BSHG für Gefangene und Unterhaltsberechtigte nicht unterschreiten. Das Überbrückungsgeld darf während der Haftzeit und in den ersten vier Wochen nach der Entlassung, mit Ausnahme von Unterhaltsansprüchen, nicht gepfändet werden. Es ist auf die nach der Entlassung gezahlte Sozialhilfe anzurechnen[576]. Die volle Höhe des Überbrückungsgeldes muss erst am Entlassungstag erreicht sein. Bei langen Haftzeiten können Raten festgesetzt werden, durch die das Überbrückungsgeld bis zum voraussichtlichen Entlassungszeitpunkt angespart wird[577].

Wenn das Überbrückungsgeld voll angespart ist, wird es gemäß § 52 StVollzG als so genanntes freies Eigengeld gutgeschrieben. Mit dem Eigengeld können und sollen die Häftlinge in erster Linie Gläubiger befriedigen[578]. Ob und inwieweit das Eigengeld dem Pfändungsschutz unterliegt, ist strittig. Grundsätzlich sind dabei drei Positionen hervorzuheben: Das OLG Hamburg sieht den Pfändungsschutz als gegeben[579], das OLG Karlsruhe bestreitet ihn[580], das OLG Schleswig-Holstein stellt ihn in das Ermessen der Haftanstalt[581]. Grund für die unterschiedlichen Positionen ist hauptsächlich die unterschiedliche Einschätzung im Hinblick auf die Frage, ob der Pfändungsakt zu einer Verletzung der Menschenwürde führt. Durch die Pfändung von Eigengeld wird die Menschenwürde des Gefangenen nicht verletzt, da dessen lebensnotwendigen Bedürfnisse durch das ihm nach § 51 StVollzG zustehende Überbrückungsgeld und das ihm nach § 47 StVollzG zustehende Haushaltsgeld in ausreichendem Umfang Rechnung getragen wird. Allerdings kann der Gefangene analog § 850 k ZPO[582] auch Pfändungsschutz beantragen, wenn es sich um aus Arbeitsentgelt bzw. Ausbildungsbeihilfe gebildetes Eigengeld handelt. Nicht zuletzt mit Blick auf den in § 3 Abs. 1 StVollzG normierten Grundsatz der weitestgehenden Angleichung des Vollzugslebens an allgemeine Lebensverhältnisse sollte im Ergebnis das Eigengeld daher grundsätzlich pfändbar sein und dem Zugriff der Gläubiger offen stehen.

Auf Antrag können Gefangene je nach den Gepflogenheiten ihrer Haftanstalt mit dem Eigengeld auch Gegenstände des täglichen Bedarfs (z.B. Kleidung, Kosmetika, Bücher) kaufen oder auch etwa Fernlehrgänge bezahlen[583]. Tabak, Kaffee, Tee und sonstige Genuss- und Nahrungsmittel können dagegen nur mit dem „Hausgeld" bezahlt werden[584].

Ferner ist es möglich, Geld für Inhaftierte zu überweisen. Die Einzahlungen sollten insoweit zweckgebunden erfolgen. Dieses Geld kann z.B. für den haftinternen Einkauf

576 BT-Drs. 7/3998, S. 24; Calliess/Müller-Dietz, StVollzG, § 51 Rn. 8 f.
577 Knorr, S. 71 (76 f.).
578 Kaiser/Schöch, § 7 Rn. 159.
579 OLG Hamburg, ZfStrVo 1995, S. 370.
580 OLG Karlsruhe, ZfStrVo 1995, S. 114.
581 OLG Schleswig-Holstein, ZfStrVo 1994, S. 309.
582 Im Härtefall als Ausnahme gemäß § 765 a ZPO.
583 Schwind/Böhm/Jehle-*Böhm*, StVollzG, § 22 Rn. 6; Schwind/Böhm/Jehle-*Matzke/Laubenthal*, StVollzG, § 52 Rn. 3.
584 Böhm, S. 117 f., Rn. 220 f.

oder den Kauf bestimmter Gegenstände genutzt werden. Strittig ist, ob das eingezahlte Geld zur Ansparung des Überbrückungsgeldes herangezogen werden darf. Wenn die Einzahlung zweckgebunden ist und der Eingliederung des Gefangenen dient, sollte dies nicht der Fall sein[585].

Schließlich gibt es für HIV-positive Inhaftierte die Möglichkeit, wie für HIV-Positive im Allgemeinen auch, bei der Deutschen AIDS-Stiftung einen Antrag auf Beihilfe stellen, und zwar direkt bei der Deutschen AIDS-Stiftung oder über die örtlichen AIDS-Hilfen bzw. den Justizvollzug. Von dieser Möglichkeit haben im Jahr 2005 laut Jahresbericht der Deutschen AIDS-Stiftung 744 Gefangene (16,8 % aller Antragsteller) mit HIV Gebrauch gemacht[586]. Voraussetzungen für eine „Einzelfallhilfe" durch die Deutsche AIDS-Stiftung sind der Nachweis der HIV-Infektion, Angaben zur persönlichen und wirtschaftlichen Situation, vorheriges Ausschöpfen aller gesetzlichen Leistungen sowie eine Informationen darüber, ob die Haftanstalt die Einzelfallhilfe auf das Taschengeld anrechnet. Falls ja, erfolgt keine Bewilligung, weil die finanziellen Mittel der Deutschen AIDS-Stiftung in diesem Fall an die Stelle gesetzlicher Leistungen treten würde, Stiftungsmittel aber nur zusätzlich genehmigt werden[587].

b. Freizeit

Neben der Komponente des Arbeitens spielt die Gestaltung der Freizeit im Tagesablauf der Betroffenen eine große Rolle. Dass HIV-positive Gefangene insoweit von haftinternen Freizeitaktivitäten ausgeschlossen werden, kommt heute weitaus seltener vor als früher. Was die Teilnahme am Sport, an allgemeinen Freizeitangeboten usw. angeht, versucht der Vollzug mittlerweile, eine Gleichbehandlung zu gewährleisten[588]. Vereinzelt wird, so berichtet Knapp, für HIV-positive Gefangene nur „Krankensport" angeboten, da sie im Hinblick auf Mannschaftssportarten oder Kraftsport als besondere Gefahrenquelle eingestuft werden. Diese Einzelfälle scheinen jedoch nicht Ausdruck justizbehördlicher Willensbekundungen der betroffenen Vollzugsanstalten zu sein, sondern lediglich der persönlichen Ansicht einzelner Vollzugsbediensteter[589]

c. Vollzugslockerungen

Auch in Bezug auf die Gewährung beantragter Vollzugslockerungen nach § 11 StVollzG, Urlaub nach § 13 StVollzG oder die Übernahme in den offenen Vollzug nach § 10 StVollzG werden HIV-positive Gefangene – jedenfalls in der geübten Begründungspraxis - gegenüber nicht HIV-infizierten Gefangenen nicht benachtei-

---

585 Calliess/Müller-Dietz, StVollzG, § 51 Rn. 3; AK-StVollzG-*Däubler/Spaniol*, § 51 Rn. 4.

586 Im Jahr 2005 lag die Gesamtzahl der Antragsteller für Einzelfallhilfen bei 4.431, vgl. Deutsche AIDS-Stiftung, 2005, S. 6 und 18.

587 Vgl. Einzelfallhilfe-Anträge und Vergaberichtlinien, Deutsche AIDS-Stiftung.

588 Vgl. auch die Ergebnisse der Befragungen durch Knapp, S. 246.

589 Knapp, S. 247.

ligt[590]. Allerdings muss dabei erwähnt werden, dass eine Vielzahl von HIV-infizierten Gefangenen gleichzeitig drogenabhängig sind. Insoweit bestimmen Nr. 2 Abs. 1a) VV zu § 10 StVollzG, Nr. 7 Abs. 2a) VV zu § 11 StVollzG und Nr. 4 Abs. 2b) VV zu § 13 StVollzG, dass erheblich suchtgefährdete Gefangene für die Unterbringung im offenen Vollzug, für die Vollzugslockerungen der Außenbeschäftigung, des Freigangs und des Ausgangs, sowie für Urlaub ungeeignet sind. Versagungsbegründungen wurden daher – soweit ersichtlich - bislang nie auf die HIV-Infektion, sondern auf allgemeine Aspekte gestützt[591].

Im Ergebnis gelten die Regelungen des StVollzG, insbesondere diejenigen betreffend Arbeit, Freizeit und Vollzugslockerungen, ohne Unterschiede für alle Inhaftierten. Ausnahmen, Einschränkungen und Sonderregelungen für einzelne Gruppen sieht der Gesetzgeber nicht vor, auch nicht für HIV-positive Inhaftierte. Trotzdem kommt es in der Praxis – hauptsächlich im Zusammenhang mit der Arbeitssituation - immer wieder zu Ungleichbehandlung, oder die Gefangenen nehmen bestimmte Vorgehensweisen in diesem Sinne wahr. Oftmals ergeben sich diskriminierende Situationen auch auf Grund von Unwissenheit oder falsch verstandener Fürsorge[592].

Faktisch hängt im Strafvollzugsrecht sehr viel von Einzelfallentscheidungen ab: Maßnahmen wie Vollzugslockerungen, der Besitz bestimmter Gegenstände, Besuchsregelungen und Freizeitaktivitäten werden grundsätzlich für jeden Inhaftierten individuell genehmigt - oder gegebenenfalls versagt[593]. Rechtlich ist dies durchaus möglich: Verschieden gelagerte Fälle müssen unterschiedlich behandelt werden. So spielt z.B. bei der Entscheidung über Vollzugslockerungen neben anderen Aspekten nicht nur die Straflänge eine Rolle, sondern auch das Verhalten des Einzelnen im Vollzug. Beides muss die Verwaltung berücksichtigen, was individuell zu unterschiedlichen Ergebnissen führen kann. Lässt sich eine Ungleichbehandlung sachlich begründen, ist sie bei verschiedenartigen Voraussetzungen nicht nur zulässig, sondern sogar geboten. Der Ungleichbehandlung sind dennoch Grenzen gesetzt. So darf es gerade im Arbeitsbereich keine willkürliche Schlechter- oder Besserstellung einzelner Gefangener geben, sondern die jeweils getroffenen Maßnahmen müssen nachvollziehbar begründet werden, wobei jedoch eine Andersbehandlung nicht automatisch mit einer Schlechterstellung gleichzusetzen ist.

2. Gesundheitsfürsorge und Ernährung

Nach der Definition der WHO ist Gesundheit ein Zustand körperlichen, seelischen, geistigen und sozialen Wohlbefindens. So heißt es in der Präambel der Verfassung der WHO wörtlich:

---

590 AK-StVollzG-*Boetticher/Stöver*, vor § 56 Rn. 49.

591 Knapp, S. 247 f.

592 Bammann, 2003, S. 99.

593 Vgl. §§ 11, 24, 67, 83 StVollzG.

„Gesundheit ist ein Zustand des vollständigen körperlichen, geistigen und sozialen Wohlergehens und nicht nur das Fehlen von Krankheit oder Gebrechen"[594].

So betrachtet müsste man eigentlich alle Inhaftierten als krank bezeichnen. Viele, die in den Strafvollzug kommen, sind aber schon vorher krank, insbesondere Alkoholabhängige und intravenös Drogen Gebrauchende. Bei Drogenkonsumenten ist der gesundheitliche Allgemeinzustand oft prekär: Neben ausgeprägten Entzündungen im Bereich der Einstichstellen und weiteren Folgeerscheinungen sind viele mit Hepatitis infiziert[595]. Nicht wenige weisen sowohl eine Infektion mit mehreren Hepatitis-Erregern (Hepatitis-A bis –E-Virus) als auch mit HIV auf[596]. Relativ bald nach der Aufnahme in den Justizvollzug erholen sich die meisten dieser Gefangenen zumindest körperlich recht schnell, was vor allem auf die regelmäßige Nahrungszufuhr zurückzuführen ist. Mit der Bedeutung der medizinischen und psychosozialen Betreuung in Justizvollzugsanstalten und –krankenhäusern einher, geht auch die Bedeutung einer den besonderen Bedürfnissen von HIV-Infizierten bzw. AIDS-Kranken entsprechende Zuteilung von Lebensmitteln. So ist die Zusichnahme von nährstoff- und vitaminreicher Kost auch relevant für das psychische und physische Wohlempfinden der Patienten[597].

a. Medizinische Versorgung

Die medizinische Versorgung in Haft muss mit derjenigen außerhalb der Justizvollzugsanstalten vergleichbar sein – dieses Gleichwertigkeitsprinzip ist unter anderem in Richtlinien und Empfehlungen der Vereinten Nationen, der WHO und des Europarates verankert und findet sich auch im deutschen StVollzG. So heißt es etwa in § 3 Abs. 1 StVollzG:

„Das Leben im Vollzug soll den allgemeinen Lebensverhältnissen soweit als möglich angeglichen werden."

Der Strafvollzug darf lediglich die Freiheit entziehen, nicht aber durch eine unzureichende medizinische Versorgung zusätzlich bestrafen[598]. Um insoweit ihrer gesetzlichen Fürsorgepflicht nach §§ 56 ff. StVollzG Rechnung zu tragen, stellt die Vollzugsbehörde die ärztliche Versorgung durch (in der Regel hauptamtliche) Anstaltsärzte si-

---

594 Präambel der Konstitution der Weltgesundheitsorganisation, Unterzeichnet in New York am 22.07.1946, in Kraft getreten am 07.04.1948.

595 Vgl. insoweit zur eingeschränkten Arbeitsmöglichkeit Teil 2 C. II. 1.

596 Keppler, 2003, S. 167 (190).

597 Deutscher Bundestag, S. 641; Schwieger, S. 33 (37).

598 Das war lange Zeit anders: Der Anstaltsarzt war in Zwangsmaßnahmen des Vollzugs eingebunden – etwa Hinrichtungen oder (im Nationalsozialismus) Experimente am Menschen – und gewährleistete allenfalls eine minimale medizinische Versorgung. Nicht nur zur Stellung des Anstaltsarztes im Rahmen des Strafvollzugs sondern über die Geschichte des Strafvollzugsgesetzes und des Strafvollzugsrechts insgesamt vgl. etwa die Ausführungen von Kaiser/Schöch, § 2.

cher; die Maßnahmen der Gesundheitsfürsorge in Haft umfassen im Wesentlichen die Leistungen der gesetzlichen Krankenversicherung[599]. Für die Gesundheit der Inhaftierten und die medizinische Versorgung in der Institution Justizvollzug ist allein der Anstaltsarzt zuständig und verantwortlich[600]. Ihm gegenüber ist der Anstaltsleiter nicht weisungsbefugt[601].

Anstaltsmediziner arbeiten dennoch immer in einem Spannungsfeld zwischen ärztlicher Aufgabe auf der einen Seite – also der Orientierung an der Gesundheit der Patienten – sowie Vorgaben und Zwängen des Vollzugs auf der anderen Seite, zwischen der in Diagnose und Therapie geforderten vertrauensvollen Patient-Arzt-Beziehung und dem Umstand, Zwangsansprechpartner für die Inhaftierten zu sein, die, wie bereits im ersten Teil der Arbeit erwähnt[602], keine freie Arztwahl haben. Der Anstaltsarzt trägt damit eine besondere Verantwortung für die Qualität der medizinischen Versorgung. Er muss alle Maßnahmen treffen oder veranlassen, die zur Aufrechterhaltung oder Wiederherstellung der Gesundheit erforderlich sind. Dabei hat er im Rahmen seiner fachlichen Tätigkeit einen Ermessensspielraum, der sich der Kontrolle von außen weitgehend entzieht. Dies gilt sowohl für die Anstaltsleitung, die zwar für den Vollzug zuständig ist, nicht aber für die Medizin, als auch für die Gefangenen. Ärztliche Anordnungen sind daher vom Vollzugspersonal grundsätzlich zu befolgen, auch wenn dies mit Schwierigkeiten oder Mehrbelastungen verbunden ist[603]. Freilich kann der Anstaltsarzt nicht alle erforderlichen medizinischen Leistungen selbst erbringen und muss daher auch den Zugang zu darüber hinausgehenden Leistungen ermöglichen, indem er Patienten an externe Ärzte überweist: Im Folgenden werden daher die vier Stufen der medizinischen Versorgung in den Justizvollzugsanstalten dargestellt:

Im Rahmen der ersten Stufe hält der Anstaltsarzt zur ambulanten medizinischen Versorgung regelmäßig Sprechstunden ab; der Zugang steht allen Gefangenen frei. In der Sprechstunde werden in gleicher Weise ärztliche Diagnostik und Therapie durch-

---

599 Vgl. die Regelungen der §§ 57-62a StVollzG, die den Leistungsumfang der medizinischen Versorgung in Haft regeln; AK-StVollzG-*Boetticher/Stöver*, § 58 Rn. 12 und § 61 Rn. 1; Böhm, S. 129, Rn. 238.

600 Vgl. insoweit zum einen die Diskussion unter Teil 2, C. I. im Zusammenhang mit der Durchbrechung der ärztlichen Schweigepflicht. Zum anderen sind neben den §§ 56-66 StVollzG auch an anderen Stellen des StVollzG Mitwirkungspflichten und Verantwortlichkeiten des Anstaltsarztes geregelt, an denen sich dieser, neben den allgemein die Vollzugbehörden bindenden Verwaltungsvorschriften, orientieren muss: § 5 (Mitwirkung bei der Aufnahmeuntersuchung), § 21 (Überwachung der Anstaltsverpflegung), § 41 (Feststellung des Umfangs der Arbeitsfähigkeit), § 76 (Mutterschaftsvorsorge und Schwangerschaftsbetreuung), § 92 (Ärztliche Überwachung bei besonderen Sicherheitsmaßnahmen), § 101 (Zwangsmaßnahmen auf dem Gebiet der Gesundheitsfürsorge) und § 107 (Mitwirkung des Arztes bei besonderen Disziplinarmaßnahmen).

601 Calliess/Müller-Dietz, StVollzG, § 56 Rn. 3; Schwind/Böhm/Jehle-*Riekenbrauck*, StVollzG, § 56 Rn. 18.

602 Siehe Teil 1 D. II. 2.

603 Calliess/Müller-Dietz, StVollzG, § 56 Rn. 3.

geführt wie in den Praxen niedergelassener Ärzte[604]. Die zweite Stufe ist die stationäre medizinische Versorgung in der Krankenabteilung. Hier werden Patienten untergebracht, wenn sie schwerer erkrankt sind, einer besonderen Pflege bedürfen oder wegen ihrer Erkrankung (z.B. bei infektiöser Hepatitis A oder Tuberkulose) isoliert werden müssen[605]. Ist eine Anstalt mit der medizinischen Betreuung, Versorgung oder Diagnostik überfordert, kommt in der dritten Stufe die Verlegung in ein Anstaltskrankenhaus in Frage. Das Leistungsspektrum dieser auch als Justizvollzugs- oder Zentralkrankenhäuser bekannten Einrichtungen ist von Bundesland zu Bundesland verschieden; neben Häusern mit ausgesprochen breitem Leistungsspektrum und hohem Leistungsanspruch (z.B. Teilnahme an den auch in Freiheit üblichen Qualitätssicherungsmaßnahmen), die mit einem Krankenhaus der Grund- und Regelversorgung vergleichbar sind, gibt es auch solche mit eher schmalem Angebot[606]. Die vierte Stufe schließlich ist der Rückgriff auf die Ressourcen der extramuralen Kassenmedizin[607], etwa durch Hinzuziehung von Fachärzten oder die Überweisung an spezialisierte Ambulanzen (z.B. HIV-Ambulanzen)[608]. Darüber hinaus besteht die Möglichkeit der Verlegung in eine externe Klinik, z.B. in eine Universitätsklinik des Landes[609].

Vor dem Hintergrund der zunehmenden Spezialisierung in der Medizin können die Justizvollzugsanstalten nicht alle medizinischen Diagnose- und Behandlungsverfahren selbst anbieten. Dies gilt insbesondere in Bezug auf geriatrische Patienten[610], Drogenkonsumenten, Hepatitis- und HIV-Patienten oder Menschen mit Behinderungen. In diesem Zusammenhang ist noch einmal auf das Ergebnis der Befragungen von Knapp hinzuweisen, dessen Probanden mit bestehender HIV-Infektion die medizinische Folgebehandlung in der Vollzugsanstalt in zwei Drittel der Fälle als negativ empfunden haben: zum einen, weil die Tatsache der Erkrankung durch den Anstaltsarzt ignoriert wurde und faktisch keine HIV-spezifische ärztliche Betreuung erfolgt sei; zum anderen, weil die Betroffenen trotz neutralem und teilweise positiv empfundenem Bemühen der Anstaltsärzte, diesen mangelnde Erfahrung attestierten und sie aufgrund nicht vorhandener spezieller Sachkunde in letzter Konsequenz als mehr oder minder hilflos einschätzten[611]. Von der gesetzlich eingeräumten Möglichkeit, die vorbezeichneten Pati-

---

604 Schwind/Böhm/Jehle-*Romkopf/Riekenbrauck*, StVollzG, § 56, Rn. 23 f.; Schwind/Blau-*Zettel*, S. 203.

605 Kaiser/Schöch, § 10 Rn. 56.

606 Böhm, S. 132, Rn. 245; Keppler, 2003, S. 167 (183).

607 Die Rückgriffsmöglichkeit auf das kassenärztliche Versorgungssystem außerhalb der regulären Arbeitszeiten der Anstaltsärzte und –zahnärzte ist in § 75 Abs. 4 SGB V festgeschrieben: *„Die Kassenärztlichen Vereinigungen und die Kassenärztlichen Bundesvereinigungen haben auch die ärztliche Behandlung von Gefangenen in Justizvollzugsanstalten in Notfällen außerhalb der Dienstzeiten der Anstaltsärzte und Anstaltszahnärzte sicherzustellen....*" Demnach sind Kassenärzte, insbesondere die des kassenärztlichen Notdienstes, zur Behandlung inhaftierter Patienten verpflichtet.

608 Schwind/Böhm/Jehle-*Romkopf/Riekenbrauck*, StVollzG, § 65 Rn. 19; Calliess/Müller-Dietz, § 65 Rn. 1; Hübner, ZfStrVo 1991, S. 88.

609 Keppler, 2003, S. 167 (184).

610 Siehe hierzu Teil 1 D. II. 2.

611 Knapp, S. 146 f.

entengruppen nach Ausschöpfen der vollzugsinternen Möglichkeiten entweder in eine zur Versorgung besser geeignete Justizvollzugsanstalt oder in ein Krankenhaus außerhalb des Vollzuges zu verlegen[612], sollte daher in jedem Fall Gebrauch gemacht werden. Im letztgenannten Fall ist jedoch Folgendes zu berücksichtigen: Das Gesetz unterscheidet zwischen der medizinischen Notwendigkeit einer Verlegung (darüber befindet der Anstaltsarzt) und der eigentlichen Verlegungsentscheidung selbst (diese trifft der Anstaltsleiter); die ärztliche Entscheidung bereitet die Verlegungsentscheidung vor. Allerdings ist der Ermessensspielraum der Anstaltsleitung und der Gerichte bei einer anstaltsärztlich festgestellten, begründeten Verlegungsnotwendigkeit nahezu auf Null reduziert: Zwingende gesundheitliche Belange dürfen auf keinen Fall hinter Vollzugsinteressen zurücktreten. Die Unterscheidung ist insofern von praktischer Bedeutung, als der Antrag auf Verlegung nach § 109 Abs. 2 StVollzG (Verpflichtungsantrag) an die Anstaltsleitung und nicht an den Anstaltsarzt gerichtet werden muss[613].

Im Zusammenhang mit der Möglichkeit des Rückgriffs auf spezialisierte Ambulanzen und externe Kliniken ist das Justizvollzugskrankenhaus Fröndenberg hervorzuheben, das in Zusammenarbeit mit der Medizinischen Poliklinik der Universität Münster bereits 1988 ein Modell für eine haftinterne HIV-Ambulanz mit integrativem Betreuungskonzept entwickelt hat. Dies auf der Grundlage von Erfahrungen, über die beide Institutionen in der Betreuung HIV-infizierter Drogenkonsumenten bereits verfügten[614]. Wesentliche Aspekte des Modells sind:

- Der Justizvollzug erklärt sich grundsätzlich verantwortlich für eine adäquate medizinische Versorgung HIV-infizierter Gefangener.
- Der Anstoß für regelmäßige Untersuchungen, für Behandlungsmöglichkeiten und begleitende Maßnahmen muss aus dem Vollzugssystem selbst kommen - es muss die HIV-Patienten aus den verschiedenen Haftanstalten anfordern, dies auch nach Hinweisen von Betreuungspersonen, Rechtsanwälten oder Angehörigen; Wiedervorstellungstermine sind einzuhalten.
- Anzustreben ist eine enge Kooperation mit auswärtigen Experten, die im Bedarfsfall in die Betreuung einbezogen werden.
- In Absprache mit den Patienten werden Kontakte zu Angehörigen vermittelt und das Krankheitsbild gegenüber Rechtsanwälten, Richtern und Staatsanwälten dargestellt.
- Wesentliches Ziel ist die Vorbereitung einer möglichst frühzeitigen Haftentlassung in möglichst stabile Lebensverhältnisse[615].

Mit Blick auf die Arbeitsweise der HIV-Ambulanz genügt zunächst eine allgemeinmedizinische Vorgehensweise. Für die Zuweisung zu stationärer oder ambulanter

612 Calliess/Müller-Dietz, StVollzG, § 65 Rn. 1.
613 Calliess/Müller-Dietz, StVollzG, § 65 Rn. 2.
614 Vgl. zum Ganzen: Hübner, ZfStrVo 1991, S. 88 ff.; Walger/Baumgart/Wilke/Kupfer/Dorst, internist prax 1990, S. 501 ff.
615 Wedershoven, S. 82 f.

Behandlung sind die Anstaltsärzte zuständig. Die Wiedervorstellung der Patienten erfolgt nach einem Terminplan, aber auch nach Hinweisen von AIDS-Hilfe-Mitarbeitern, Angehörigen und Bediensteten der Justizvollzugsanstalten[616]. Für die HIV-Sprechstunde sind meist 30 bis 60 Minuten vorgesehen (bei Bedarf auch mehr). Für das Gespräch und die Untersuchung wird eine möglichst vertrauliche Atmosphäre angestrebt. Themen der Sprechstunde sind der Bedarf an gesundheitlicher Aufklärung, der soziale Hintergrund, frühere oder aktuelle Suchtprobleme und die vollzugliche Situation (absehbarer Haftverlauf, weitere Ermittlungen, Besonderheiten in der JVA) und vor allem die Perspektiven der Patienten im Hinblick auf Gesundheit (Prognose, künftiger Hausarzt), Psychosoziales (Kontakte zu Angehörigen, Partnern und Selbsthilfegruppen, Wohnung, finanzielle Stabilisierung, gegebenenfalls Rente), Suchtprophylaxe (Vermittlung in eine Langzeittherapie, hausärztlich begleitete Substitutionsbehandlung) und Justizvollzug (Kommunikation mit Rechtsanwälten, Richtern und Staatsanwälten, Initiativen zur Haftverkürzung)[617]. Auch wenn sich die freie Arztwahl nicht verwirklichen lässt, so stehen durch die HIV-Ambulanz dennoch weitere ärztliche Ansprechpartner zur Verfügung[618].

Die in den Justizvollzugsanstalten betreuten HIV-Infizierten sind, so die Einschätzung der Deutschen AIDS-Hilfe e.V., während ihres ganzen Lebens hohen Risiken psychischer[619], sozialer [620] und gesundheitlicher[621] Art ausgesetzt. Eine HIV-Infektion dürfte angesichts der vielen anderen, oft überwältigenden Probleme für die praktische Bewältigung des Lebensalltags eher nachrangig sein. Eine vollzugsinterne HIV-Ambulanz kann sich daher nicht nur auf medizinische Versorgung der betroffenen Gefangenen beschränken. Sie muss darüber hinaus auch in der psychosozialen Betreuung des Patienten wirken. Die Forderung der Deutschen AIDS-Hilfe e.V., die HIV-Ambulanz innerhalb einer Justizvollzugsanstalt müsse sich ebenso als Koordinationsstelle verstehen, die sich bei den zuständigen Justizbehörden für eine möglichst frühzeitige Haftentlassung einsetzt[622], geht allerdings zu weit. Sie birgt die Gefahr zu dem zurückzukehren, wovon sich gerade auch die Deutsche AIDS-Hilfe e.V. entfernen wollte, nämlich dass viele Betreuer einer vollzugsinternen medizinischen Versorgung von Gefangenen mit HIV/AIDS ablehnend gegenüber stehen und dies unter anderem damit begründeten, dass HIV-infizierte grundsätzlich aus der Haft entlassen werden sollten, die Anstaltsärzte überfordert seien oder HIV infizierte Gefangene diskriminiert würden. Koordinationsstelle kann die HIV-Ambulanz innerhalb einer Justizvollzugsanstalt daher allenfalls im Hinblick auf Vorbereitungen für die Zeit nach der Haft sein, z.B. durch Kontaktaufnahme zu kompetenten Ärzten zwecks Fortsetzung bereits begonnener Behandlungen, durch Vermittlung in eine Entwöhnungstherapie oder Einstel-

---

616 Wedershoven, S. 82 (83).
617 Hübner, ZfStrVo 1991, S. 88 ff.; Walger et al., internist prax 1990, S. 501 ff.
618 Wedershoven, S. 82 (83).
619 Z.B. Heimaufenthalte, Suizidversuche, Isolation.
620 Z.B. geringe Bildung, Arbeitslosigkeit, Straffälligkeit.
621 Z.B. Drogenabhängigkeit, HIV-Infektion und Folgekrankheiten, andere Infektionskrankheiten.
622 Wedershoven, S. 82 (85).

lung auf eine Dauersubstitution mit Methadon, durch Vermittlung von Wohnmöglichkeiten und die Kontaktaufnahme zu Angehörigen.

Schließlich darf nicht unerwähnt bleiben, dass die Unterbringung in einem externen Krankenhaus nicht automatisch eine Unterbrechung der Strafvollstreckung zur Folge hat. Die Dauer des Krankenhausaufenthaltes kann als Haftzeit auf die Strafe angerechnet werden[623]. Von daher sollte in jedem Einzelfall sorgfältig geprüft werden, ob seitens des Gefangenen eine Enthaftung für die Dauer des Krankenhausaufenthaltes sinnvoll ist; muss doch in diesem Fall die Zeit des Krankenhausaufenthalts im Anschluss an die Haftzeit verbüßt werden. Das Gesetz sieht Strafunterbrechung allerdings nur in sehr schwerwiegenden Fällen vor; eine HIV-Infektion allein rechtfertigt dies nicht[624].

b. Präventionsmaßnahmen

Die Ansteckungsmöglichkeiten mit HIV sind innerhalb des Vollzuges die gleichen wie außerhalb: ungeschützter Geschlechtsverkehr, unsterile Spritzen, sog. needle-sharing, etc. Zwar kann der Strafvollzug nicht jede erdenkliche Neuinfektion verhindern, aber er ist verpflichtet, den Gefangenen einen effektiven Selbstschutz zu ermöglichen. Dabei muss im Hinblick auf die Gesundheitsfürsorgepflicht insbesondere allen Besonderheiten der Situation im Strafvollzug Rechnung getragen werden. Die rechtliche Verpflichtung zur Gesundheitsfürsorge schließt die AIDS-Prophylaxe mit ein. Nachfolgend werden daher einige der gängigsten Präventionsmaßnahmen[625] gegen eine Ansteckung mit dem HI-Virus unter besonderer Berücksichtigung der Vielzahl der betroffenen Drogenkonsumenten[626] dargestellt und diskutiert.

aa. Therapien im Strafvollzug

Da sich eine Vielzahl Gefangener im Strafvollzug über das „needle-sharing“ mit dem HI-Virus infizieren, gibt es im Zusammenhang mit der Diskussion um wirkungsvolle Präventionsmaßnahmen auch die Forderungen nach Langzeittherapien der Drogenabhängigkeit und der Drogentherapie im offenen Vollzug. Die Forderung, Langzeittherapien im Strafvollzug anzubieten, wurde schon vor Beginn der Verbreitung des HI-Virus und der Krankheit AIDS aufgestellt, als man sich „nur“ dem Problem einer hohen Anzahl Drogenabhängiger ausgesetzt sah[627]. Diesem Angebot stehen dennoch viele kritisch gegenüber[628].

---

623 AK-StVollzG-*Boetticher/Stöver*, § 65 Rn. 15.

624 LG Ellwangen, NStZ 1988, S. 330; Meyer-Goßner, StPO, § 455 Rn. 10; a.A. Bruns, StV 1987, S. 504 (507).

625 Die Präventionsmaßnahmen reichen von Aufklärungsarbeit über die Verteilung von Kondomen bis hin zu Betäubungsmittelsubstitution bei den Vollzugsinsassen, vgl. Eisenberg, 2005, § 36 Rn. 87; BT-Drs. 11/7200, S. 145 ff.

626 Vgl. Teil 2 B. sowie BMG/BMBF/BMZ, S. 19.

627 Romkopf, ZfStrVo 1980, S. 92.

628 Vgl. nur Schwind/Böhm/Jehle-*Rotthaus*, StVollzG, § 137 Rn. 2; Kreuzer, NJW 1989, S. 1505 (1510).

In diesem Zusammenhang ist darauf hinzuweisen, dass das Gericht bei der Verurteilung die Strafvollstreckung weder zugunsten einer Therapie nach § 35 BtMG zurückgestellt noch die Strafe auf Grund positiver Sozialprognose zur Bewährung ausgesetzt hat. Bei den daraufhin tatsächlich Inhaftierten hat die Therapiemotivation des Initialzwanges in Form von Strafandrohung und nachfolgender Strafhaft keine Wirkung entfaltet. Insofern ist die Skepsis, die sich auf das Anzweifeln der Motivation der betroffenen Gefangenen gründet[629], zumindest nachvollziehbar.

In Fällen, in denen eine Langzeittherapie dennoch bewilligt wird, stößt diese im Rahmen eines gerichtlich angeordneten Freiheitsentzuges auf Schwierigkeiten. Der monotone Vollzugsalltag, der mit der Durchbrechung sozialer Bindungen einhergeht, das Zusammenleben auf engstem Raum und sich breit machende Hoffnungslosigkeit und Ängste können den Hang zur Droge verstärken. Je länger dieser Zustand andauert, desto mehr verhärtet sich auch die Einstellung, dass eine Therapie sinnlos sei[630]. In manchen Fällen führt dies sogar dazu, dass Inhaftierte erst im Strafvollzug zur Droge greifen, die sich für sie in dieser Situation als vermeintlich einziger Ausweg bietet[631]. Darüber hinaus ergeben sich Schwierigkeiten allein aus der Tatsache, dass im Strafvollzug nicht die erforderliche Pluralität der Therapiemethoden und in vielen Fällen - was für den Erfolg der Therapie Grundvoraussetzung ist - ein Vertrauensverhältnis zwischen Therapeut und Patient angeboten werden können[632]. Erfolgreiche Langzeittherapien sind seit jeher die Ausnahme[633] und kommen auf Grund dessen nur für eine begrenzte Zahl Inhaftierter in Frage. Dennoch müssen Strafanstalten diese Therapien anbieten, nicht zuletzt auf Grund der Tatsache, dass der Resozialisierungsanspruch und Behandlungsauftrag des Strafvollzugsgesetzes glaubhaft umgesetzt werden sollen.

Gemäß § 10 StVollzG ist eine Drogentherapie im offenen Vollzug grundsätzlich möglich. Voraussetzung hierfür ist, dass nicht zu befürchten ist, dass der Gefangene sich dem Vollzug der Freiheitsstrafe entzieht oder dass er die Möglichkeiten des offenen Vollzuges zu Straftaten missbrauchen wird. Der Verurteilte muss dazu bereit, vor allem aber fähig sein, sich in ein System einbeziehen zu lassen, welches auf Selbstdisziplin und Verantwortungsbewusstsein des einzelnen Gefangenen beruht[634]. § 10 StVollzG ist als „Soll-Vorschrift“ und der offene Vollzug damit als Regelvollzug ausgestaltet[635]. Die zweite Verwaltungsvorschrift zu § 10 StVollzG schließt in Abs. 2 den offenen Vollzug für drogenabhängige Verurteilte jedoch für den Regelfall aus. Grund hierfür ist die vermutete hohe Rückfallgefahr[636].

629 Romkopf, ZfStrVo 1980, S. 92.
630 Körner, BtMG, § 35 Rn. 1.
631 Franck, S. 183.
632 Kreuzer, NJW 1989, S. 1505 (1510).
633 Romkopf, ZfStrVo 1980, S. 92.
634 BT-Drs. 7/918, S. 51.
635 Calliess/Müller-Dietz, StVollzG, § 10 Rn. 1 f.; Schwind/Böhm/Jehle-*Ittel*, StVollzG, § 10 Rn. 2 f. Die Soll-Vorschrift belässt bei der Vollzugsbehörde nur einen sehr geringen Ermessensspielraum, BT-Drs. 7/3998, S. 9.
636 Knapp, S. 333 ff.; Kalinowski/Schaper, S. 61 (67).

Andererseits ist ohne das Schaffen verschiedener Freiräume, wie etwa Freigang und Hafturlaub, die Vorbereitung der Entlassung eines Gefangenen nicht sinnvoll möglich. Anstatt Vollzugslockerungen generell zu verweigern, sollte vielmehr darüber nachgedacht werden, inwieweit Lockerungen sinnvoll gestaltet werden können. So können Vollzugslockerungen mit gezielten Arbeitsaufträgen versehen werden und diese mit Betroffenen entsprechend vor- und nachbereitet werden[637]. Auch haben Erfahrungen im Ausland gezeigt, dass Angebote externer Therapieeinrichtungen im Vollzug durchaus sinnvoll sein können. So hat man z.B. in England mit therapeutischen Wohngemeinschaften auf dem Gelände von Haftanstalten entsprechende positive Erfahrungen gemacht[638].

Im Ergebnis bleibt festzuhalten, dass eine Drogentherapie im offenen Vollzug Erfolg versprechender scheint als Langzeittherapien in Strafhaft. Im Hinblick auf eine effektive AIDS-Prävention muss sie jedoch notwendiger Bestandteil des Strafvollzuges sein. Wird der Gefangene dann noch durch Sozialarbeiter externer Beratungsstellen zusätzlich betreut, ist die Rückfallgefahr geringer.

bb. Substitutionsbehandlung

Vor dem Hintergrund, dass Drogen konsumierende Gefangene die größte Gruppe im Justizvollzug den Vollzugsalltag sowie Inhalte der medizinischen Versorgung bestimmen, muss die Vollzugsmedizin bemüht sein, alle für die Behandlung der Drogenabhängigkeit notwendigen Therapiemöglichkeiten vorzuhalten. Substitutionsbehandlungen stellen neben der Abstinenztherapie ein zusätzliches Angebot dar.

Die bisherigen Erfolge der Substitution sind vor allem deshalb eindrucksvoll, weil sich diese Behandlungsform auf Grund der Aufnahmekriterien an eine Klientel richtet, die sich als langjährig drogenabhängig und damit in aller Regel als besonders schwer therapierbar herauskristallisiert hat[639].

Die Substitutionsbehandlung[640] sollte im Justizvollzug den gleichen Regeln und Standards folgen, die auch im vertragsärztlichen System gelten. Grundsätzlich wird die Substitution geregelt durch das Betäubungsmittelgesetz (BtMG, siehe dort § 13 Abs. 1 und Anlage III), die Betäubungsmittelverschreibungsverordnung (BtMVV, siehe dort §§ 2a und 5), die „Anerkannten Untersuchungs- und Behandlungsrichtlinien" des Bundesausschusses der Ärzte und Krankenkassen (AUB-Richtlinien gelten nicht für die

637 Kalinowski/Schaper, S. 61 (67).

638 Kalinowski/Schaper, S. 61 (68).

639 Keppler, 2001, S. 64.

640 In Deutschland können verschiedene Medikamente zur Substitution eingesetzt werden: Levomethadon, D-L-Methadon, Buprenorphin, Codein.

außerhalb des vertragsärztlichen Systems tätigen Ärzte[641], z.B. privatärztliche Tätigkeit, ärztliche Tätigkeit im Justizvollzug oder im öffentlichen Gesundheitswesen) und die Leitlinien der Bundesärztekammer[642]. Hinzu kommt das schulmedizinische Wissen, das auf ärztlicher Erfahrung und Literatur gründet.

Für Substituierte wird häufig gefordert, man müsse es ihnen ermöglichen, sich von der Drogenszene lokal, sozial und mental zu trennen - eine Forderung die sich intramural nur schwer erreichen lässt. Dennoch ist die Substitution in der Justizvollzugsanstalt ein Weg von vielen, um den klassischen „kalten Entzug" mit den damit verbundenen Gesundheitsrisiken zu vermeiden[643].

Attraktivität und Effektivität von Substitutionsprogrammen hängen davon ab, ob die dort therapeutisch Tätigen über eine akzeptierende Grundhaltung verfügen und ob der Zugang niedrigschwellig ist[644]. Aber gerade mit diesen beiden Voraussetzungen hat der Strafvollzug Schwierigkeiten. Auch an das Personal, besonders an die Mitarbeiter des Medizinischen Dienstes, stellt die Methadonsubstitution hohe Anforderungen. Hinzu kommt, dass akzeptierende Drogentherapie in den Strafvollzug eingebettet sein sollte. Die Akzeptanz des Drogenkonsums als einer individuellen Lebens- und Ausdrucksform einerseits und „justizvollzugliches" Denken andererseits stehen sich aber in den allermeisten Fällen unversöhnlich gegenüber, zumal der Justizvollzug als Paradebeispiel staatlicher Repression gilt[645].

Die Substitutionsbehandlung entspannt die brisante Drogensituation im Vollzug. Die Bediensteten könnten aber zugleich versucht sein, sie als Ordnungsinstrument zu begreifen und Einfluss auf die Auswahl und Anzahl der Klienten zu nehmen. Macht der Vollzug die Substitution zu seinem Instrument, entstehen neue Gefahren: Durch eine unsachgemäße, d.h. nicht an der medizinischen Indikation, sondern an vollzuglichen Interessen orientierte Auswahl der Teilnehmer steigt oftmals die Rate der „Therapieversager". Darüber hinaus verkennen juristische und vollzugliche Standpunkte oftmals die der Sucht eigene Struktur und Dynamik, was auch bei der etablierenden juristischen Indikation für die Methadonsubstitution deutlich wird[646]: Hier wird strafrichterliche Milde (wie Strafaussetzung zur Bewährung usw.) an eine Substitutionsauflage gekoppelt. Obwohl prinzipiell begrüßenswert, verkennt diese Vorgehensweise, dass allein die Bereitschaft zur Änderung der Lebensumstände (hier ist in erster Linie

641 Vgl. bereits den Titel der Richtlinie „Richtlinien über die Einführung neuer Untersuchungs- und Behandlungsmethoden und über die Überprüfung erbrachter vertragsärztlicher Leistungen" sowie deren Präambel, dieAngaben zum Umfang der Leistungspflicht der Gesetzlichen Krankenversicherung enthält.

642 Am 15.11.1996 hat die Bundesärztekammer „Leitlinien zur Substitutionstherapie Opiatabhängiger" (Bundesärztekammer 1997) beschlossen. Diese bilden zusammen mit den Vorgaben der BtMVV die wesentliche Grundlage der nicht vertragsärztlichen Substitution.

643 Vgl. zu den verschiedenen Abstinenz- bzw. Entzugsgraden Körner, BtMG, § 29 Rn. 115.

644 Althoff/Schmidt-Semisch, Wiener Zeitschrift für Suchtforschung 1992, S. 23 ff.

645 Keppler, 2001, S. 64 (67).

646 Lesting, MschrKrim 1993, S. 320 ff.

die Legalbewährung gemeint) keinesfalls eine medizinische Indikation für eine Methadonsubstitution darstellt. Die Bereitschaft zur Änderung der Lebensumstände kann - entgegen der von der Deutschen AIDS-Hilfe e.V. vertretenen Ansicht [647]- durchaus auch Voraussetzung einer Methadonsubstitution sein und nicht nur Folge oder deren Ziel. Denn die Substitution versetzt den Betroffenen – jedenfalls in Freiheit – gerade erst in die Lage, einer geregelten Tätigkeit nachzugehen, Geld zu verdienen und z.B. Schadenswiedergutmachung zu leisten.

Die Substitution gilt gerade in der Anfangsphase, in der sich das pflegerische und ärztliche Personal mitunter mühevoll die hierfür notwendige Erfahrung erarbeiten muss, als besonders zeit- und arbeitsintensiv[648]. Sie bleibt dies aber auch danach, nämlich dann, wenn die Zahl der Substituierten steigt.

Die Testung auf Beigebrauch anderer psychotroper Substanzen (gegebenenfalls auch Alkohol) ist für Substituierte zwingend vorgeschrieben (BtMVV § 2 a Abs. 6; AUB-Richtlinien; Leitlinien der Bundesärztekammer). Zur Frequenz, Häufigkeit und Vorgehensweise gibt es eine Fülle von Meinungen und Vorschlägen. So wird etwa gefordert, Urinkontrollen unangemeldet und unregelmäßig durchzuführen. Die derzeit verwendeten Suchtests (Immunoassays) liefern in der Regel zu 85 bis 90% richtige Werte[649]. Festzuhalten bleibt außerdem, dass die Urinkontrolle nichts über die Dynamik des Krankheitsverlaufs aussagt. Aus ihr ist nicht ersichtlich, ob der Patient Fortschritte macht und falls ja, welche.

Grundsätzlich besteht seit den Anfängen der Substitution Einigkeit, dass neben der Vergabe des Substituts auch begleitende psychosoziale Maßnahmen sinnvoll sind. Die Ziele der Substitutionsbehandlung - Verbesserung der sozialen Möglichkeiten sowie der gesundheitlichen Situation, Ausstieg aus der Drogenabhängigkeit - lassen sich mit psychosozialer Betreuung schneller und besser erreichen als ohne sie. Auch im Justizvollzug muss sich die psychosoziale Betreuung Substituierter an den erarbeiteten Standards und Leitlinien orientieren[650].

Zur Methadonsubstitution im Justizvollzug findet man in der Literatur kaum systematisch erhobene Zahlen. Obwohl Substitution bereits früh zum Einsatz kam, wird sie bisher nicht flächendeckend und generell in allen Justizvollzugsanstalten angeboten. Rex spricht von einem Nord-Süd-Gefälle: Als Länder, in deren Anstalten diese Behandlungsform eingesetzt wird, führt er Hamburg, Bremen und Berlin sowie Niedersachsen, Hessen und Nordrhein-Westfalen an; alle sonstigen „alten" Bundesländer stehen der Substitution eher ablehnend gegenüber[651]. Auch auf Expertenanhörung der Bundesministerien für Gesundheit und Justiz im August 1994 erwies sich die Substitu-

---

647 Keppler, 2001, S. 64 (68).

648 Rex, 1995, S. 372 ff.

649 Damit steht fest, dass die Messangaben nur Hinweise zur Beantwortung klinischer, keinesfalls jedoch rechtlich relevanter Fragestellungen geben können, etwa dahingehend, ob der Messwert im Vergleich zum vorangegangenen angestiegen oder abgefallen ist, vgl. Degel, Dtsch. Ärztebl. 2004, S. 963.

650 Keppler, 2001, S. 64 (68).

651 Rex, 1995, S. 372 (375).

tion im Strafvollzug als nach wie vor umstritten; die Indikationsstellung war ausgesprochen uneinheitlich.

Auch wenn die Substitution in der Justizvollzugsanstalt vielfach nur als Verbesserung der „Elendsverwaltung" und reine Schadensminimierung angesehen wird, ist sie dennoch sinnvoll und notwendig. Sie vermag akzeptierende Einstellungen zu fördern, fordert von allen Beteiligten, sich zu entwickeln, und verringert die Kluft zwischen der Medizin „drinnen" und „draußen". Prinzipiell ist die Methadonsubstitution eine Behandlungsform, die gerade für den Justizvollzug besonders gut geeignet ist. Zum einen ist ein Großteil der Ressourcen, die zur Substitution und psychosozialen Betreuung benötigt werden, bereits vorhanden. Zum anderen befindet sich in Justizvollzugsanstalten gerade diejenige Klientel, die für eine Methadonsubstitution besonders in Frage kommt: Drogenabhängige mit langen Drogenkarrieren und mitunter zahlreichen Abstinenztherapie-Versuchen.

Weder in Deutschland noch in Europa wird die Methadonsubstitution im Strafvollzug auch nur annähernd einheitlich gehandhabt. Die bisher erstellten Richtlinien und Standards für die Substitution und die psychosoziale Betreuung klammern den Strafvollzug völlig aus. Auch eine systematische Erfassung der Substitutionspraxis im Justizvollzug Deutschlands oder Europas im Sinne einer „Methadon-Expertise Justizvollzug" steht noch aus.

cc. Risikominderung

Straffälligkeit steht häufig in engem Zusammenhang mit persönlichen Defiziten. So konzentrieren sich in Justizvollzugsanstalten mit den Inhaftierten auch eine Reihe von Problemen: Gewaltbereitschaft, Suizidgefahr und Drogenkonsum, der neben schlechter psychischer und physischer Verfassung auch eine Ansteckungsgefahr mit HIV und anderen Krankheitserregern birgt, gehören zum Alltag vieler Justizvollzugsanstalten. Doch Strafanstalten sind ihrer Bestimmung nach nicht für den Umgang mit derartigen Schwierigkeiten eingerichtet. In der Folge sehen sich Verantwortliche in Justizvollzugsanstalten vor die Aufgabe gestellt, wenigstens einen unmittelbar schadenden Einfluss eines Vollzugsaufenthalts auf die Gesundheit der Inhaftierten zu vermeiden, weit entfernt davon, die notwendige individuelle Betreuung anbieten zu können. Risikominderung („Harm Reduction") - der Versuch, vermeidbare Folgen gesundheitsgefährdender Umstände und Verhaltensweisen zu minimieren - wird zur Voraussetzung eines der wichtigsten Ziele des Vollzugs, der Resozialisierung straffällig gewordener Menschen[652].

Wie notwendig Risikominimierung im Justizvollzug ist, zeigt sich eindrücklich am Beispiel des illegalen Drogenkonsums. Besorgniserregend ist hierbei insbesondere die unheilvolle Verknüpfung des versteckten Drogenkonsums mit der Übertragung von Infektionskrankheiten. HIV und virale Hepatitis können sich im geschlossenen Rahmen des Justizvollzuges über mehrfach benutzte Injektionsspritzen oder ungeschützte

652 Nelles/Fuhrer, S. 23 f.

Sexualkontakte vergleichsweise leicht ausbreiten. Spätestens mit Entlassung infizierter Häftlinge beschränkt sich die Gefährdung aber nicht mehr nur auf einen engen Kreis von Vollzugsinsassen. Über den Weg ungeschützter Sexualkontakte sind beispielsweise längerfristig auch weite Bevölkerungskreise direkt oder indirekt von den Infektionsrisiken betroffen.

Im Folgenden werden daher einige Maßnahmen näher erläutert, die unter dem Begriff der Risikominimierung zusammengefasst werden, d.h. Maßnahmen, die nicht primär auf eine Therapie der Drogensucht abzielen, sondern Folgerisiken einer bestehenden Abhängigkeit bekämpfen[653]. Hierzu zählen die Abgabe von sterilem Spritzenbesteck, von Desinfektionsmitteln und Kondomen, die Anleitung zum sicheren Drogengebrauch, Spritzenräume sowie die Verschreibung von Methadon und Heroin[654].

(1) Abgabe von Spritzen

Die tatsächliche Risikolage bei Infizierten im Vollzug unterscheidet sich von der in der allgemeinen Gesellschaft bei HIV-Infizierten angetroffenen Risiken dahingehend, dass etwa 95 % der männlichen und rund 99 % der weiblichen Infizierten intravenöse Drogengebraucher sind[655]. Demzufolge soll zunächst auf die in diesem Zusammenhang immer wiederkehrende Forderung nach der Verteilung von sterilem Spritzenbesteck bzw. von Desinfektionsmittel[656] eingegangen werden.

Neben den so genannten Fixerstuben in der Außengesellschaft haben auch mehrere Justizvollzugsanstalten in Deutschland Spritzenaustauschprogramme in Modellversuchen eingeführt. Als erste Justizvollzugsanstalt hatte 1996 die JVA für Frauen in Vechta ein solches Austauschprogramm mit dem Ziel einer effektiven AIDS-Prophylaxe eingeführt[657].Wenig später folgte ein entsprechendes Angebot in der JVA Lingen[658]. Auch drei der Hamburger Justizvollzugsanstalten führten seit 1996 ein solches Pro-

---

653 Allerdings ist hierzu bereits an dieser Stelle darauf hinzuweisen, dass derartige Maßnahmen im Grunde – weil medizinisch nicht indiziert – Straftaten darstellen können, wie etwa Beihilfe oder Mittäterschaft zu BtmG-Tatbeständen. Dazu gehört die Einrichtung von Spritzenräumen in den Justizvollzugsanstalten unter dem Gesichtspunkt des Verschaffens einer Gelegenheit zum Gebrauch von Betäubungsmitteln und erst recht die Verschreibung von Heroin, die unter keinem rechtlichen Gesichtspunkt zulässig ist.

654 Nelles/Fuhrer, S. 28.

655 Rex, 1991, S. 189 (190); Lesting, StV 1990, S. 225 (226).

656 Vgl. z.B. Lesting, StV 1990, S. 225 ff.; Stöver, 1994, S. 21. So fordert auch das Robert-Koch-Institut auf seinen Internetseiten, dass i.v.-Drogengebraucher unkomplizierten Zugang zu sterilen Einmalspritzen und Kanülen erhalten und immer nur ihre eigene Spritze verwenden sollten. Sie sollten auch auf die Notwendigkeit einer sicheren Entsorgung gebrauchter Spritzen hingewiesen werden, um eine Gefährdung Dritter möglichst auszuschließen.

657 Vgl. zum Spritzenaustauschprogramm in der JVA für Frauen in Vechta Keppler/Schaper, 2001, S. 31 ff.

658 Vgl. zum Spritzenaustauschprogramm in der JVA Lingen Lettau/Sawallisch/Schulten/Tieding, 2001, S. 35 ff.

gramm durch den Medizinischen Dienst der jeweiligen Anstalten durch[659]. In Berlin gab es in der Frauenhaftanstalt Lichtenberg und der Männerhaftanstalt Lehrter Straße zwei verschiedene Modellprojekte, die sich hinsichtlich der Zielgruppe, der Rahmenbedingungen und der Vergabemodalitäten unterschieden. Die Projekte liefen Ende 1998 bzw. Anfang 1999 an[660].

Ermöglicht wurde die Durchführung all dieser Modellversuche dadurch, dass die allgemeine Verteilung von Spritzenbestecken seit 1992 nicht mehr als das Verschaffen einer Gelegenheit zum illegalen Gebrauch von Betäubungsmitteln im Sinne des § 29 Abs. 1 Nr. 10 BtMG gilt[661]. Der Gesetzgeber hat damals dem § 29 Abs. 1 BtMG einen insofern klarstellenden Satz 2 hinzugefügt. Seither gibt es in nahezu allen größeren deutschen Städten Spritzenaustauschprogramme in so genannten Fixerstuben. Nach jahrelanger Praxis stellt nun das Dritte Gesetz zur Änderung des BtMG[662] mit dem neu eingeführten § 10 a BtMG diese Drogenkonsumräume auf eine gesetzliche Grundlage.

Während für die freie Gesellschaft die Rechtslage nunmehr geklärt ist, bestehen gegen die Abgabe steriler Einwegspritzen im Strafvollzug nach wie vor erhebliche Bedenken. Zwar stünde einer derartigen Abgabe das BtMG nicht mehr entgegen. Auch würden Einwegspritzen in erheblichem Maße den stark ansteigenden Fällen von Hepatitisinfektionen - bei denen es sich gleichfalls um Langzeiterkrankungen handelt - entgegenwirken[663]. Dennoch ist darauf hinzuweisen, dass sich alle Entwicklungen und Erscheinungsformen in Zusammenhang mit dem Drogengebrauch im Alltag ebenso im Strafvollzug wieder finden (z.B. Händlerhierarchien)[664]. Demzufolge wäre bei einer solchen Abgabe nicht gewährleistet, dass der Drogenabhängige selbst diese Spritzen erhält oder verwendet. Darüber hinaus können derartige Spritzenbestecke in vielfältiger Weise zur Selbstverletzung, Selbsttötung und zur Gewaltanwendung gegenüber Dritten zweckentfremdet werden, was dem Behandlungsauftrag (§ 2 StVollzG) geradezu widersprechen würde[665]. So hält Dargel das Ziel der AIDS-Prävention durch die Abgabe von Einwegspritzen für nicht so sicher erreichbar, als dass für diesen „zweifelhaften Zweck" vom Vollzugsziel abgewichen werden dürfe[666]. Auch die Enquete-Kommission, die die Abgabe grundsätzlich fördert, verlangte in ihrem Abschlussbericht, dass man dem Eindruck entgegenzuwirken habe, der Drogenkonsum sei in der

659 Vgl. zum Spritzenaustauschprogramm in drei Hamburger JVAen Stöver, 2001, S. 41 ff, wobei sich der Bericht nur auf die Jahre 1996 bis 2001 bezieht, da die Regierungsparteien nach der Bürgerschaftswahl der Freien und Hansestadt Hamburg im September 2001 in ihren Koalitionsvereinbarungen beschlossen hatten, den Spritzenumtausch in den Justizvollzugsanstalten abzuschaffen.

660 Vgl. zu den Berliner Modellprojekten zur Spritzenvergabe in Haft Lang/Stark, S. 52 ff.

661 Körner, BtMG, § 29 Rn. 3.

662 3. BtMG-ÄndG vom 28.03.2000, BGBl. I S. 302.

663 Stöver, 1994, S. 13.

664 Stöver, 1994, S. 14.

665 Dargel, NStZ 1989, S. 207 f.

666 Ebd.

Justizvollzugsanstalt geduldet[667]. In diesem Sinne sehen sich gerade auch die Vollzugsbediensteten in einem Konflikt. Einerseits sind sie angehalten, Drogen aufzufinden und den Konsum anzuzeigen. Andererseits sind sie sich bewusst, dass der Drogenkonsum mit der „Gemeinschaftsspritze“ unterbunden werden muss[668]. Die Spritzenautomaten sind also keinesfalls im Sinne einer Liberalisierung des Drogenkonsums zu verstehen. Sie stellen vielmehr eine schadensbegrenzende gesundheitspolitische Maßnahme dar, die in erster Linie das in Vollzugsanstalten evidente HIV-Infektionsrisiko verringern soll.

Im Hinblick auf die bereits angesprochene Gefährlichkeit, die durch die Möglichkeit des „Überlistens“ verwendeter Automaten[669] verstärkt wird, wäre die Ausgabe folglich nur dann sinnvoll, wenn eine entsprechende Überwachung von Abgabe, Gebrauch und Rückgabe durch geschultes Personal sichergestellt wäre.

(2) Heroinvergabe

Für die Vertreter der so genannten harm-reduction-Strategie, die mit den so genannten Gesundheitsräumen einen für Drogenabhängige in gewissem Rahmen freien Raum vor Strafverfolgung durchgesetzt hat, ist der legale Zugang zu Drogen der nächstliegende Schritt. In der freien Gesellschaft mehren sich die Befürworter einer solchen kontrollierten Vergabe von Originalstoffen an Schwerstabhängige[670]. 1999 hat die Bundesregierung erste Schritte für die Erprobung einer medizinisch überwachten Originalstoffvergabe in der Praxis unternommen. Im Bundesanzeiger vom 29. September 1999 wurde ein Modellprojekt zur Teilnahme ausgeschrieben, durch das in Form einer klinischen Prüfung untersucht werden soll, ob eine heroingestützte Behandlung opiatabhängiger Patienten therapeutisch erreicht werden kann, bei denen das bisher nicht möglich war[671]. Polizei und Innenbehörden der Großstädte und Gemeinden bewerten das Projekt im laufenden Bewerbungsverfahren unterschiedlich. So bewarben sich mit Hamburg und Frankfurt am Main zwei Städte um die Teilnahme am Modellversuch, die schon lange den Kurs der „harm reduction“ eingeschlagen haben. Skeptisch bleiben demgegenüber die Innenbehörden von Bremen und Berlin[672]. Gegner des Modellversuches halten diesem entgegen, dass er nichts anderes sei als ein medizinischer Versuch am Menschen, der im schlimmsten Fall sogar tödlich enden könne[673]. Zudem ma-

667 BT-Drs. 11/7200, S. 152.

668 Franck, S. 192.

669 Es scheint offenbar möglich zu sein, Spritzen zu entnehmen, ohne eine gebrauchte Spritze zurückzugeben; vgl. Franck, S. 192 f.

670 Kreuzer-*Gebhardt*, 1998, § 9 Rn. 103.

671 Positionspapier des Bundesgesundheitsministeriums zur „Substitutionsgestützten Behandlung“, Stand Januar 2000. Zur Substitutionsgestützten Behandlung siehe auch BMGS, 2003.

672 Vgl. hierzu den Artikel „In den Großstädten nicht nur Zustimmung für Heroin-Projekt“, Die Welt vom 02.03.1999.

673 So Hubert Hüppe MdB, CDU/CSU-Bundestagsfraktion in der Debatte über eine Gesetzesinitiative zur Änderung des BtMG (vgl. BT-Drs. 13/205).

che der Staat sich zu einem legitimierten Dealer[674]. Wenn auch ein solches Vorhaben anmutet, als wolle man den „Teufel mit dem Beelzebub austreiben"[675], gehen seine Befürworter gleichwohl davon aus, durch die Vergabe der Originalsubstanz mit langjährigen und schwer verelendeten Drogenabhängigen nach einer gesundheitlichen[676] und sozialen Stabilisierung wieder in therapeutischen Kontakt treten zu können. Dann könne diese Gruppe den langen Weg in die anzustrebende Drogenfreiheit antreten[677].

Weil mit Spritzenaustauschprogrammen letztlich nur ein Teilproblem zu lösen sei, greift die Diskussion der freien Gesellschaft um eine kontrollierte Vergabe von Originalstoffen an Schwerstabhängige auch auf den Strafvollzug über. Gerade dort sieht man sich einer hohen Anzahl Schwerstabhängiger gegenübergestellt, die weder für Therapie noch für Methadonbehandlungen zu gewinnen ist.

Eine Vorreiterrolle in diesem Zusammenhang nimmt das Projekt der kontrollierten Opiatabgabe im schweizerischen Strafvollzug (KOST) ein, das seit 1995 mit 16 Inhaftierten in Form einer Machbarkeitsstudie in der Strafanstalt Oberschöngrün evaluiert wurde[678]. Zwar ließen das Wegfallen des gewohnten sozialen Umfelds der Inhaftierten, das bis dahin durch den Beschaffungsdruck gekennzeichnet war, und das Zusammenleben in einer nur wenig betreuten Zwangsgemeinschaft dysfunktionale soziale Verhaltensweisen bei den Probanden hervortreten, mit deren Bewältigung die Teilnehmer alleine oft überfordert waren. Allerdings gingen die psychischen und körperlichen Beschwerden der Teilnehmer im Versuchsverlauf zurück und die Arbeitsleistung verbesserte sich in wenigen Wochen erheblich. So war sie später von derjenigen der nicht drogenabhängigen Inhaftierten nicht mehr zu unterscheiden. Nach Beendigung des Projektes traten alle Teilnehmer bis auf einen in ein ambulantes Heroinabgabeprojekt über und ein Teilnehmer baute seine Heroindosis ab, bevor er aus dem Strafvollzug entlassen wurde. Die Ergebnisse im Halbjahresverlauf sprechen, zumindest nach Ansicht der Deutschen AIDS-Hilfe e.V., für die Durchführbarkeit einer kontrollierten Heroinvergabe[679].

Wenngleich die Perspektive des Strafvollzugs nicht die Therapie sein kann – das ist das klassische aliud – wirft dieses grundsätzlich positive Ergebnis doch die Frage auf, ob ein solches Projekt auch in Deutschland durchführbar wäre. In Deutschland bedürfte es gemäß § 3 Abs. 2 BtMG einer Erlaubnis des Bundesinstituts für Arzneimittel und Medizinprodukte (BfArM). Danach ist das in Verkehr bringen eines in Anlage I zum BtMG bezeichneten Betäubungsmittel ausnahmsweise zu wissenschaftlichen oder anderen, im öffentlichen Interesse liegenden Zwecken erlaubt.

---

674 So eine Sprecherin der Bremer Innenbehörde, vgl. „In den Großstädten nicht nur Zustimmung für Heroinprojekt", Die Welt vom 02.03.1999.

675 Schirrmacher, ZRP 1997, S. 242.

676 Zu den gesundheitlichen Risiken von Heroin in reiner Form vgl. Kreuzer-*Gebhardt*, 1998, § 9 Rn. 37.

677 Schirrmacher, ZRP 1997, S. 242 (244).

678 Vgl. Schröder, S. 127 ff.

679 Schröder, S. 127 (128).

Zwar wird Heroin in der Anlage I aufgeführt, aber fraglich ist, ob eine kontrollierte Abgabe dieses Stoffes einen im öffentlichen Interesse liegenden Zweck verfolgt. Die Bestimmung des öffentlichen Interesses hat sich hierbei an den Zielen des BtMG zu orientieren. So muss das für die Durchführung eines Modellversuches beantragte in Verkehr bringen nach § 5 Abs. 1 Nr. 6 BtMG gewährleisten, dass das Entstehen oder Erhalten einer Betäubungsmittelabhängigkeit soweit wie möglich auszuschließen ist.

Das Entstehen einer Betäubungsmittelabhängigkeit ist bei Durchführung eines solchen Modellversuches mit an Sicherheit grenzender Wahrscheinlichkeit auszuschließen, da sich das Projekt nur an schwerstabhängige Probanden richtet. Fraglich ist allerdings, ob durch die kontrollierte Vergabe von Heroin auch das Erhalten der Betäubungsmittelabhängigkeit soweit wie möglich auszuschließen ist.

Auch wenn die Heroinvergabe die Abhängigkeit zunächst aufrecht halte, könnte nach Schirrmacher die Einbindung der Gruppe Schwerstabhängiger in ein Programm zur Vergabe von Originalstoffen der Beginn einer Kommunikation über individuelle Drogenprobleme sein, die Lebenssituation stabilisieren und so ein erster Schritt auf dem für diese Gruppe sehr langen Weg zur Drogenfreihcit sein[680]. Hierfür sprächen insbesondere die Erfahrungen ausländischer Projekte, die über eine Stabilisierung der gesundheitlichen Situation einen therapeutischen Kontakt aufgenommen haben, der die langfristige Drogenfreiheit erreichen soll[681]. Diese Beurteilung stützt sich somit auf das Fernziel der Drogenfreiheit, das von der Formulierung des § 3 Abs. 2 BtMG umfasst sei[682]. Nach Schirrmacher sind folglich die rechtlichen Voraussetzungen einer kontrollierten Vergabe von Originalsubstanzen im Modellversuch gegeben.

Neben der grundsätzlichen Frage, ob § 3 Abs. 2 BtMG auch die Drogenfreiheit als Fernziel umfasst, ist jedoch nicht sicher, ob eine solche durch die kontrollierte Vergabe des Originalstoffes überhaupt erreicht werden kann. Letztlich geht es vorrangig um eine gesundheitliche Stabilisierung der Schwerstabhängigen und die Herauslösung aus dem kriminogenen Milieu, das mit der Abhängigkeit einhergeht, sowie die Reduzierung des vollzugsinternen Drogenschwarzmarktes. Die langfristige Drogenfreiheit erscheint in diesem Zusammenhang allerdings eher als sehr entferntes Fernziel, das lediglich in Einzelfällen als - wenngleich erwünschter - Nebeneffekt Folge ist[683].

Im Ergebnis ist daher die Genehmigung eines Projektes wie im schweizerischen Strafvollzug vor dem Hintergrund der Zielvorgaben des § 5 Abs. 1 Nr. 6 BtMG de lege lata nur unter allergrößter Strapazierung des Gesetzestextes möglich.

---

680 Schirrmacher, ZRP 1997, S. 242 (244 f.).

681 Schirrmacher, ZRP 1997, S. 242 (246).

682 Körner, BtMG, § 5 Rn. 16, versteht die gesetzliche Formulierung im Sinne eines solchen Fernzieles, d.h. der Erreichbarkeit zumindest mittelbarer Drogenfreiheit.

683 Franck, S. 196.

Neben der Diskussion des öffentlichen Interesses i. S. d. § 3 Abs. 2 BtMG ist die Frage nach Sinn und Zweck der Durchführung eines Modellversuches auch in politischer Hinsicht zu ermitteln. Abgesehen von den bereits angeführten Gesichtspunkten darf man, was für die Erprobung staatlicher Heroinvergabe mit dem langfristigen Ziel der Risikominimierung einer Ansteckung mit dem HI-Virus sprechen würde, nicht vergessen, dass es eine Anzahl Schwerstdrogenabhängiger gibt, die für Drogentherapie und Substitutionsbehandlungen nicht (mehr) zu gewinnen sind. Hier haben sowohl der Strafvollzug als auch die freie Gesellschaft ein Interesse an dieser Form der Behandlung. Der überschaubare Bereich einer Haftanstalt, der zugleich eine dauerhafte intensive Kontrolle und Begleitung der Probanden ermöglicht, spricht für die Durchführung eines solchen Vorhabens. Allerdings ist die staatliche Vergabe von Originalstoffen bereits in der freien Gesellschaft umstritten. Ambulante Heroinabgabeprojekte sind hier noch nicht umgesetzt[684]. Nachdem § 3 Abs. 1 StVollzG davon spricht, dass das Leben im Vollzug an das Leben in der freien Gesellschaft angepasst werden soll, ist es schwer vorstellbar, ob es politisch durchführbar ist, dass gerade im Rahmen einer kontrollierter Heroinvergabe der Strafvollzug eine Vorreiterrolle für die Außengesellschaft einnehmen können soll. Da jedoch vieles dafür spricht, die Erfahrungen des schweizerischen Strafvollzuges auch in Deutschland zu validieren, sollte gleichsam als Kompromissvorschlag ein solcher Modellversuch in der Außengesellschaft durchgeführt werden. Da der jetzige § 3 Abs. 2 BtMG, wie gezeigt, nur unter äußerster Strapazierung des Wortlautes eine Grundlage für die Genehmigung eines solchen Modellprojektes sein kann, sollten die gesetzlichen Voraussetzungen geändert und klarer umrissen werden. So hat etwa die Freie und Hansestadt Hamburg bereits in der 13. Wahlperiode des Deutschen Bundestages einen Gesetzesentwurf vorgelegt, nach dem ein anzufügender § 3 a BtMG die Erlaubnis zu einem wissenschaftlichen Versuch einer staatlichen Vergabe von Originalstoffen ermöglichen soll, wenn diese zur „Behandlung chronischer Schmerzzustände" erforderlich ist[685]. Nach einer weitverbreiteten Definition spricht man von chronischem Schmerz[686], wenn er länger als sechs Monate andauert oder immer wiederkehrt[687]. Auf Betäubungsmittelabhängige trifft das eigentlich nicht zu, da die fraglichen Schmerzen im Grunde nur in den Phasen des Entzuges oder Mangels auftreten, aber nach dem Entzug abklingen. Der Gesetzesentwurf sollte dennoch – unter Abänderung der Begrifflichkeit der chronischen Schmerzzustände in die Begrifflichkeit des allgemeinen oder akuten Schmerzes - erneut in das Gesetzgebungsverfahren eingebracht und das BtMG entsprechend geändert werden.

---

684 Derartige Modelle gibt es bislang nur in der Schweiz, vgl. Weber, Dtsch. Ärztebl. 2000, S. 362.

685 BT-Drs. 13/205, S. 3. Der Gesetzesentwurf wurde seinerzeit abgelehnt, vgl. Stellungnahme der Bundesregierung, BT-Drs. 13/205, S. 8.

686 Schätzungen zufolge leiden in Deutschland fünf bis acht Millionen Menschen unter chronischen Schmerzen. Bei 600.000 bis 800.000 dieser Patienten liegt ein schwer zu therapierendes Schmerzsyndrom vor: Der Schmerz hat sich verselbständigt und ist zu einer eigenständigen Krankheit, der Schmerzkrankheit, geworden. Von den klinischen Krankheitsbildern, die sich bei chronischen Schmerzpatienten zeigen, sind die häufigsten Kopf- und Rückenschmerzen, vgl. Wachtner. RKI, 2003, S. 5 ff.

687 BMBF, S. 3.

(3) Abgabe von Kondomen

Die Forderung der Enquete-Kommission, Gefangene zu Präventionszwecken mit Kondomen zu versorgen[688], ließ sich im Gegensatz zur Vergabe steriler Einwegspritzen leichter durchsetzen. 1995 bis 1997 fand das Essener Pilotprojekt „Prävention unter Haftbedingungen“[689] statt. Sein erfolgreicher Abschluss veranlasste das Justizministerium Nordrhein-Westfalens im März 1998 zur Herausgabe eines Erlasses, in dem Prävention und Fortbildung zu originären Aufgaben der Justizvollzugsanstalten erklärt wurden, wofür auch entsprechende Mittel bereitgestellt wurden. Der Zugang zu Kondomen, insbesondere der freie und anonyme Zugang, sollte gewährleistet sein[690].

Ausgeteilt werden Kondome entweder vom anstaltsärztlichen Dienst, durch Sozialarbeiter oder AIDS-Berater. Daneben duldet man in Anstalten, in denen keine Kondome an Gefangene abgegeben werden, zumindest die Selbstversorgung der Gefangenen beim Einkauf und während Haftlockerungen[691].

Zwar finden sich eine Reihe von Befürwortern für eine kostenlose Abgabe durch die Anstalt[692], und auch die Gegner einer institutionalisierten Versorgung in den Anstalten wollen zumindest den Erwerb von Kondomen durch Gefangene selbst dulden[693]. Es gibt jedoch Stimmen, die es als Aufgabe des Vollzuges und als Teil des Behandlungsauftrages bezeichnen, der Entwicklung von Homosexualität entgegenzuwirken[694]. Solche Stimmen rühren sicherlich zu einem großen Teil daher, dass Sexualität ein Thema ist, das im Strafvollzug stark verdrängt wird. Unterschwellig scheint das „Verbot“ der Ausübung von Sexualität nach wie vor als Teil der Strafe angesehen zu werden. Darüber hinaus ist Homosexualität unter Bediensteten offenbar ein Tabuthema, denn neben freiwilligen homosexuellen Handlungen, die unter Haftbedingungen auch „Wäh-

---

688 BT-Drs. 11/7200, S. 153 f.

689 Zu dem Projekt vgl. AIDS-Hilfe NRW e.V., S. 6 ff.

690 Vgl. Schreiben des NRW-Justizministeriums vom 11.03.1998, zit. nach: AIDS-Hilfe NRW e.V., S. 5.

691 Endbericht der Enquete-Kommission, BT-Drs. 11/7200, S. 145. In Bezug gesetzt zu den den Gefangenen regelmäßig zustehenden Beträgen aus Haus-, Taschen- oder Eigengeld, von denen gegebenenfalls der Einkauf bestritten werden muss, handelt es sich dabei um durchaus beachtliche Beträge.

692 Bruns, StV 1987, S. 504 (505).

693 Dargel, NStZ 1989, S. 207.

694 Eberbach 1988, S. 249 (254 f.), der formuliert, dass homosexueller Umgang in der Strafanstalt unzulässig sei, wobei zum Zeitpunkt seiner Untersuchung homosexuelle Handlungen von Männern über 18 Jahren an Männern unter 18 Jahren in der Bundesrepublik gemäß § 175 StGB a.F. noch strafbar waren. Daneben weist er darauf hin, dass Gefangene Kondome dazu benutzen könnten, Drogen in die Anstalt zu schmuggeln. Eine Verpflichtung, nach § 82 Abs. 2 S. 1 StVollzG Sexualkontakte zu unterlassen, zumindest aber bei sexuellen Kontakten Kondome zu verwenden, ist allenfalls eine theoretische Frage, die sich nach Dargel, NStZ 1989, 207 Fn. 4, als zu weitgehend nicht verwirklichen lässt.

rung" und Geschäft sind, gibt es auch Fälle von Vergewaltigungen[695]. Die Vergabe von Kondomen verursacht dennoch bei ihren Kritikern „allgemein Unbehagen, nicht nur inzidenter die Kenntnis homosexueller Praktiken in den Anstalten einzugestehen, sondern diese auch zu fördern"[696]. Es kann jedoch grundsätzlich nicht Aufgabe des Strafvollzugs sein, auf die sexuelle Orientierung von Häftlingen - sei sie auch nur temporär - Einfluss zu nehmen. Diese hat mit dem Ziel der Resozialisierung nichts zu tun. Vielmehr muss die Vollzugsanstalt der Möglichkeit einer Infektion mit dem HI-Virus oder anderen lebensbedrohlichen Krankheiten durch homosexuellen Geschlechtsverkehr eine Präventionsmöglichkeit entgegensetzen.

Gerade der freie und anonyme Zugang zu Kondomen, der allerdings in vielen Haftanstalten keine Selbstverständlichkeit ist[697], sollte über Automaten oder durch Auslage in Gemeinschaftsräumen gewährleistet sein.

(4) Fazit

Justizvollzugsanstalten spielen heute für die Ausbreitung von HIV-Infektionen über gebrauchte Spritzen oder ungeschützte sexuelle Kontakte eine entscheidende Rolle. Zwar ist die Einsicht, dass der Staat für die Gesundheit der Gefangenen Verantwortung trägt, vorhanden. Im Gegensatz zu diesem Konsens über den gesundheitspolitischen Handlungsbedarf wird die Frage, welche Strategien zur Verbesserung der Gesundheitssituation im Justizvollzug vertretbar und sinnvoll sind, nach wie vor kontrovers diskutiert. Allgemein begrüßt wird Prophylaxe durch Beratung. Umstritten bleiben jedoch Drogenabhängigkeit und Homosexualität akzeptierende Ansätze, die sich in der Abgabe von Kondomen, Desinfektionsmitteln, Spritzen und in kontrollierter Drogenabgabe niederschlagen. In Justizvollzugsanstalten, in denen sich Vollzugs-Betreuungsverantwortung - Strafe und Hilfe - gegenüberstehen, scheint eine breite Einführung risikomindernder Maßnahmen nach wie vor schwer umsetzbar. Eine zu den Maßnahmen außerhalb der Justizvollzugsanstalten äquivalente Gesundheitsvorsorge bleibt den meisten Häftlingen vorenthalten, da in Freiheit längst Erprobtes mitunter neu hinterfragt wird.

Dennoch muss der von Nelles und Fuhrer in diesem Zusammenhang vertretenen Ansicht, wonach intramural die Diskrepanz zwischen Abstinenzanspruch und Gesundheitsprimat deutlicher als extramural zu Tage tritt[698], entgegen getreten werden: Abstinenzanspruch ist Verwirklichung des Gesundheitsprimats! Darüber hinaus führt die Einengung auf Drogenabhängige zu einer grotesken Ausblendung der Alkohol- und Tablettenproblematik.

---

695 Zu diesem Themenkomplex vgl. Knapp, S. 375 ff., der darlegt, dass solche Vorfälle häufiger im Jugendstrafvollzug vorkommen.

696 Dargel, NStZ 1989, S. 207.

697 AIDS-Hilfe NRW e.V., S. 8 und 30 f.

698 Nelles/Fuhrer, S. 32.

Erfahrungen in Deutschland und im Ausland haben gezeigt, dass risikomindernde Drogen- und HIV-Präventionsangebote auch in Justizvollzugsanstalten erfolgreich sein können. Diese positiven Ansätze sollten Grundlage für flächendeckende Angebote dieser Art in Vollzugsanstalten sein sowie Ausgangspunkt einer umfassenden Verbesserung der Gesundheitssituation im Justizvollzug. Mittelbar dürfte sich dies auch auf die freie Gesellschaft auswirken.

c. Ernährung

Ebenso wie die medizinische Versorgung gesichert ist, muss bei HIV-infizierten bzw. bereits an AIDS erkrankten Gefangenen in Justizvollzugsanstalten und -krankenhäusern auf eine nährstoff- und vitaminreiche Kost geachtet werden. Unter bestimmten Voraussetzungen haben Gefangene Anspruch auf zusätzliche Nahrungsmittel. Im StVollzG ist dies ausdrücklich für religiös bedingte Ernährungsvorschriften vorgesehen, und zwar in § 21 S. 3 StVollzG. Gefangene können aber auch aus gesundheitlichen Gründen auf andere als die übliche Vollzugskost angewiesen sein. Zusätzliche Nahrungsmittel müssen von den Inhaftierten beantragt und in der Regel ärztlich (§ 21 S. 2 StVollzG und VV Nr. 1 Abs. 1) angeordnet werden[699]. Es gibt auch Anstalten, die durch Verfügungen regeln, welche zusätzlichen Nahrungsmittel bestimmte Gefangenengruppen (z.B. Schwangere, Zuckerkranke, HIV-Positive) bekommen können. Auch in diesem Fall muss jedoch jeder Gefangene die zusätzlichen Nahrungsmittel selbst beantragen, die Anstalt teilt sie nicht unaufgefordert zu[700]. Diese Versorgung gestaltet sich von Anstalt zu Anstalt äußerst unterschiedlich. So ergeben Untersuchungen von Knapp, dass die Betroffenen meistens zusätzlich Milchprodukte (bis zu einem Liter Milch täglich sowie Quark), Obst (meist täglich), Haferflocken, Frischsalat und eine erhöhte Essensportion (häufig das 1 ½-fache der normalen Portion) erhalten bzw. angeboten bekommen[701]. Dies bestätigt auch die Anstaltsärztin der JVA Kempten, die auf Nachfrage mitteilt, dass allenfalls eine Kostzulage (doppelte Menge an Essen) bzw. Milch- oder Obstzulage angeordnet wird[702].

Die Sonderzuteilung von Essen hat jedoch auch zur Folge, dass Anstaltsbedienstete bzw. Mitgefangene dies schnell als Umstand einstufen, der auf eine HIV-Infektion hinweist.

Sich in der Justizvollzugsanstalt optimal zu ernähren und nicht automatisch als krank eingestuft zu werden, ist nicht einfach. Die Zubereitung der Anstaltsverpflegung (§ 21 StVollzG) und die Zusammenstellung sowie der Nährwert der drei Hauptmahlzeiten wird ärztlich überwacht und hat sich grundsätzlich nach den Erkenntnissen der

---

699 Calliess/Müller-Dietz, StVollzG, § 21 Rn. 3.

700 Schwind/Böhm/Jehle-*Romkopf/Riekenbrauck*, StVollzG, § 21 Rn. 12; Bammann, 2003, S. 99 (101).

701 Knapp, S. 174.

702 Gespräch zwischen der Verfasserin und Frau Dr. Blechschmidt, Anstaltsärztin in der JVA Kempten, am 06.02.2004.

Ernährungswissenschaft sowie der einschlägigen lebensmittelrechtlichen Vorschriften zu richten[703]. Aber Anstaltsküchen sind nun einmal Großküchen, und das wirkt sich auch auf das Speiseangebot aus. So teilt die Anstaltsärztin der JVA Kempten mit, dass die Anstaltsküchen mit medizinischem Standard einer Krankenhausküche nicht zu vergleichen seien. Selbst auf vegetarische Präferenz könne, zumindest in kleinen Justizvollzugsanstalten, keine Rücksicht genommen werden. Die Versorgung von Diabetes-Patienten z.B. erschöpfe sich in kleinen Justizvollzugsanstalten in der Vergabe von Diabetiker-Marmelade[704]. HIV-Infizierte und AIDS-Kranke müssen somit zusätzlich selbst auf ihre Ernährung achten und hin und wieder im Einkauf oder durch Besucher für zusätzliche Nahrungsmittel sorgen. Neben Gemüse und frischem Obst kann auch die Zufuhr von zusätzlichem Magnesium, Zink und Selen in Form von Brause- oder Kautabletten sinnvoll sein[705].

d. Psychosoziale Betreuung

Aus der Diagnose einer HIV-Infektion können sich weitere schwerwiegende psychosoziale Probleme ergeben. So müssen bei einer HIV-Infektion regelmäßige Kontrolluntersuchungen erfolgen, die, je nach Umfang, Häufigkeit und den dabei zu Tage tretenden Ergebnissen, vom Betroffenen nicht nur physisch, sondern auch psychisch viel abverlangen. Bei HIV-infizierten schwangeren Frauen kommen zusätzliche Belastungen hinzu. Insbesondere kann das Risiko einer Schädigung des Fötus bei Eintreten einer Schwangerschaft unter der Therapie mit antiretroviralen Medikamenten derzeit nicht abgeschätzt werden. Mit den Erwartungen an die medizinische Versorgung Hand in Hand gehen daher die Erwartungen im psychosozialen Sektor.

So sprach sich beispielsweise Höpfel im Rahmen des internationalen Symposiums „AIDS und Strafrecht" im Hinblick auf die Gefahr eines „Post-Test-Traumas" für die Maxime „Reden und Testen" aus[706]. In die gleiche Richtung argumentiert die Deutsche AIDS-Hilfe e.V., die in ihren Informationsbroschüren dazu rät, sich Zeit für die Entscheidung (Test oder nicht) zu nehmen und zuvor Beratungsgespräche in Anspruch zu nehmen[707].

Eine solch umfassende Aufklärung der Testperson ist grundsätzlich schon deshalb notwendig, weil ein möglicherweise positives Ergebnis für den jeweiligen Probanden von lebensverändernder Tragweite ist[708]. In derartigen Fällen müssen die Inhaftierten nach Bekanntgabe des positiven Befundes in psychosozialer Hinsicht aufgefangen werden. Zu dieser psychischen Bewältigungshilfe bzw. zu einer umfassenden Betreuung sind jedoch die Anstaltsärzte aus zeitlichen Gründen meist nicht in der Lage. Des-

---

703 CalliessMüller-Dietz, StVollzG, § 21 Rn. 2; AK-StVollzG-*Kellermann/Köhne*, § 21 Rn. 3.

704 Gespräch mit Frau Dr. Blechschmidt vom 06.02.2004, Anstaltsärztin in der JVA Kempten.

705 Zur Ernährung von HIV-Infizierten vgl. Pschyrembel, S. 779; zur festgelegten Menge verabreichten Obstes in der Vollzugsanstalt vgl. Schwind/Böhm/Jehle-*Riekenbrauck*, § 21 Rn. 20.

706 Sowada, NJW 1994, S. 2406.

707 Deutsche AIDS-Hilfe e.V., 1994, S. 8.

708 Bruns, MDR 1987, S. 353 (354).

halb erfordern gerade die Schwierigkeiten, die ärztliche Diagnose nebst den damit verbundenen Veränderungen der Zukunftsperspektiven zu verarbeiten, die Zuziehung von Fachkräften (Psychologen, Seelsorger, externe AIDS-Hilfen), die dem Betroffenen im Umgang mit seiner Krankheit und dem Sterben zur Seite stehen[709]. Ebenso wichtig ist die soziale und seelische Unterstützung durch Angehörige und Freunde. Hier können sich allerdings im Vollzugsalltag strikte Besuchsregelungen (§ 24 StVollzG) hemmend auswirken und die notwendigen Außenkontakte unnötig verringern.

Fehlt eine psychosoziale Betreuung, kann es in dieser sensiblen Phase zu Überreaktionen wie zu Resignation bei dem Gefangenen kommen, die sich vor allem in Suizidversuchen ausdrücken[710]. Mangels erforderlicher öffentlicher Mittel ist es aber auch in diesem Bereich nicht möglich, bei jedem einzelnen Betroffenen individuell eine psychotherapeutische Behandlung durchzuführen.

Für die häufig sehr schwierige Bewältigung der psychischen Probleme stehen an vielen Orten besondere Einrichtungen zur Verfügung, wie z. B. Selbsthilfegruppen und psychosoziale Beratungsstellen. Der behandelnde Arzt sollte eine enge Zusammenarbeit mit derartigen Einrichtungen anstreben. Bei auch durch sachgerechte medikamentöse Therapie nicht mehr positiv zu beeinflussender Symptomatik sollte zudem ein Antrag auf Anerkennung als Schwerbehinderter bzw. auf Gewährung einer Berufs- oder Erwerbsunfähigkeitsrente erwogen werden.

In den Anstalten, in denen neben dem Anstaltsarzt auch Suchtbeauftragte, Psychologen, Sozialpädagogen und externe Mitarbeiter in den Vollzugsalltag eingebunden sind, sind meist auch vielfältige Betratungs- und Betreuungsangebote vorhanden[711]. Die größte Schwierigkeit hinsichtlich der Effektivität solcher Behandlungen dürfte allerdings die Schaffung einer Vertrauensbasis zwischen dem Inhaftierten und dem Betreuer sein. Dies erreicht man auch durch entsprechende Rahmenbedingungen, wie etwa gut erreichbare Räumlichkeiten, flexible Gesprächszeiten und vertrauliche Atmosphäre durch Integration externer Beratungsstellen[712].

In diesem Zusammenhang muss auf das sogenannte Bremer-Modell hingewiesen werden, der die Angebotsstruktur im Vollzug mit denen aller außerhalb des Strafvollzugs befindlichen Angebote zu vernetzen versucht[713]. Sinnvoll ist dieses Projekt allein auf Grund der Tatsache, dass mit diesem Modell die Anschlussbetreuung der Betroffenen gewährleistet bzw. eine Voraussetzung für eine solche geschaffen werden kann.

---

709 Eisenberg, 2005, § 36 Rn. 88.

710 Göttinger, S. 173 (176); vgl. in diesem Zusammenhang auch Justizministerium des Landes Nordrhein-Westfalen, www.jvv.nrw.de/htm/4518_19872704.htm, wonach die Kenntnis der Bediensteten über die einem Insassen bekannt gewordene lebensbedrohliche Krankheit Signalcharakter haben muss.

711 Schäfer/Buchta, ZfStrVo 1995, S. 323 (326).

712 Knapp, S. 185 f.; Schmuck, ZfStrVo 1989, S. 165 (169).

713 Hartwig, ZfStrVo 1990, S. 98 (99).

3. Sterbenskranke als Teil der Insassengesellschaft

a. Verhältnis zu Mitgefangenen

Sowohl die grundsätzliche Angst der Mitgefangenen als auch ihr Anspruch auf bestmögliche Schutzmaßnahmen vor einer Ansteckung sind verständlich. Als Schutzvorkehrung wird – aus Angst vor ungewollten sexuellen Übergriffen oder anderen Gewalttätigkeiten seitens erkrankter Häftlinge – eine Einzelunterbringung HIV-Infizierter gefordert[714]. Die Einzelunterbringung bei Nacht, die im übrigen von der Einzelhaft nach § 89 StVollzG scharf zu trennen ist, ist gemäß § 18 Abs. 1 StVollzG ohnehin der gesetzliche Regelfall, und bedeutet andererseits durchaus die Anerkennung einer gewissen Privatsphäre des Gefangenen. Tatsächlich aber werden viele Inhaftierte in Zwei- und Mehrbettzellen untergebracht, da sich in fast allen Haftanstalten mehr Gefangene befinden als Einzelzellen bzw. Haftplätze vorgesehen sind. Diese Überbelegung stellt eines der größten Probleme im Strafvollzug dar[715], und wird zwangsläufig auch auf der politischen Ebene zunehmend diskutiert, wenn Fälle, wie der des in der JVA Siegburg durch Mithäftlinge gequälten und getöteten Gefangenen an die Öffentlichkeit geraten[716].

Im Falle von HIV-positiven Gefangenen wird jedoch immer wieder diskutiert, ob man sie - unabhängig von der räumlichen Situation - grundsätzlich in Einzelzellen unterbringen soll. Hier spielen bis zum heutigen Tag von Vorurteilen geprägte Ängste eine Rolle, wie etwa, dass die Hauptansteckungsgefahr von den Gemeinschaftszellen ausgehe: Hier könnten die Gefangenen nach dem Nachteinschluss ungestört Geschlechtsverkehr haben, Gefangene würden üblicherweise gemeinsam mit unsterilem Spritzenbesteck Drogen injizieren oder Gewalttätigkeiten gegen Mitgefangene ausüben, ohne dass dies hinreichend kontrolliert und unterbunden werden könne. Mit der Unterbringung in Einzelzellen, so die kurante Meinung, lasse sich dies verhindern oder wenigstens einschränken[717].

Andererseits wird die Einzelunterbringung im Zeichen von AIDS nicht selten als Ausgrenzung, Isolation oder Diffamierung der erkrankten Gefangenen dargestellt[718]. Mit der Einzelunterbringung HIV-Infizierter bzw. an AIDS Erkrankter sind demnach weitere Schwierigkeiten verbunden, die mit den oben angesprochenen Spannungen

---

714 LG Bonn, NStZ 1987, S. 140 f.; vgl. zur empirischen Darstellung hinsichtlich der Unterbringungssituation HIV-infizierter Gefangener Knapp, S. 238 ff.

715 Vgl. European Prison Rules, Part II, No. 14 ff., S. 9; Kaiser/Schöch, § 4 Rn. 3 ff.; Mushoff, Forum Recht 2004, S. 20, unter Hinweis auf Äußerungen der niedersächsischen Justizministerin Heister-Neumann, die den zunehmenden Beschwerden von Strafgefangenen und "Rüffeln" der Gerichte über unzureichenden Rückzugsraum im Gefängnis durch eine Abschaffung des Anspruchs auf Einzelunterbringung während der Ruhezeit Einhalt gebieten wollte und hierfür eine Bundesratsinitiative startete, um den durch § 18 Abs. 1 StVollzG verbrieften Anspruch abzuschaffen.

716 Vgl. dazu etwa Kleinhubbert, Der Spiegel 8/2007, S. 5 und 34 ff.

717 Bammann, 2003, S. 99 (100).

718 Eberbach, 1988, S. 249 (264).

psychosozialer Art zusammenhängen. Gerade die nächtliche Isolation kann bestehende Depressionen vertiefen, so dass in derartigen Stimmungslagen die Möglichkeit der Kommunikation von erheblicher Bedeutung wäre[719]. Hier kann auf die Bestimmung des § 18 Abs. 1 S. 2 StVollzG zurückgegriffen werden, wonach eine gemeinsame Unterbringung wegen Hilfsbedürftigkeit zulässig ist[720]. Um beiden Seiten gerecht zu werden, ist eine gemeinsame Unterbringung beispielsweise zweier HIV-positiver Häftlinge zu erwägen[721]. Insoweit wird in einigen Bundesländern die gemeinsame Unterbringung HIV-Infizierter mit Nichtinfizierten von deren Zustimmung abhängig gemacht[722]. Dies ist allerdings problematisch, weil die Anstalt in diesem Fall bekannt geben muss, dass der betreffende Gefangene HIV-infiziert ist[723].

Neben den Forderungen im Zusammenhang mit der Unterbringungssituation wird immer wieder von nicht infizierten Häftlingen gefordert, HIV-Positiven eine anstaltsinterne Tätigkeit im Sanitäts- oder Küchenbereich zu versagen[724]. Der normale tägliche Umgang im Arbeitsleben birgt jedoch auch in einer Justizvollzugsanstalt keinerlei Ansteckungsmöglichkeiten[725]. Die bereits im Rahmen der medizinischen Grundlagen aufgeführten Übertragungswege sind weder bei der Zubereitung von Speisen bzw. Benutzung von Essbesteck und –geschirr, noch bei der Reinigung bzw. Benutzung sanitärer Einrichtungen gegeben, so dass eine Einschränkung der Beschäftigung HIV-infizierter Gefangener im Vollzugsalltag objektiv nicht begründbar ist[726].

Insgesamt lässt sich sagen, dass das Risiko einer HIV-Infektion zum allgemeinen Lebensrisiko gehört, das Menschen im Strafvollzug genauso zu tragen haben, wie alle anderen auch. Die HIV-Infektion als solche macht im Übrigen nicht haftunfähig, und dementsprechend nicht „gemeinschaftsunfähig". In „Zwangsgesellschaften", wie sie die Vollzugsanstalten herstellen, folgt aus dem Verhältnismäßigkeitsgrundsatz, dass nicht die bloße Anwesenheit eines HIV-Positiven, der für andere zur gesundheitlichen Gefahr werden kann, zu verhindern ist, sondern jedes Verhalten des Betroffenen, das diese Gefahr realisieren könnte; denn die Gefahr, die von dem Virus ausgeht, ist grundsätzlich beherrschbar[727]. Um gegen Ängste und Überreaktionen nicht infizierter Mithäftlinge vorzugehen, scheint deshalb eine kontinuierliche Aufklärungsarbeit sinnvoller zu sein als die Einführung besonderer Zwangsmaßnahmen. Vollzugsspezifische Schutzmaßnahmen sind insoweit grundsätzlich nicht geboten.

---

719 Ebd.

720 Calliess/Müller-Dietz, StVollzG, § 56 Rn. 6.

721 Eberbach, 1988, S. 249 (264 f.).

722 Calliess/Müller-Dietz, StVollzG, § 56 Rn. 13; Eberbach, 1988, S. 249 (264).

723 Vgl. zur „befugten" Durchbrechung der ärztlichen Schweigepflicht im Strafvollzug, Geppert, S. 24 ff. sowie allgemein Teil 2 C. I.

724 Dargel, NStZ 1989, S. 207 (209); Bruns, StV 1987, S. 504 (506).

725 Calliess/Müller-Dietz, StVollzG, § 56 Rn. 6.

726 Bruns, MDR 1987, S. 353.

727 Eberbach, NStZ 1987, S. 141 (142).

b. Verhältnis zu Vollzugsbediensteten

Große Schwierigkeiten ergeben sich bei der Handhabung von HIV-Infektionen und AIDS-Erkrankungen für die Vollzugsbediensteten, die zum einen im täglichen Umgang mit den infizierten Gefangenen stehen und deren Problemen gerecht zu werden haben, andererseits aber auch verpflichtet sind, die Besorgnisse und konkreten Befürchtungen der gesunden Häftlinge ernst zu nehmen, die sich von der Ansteckung bedroht fühlen[728].

Aus Kreisen der Vollzugsbeamten werden deshalb immer wieder Reihenuntersuchungen auf eine mögliche HIV-Infektion bzw. Zwangsuntersuchungen von Risikogruppen nach Maßgabe des § 101 Abs. 1 S. 1 StVollzG (i.V.m. § 56 Abs. 1 StVollzG) gefordert[729]. Dem ist jedoch entgegenzuhalten, dass HIV-Antikörper-Tests nach sechs Monaten wiederholt werden müssen, um überhaupt aussagekräftig zu sein[730]. Derartige Kontrolluntersuchungen sind jedoch derzeit nicht vorgesehen. Aber selbst wenn die Möglichkeit einer Testwiederholung bestünde, ist keineswegs auszuschließen, dass ein zunächst nicht erkannter HIV-Positiver inzwischen andere Mithäftlinge angesteckt hat[731]. Daher hält Stöver zu Recht die Forderung nach Reihentests aus HIV-präventiver Sicht für sinnlos, da die Kenntnis des HIV-Status keine Gewähr für risikobewusstes Verhalten oder gar gesünderes Leben im Strafvollzug biete[732]. § 101 StVollzG dürfte – abgesehen von der grundsätzlichen Kritik an Zwangsuntersuchungen – auch aus einem weiteren Grund keine geeignete Rechtsgrundlage für etwaige Zwangsuntersuchungen darstellen: die Zugehörigkeit zu einer Risikogruppe reicht nicht für eine konkrete medizinische Indikation im Sinne von § 101 StVollzG (Lebens- oder Ansteckungsgefahr) aus, weil die Gruppenzugehörigkeit nur eine abstrakte Vermutung für eine HIV-Infektion darstellt[733]. Unabhängig davon unterzieht sich ohnehin der überwiegende Teil aller Gefangenen schon jetzt freiwillig einem HIV-Antikörper-Test[734]. Dies ergibt sich z.B. aus Zahlenmaterial des Hessischen Justizministeriums. Zum Stichtag 30.06.1996 befanden sich danach in Hessen insgesamt 5532 Personen in Vollzugsanstalten, von denen 4786 Häftlinge auf HIV untersucht waren, was einem Anteil von 86, 2 % entspricht[735].

---

728 Dargel, NStZ 1989, S. 207.

729 Calliess/Müller-Dietz, StVollzG, § 56 Rn. 8; Kaiser/Schöch, § 8 Rn. 23; Dargel, ZfStrVo 1988, 148 ff.

730 Deutsche AIDS-Hilfe e.V., 1995 (b), S. 16; die gebräuchlichsten HIV- Antikörpertests, der „ELISA-Suchtest" und der „Western-Blot-Bestätigungstest" werden allen Gefangenen bei der Eingangsuntersuchung angeboten bzw. nachdrücklich empfohlen; vgl. AK-StVollzG-*Boetticher/Stöver*, vor § 56 Rn. 41.

731 Bruns, StV 1987, S. 504 (506).

732 Stöver, 1994, S. 23.

733 OLG Koblenz, StV 1989, S. 163; Schwind/Böhm/Jehle-*Müller*, § 101 Rn. 23.

734 Vgl. Ergebnisse der Enquete-Kommission, BT-Drs. 11/7200, S. 147.

735 Schreiben vom 16.09.1996 des Hessischen Ministeriums der Justiz und für Europaangelegenheiten an die Verfasserin, Az. 4550 E-IV/6-361/96; In Bayern nach Auskunft des Staatsministeriums für Justiz sogar 97 % (Schreiben vom 26.09.1996 an die Verfasserin, Gz. 4400 E-VII a-1727/96).

Umgekehrt beklagen erkrankte Inhaftierte immer wieder eine ungerechte, schlechte oder unzulässige Behandlung seitens der Vollzugsbediensteten. In diesem Zusammenhang ist auf die Broschüre „Positiv, was nun?“ der Deutschen AIDS-Hilfe e.V. hinzuweisen, die den Inhaftierten unter anderem auf seine ihm im Strafvollzug zustehenden Rechte aufmerksam machen will[736]. Diese Schrift hat bereits in ihrer ersten Auflage zu erheblichen Diskussionen geführt, weil sich Justizvollzugsanstalten durch die in der Broschüre enthaltenen „Musterbegründungen“ für mögliche Beschwerden in ihrer Sicherheit und Ordnung gemäß § 31 StVollzG gefährdet sahen[737]. Die Neuauflage, die inhaltlich überarbeitet wurde, enthält im medizinischen und psychologischen Bereich zahlreiche gute Hinweise für erkrankte Häftlinge[738]. Dabei ist es hinsichtlich des juristischen Teils zwar grundsätzlich sinnvoll, Gefangene über ihre Rechte im Vollzug aufzuklären[739]; im konkreten Fall der HIV-positiven Inhaftierten können die Hinweise in der Broschüre aber auch durchaus kontraproduktiv wirken, zumal sie ein rechtlich kaum begründetes Anspruchsdenken fördern, das - in entsprechenden Eingaben niedergelegt - auch den Anstaltsbetrieb nicht unerheblich erschweren kann. Immerhin wird anlässlich der Musterbegründungen der Häftling aber auch dazu angehalten, zunächst Gesprächs- oder Kontaktmöglichkeiten im Sinne der §§ 29 Abs. 2, 108, 164 StVollzG auszuschöpfen[740].

III. Entlassungsvorbereitung und Entlassung

Die Vorbereitung auf die Entlassung aus der Haft sollte eigentlich gleich nach der Inhaftierung beginnen[741]. Tatsächlich aber ist dies nur bei Gefangenen mit kurzer Haftzeit im offenen Vollzug der Fall.

Zuständig für diese Aufgabe ist gemäß §§ 71, 74 StVollzG der Sozialdienst der Vollzugsanstalt. Da Gefangene gemäß § 4 Abs. 1 StVollzG an der Vollzugsgestaltung mitwirken sollen, bleibt es jedoch nicht selten den Inhaftierten selbst überlassen, rechtzeitig – d.h. mindestens drei Monate vor Haftentlassung – für das Schaffen der an einen Neuanfang in Freiheit geknüpften Voraussetzungen Sorge zu tragen. Dies verhindert allerdings die Entwicklung einer als gefährlich zu wertenden Abhängigkeit, etwa zu dem Sozialarbeiter, und die Verfestigung einer Unselbständigkeit, die es in diesem Stadium gerade zu bekämpfen gilt.

---

736 Deutsche AIDS-Hilfe e.V., 1995 (a), S. 50 ff.

737 OLG Hamm, NStZ 1992, S. 52; Blau, JR 1992, S. 215; Nix, NStZ 1992, S. 559.

738 Deutsche AIDS-Hilfe e.V., 1995 (a), S. 11 ff.

739 Der Rechtsanspruch hierauf ergibt sich aus § 5 Abs. 2 StVollzG, wobei einige die Pflicht zur Unterrichtung des Gefangenen bereits als erfüllt ansehen, wenn ihm ein Exemplar des StVollzG und der Hausordnung ausgehändigt worden ist, vgl. Calliess/Müller-Dietz, StVollzG, § 5 Rn. 3; oder ihm der Gesetzestext z.B. in der Bücherausleihe dauerhaft zur Verfügung steht, vgl. OLG Celle, NStZ 1987, S. 44.

740 Deutsche AIDS-Hilfe e.V., 1995 (b), S. 56 f.

741 WHO/Pompidou-Gruppe des Europarats, S. 16.

Gefangene erleben die Zeit in Haft zumeist wie einen zähen Fluss ohne jede Abwechslung[742]. Wenngleich ein häufiger Gedanke derjenige nach baldiger Freilassung sein dürfte, findet eine konkrete Beschäftigung hinsichtlich der Erfordernisse für die Bewältigung des Alltags in Freiheit nur selten statt. Es gibt sicherlich viele Gründe, weshalb die Entlassung nur unzureichend oder kaum vorbereitet wird: Gefangene wissen oft nicht, wie man welche Leistungen beantragt und wie lange die Bearbeitung von Anträgen dauert, oder sie verlassen sich darauf, dass ihnen dies – etwa durch den Bewährungshelfer - abgenommen wird[743]. Hinzu kommt, dass der Alltag in einer Vollzugsanstalt überwiegend lethargisch und passiv macht, der Sozialdienst wegen Personalmangels überlastet ist und es erhebliche Kommunikationsprobleme zwischen den Mitarbeitern des Sozialdienstes und den Gefangenen gibt[744]. Angst vor Rückfälligkeit und/oder erneutem Betäubungsmittelkonsum können zudem gegenüber anstaltsinternen Sozialarbeitern nur schwer geäußert werden, da diese für die Sozialprognose und für die Stellungnahmen im Hinblick auf Lockerungen zuständig sind. Deshalb kommt externen Helfern ein hoher Stellenwert als Ansprechpartner bei der Vorbereitung der Entlassung zu. Diverse Institutionen, allen voran die Deutsche AIDS-Hilfe e.V. gibt in ihren zahlreichen Broschüren einen Überblick über die wichtigsten Unterstützungsleistungen rund um die Haftentlassung und Haftnachsorge insbesondere bei (ehemals) betäubungsmittelabhängigen Gefangenen[745].

Wie auch bei älteren Menschen, stellt sich im Rahmen der Entlassungsvorbereitung von kranken Menschen die Frage der Wohnsituation nach der Entlassung, zumal der Nachweis einer angemessenen Wohnmöglichkeit zu den wichtigsten Voraussetzungen einer vorzeitigen Haftentlassung gehört[746]. Menschen mit HIV/AIDS erhalten von den jeweiligen Wohnungsämtern in der Regel einen Wohnberechtigungsschein mit Dringlichkeit für eineinhalb Zimmer. Mit einem ärztlichen Attest, aus dem hervorgeht, dass man bald auf eine Pflegeperson angewiesen sein wird, werden zwei Zimmer als Wohnbedarf anerkannt und auf dem Wohnberechtigungsschein vermerkt[747]. Verschiedene örtliche Einrichtungen bieten kostenlose Hilfe bei der Vermittlung von Wohn-

742 Lang, S. 155.

743 Ebd.

744 Lang, S. 155 f.

745 Etwa zu den Fragen eines fehlenden oder abgelaufenen Personalausweises/Reisepasses, der Beantragung einer Lohnsteuerkarte beim Einwohnermeldeamt sowie des Sozialversicherungs-Nachweisheftes, Klärung der Ansprüche auf Weiterführung der gesetzlichen Krankenversicherung oder auf Arbeitslosengeld, Überprüfung der Vorversicherungszeit im Falle eines Rentenantrages usw.; vgl. zum Ganzen nur Lang, S. 155 ff.

746 Siehe Teil 1 D. III.; Schönke/Schröder-*Stree*, StGB, § 57 Rn. 17.

747 Die Anträge hierfür sind in der Regel beim Amt für Wohnungswesen oder beim Sozialamt zu stellen.

raum an, so etwa Sozialmakler[748], Gefangenenhilfsorganisationen und auch einige lokale AIDS-Hilfen[749]. Manche Kommunen halten neben Sozialwohnungen ein besonderes Kontingent an Wohnungen für gesundheitlich eingeschränkte oder anderweitig benachteiligte Personen vor[750]. In vielen Großstädten gibt es betreute Wohnprojekte, so von Trägern der Drogenhilfe (z.B. für Substituierte) oder von Einrichtungen zur Versorgung von chronisch Kranken. Ziel der Betreuung ist die Verbesserung und Stabilisierung der Lebenssituation der Bewohner [751]. Gefangene, denen etwa im Zuge der Entlassungsvorbereitung gemäß § 15 Abs. 3 StVollzG Urlaub gewährt wird, können sich in dieser Zeit selbst um eine Wohnung bemühen[752]. Häufig gelingt es nicht, eine Wohnung zu finden, die sofort nach der Haftentlassung beziehbar ist oder es gelingt nicht, in einer angemieteten Wohnung ohne Hilfe zurechtzukommen. Um in solchen Fällen eine belastende Wohnsituation zu vermeiden[753], gilt es, die bestmögliche Unterkunft auszuwählen und beim Sozialamt die Kostenübernahme zu klären[754].

Gefangene schrittweise in das Leben in Freiheit hineinfinden zu lassen, indem man ihnen für das jeweils zu Erledigende Urlaub gewährt, ist zweifellos günstiger, als sie in eine Vielzahl ungeregelter Angelegenheiten zu entlassen.

Bereits an AIDS erkrankte Häftlinge sollten angesichts einer möglicherweise verkürzten Lebenszeit schnell wieder aus der Haft entlassen werden. Dies gelingt häufig durch das Schaffen von Voraussetzungen für eine günstige Prognose. Dazu gehören neben dem zuvor angesprochenen Nachweis einer Wohnmöglichkeit, etwa die Stel-

---

748 Z.B. die ZIK (Zuhause im Kiez) gGmbH akquiriert berlinweit Wohnungen, die an HIV-infizierte und an AIDS erkrankte Menschen vermittelt bzw. weiter vermietet werden. Die Bewohner leben in den Häusern eigenständig. Das betreute Einzelwohnen richtet sich an Menschen mit chronischer Erkrankung, wie z.B. HIV-Infektion, AIDS-Erkrankung oder chronischer Hepatitis, die vorübergehend eine psychosoziale Unterstützung benötigen, um ein selbständiges Leben in der eigenen Wohnung führen zu können. Grundlage der Betreuung sind die §§ 39 oder 72 des Bundessozialhilfegesetzes (BSHG). Beratung und Betreuung finden in den Wohnungen der Betroffenen bzw. in Beratungsräumen von ZIK statt, http://www.zik-gmbh.de.

749 Lang, S. 155 (159).

750 Ebd.

751 Besonders hervorzuheben ist etwa das von der Deutschen AIDS-Stiftung geförderte größte betreute Wohnprojekt in Berlin „Reichenberger Straße" für Menschen mit HIV/AIDS, Deutsche AIDS-Hilfe e.V., 1997.

752 Vgl. Böhm, S. 210 Rn. 398. Für Haftentlassene sind Einzelzimmer als Rückzugsmöglichkeit besonders wichtig. Sie müssen sich schließlich erst wieder an das extramurale Leben und das Zusammenleben mit anderen gewöhnen. Ein Start in einem Mehrbettzimmer könnte außerdem ein Gefühl der Chancenlosigkeit erzeugen oder verstärken, vgl. Blau, 1999, S. 497 (507 ff., 510).

753 z.B. in Obdachlosenwohnheimen oder Übernachtungsplätze der Krisenhilfe für Drogenabhängige.

754 Bei mehrfach belasteten Menschen (z.B. HIV-infiziert, substituiert und obdachlos) gewährt das Sozialamt die Unterbringung in Einzelzimmern. Je nach Sachbearbeiter ist dafür ein ärztliches Attest (z.B. vom Haftarzt) oder eine Stellungnahme der psychosozialen Begleitung des Substituierten nötig.

lungnahme des Sozialdienstes der JVA oder eines freien Trägers, die Gesundheitsprognose des anstaltsärztlichen Dienstes, eine begonnene Substitutionsbehandlung sowie ein unterstützendes soziales Netz[755].

Zur Vorbereitung auf das Leben in der freien Gesellschaft gehört auch und gerade die emotionale Betreuung - eine Aufgabe, für die sich externe Helfer eignen[756]. Im offenen Gespräch können Ängste vor einem Scheitern der Resozialisierungsbemühungen thematisiert, Strategien zum Umgang mit erwartbaren Schwierigkeiten (z.B. bei Amtsgängen) und emotionalen Einbrüchen entwickelt werden. Bei nicht urlaubsberechtigten Gefangenen empfiehlt sich das Angebot, sie am Entlassungstag bei Behördengängen zu begleiten[757]. Wichtig ist für HIV-Infizierte und AIDS-Kranke deshalb, sie bereits in der Haft mit Adressen von Hilfseinrichtungen und Selbsthilfegruppen zu versorgen und entsprechende Kontakte zu vermitteln. Unterstützt werden sollte – wie auch bei älteren Insassen - die Aufnahme von Kontakten zu Angehörigen und Bekannten. Bei der Entwicklung positiver Perspektiven zu helfen, bedeutet aber nicht, allen Vorstellungen oder Haltungen des Betreuten zuzustimmen. Vielmehr gilt es, auch eigene Sichtweisen einzubringen, seinem Gegenüber Alternativen aufzuzeigen und es ihm zu ermöglichen, Fehleinschätzungen zu korrigieren.

Dem Wunsch vieler Drogenabhängiger nach einer Substitutionsbehandlung bereits in Haft[758] wird in den meisten Haftanstalten zumindest einiger Bundesländer[759] immer häufiger entsprochen - dies vor allem im Vorfeld der Entlassung[760]. In der Regel muss die Substitution durch eine qualifizierte Fachkraft der Drogenhilfe begleitet werden. Oft kann eine Substitution erst dann begonnen werden, wenn eine schriftliche Bestätigung der psychosozialen Beratungsstelle über die Aufnahme oder die Fortführung einer psychosozialen Betreuung vorliegt[761]. Einrichtungen der Drogenhilfe, die psychosoziale Begleitung zur Substitution anbieten, sind allerdings oft überlastet und reagieren auf briefliche Anfragen zögerlich. Aufgabe ehrenamtlicher Helfer kann es daher sein, Kontakt zu den jeweiligen Einrichtungen aufzunehmen und sich darum zu küm-

---

755 Vgl. BVerfG v. 19.04.2006 – 2 BvR 818/059, wonach die Kontaktpflege zu Angehörigen und anderen den Gefangenen nahestehenden Personen ist während der gesamten Haftzeit zu fördern und insbesondere bei Verlegungen zu berücksichtigen ist.

756 WHO/Pompidou-Gruppe des Europarats, S. 16 f.

757 Böhm, S. 206 ff., Rn. 392 ff.

758 Die Substitution in Haft wird geregelt durch das BtMG, die BtMVV und die Richtlinien der Bundesärztekammer zur substitutionsgestützten Behandlung Opiatabhängiger. Nicht verbindlich sind die BUB-Richtlinien (Richtlinien über die Bewertung ärztlicher Untersuchungs- und Behandlungsmethoden), weil sie die Substitution im kassenärztlichen System regeln, Strafgefangene aber nicht als solche gesetzlich krankenversichert sind. Einige Bundesländer beziehen sich jedoch auf sie. Auf ihrer Grundlage haben die meisten, die schon vor der Haft substituiert wurden, eine Indikation erhalten. Am 28.10.2002 wurden neue BUB-Richtlinien verabschiedet. Die gesetzliche Krankenversicherung finanziert die Substitution seither auch dann, wenn keine weitere Erkrankung - z.B. eine Hepatitis-C- oder HIV-Infektion – vorliegt.

759 Etwa Hessen, Nordrhein-Westfalen, Niedersachsen und Berlin.

760 Vgl. Körner BtmG, § 13 Rn. 84 und § 35 Rn. 105.

761 Kassenärztliche Vereinigung Berlin, S. 76.

mern, dass die schriftliche Bestätigung rasch ausgestellt wird. Erforderlich sind außerdem eine schriftliche Stellungnahme der Beratungskommission der zuständigen Landesärztekammer, die Kooperation mit einem niedergelassenen Arzt zur Sicherstellung der Substitution nach der Haftentlassung, Vereinbarung eines Arzttermins am Tag nach der voraussichtlichen Entlassung und intensive Unterstützung bei der psychosozialen Reintegration[762]. Das zur Substitution eingesetzte Medikament unterdrückt zwar den „Heroinhunger", trotzdem kommt es in den ersten Wochen außerhalb der Haftanstalt häufig zu riskantem Beigebrauch von Kokain, Medikamenten oder Alkohol. Die in solchen Phasen notwendige Krisenintervention und psychosoziale Unterstützung kann in der Regel nur durch Fachkräfte entsprechender Einrichtungen geleistet werden[763]. Ehrenamtliche können dabei nur bestimmte Aufgaben übernehmen, sofern sie in die Einrichtung eingebunden sind und Absprachen zwischen Ehren- und Hauptamtlichen getroffen werden[764].

Mit der Haftdauer steigen auch die Schwierigkeiten, sich wieder an das gesellschaftliche Leben und die Anforderungen des Alltags zu gewöhnen. Das betrifft z.B. das Sorgen für ausreichende Ernährung, Hygiene und Kleidung, die sinnvolle Nutzung freier Zeit, den Umgang mit Konsumanreizen und das Einteilen des Geldes. Bei langjähriger Drogenabhängigkeit verlieren diese Aspekte des Lebens häufig an Bedeutung, so dass kaum noch „Alltagsroutinen" vorhanden sind, die reaktiviert werden könnten. Während in der Haft alles „automatisch" lief, ist extramural ein hohes Maß an Eigeninitiative gefordert um mit der Vielzahl der Möglichkeiten und Herausforderungen umgehen zu können, die – den entsprechenden Willen unterstellt – viele nicht zu leisten imstande sind[765]. Viele Haftentlassene haben in den ersten Tagen das Gefühl, verlorene Zeit aufholen zu müssen, und verspüren großen Tatendrang. Planmäßig konzentrieren sie sich auf existentiell wichtige Aufgaben: Behördengänge, Arzt- und Beratungsstellenbesuche. Freizeitaktivitäten, von denen man in der erlebnisarmen Haftzeit geträumt hatte, werden bisweilen erst einmal aufgeschoben. Nach einigen Tagen stellen einige dann fest, dass zwar schon viel beantragt, aber erst wenig genehmigt bzw. geklärt ist, und sie mit dem Existenzminimum auf der untersten gesellschaftlichen Stufe leben müssen. Die Versuchung, dies durch Straftaten zu ändern oder der Realität mittels Drogen zu entfliehen, ist groß[766]. Der Haftnachsorge, sozialrechtlichen Beratung, psychosozialen Begleitung bei Substitution, suchtbegleitenden Arbeit und Vermittlung in betreutes Wohnen, Arbeitsprojekte oder therapeutische Einrichtungen durch professionelle Mitarbeiter der jeweiligen Dienste unter Einbeziehung ehrenamtlicher Helfer kommt daher ein enstprechend hoher Stellenwert zu[767].

762 Körner, BtMG, § 13 Rn. 84.

763 WHO/Pompidou-Gruppe des Europarats, S. 16 f.

764 Körner, BtMG, § 13 Rn. 84.

765 Böhm, S. 208 ff. Rn. 395 ff.

766 Lang, S. 155 (165), WHO/Pompidou-Gruppe des Europarats, S. 16 f.

767 Lang, S. 155 (166). Sie können z.B. Hilfestellung bei Behördengängen, emotionale Unterstützung insbesondere in Krisensituationen oder Unterstützung beim (Wieder-) Aufbau eines sozialen Netzes geben sowie die Bereitschaft fördern, in Krisen zu professionellen Hilfesystemen Kontakt aufzunehmen

D. Zusammenfassung

Der zweite Teil der Arbeit widmet sich mit sterbenskranken Insassen, insbesondere den HIV-Infizierten und an AIDS-Erkrankten, einer Insassenpopulation, die aufgrund ihrer Krankheit und des mit ihr einhergehenden medizinischen und pflegerischen Betreuungsaufwandes im Vollzug Parallelen zu der im ersten Teil der Arbeit behandelten älteren Insassen[768] aufweist.

Zur Erläuterung dieses besonderen Bedarfs wurden zunächst medizinische Apekte der Epidemiologie, der Übertragungswege, der Virologie, der Infektionsdiagnostik und des Krankheitsverlaufs dargestellt[769]. Die Behandlung der HIV-Infektion hat in den letzten Jahren eine rasante Entwicklung erlebt[770]. Die Beschreibung der gängigen Therapieformen beschränkte sich daher vorwiegend auf die am meisten verbreitete antiretrovirale Therapie[771], die durch Kombination verschiedener medikamentöser Substanzen auf eine Hemmung der Virusentwicklung in verschiedenen Phasen seines Infektionszyklus abzielt und damit zu einer Erholung des Immunsystems der Betroffenen beiträgt. Heilung in dem Sinne, dass das Virus vollständig zerstört wird, kann weder mit der antiretroviralen, noch mit einer anderen Therapie bislang erreicht werden, so dass nach heutiger Erkenntnis an AIDS-Erkrankte zu einem absehbaren Zeitpunkt an einer der opportunistischen Krankheiten sterben werden[772].

Vor diesem Hintergrund galt es im Weiteren anhand empirischen Untersuchungsmaterials der Frage nach der Anzahl der HIV-Infizierten bzw. an AIDS-Erkrankten im deutschen Strafvollzug nachzugehen. Aufgrund des aus Datenschutzgründen wenigen zur Verfügung stehenden Materials konnte insoweit lediglich ein nicht repräsentativer Überblick gewonnen werden[773]. Die Zahlenangaben reichen von 1,0 bis 2,8 % bei männlichen und 1,5 bis 8,0 % bei weiblichen Inhaftierten, wobei die Höchstzahlen wohl nur in den Justizvollzugsanstalten der Großstädte ermittelt werden, bedingt durch die dort höhere Anzahl intravenös Drogengebrauchender, die im Vollzug den weitaus größten Anteil HIV-Infizierter bilden[774].

Die anschließende Skizzierung und Analyse des Vollzugsalltages bei vorliegender HIV-Infektion bzw. AIDS-Erkrankung erfolgte, entsprechend der Darstellung im ersten Teil der Arbeit, anhand der einzelnen Haftphasen[775].

---

768 Die Parallelität beider Gruppen zeigt sich etwa bei Ausstattung und Zugänglichkeit von Hafträumen, Diagnostik und Kompetenz des Vollzugspersonals hinsichtlich des Umgangs mit derartigen Gefangenen, vgl. Teil 1 D., Teil 2 C. sowie ausdrücklich Görgen/Greve, BewHi 2005, S. 116 (121, Fn. 2).

769 Vgl. Teil 2 A. I.-V.

770 Vgl. AIDS-Hilfe Köln e.V., S. 4 ff.

771 Vgl. Teil 2 A. VI.

772 Vgl. zum Krankheitsverlauf im Einzelnen Teil 2 A. V.

773 Vgl. Teil 2 B.

774 Stöver, 2002, S. 44; Jacob/Keppler/Stöver, S. 87; Albota, S. 8.

775 Vgl. Teil 1 D. sowie Teil 2 C.

So wird die Haftantrittsphase auch von kranken Menschen in mannigfacher Weise erlebt, je nachdem ob der Inhaftierte von seiner Krankheit weiß oder dies im Rahmen der ersten Inhaftierungsphase erfährt und ob, bzw. gegebenenfalls welche Hafterfahrungen (mit und ohne Wissen um die Krankheit) der Betroffene bereits gemacht hat[776]. Gerade dieser Aspekt des Vollzugsalltages offenbarte die Bedeutung der ärztlichen Schweigepflicht und führte zu der Frage, wann und in welchem Umfang eine Durchbrechung der ärztlichen Schweigepflicht gerechtfertigt ist. Dabei sollte auch bei Übermittlung von Patienteninformationen betreffend die HIV-Infektion bzw. AIDS Erkrankung mit Blick auf das als vertrauensvoll zu kennzeichnende Arzt-Patienten-Verhältnis nur in Ausnahmefällen der Fall sein.

Im Zusammenhang mit der mittleren Haftphase wurde deutlich, dass eine objektive und/oder subjektive Ungleichbehandlung von HIV-positiven Inhaftierten nach wie vor im Bereich des Arbeitseinsatzes[777] festgestellt werden kann, obgleich dies weder notwendig, noch rechtlich oder gar medizinisch indiziert ist[778]. Ferner handelt es sich bei Insassen mit HIV und AIDS um Gefangene mit besonderen Erfordernissen im Bereich der Gesundheitsfürsorge. Untersuchungen zeigen, dass dem medizinischen, pflegerischen und psychosozialen Betreuungsbedarf mit Blick auf individuellen Krankheitsverlauf sowie mit AIDS assoziierten Krankheiten und Einschränkungen, von Ausnahmefällen abgesehen, kaum Rechnung getragen wird[779]. Gründe hierfür liegen, entsprechend der Untersuchungsergebnisse im ersten Teil der Arbeit, in der teilweise mangelnden baulichen Konzeption sowie hauptsächlich der Vollzugsorganisation.

Die besondere Betrachtung der Risikogruppe der Betäubungsmittelabhängigen als mittlerweile größte Gefangenengruppe mit HIV/AIDS offenbarte in diesem Zusammenhang das Erfordernis, sich mit Präventionsmaßnahmen und Fragen der Risikominderung auseinanderzusetzen[780]: Dabei zeigte sich, dass Drogentherapie im offenen Vollzug unter zusätzlicher Betreuung durch Sozialarbeiter externer Beratungsstellen zu einer verminderten Rückfallgefahr führen. In Anbetracht dessen sollten die bisher erstellten Richtlinien und Standards für die Substitution und die psychosoziale Betreuung auch im Strafvollzug Beachtung finden. Neben der Prophylaxe durch Beratung wurden auch die Drogenabhängigkeit und Homosexualität akzeptierenden Ansätze, die sich in der Abgabe von Kondomen, Desinfektionsmitteln, Spritzen und kontrollierter Drogenabgabe niederschlagen, als mögliche Strategien zur Risikominderung und Verbesserung der Gesundheitssituation im Justizvollzug für vertretbar und sinnvoll erachtet. Insoweit ist jedoch im Vollzugsalltag noch ein weiter Spielraum gegeben, was die voll

776 Vgl. Teil 2 C. I.

777 Im Bereich der Teilnahme an Freizeitangeboten, der Gewährung individueller Vollzugslockerungen sowie Maßnahmen der Entallsungsvorbereitung, speziell der Übernahme in den offenen Vollzug, spielt eine HIV-Infektion heute offenbar nur noch selten eine Rolle, vgl. Teil 2 C. II. 1. b. und c. sowie III.

778 Vgl. Teil 2 C. II. 1. a.

779 Vgl. Teil 2 C. II. 2. a. c. und d.

780 Vgl. Teil 2 C. II. 2. b.

von übertriebenen Bedenken[781] freie Ausschöpfung der gegebenen Möglichkeiten betrifft.Ungeachtet der Tragweite der Schwierigkeiten innerhalb des Justizvollzuges – speziell der Ansteckungsrisiken mit HIV[782] - fanden die Justizvollzugsanstalten in der Gesundheitspolitik und -prävention bisher allerdings kaum Beachtung.

Die Analyse des Beziehungsgeflechts zwischen infizierten/erkrankten und gesunden Inhaftierten einerseits sowie infizierten/erkrankten Inhaftierten und Vollzugsbediensteten andererseits wurde sodann deutlich, dass der Strafvollzug nicht nur der besonderen Situation der kranken Insassen, sondern auch der Angst der Mitgefangenen als auch deren Anspruch auf bestmögliche Schutzmaßnahmen vor einer Ansteckung gerecht werden muss. In der in diesem Zusammenhang geführten Diskussion um die Einzelzellenproblematik zeigte sich jedoch aufgrund der besonderen psychischen Situation der HIV-Infizierten bzw. an AIDS-Erkrankten, die Ambivalenz dieser Forderung.

Die Betrachtung des Vollzugsalltags sowie der Perspektiven der Integration nach der Entlassung offenbart auch für die Gruppe der HIV-Infizierten bzw. an AIDS-Erkrankten das Erfordernis verbesserter Entlassungsbedingungen mit Blick auf die frühzeitige Einbidung externer Stellen.

781 "Übertrieben" scheint meines Erachtens z.B. die Ansicht Dargels, der die Verteilung von Kondomen kritisch betrachtet, da man sich damit einerseits die Kenntnis homosexueller Praktiken im Vollzug eingestehen müsste und noch dazu fördern würde, andererseits, weil mittels Kondomen Drogen in den Vollzug eingeschmuggelt werden könnten. Dargel, NStZ 1989, S. 207.

782 Aufgabe der staatlichen Gewalt kann es nämlich nur sein, die dem besonderen Gewaltverhältnis unterworfenen Strafgefangenen im Rahmen der bestehenden gesetzlichen Ordnung vor erkennbaren Gefahren in Bezug auf die Ansteckung mit lebensbedrohlichen Erkrankungen zu schützen, LG Bonn, NStZ 1987, S. 141.

„Das Leben kann nur in der Schau nach rückwärts verstanden, aber nur in der Schau nach vorwärts gelebt werden."

Sören Kierkegaard

Teil 3 Herausforderungen an den Strafvollzug

Gleichwohl der demographische Wandel in der Strafrechtspflege im Vergleich zur Bevölkerungsentwicklung deutlich langsamer abläuft, hat die Zahl der Älteren in den amtlichen Kriminalitäts- und Rechtspflegestatistiken in den vergangenen Jahren überproportional zugenommen. Auch die Anzahl der sterbenskranken Insassen, insbesondere der HIV-infizierten und an AIDS-erkrankten im Strafvollzug, weitet sich aus. Mit der Zunahme beider Gruppierungen gehen Herausforderungen einher, die zunächst eine Beurteilung der gesetzlich normierten Vollzugsaufgaben und -ziele unter besonderer Berücksichtigung der zunehmend sich verringernden Restlebenszeit erforderlich machen. Im Anschluss wird der Frage nach der Angemessenheit freiheitsentziehender Sanktionen insofern nachgegangen, als Alternativen in der Vollzugspraxis gegenüber älteren und sterbenskranken Menschen erörtert werden. Abschließend werden, da die Zuwächse nicht ohne Auswirkungen auf den Justizvollzug bleiben werden, Ansätze für einen sinnvollen Umgang mit älteren und sterbenskranken Insassen aufgezeigt und diskutiert.

A. Aufgabe und Ziel des Vollzuges

Jegliches Handeln im Vollzug muss die Vorgaben des StVollzG berücksichtigen. Dies sind namentlich die in § 2 StVollzG vorgegebenen Aufgaben und die in § 3 StVollzG vorgegebene Gestaltung des Vollzuges.

Den Anforderungen an einen verfassungsmäßigen Strafvollzug trägt das StVollzG nach Auffassung des BVerfG durch § 2 S. 1 StVollzG Rechnung[783]:

§ 2 Aufgaben des Vollzuges

Im Vollzug der Freiheitsstrafe soll der Gefangene fähig werden, künftig in sozialer Verantwortung ein Leben ohne Straftaten zu führen (Vollzugsziel). Der Vollzug der Freiheitsstrafe dient auch dem Schutz der Allgemeinheit vor weiteren Straftaten.

Im Justizvollzug soll folglich eine Behandlung im Sinne einer Resozialisierung durchgeführt werden. Die Vorschrift gebraucht zwar nicht den Begriff der „Resoziali-

783 BVerfGE 45, S. 187 (239).

sierung", es heißt hier aber: Die Gefangenen sollen im Vollzug fähig werden, „künftig in sozialer Verantwortung ein Leben ohne Straftaten zu führen". Wenn § 2 StVollzG von einem „Leben ohne Straftaten" spricht, so kann das kaum wörtlich gemeint sein. Auch Menschen, die während ihres Lebens mit der Strafjustiz niemals in Berührung kommen, führen in der Regel kein Leben, in dem sie niemals mit dem Gesetz in Konflikt geraten. Vergehen, wie etwa Beleidigung, Steuerhinterziehung, üble Nachrede, Erschleichen der Beförderung in öffentlichen Verkehrsmitteln etc. begeht fast jeder Bürger irgendwann in seinem Leben. Das Vollzugsziel bedarf daher grundsätzlich einer gewissen Modifizierung: Nach Böhm[784] ist auf ein Leben ohne erhebliche Straftaten hinzuarbeiten. Feest[785] sieht schon in der Verminderung der Rückfallhäufigkeit im Einzelfall einen Erfolg. Darüber hinaus gilt es für alle diese Ansätze gleichermaßen, der Komplexität des Resozialisierungsziels gerecht zu werden: Neben der bloßen Legalbewährung beinhaltet es die umfassende Chance des Gefangenen auf Wiedereingliederung in die Gesellschaft. So hat das Bundesverfassungsgericht in seinem so genannten Lebach-Urteil die Resozialisierung dahingehend umschrieben, dass darunter die Summe der Bemühungen zu verstehen ist, „dem Gefangenen Fähigkeit und Willen zu verantwortlicher Lebensführung zu vermitteln; er soll es lernen, sich unter den Bedingungen einer freien Gesellschaft ohne Rechtsbruch zu behaupten, ihre Chancen wahrzunehmen und ihren Risiken zu bestehen"[786]. Und auch der Europarat formuliert in den Europäischen Strafvollzugsgrundsätzen[787] von 1987, Nr. 3: Ziel des Vollzuges soll es sein, den Gefangenen zu helfen, „nach ihrer Entlassung in die Gesellschaft zurückzukehren mit der besten Chance, ein rechtschaffenes und selbständiges Leben zu führen"[788]. Görgen und Greve gebrauchen daher zu Recht alternativ die Begrifflichkeiten der „Sozialisierung" und „Nachsozialisierung"[789].

Gleichzeitig dient der Vollzug der Freiheitsstrafe nach § 2 S. 2 StVollzG auch dem Schutz der Allgemeinheit vor weiteren Straftaten. Den hierdurch auf den ersten Blick erscheinenden „Zielkonflikt" zwischen den beiden Ansätzen löst die herrschende Meinung dadurch, dass sie in § 2 S. 2 StVollzG eine im einzigen Vollzugsziel nach § 2 S. 1 StVollzG bereits enthaltene Aufgabe des Strafvollzugs erblickt[790]. Das Bundesverfassungsgericht hat die „Resozialisierung oder Sozialisation als das herausragende Ziel namentlich des Vollzugs von Freiheitsstrafen" bezeichnet und ihr dadurch Verfassungsrang zugesprochen[791]:

---

784 Schwind/Böhm/Jehle-*Böhm*, StVollzG § 2 Rn. 13.

785 AK-StVollzG-*Feest*, § 2 Rn. 8.

786 BVerfGE 35, S. 202 (235).

787 Europarat Recommendation No. R(87)3 vom 12.02.1987.

788 Zur Verpflichtung, auch bei Strafgefangenen, die eine lebenslange Freiheitsstrafe verbüßen, auf deren Resozialisierung hinzuwirken: BVerfG, NStZ 1996, S. 614.

789 Görgen/Greve, BewHi 2005, S. 116 (124).

790 Kaiser/Schöch, § 5 Rn. 10; Calliess/Müller-Dietz, StVollzG, § 2 Rn. 1.

791 BVerfGE 35, S. 202 (235). Der Begriff der Resozialisierung ist in der Wissenschaft insoweit Gegenstand wiederholter Kritik gewesen, als dass man darauf hinwies, dass bei den meisten Strafgefangenen nicht von einer Re-Sozialisation, sondern vielmehr von einer Ersatz-Sozialisation gesprochen werden müsse; vgl. Kaiser/Schöch, § 6 Rn. 12 m.w.N.

„Vom Täter aus gesehen erwächst das Interesse an der Resozialisierung aus seinem Grundrecht aus Art. 2 Abs. 1 in Verbindung mit Art. 1 GG. Von der Gemeinschaft aus betrachtet verlangt das Sozialstaatsprinzip staatliche Vor- und Fürsorge für Gruppen der Gesellschaft, die auf Grund persönlicher Schwäche oder Schuld, Unfähigkeit oder gesellschaftlicher Benachteiligung in ihrer persönlichen und sozialen Entfaltung behindert sind; dazu gehören die Gefangenen und die Entlassenen"[792].

Zum anderen folgt der Verfassungsrang aus dem unmittelbaren Interesse der Gesellschaft daran, dass der Täter nicht wieder rückfällig wird und seine Mitbürger oder die Gemeinschaft schädigt[793].

Die Ausformung dieses in § 2 StVollzG festgeschriebenen Vollzugsziels gestaltet sich nach den Vollzugsgrundsätzen des § 3 StVollzG:

§ 3 Gestaltung des Vollzuges

(1) Das Leben im Vollzug soll den allgemeinen Lebensverhältnissen soweit als möglich angeglichen werden.

(2) Schädlichen Folgen des Freiheitsentzuges ist entgegenzuwirken.

(3) Der Vollzug ist darauf auszurichten, dass er dem Gefangenen hilft, sich in das Leben in Freiheit einzugliedern.

Es handelt sich dabei um Minimalbedingungen, die die Vollzugsbehörden bei der Gestaltung der Organisation und der sozialen Prozesse des Vollzuges zu beachten haben[794]. Wenn § 3 Abs. 1 StVollzG die Vollzugsbehörden verpflichtet, das Leben im Strafvollzug den allgemeinen Lebensverhältnissen soweit als möglich anzupassen, konkretisiert diese Vorschrift das Vollzugsziel des § 2 S. 1 StVollzG[795]. Der Gesetzgeber wollte hierdurch offenbar den aus früheren Vollzugsprinzipien ableitbaren sterilen Eigenheiten des Vollzugsalltages Einhalt gebieten[796].

Aus dem Resozialisierungsziel folgt, dass der Gefangene nicht lediglich verwahrt werden darf. Dies konkretisiert sich in dem Behandlungsauftrag, den der Strafvollzug

---

792 BVerfGE 35, S. 202 (236) – die Auffassung des Bundesverfassungsgerichts ist durchaus richtig, aber eine Fürsorge über das Sozialhilfemaß hinaus, d.h. eine Privilegierung von Straftätern, kann daraus nicht resultieren. Neben der sozialstaatlichen Verankerung der Resozialisierung weist das BVerfG hier auf deren individuelle Komponenten, die Menschenwürde und das allgemeine Persönlichkeitsrecht hin. Denn das Sozialstaatsprinzip allein verpflichtet nur den Gesetzgeber zur Herstellung sozialer Gerechtigkeit, begründet jedoch keine individuellen Leistungsansprüche.

793 BVerfGE 35, S. 202, (236).

794 Mênil, S. 86.

795 Vgl. Calliess/Müller-Dietz, StVollzG, § 3 Rn. 1.

796 Vgl. Schwind/Böhm/Jehle-*Böhm*, StVollzG, § 3 Rn. 4 mit Beispielen.

gegenüber dem Strafgefangenen hat[797]. Die Ausgestaltung des Vollzuges muss sich daher an dem Anspruch orientieren, die sozialen Defizite des Gefangenen auszugleichen und ihn aus seiner kriminellen Vergangenheit zu lösen, um ihm Hilfen für sein späteres Leben in Freiheit an die Hand zu geben, § 3 Abs. 3 StVollzG. Der hierin ausgedrückte Integrationsgrundsatz bezieht sich auf das Vollzugsziel in § 2 S. 1 StVollzG. Während dieses die Aufgabe des Vollzuges definiert, begründet § 3 Abs. 3 ergänzend und weitergehend eine Verpflichtung der Vollzugsbehörden, für die Einlösung des Vollzugsziels Gewähr zu tragen[798]. Dadurch wird sichergestellt, dass sich bei Zielkonflikten nicht automatisch der traditionell übermächtige Sicherungsgedanke durchsetzt[799]. Hierzu äußert sich Böhm kritisch, der ausführt, dass die alleinige Beachtung der Gestaltungsgrundsätze nicht genüge, um das Vollzugsziel zu erreichen[800]. Soweit der Angleichung der Lebensverhältnisse Grenzen gesetzt sind, kommt es nach § 3 Abs. 2 StVollzG darauf an, den schädlichen Auswirkungen des Strafvollzuges entgegenzuwirken. Nach Kaiser/Schöch[801] ist in diesem Gegensteuerungsgrundsatz ein therapeutisches Minimalprogramm festgehalten, das zumindest versucht, die negativen Auswirkungen der Haft - so genannte Deprivationen, die in der Einschränkung der Verfügungsfreiheit über materielle Güter, im Entzug sexueller Beziehungen usw.[802] liegen können - auszugleichen.

Der mit Einführung des § 2 StVollzG erfolgten Festlegung auf einen Behandlungsvollzug folgt nach jahrzehntelanger Diskussion um dessen Realisierungsmöglichkeit und Klagen, wonach der Behandlungsvollzug tatsächlich zugunsten eines reinen Verwahrvollzuges vernachlässigt werde, politischerseits[803] wie auch insbesondere gesellschaftlich eine deutliche Abkehr vom Behandlungsdenken[804]. Dies verdeutlicht wie überaus umstritten bereits unter „normalen" Voraussetzungen die reale Möglichkeit der Resozialisierung von Straffälligen ist. Immer wieder wird gerade der kritischen Kriminologie Mitverantwortung für repressive Rückschwünge und reaktionäre Forderungen im Strafvollzug angelastet, weil etwa durch kritische Haltungen zu Behandlung dem neuen Retributivismus der „Steigbügel gehalten" werde[805]. So lassen sich auch nach Frehsee[806] mit Blick auf die kritischen Potentiale innerhalb des Strafrechtssys-

797 Vgl. allgemein etwa Kreuzer, ZfStrVo 2006, S. 136 ff; Schriever, ZfStrVo 2006, S. 262 ff.

798 Vgl. insoweit BVerfGE v. 27.09.2007 (Az. 2 BvR 725/07), wonach die Durchsetzung des Vollzugsziels der sozialen Integration ausdrücklich ein Zusammenwirken aller an der Resozialisierung Beteiligten erfordert. Die erforderlichen Maßnahmen müssen von Beginn an aufeinander abgestimmt und auch veränderten Verhältnissen immer wieder angepasst werden. Dies setzt eine gewisse Planung voraus.

799 LG Frankfurt, StV 1987, S. 301 (302).

800 Schwind/Böhm/Jehle-*Böhm*, StVollzG, § 3 Rn. 2.

801 Kaiser/Schöch, § 6 Rn. 72.

802 Vgl. Calliess/Müller-Dietz, StVollzG, § 3 Rn. 5 m.w.Bsp.

803 Von einzelnen Forderungen, dem Behandlungsvollzug neue Geltung verschaffen zu wollen, einmal abgesehen, vgl. Schriever, ZfStrVo 2006, S. 262.

804 Kreuzer, ZfStrVo 2006, S. 136 f.; Schriever, ZfStrVo 2006, S. 262; Skirl, ZfStrVo 2003, S. 283 f.

805 Haferkamp, KrimJ 1984, S. 112 ff.

806 Frehsee, KrimJ 2000, S. 242 ff.

tems, die Resozialisierung als Konzept gegen ein sich in der Übelzufügung erschöpfendes Vergeltungsstrafrecht und Rechtsstaatlichkeit als Konzept gegen ein bindungslos werdendes Zweck- und Präventionsstrafrecht zusammenfassen. Auch kritische Kriminologie müsste, so Frehsee weiter, eine Resozialisierungsorientierung des Strafrechts willkommen sein, soweit die Berücksichtigung kriminogener gesellschaftlicher Bedingungen eine Entlastung des Täters von der Alleinverantwortung zur Folge hat und resozialisierungsfeindliche, also rückfallfördernde Bedingungen zu einer geringeren Bestrafung führen können. Tatsächlich werde man fast alles, was an Rationalisierung, Humanisierung, Entschärfung, Abmilderung der strafrechtlichen Zugriffsstrenge im letzen Jahrhundert durchgesetzt worden ist, der Resozialisierungsreform gutschreiben müssen[807].

Die kritische Kriminologie hat dann allerdings frühzeitig die Kehrseite gesehen und betont, nämlich die Verselbständigung eines Sanktionierungszieles allgemeiner sozialer Anpassung und die daraus erwachsende Schwierigkeit der Begrenzung der Intervention, sowie die Subtilität und Subversivität der „sanften Kontrolle“[808]. Demgegenüber erscheint Rechtsstaatlichkeit als kompatibles Verbindungselement: Denn was kritische Kriminologen nicht immer im Blick haben ist, dass Strafrecht nicht nur die Aufgabe hat, den Zwang der Gesellschaft gegen den Normbrecher zu legitimieren, sondern auch zu limitieren[809]. Tatsächlich besteht die Leistung der Aufklärung in der Konzeption von Limitierung, indem insoweit nicht der Rechtsbrecher, sondern der strafende Staat unter die Herrschaft des Gesetzes gestellt und seine Strafgewalt durch strikte Rechtsbindung domestiziert werden soll[810]. Frehsee zeigt diese grundsätzlichen Verunsicherungen bzgl. der kriminalpolitischen Ausrichtung gerade auch angesichts der Reaktionen des Strafrechts auf gesellschaftliche Modernisierungsprozesse auf[811]: Dass der Resozialisierungsansatz den hochgesteckten Erwartungen nicht gerecht wurde, steht mittlerweile kaum noch in Frage[812].

Im übrigen irritieren Frehsee die unterschiedlichen Konzepte: von der Forderung nach radikalem Interventionsverzicht über die Gleichgültigkeit, wie sanktioniert wird oder aber die ausschließliche Absonderung der Gefährlichen durch collective oder selective incapacitation, während wiederum andere neoklassische Zuflucht bei den rechtsphilosophischen Ansätzen des 18. und 19. Jahrhunderts suchen[813]. So werden in

807 Frehsee, KrimJ 2000, S. 242 ff.

808 Siehe etwa Schumann, S. 371 (380).

809 Frehsee, KrimJ 2000, S. 242 ff.; vgl. hierzu auch Ostendorf, BewHi 2005, S. 57 (64 ff.).

810 Vormbaum, ZStW 1995, S. 735 (746).

811 Frehsee, 2003 (a), S. 253 (259 ff.).

812 So auch Hassemer, ZRP 2004, S. 93.

813 Frehsee, 2003 (a), S. 253 (259 m.w.N.); speziell auch Ostendorf, BewHi 2005, S. 57 (65 f.), der wie folgt formuliert: „Wir müssen auf kriminelle Unmoral und Unvernunft mit staatlicher Moral und Vernunft reagieren.(...) Ein vernünftiger und ethischen Prinzipien verpflichteter Staat muss alles daran setzen, mit möglichst geringen Interessenseinbußen – Strafen sind Rechtsgüterverletzungen beim Straftäter – die Rechtsordnung, die Sicherheit der Bürger zu wahren.“ Zur staatlichen Moral und Vernunft der Staats- und Rechtsphilosophien von Hobbes und Kant, vgl. Harzer, 1994.

der Praxis des Strafvollzuges Neigungen erkennbar, sich wieder mehr aufs Verwahren und Vergelten zu verlegen[814]: Die Beobachter sprechen von einer „konservativen Revolution im Knast", die die Anbahnung eines Rückbaus der Behandlungsansätze offenbar mache[815] - Beobachtungen, die mit Blick auf den Vollzug bei Betagten und/oder Sterbenskranken und faktisch verringerter Restlebenszeit besondere Bedeutung erlangen. Einen, mangels ausreichender Zukunftsperspektive, weder resozialisierungsfähigen noch –bedürftigen Gefangenen im Sinne positiver Spezialprävention in Haft halten zu wollen, empfindet Fiedeler daher als widersinnig[816]. Die Resozialisierungsaufgabe führt sich hier selbst ad absurdum, sollte sie die Fortdauer des Freiheitsentzuges rechtfertigen. Tatsächlich können nur noch Vergeltungszwecke, Abschreckung durch Statuierung eines Exempels und in Einzelfällen die Sicherung der Allgemeinheit vor Straftaten zur Begründung der Fortsetzung des Freiheitsentzuges dienen[817].

Der Resozialisierungsgedanke erscheint im Ergebnis für ältere Strafgefangene weitgehend, für Sterbenskranke bei nahem Tod sogar überhaupt ohne Bedeutung zu sein. Maßstab für die Vielzahl der Einzelentscheidungen, die auf der Grundlage des StVollzG getroffen werden, ist – trotz aller vorgenannten Diskussionen - nach wie vor der Resozialisierungsgedanke, der den Strafvollzug folglich vor große Herausforderung stellt.

Für die nähere Betrachtung des Resozialisierungsziels bei älteren Menschen, soll, wie bereits an anderer Stelle zuvor[818], zwischen den einzelnen Insassenkategorien unterschieden werden: Bei älteren Erstverbüßern, die in den meisten Fällen vor ihrer Inhaftierung sozial integriert waren, besteht mangels erhöhter Rückfallgefahr auch kein erhöhter Resozialisierungsbedarf. Alleinige Aufgabe des Behandlungsvollzugs soll daher nach Ansicht der von Schramke befragten Experten darin liegen, den potentiellen schädlichen Wirkungen dieses Strafvollzuges entgegenzuwirken[819]. Dies gilt jedoch nicht für die Erstverbüßer, bei denen altersbedingte Desozialisationsprozesse, psychische oder psychosoziale Veränderungen für die Begehung der Straftat mitursächlich waren. Diese Tätergruppe bietet in jedem Fall Ansatzpunkte für Behandlungskonzepte, sei es in Bezug auf die Tatverarbeitung oder die Aufarbeitung erkennbar Defizite. Bei älteren Gelegenheitsverbüßern ist dagegen eine Resozialisierung in der Regel nicht erforderlich bzw. mit den existierenden Behandlungskonzepten kaum möglich, da bei diesen mehrheitlich die negativen Folgen der Haft gegenüber den Erfolgen des Behandlungsvollzugs überwiegen. Chronische Straftäter, die bereits mehrmalige und mehrjährige Hafterfahrungen hinter sich haben und an diesen Maßnahmen offenbar gescheitert sind, werden mit an Sicherheit grenzender Wahrscheinlichkeit im höheren Alter erst recht nicht von den existierenden Behandlungskonzepten erreicht

814 Kritisch dazu Hassemer, ZRP 2004, S. 93.
815 Kamann, StV 1994, S. 459 (460).
816 Fiedeler, ZfStrVo 2003, S. 285 (286).
817 Fiedeler, ZfStrVo 2003, S. 285 (286).
818 Siehe Teil 1 C. und D.
819 Schramke, S. 341.

und beeinflusst werden können. Unabhängig von den unterschiedlichen Persönlichkeitsentwicklungen im Alter wird auf konkrete Behandlungsmaßnahmen mangels Erfolgsaussichten weitgehend verzichtet. Die Resozialisierungsbemühungen erschöpfen sich in diesen Fällen - sofern erforderlich - in sozialarbeiterischen Maßnahmen zur Sicherung der Unterkunft und des Lebensunterhalts nach der Entlassung.

Angesichts der Tatsache, dass auf Grund der Therapiemöglichkeiten die Krankheit AIDS erst sehr spät, wenn überhaupt, ausbricht, ist die Erreichung des Vollzugsziels bei HIV-Infizierten zumindest im Grundsatz[820] möglich. Je nach individuellem Krankheitszustand erschöpfen sich – wie auch bei älteren Erst-, Gelegenheits- oder chronischen Straftätern - die Resozialisierungsbemühungen in sozialarbeiterischen Maßnahmen zur Sicherung der Unterkunft und des Lebensunterhalts nach der Entlassung. Bricht die Krankheit AIDS aus, die nach derzeitigem medizinischen Stand zum nahen Tod führt, ist das Vollzugsziel tatsächlich nicht mehr zu erreichen. In diesem Fall sollten dem Insassen alle zur Verfügung stehenden Alternativmöglichkeiten zur Haftstrafe[821] angeboten werden. Diese Folgerung resultiert aus dem Grundrecht auf Menschenwürde nach Art. 1 Abs. 1 GG in Verbindung mit dem aus dem Verhältnismäßigkeitsgrundsatz folgenden Übermaßverbot, so dass der manifest am Vollbild AIDS erkrankte Gefangene grundsätzlich ein Recht auf Tod in Freiheit hat[822]. Nur wenn dieses Grundrecht mit anderen mindestens gleichwertigen Grundrechten anderer kollidiert, d.h. wenn der betroffene Insasse trotz seiner Erkrankung nach der Entlassung eine konkrete, erhebliche Gefahr für das Leben oder die Gesundheit der Allgemeinheit darstellen würde, könnte ausnahmsweise von der vorzeitigen Entlassung abgesehen werden[823].

Die so genannte negative Spezialprävention des § 2 S. 2 StVollzG, die den Schutz der Allgemeinheit vor weiteren Straftaten durch die Sicherung des Verurteilten in einer Haftanstalt gebietet, hat bei älteren Straftätern allenfalls im Zusammenhang mit dem chronischen Straftäter Bedeutung, da bei diesem ganz offensichtlich weiterhin von einer nicht zu unterschätzenden sozialen Gefährlichkeit auszugehen ist.

Bei dem älteren Erstverbüßer und auch dem Gelegenheitstäter verliert der Sicherungsbedarf angesichts der in der Regel verminderten Gefährlichkeit, der abnehmenden Deliktshäufigkeit und -schwere bei den Gelegenheitstätern und einer, zumindest bei Ersttätern nahezu ausgeschlossenen Rückfallgefahr, an Bedeutung. Dies mag im

---

820 Zum Spannungsverhältnis zwischen Hilfs- und Sicherheitsmaßnahmen unter besonderer Berücksichtigung des auch den Grundsatz des drogenfreien Strafvollzuges (§ 29 Abs. 1 BtMG) umfassenden Vollzugsziels vgl. Francke, S. 174.

821 Siehe Teil 3 B.

822 Zum Aspekt der Menschenwürde BVerfGE 35, S. 202 (236), i.ü. Höflich, ZfStrVo 1991, S. 77 (81).

823 Zu dem Komplex des Sterbens im Strafvollzug siehe Teil 3 C. II.

Hinblick auf Wirtschafts- und Steuerstraftaten sowie Computerkriminalität[824] in Zukunft anders zu beurteilen sein.

Der in Singen und Schwalmstadt unternommene Versuch, den Problemen älterer Gefangener gerecht zu werden, ist unter Resozialisierungsaspekten hinsichtlich der Organisationsstruktur, der Arbeitssituation, der Freizeitgestaltung und im Bereich der Vollzugslockerungen vom Grundsatz her als beispielhaft anzusehen. Es ist jedoch fraglich, ob diese positive Bewertung auch dann noch aufrechtzuerhalten ist, wenn man die Vollzugsziele als Maßstab heranzieht. Richtigerweise sollen Gefangene - gleichgültig welchen Alters - nicht sich selbst überlassen werden, so dass innerhalb des Vollzugs ein großes Freizeitangebot[825] durchaus sinnvoll ist. Dieses breite Angebot von Sportmöglichkeiten, kreativer Betätigung und Bildungsarbeit ist aber in der Vollzugseinrichtung in Singen nur möglich, weil es sich zum einen um ein Modellversuch handelt, zum anderen Außenstehende großzügig durch Spenden und Sachförderungen mitwirken[826]. Wird der Strafgefangene jedoch in die Freiheit entlassen, führt sein Weg sehr häufig unmittelbar in ein Altersheim, zumindest aber in unbefriedigende Wohnverhältnisse; es fehlt außerdem in aller Regel an Kontakten mit Angehörigen und Freunden. Der ältere Inhaftierte gerät somit in eine wesentlich größere Vereinzelung und Vereinsamung, als er sie bisher in Haft gewöhnt war[827]. Eigene Mittel, um entsprechende Freizeit- und Bildungsangebote wahrzunehmen, sind selten vorhanden.

Noch deutlicher wird die Problematik des Singener Modells am Beispiel der bereits an anderer Stelle thematisierten Arbeitssituation. In Singen erhalten auch die Gefangenen, die an sich nach § 37 StVollzG nicht mehr zur Arbeit verpflichtet wären, dem Grundsatz entsprechend, ältere Menschen nicht zu unterfordern, nach Wunsch die Möglichkeit, weiter zu arbeiten[828]. Nach der Haftentlassung trifft der Gefangene jedoch auf eine soziale Wirklichkeit, in der seine Arbeitskraft nicht mehr gebraucht wird. Damit geht im Ergebnis der Modellversuch Singen an dem eigentlichen Vollzugsziel

---

824 Nach der polizeilichen Kriminalstatistik, vgl. PKS (2006), S. 236 ff, zählen zur Computerkriminalität im *engeren Sinne* Betrug mittels rechtswidrig erlangter Kreditkarten mit PIN; Computerbetrug gemäß §263a StGB; Betrug mit Zugangsberechtigungen zu Kommunikationsdiensten; Fälschung beweiserheblicher Daten, Täuschung im Rechtsverkehr bei Datenverarbeitung gemäß §§ 269, 270 StGB; Datenveränderung, Computersabotage gemäß §§ 303a, 303b StGB; Ausspähen von Daten gemäß § 202a StGB; Softwarepiraterie (private Anwendung z.B. Computerspiele); Softwarepiraterie in Form gewerbsmäßigen Handelns; Herstellen, Überlassen, Verbreiten oder Verschaffen sogenannter „Hacker-Tools“, welche darauf angelegt sind, „illegalen Zwecken zu dienen“ gemäß § 202c StGB. Zur Computerkriminalität im *weiteren Sinne* zählen hingegen alle Delikte, bei denen die EDV zur Planung, Vorbereitung oder Ausführung eingesetzt wird. Zu den Möglichkeiten der strafrechtlichen Verfolgung von Wirtschaftsstraftaten vgl. Bannenberg, S. 113 ff.

825 Das Angebot reicht von mehrtägigen Wanderungen über die Besichtigung von Ausstellungen bis hin zum Dämmerschoppen, so zumindest noch in der Darstellung der JVA Konstanz, Stand 1996.

826 Wie z.B. durch Volkshochschulen - Muthmann, Z Gerontol 1981, S. 274 (278).

827 Dies räumt selbst Muthmann, Z Gerontol 1981, S. 274 (279) ausdrücklich ein.

828 JVA Konstanz, 2001, S. 1 f.

des § 2 S. 1 StVollzG vorbei. Denn zur Verwirklichung des darin definierten Vollzugsziels der Resozialisierung bedarf diese Gruppe einer besonderen Vollzugsgestaltung etwa im Hinblick auf Arbeit, Freizeit, Ausbildung. So geht es hier nicht um eine durch spezielle Ausbildungsmaßnahmen und/oder Vermittlung von Arbeitsplätzen u.ä. zu bewirkende Integration in das Berufsleben, die ansonsten, insbesondere im Jugendstrafvollzug, eindeutig in den Vordergrund gestellt wird. Auch haben hier Freizeitpädagogik und Erwachsenenbildung einen anderen Stellenwert. Die angestrebte Praxis wird man weithin als eine humane Verwahrung bezeichnen können, hinter der die Vollzugswirklichkeit allerdings vielfach zurückbleiben dürfte[829].

Der Strafvollzug sollte deshalb hinsichtlich seines Resozialisierungsauftrages auf eine andere Perspektive abstellen, die die Erhaltung und Weiterentwicklung von Persönlichkeit und Sozialisationsstatus entsprechend rechtsstaatlicher Pflichten nach Art. 2 Abs. 1 und Art. 20 Abs. 1 GG erkennen lassen[830]. Für ältere und sterbenskranke Menschen kann das Vollzugsziel in der Regel nicht in der nach § 2 S. 1 StVollzG vorgesehenen Integration in die aktive Arbeitswelt bestehen, so dass die hierhin gehörenden überleitungsorientierten Maßnahmen der Entlassungsvorbereitung gemäß § 3 StVollzG nicht angebracht erscheinen[831]. Ziel des Strafvollzuges für diese Personenkreise müsste es sein, eine Lebenskontinuität zu erhalten, die zuvor in dem Komplementärverhältnis von Arbeit und Freizeit bestanden hat[832]. Symptomatisch für eine gewisse Ratlosigkeit des Vollzuges sind daher Aussagen von Schramke befragter Experten, wonach sich Resozialisierungsmaßnahmen bei dieser Gruppe im Wesentlichen auf Haftlockerungen beschränken[833]. Diese Situation führt zu der grundsätzlichen Frage, was der Vollzug positiv für das weitere Leben dieser Gefangenen bewirken kann[834]. Eine Strafhaft bietet Älteren und Sterbenskranken weniger oder keine Optionen für die Nach- oder Re-Sozialisierung[835]. Angesichts der sich zunehmend verringernden Restlebenszeit, die auch generell zu einer im Alter sowie bei schwerer Krankheit veränderten Lebensperspektive führt[836], versperrt eine längere Haft Optionen, die in Freiheit bestanden hätten, möglicherweise endgültig, allemal aus der subjektiven Sicht der Inhaftierten[837]. Der ältere bzw. kranke Strafgefangene hat dennoch, sofern er haftfähig ist, allein auf Grund seines Alters oder seiner Krankheit keinen Anspruch auf besondere Vergünstigungen, wie ja auch die vorzeitige Entlassung eines Strafgefangenen nach Ablauf von zwei Dritteln der Strafzeit gemäß § 57 Abs. 1 S. 1 Nr. 1 StGB in der Regel

829 Albrecht/Dünkel, Z Gerontol 1981, S. 259 (268 f).
830 Bottke, S. 43 (48); Frehsee, 2003 (a), S. 253 (273).
831 Albrecht/ Dünkel, Z Gerontol 1981, S. 259 (267 f).; zu den alternativen Lösungsansätzen vgl. Teil 3 C.
832 So Schramke für ältere Menschen, S. 342.
833 Ebd.
834 Görgen/Greve, BewHi 2005, S. 116 (123).
835 Görgen/Greve, BewHi 2005, S. 116 (124).
836 Vgl. zumindest für ältere Menschen Brandstädter/Wentura, Z Entwickl Padagogis 1994, S. 2 ff.
837 Görgen/Greve, BewHi 2005, S. 116 (124).

allein von der günstigen Sozialprognose abhängig gemacht wird[838]. Um den allgemeinen Forderungen und Vorgaben der Altersforschung und der Medizin gerecht zu werden, sollten allerdings die wesentlichen (Re-/Nach-) Sozialisierungsaufgaben - unabhängig von der Insassenkategorie - in erster Linie darin bestehen, dem älteren bzw. kranken Inhaftierten dabei zu helfen, ein wirklichkeitsnahes Verhältnis zu seinem Alter bzw. seiner Krankheit und dem ihm noch verbleibenden sozialen Handlungsrahmen zu finden[839].

„Resozialisierung", so Hassemer[840], „verbindet sich bei uns gewissermaßen mit Naivität" - die Resozialisierungsidee wird, bei aller Kritik, dennoch allein deshalb überleben, weil ein Strafvollzug nur vorstellbar ist, der jedenfalls die Hoffnung immer wieder nährt, am Ende aus dem Straftäter etwas besseres gemacht zu haben als vorher. Strafvollzug ist kein Selbstzweck. Er muss die Bindung an das Gesetz und seine Prinzipien sowie die Verfassung sicherstellen[841]. Ob das Vollzugsziel im vorbezeichneten Sinne erreicht wird, hängt letzten Endes auch davon ab, ob der ältere und sterbenskranke Inhaftierte mit Blick auf das in Art. 1 und 2 GG zum Ausdruck kommende Menschenbild tatsächlich als Subjekt wahrgenommen wird[842].

B. Alternativen in der Vollzugspraxis

Nach der Darstellung der Situation älterer Menschen und der Sterbenskranken im Strafvollzug sowie den mit der Inhaftierung einhergehenden Vollzugszielen und Strafzwecken stellt sich unweigerlich die Frage nach möglichen Alternativen. Da sich die Arbeit mit der Situation älterer Menschen und Sterbenskranker im Strafvollzug beschäftigt, werden alternative Konfliktbewältigungsmöglichkeiten anstelle der Inanspruchnahme des Strafverfolgungssystems bzw. Alternativen zur Inhaftierung als solcher ausgespart[843]. Schramke diskutiert insoweit sehr ausführlich die Möglichkeiten eines Hausarrests, der Diversion und des Ausbaus ambulanter Maßnahmen gemäß §§ 53 ff. StPO, der Wiedergutmachung und des Täter-Opfer-Ausgleichs, der Betreuungsweisung und Sozialtherapie, der gemeinnützigen Leistungen gemäß § 56 b II Nr. 3

838 Tröndle/Fischer, StGB, § 57 Rn. 12; vgl. dazu auch Teil 3 B. I.

839 Görgen/Greve, BewHi 2005, S. 116 (124) sprechen vom „gelingenden Altern"; Kaiser/Schöch, § 10 Rn. 102 gehen soweit, das Vollzugsziel in der Eingliederung in das durchschnittliche inaktive Dasein eines Rentners oder älteren Sozialhilfeempfängers zu sehen; in diesem Zusammenhang sei noch einmal auf die Erklärung des UN- Generalsekretärs Kofi Annan anlässlich der Erklärung des Jahres 1999 zum Internationalen Jahr der Senioren verwiesen, in der er ausführt, dass Langlebigkeit „ein weises Investieren in den früheren Phasen des Lebens" erfordert. Die mittleren Lebensjahrzehnte müssten in Zukunft mehr als „Vorspiel für ein aktives Alter" genutzt werden, rät er. Dabei hätten Rente oder Pension die gleiche Bedeutung wie das „Kapital von Fähigkeiten und Wissen", vgl. Annan.

840 Hassemer, ZRP 2004, S. 93.

841 Geiger, ZfStrVo 1998, S. 24 (25).

842 Geiger, ZfStrVo 1998, S. 24 (28).

843 Vgl. jedoch Kreuzer/Hürlimann, S. 11 (76).

StGB, § 153 I Nr. 3 StPO, der Therapie statt Strafe gem. §§ 35 ff. BtMG und des Absehens von der Vollstreckung einer Ersatzfreiheitsstrafe gemäß § 459 f. StPO[844]. Daneben besteht auch die Handhabe in Form von Einstellung des Verfahrens, u.U. unter Auflagen (§§ 153, 153 a StPO) oder mit nichtinstitutionellen Sanktionen des Allgemeinen Teils des StGB (Verwarnung mit Strafvorbehalt, Geldstrafe) zu reagieren[845]. Im Folgenden werden daher die herkömmlichen Reaktionsweisen, die die Rechtsordnung im Falle der Diagnose einer lebensbedrohlichen Erkrankung oder fortgeschrittenem Alter vorsieht, Gegenstand der Diskussion sein.

I. Möglichkeit der Haftverkürzung

Grundsätzlich kann nach Verbüßung von zwei Dritteln der Strafe gemäß § 57 Abs. 1 StGB mit Einwilligung des Gefangenen die Vollstreckung der Reststrafe zur Bewährung ausgesetzt werden, wenn eine positive Verantwortungsprognose vorliegt. Die Anforderungen an diese Prognose sind geringer als in anderen Fällen, wie etwa im Fall der Strafaussetzung zur Bewährung gemäß § 56 StGB: es reicht, wenn das Gericht eine Bewährungschance sieht und keine durchschlagenden Sicherheitsbedenken bestehen. Generalpräventive Aspekte sind hierbei außen vor zu lassen.

Bei Betrachtung der Zahlen der Strafvollzugsstatistik, ist trotz regionaler Schwankungen die Tendenz festzustellen, dass die Strafvollstreckungskammern das Institut der Aussetzung der Vollstreckung der Reststrafe zur Bewährung nach Verbüßung von zwei Dritteln der Strafe gemäß § 57 Abs. 1 StGB weit weniger ausschöpfen als etwa die Strafaussetzung zur Bewährung nach § 56 StGB. Während etwa von allen im Jahre 1993 gegen Erwachsene verhängten Freiheitsstrafen von bis zu zwei Jahren 73,5 % zur Bewährung ausgesetzt wurden, errechnet sich für die über 60jährigen eine Quote von 82,0 %[846]. Bei den bundesweit insgesamt 51.796 Entlassungen im Jahre 1991 wurden hingegen in 16.809 Fällen (32,5%) die Vollstreckung der Reststrafe zur Bewährung ausgesetzt[847].

In manchen Fällen ist bereits die Aussetzung der Vollstreckung der Reststrafe nach Verbüßung der Hälfte der Strafe möglich, wenn der Betroffene Erstverbüßer ist (§ 57 Abs. 2 Nr. 1 StGB) oder besondere Umstände vorliegen (§ 57 Abs. 2 Nr. 2 StGB). Interessant für die Diskussion von Alternativen für ältere Insassen ist die durch das 23. Strafrechtsänderungsgesetz[848] modifizierte so genannte Umständeformel des § 57

844 Schramke, S. 352 ff. Vgl. etwa zu den Anwendungsgebieten des Hausarrests in den USA: Weigend, BewHi 1989, S. 289 ff. Weitergehend Buggisch, ZRP 2002, 38 ff., der das Intensive Supervision Program, das im US-Bundesstaat New Jersey praktiziert wird, in Deutschland etablieren möchte.

845 Zum Ganzen vgl. insb. auch Frehsee, 1987; ferner Frehsee, Der Kriminalist 1982, S. 313 ff. bzw. Frehsee, 2003 (a), S. 253 (272 ff.).

846 Berechnungen nach Daten der Sonderauszählung durch das Statistische Landesamt für Datenverarbeitung und Statistik NRW 1993.

847 Strafvollzugsstatistik (1992), S. 7.

848 23. Strafrechtsänderungsgesetz vom 13.04.1986 (BGBl. I, S. 393).

Abs. 2 Nr. 2 StGB, wonach eine Halbstrafenaussetzung über die Fälle des § 57 Abs. 2 Nr. 1 hinaus möglich ist, wenn die Gesamtwürdigung der Tat, der Persönlichkeit des Verurteilten und seiner Entwicklung während des Strafvollzugs ergibt, dass besondere Umstände vorliegen und die übrigen Voraussetzungen des § 57 Abs. 1 StGB vorliegen[849]. Fraglich ist nun, ob das Alter eines Strafgefangenen ein solcher besonderer Umstand ist:

Wenn die Straftat altersbedingt verübt wurde[850], ist die Subsumtion des Alters unter die Voraussetzung des „besonderen Umstandes" ohne weiteres möglich. Dies gilt auch für die häufig anzutreffende altersbedingte Multimorbidität[851]. Als weiterer Grund, das Alter eines Insassen als besonderen, die Halbstrafenaussetzung ermöglichenden Umstand zu definieren, könnte angeführt werden, dass Senioren im Allgemeinen nur noch eine begrenzte Lebenserwartung haben. In Anbetracht des gesetzlich festgeschriebenen Vollzugsziels der Resozialisierung muss auch dem älteren Gefangenen die objektive Möglichkeit auf eine sinnvoll ausgestaltete Lebensphase nach der Haft bleiben. Dem könnte man durch eine Reduzierung der Haftzeit auf das unbedingt erforderliche Maß und dementsprechend der Ausgestaltung des Verfahrens nach § 57 Abs. 2 Nr. 2 StGB als Regelfall gerecht werden. Angesichts dessen ist das Alter eines Gefangenen im Ergebnis ein besonderer persönlicher Umstand nach § 57 Abs. 2 Nr. 2 StGB.

Die von Schöch und jüngst auch Fiedeler kritisierte weitgehende Nichtakzeptanz dieses Rechtsinstituts[852] könnte ihre Ursache jedoch vor allem darin haben, dass das Verfahren auf Aussetzung der Vollstreckung der Reststrafe nach Verbüßung der Hälfte der Strafe nur auf Antrag des Gefangenen zustande kommt. Ältere Insassen, so Walter, Geiter und Fischer[853] scheinen über diese Möglichkeit häufig nicht aufgeklärt zu werden bzw. es scheint sich in der Praxis zum Teil immer noch hartnäckig die Auffassung zu halten, dass das Alter bereits bei der Strafzumessung im Strafverfahren berücksichtigt worden sei und es auf Grund des Doppelverwertungsverbotes nicht noch einmal im Verfahren nach § 57 Abs. 2 Nr. 2 StGB herangezogen werden könne[854]. Dem ist jedoch entgegen zu setzen, dass das Doppelverwertungsverbot des § 50 StGB in diesem Zusammenhang allein bedeutet, dass ein Umstand, der die Tat zu einem minder schweren Fall macht und der zugleich ein gesetzlicher Milderungsgrund gemäß § 49 Abs. 1 StGB ist, nur einmal berücksichtigt werden darf. Im Verfahren nach § 57 Abs. 2 Nr. 2 StGB geht es lediglich um die Frage der Aussetzung der Reststrafe zur Bewährung, die jedoch die ursprünglich festgesetzte Strafe nicht berührt. Das Doppelverwertungsverbot des § 50 StGB greift in diesem Fall nicht ein[855]. Die Umstände können folglich bei der Frage der Strafrestaussetzung erneut benannt und möglicherweise berücksichtigt

849 Vgl. BT-Drs. 10/2720, S. 11 f.
850 Vgl. zu Umfang und Struktur der Alterskriminalität Teil 1 B.
851 Vgl. BVerfGE 64, S. 261 (282).
852 Schöch, NStZ 1986, S. 457; Fiedeler, ZfStrVo 2003, S. 285.
853 Walter/Geiter/Fischer, NStZ 1989, S. 405 (413).
854 Schramke, S. 380 f.
855 BGH, NStZ 1985, S. 260.

werden. Aber auch der Auffassung von Walter, Geiter und Fischer muss entgegen getreten werden: An einer nicht ausreichenden Aufklärung älterer Insassen über die Möglichkeit eines Antrags auf Aussetzung der Vollstreckung der Reststrafe nach Verbüßung der Hälfte der Strafe muss aus verschiedenen Gründen gezweifelt werden. So ist der Halbstrafenzeitpunkt neben vielen anderen Daten in den Haftzeitübersichten der diversen Justizvollzugsanstalten enthalten[856]. Sowohl in den Justizvollzugsanstalten als auch bei den Staatsanwaltschaften werden Haftlisten geführt und überwacht. Unabhängig vom Alter des Insassen werden neben den Haftprüfungsterminen nach §§ 117, 121 StPO von Amts wegen auch der Halbstrafen- sowie der Zweidrittelzeitpunkt gemäß § 57 Abs. 1 und Abs. 2 StGB überprüft. Neben der Einschätzung der Justizvollzugsanstalt hinsichtlich des Verhaltens des Verurteilten im Vollzug ist gemäß § 57 Abs. 1 S. 1 Nr. 3 StGB für die Zweidrittelentlassung jedoch auch die Einwilligung des Verurteilten selbst für die Strafaussetzung erforderlich. Gemäß § 57 Abs. 2 i.V.m. § 57 Abs. 1 S. 1 Nr. 3 StGB gilt diese Voraussetzung auch für den Halbstrafenzeitpunkt. Um die Einwilligung zu erhalten, wird der Insasse selbstverständlich zuvor über diese rechtliche Möglichkeit aufgeklärt. Gerade ältere Insassen erteilen diese Einwilligung jedoch häufig nicht, etwa aufgrund mangelnder sozialer Bindungen in Freiheit. Die Halbstrafenaussetzung, wie von einigen gefordert, für ältere Insassen als Regelfall zu etablieren[857], ist insbesondere mit Blick auf das zuletzt genannte Argument abzulehnen.

Eine möglicherweise andere Entwicklung betreffend die Einwilligung älterer Insassen zur Reststrafenaussetzung könnte sich ergeben, wenn, analog der im Jugendstrafverfahren beteiligten Jugendgerichtshilfe, eine „Altengerichtshilfe" geschaffen würde[858], die den betagten und hochbetagten Insassen insbesondere während der Haftzeit und rund um den Entlassungszeitpunkt betreut. Die Beurteilung der Analogiefähigkeit erfordert zunächst eine kurze Darstellung der Jugendgerichtshilfe: Träger der Jugendgerichtshilfe ist gemäß § 38 Abs. 1 JGG das Jugendamt mit Unterstützung von Jugendhilfevereinigungen[859]. Prozessual ist die Jugendgerichtshilfe ein „eigentümliches Prozessorgan"[860]. Sie leistet den Behörden zuvorderst Ermittlungshilfe bei der Erfor-

856 Vgl. Haftzeitübersicht der JVA Kempten zu dem Verfahren 2 Cs 223 Js 1701/04, AG Kempten.

857 Walter/Geiter/Fischer, NStZ 1989, S. 405 (413); so im Ergebnis wohl auch Fiedeler, ZfStrVo 2003, S. 285 ff.; ebenso Görgen/Greve, BewHi 2005, S. 116 (125), die im Hinblick auf die Kosten und auf die von den Inhaftierten ausgehende Gefahr auf die Pflicht des Staates hinweisen, vor allem den Strafvollzug an alten Menschen einer strengen Prüfung zu unterziehen; ohne die Strafwürdigkeit älterer Straftäter kategorisch in Abrede stellen zu wollen, könnten diese meist aus der Haft entlassen werden, ohne der Allgemeinheit ein zu großes Risiko aufzubürden. Unabhängig davon käme aber bei einer solchen Regelfalletablierung erneut die Diskussion um die geeignete Festlegung einer Altersgrenze zum Tragen. Diesbezüglich wird auf die Ausführungen in Teil 1 A. verwiesen.

858 Vgl. Schneider, S. 713; Hermanns, S. 119 ff.

859 Bspw. Evangelisches Hilfswerk, Caritas, Arbeiterwohlfahrt, vgl. Schaffstein/Beulke, § 34 II. 1.

860 Eisenberg, JGG, § 38 Rn. 23; Schaffstein/Beulke, § 34 II. 1.

schung der Persönlichkeit des Jugendlichen[861] (vgl. §§ 38 Abs. 2 und 3, 43 Abs. 1 S. 4 JGG). Daneben hat sie Überwachungs- und Betreuungsaufgaben (vgl. § 38 Abs. 2 S. 5-7 bzw. S. 8 und 9 JGG). Im Verfahren ist die Jugendgerichtshilfe stets heranzuziehen (vgl. § 38 Abs. 3 S. 1 JGG). Sie hat Anwesenheits- und Rederecht in der Hauptverhandlung (vgl. § 50 Abs. 3 JGG). Weiterhin muss die Jugendgerichtshilfe bei der Verhängung von Weisungen gemäß § 38 Abs. 3 JGG gehört werden. Zudem ist ihr schriftlicher und mündlicher Verkehr mit dem Jugendlichen zu gestatten (vgl. § 93 Abs. 3 JGG). Letztlich ist sie in Haftsachen gemäß § 72a JGG zu unterrichten.

Träger einer analog zu § 38 JGG zu bildenden Altengerichtshilfe könnten kommunale Einrichtungen der Altensozialarbeit sein. Die der Altengerichtshilfe zustehenden Aufgaben könnten nahezu identisch denen der Jugendgerichtshilfe sein: Neben der Ermittlungshilfe kommen Beratung bezüglich der in Betracht kommenden Rechtsfolgen und der Sanktionsüberwachung sowie Betreuungsaufgaben in Betracht. Im Verfahren sollte die Altengerichtshilfe stets herangezogen werden, nicht zuletzt um die Gerichte für die Altersproblematik zu sensibilisieren. Ihr sollte Anwesenheits- und Rederecht in der Hauptverhandlung eingeräumt und sie sollte - wie die Jugendgerichtshilfe auch - bei der Verhängung von Auflagen und Weisungen etwa nach §§ 56b, 56c StGB und § 153a StPO, gehört werden. Die Betreuung wäre in der Phase vor der Inhaftierung und in der ersten Phase der Haft von besonderer Wichtigkeit und sollte, insbesondere bei erstmals Inhaftierten, auch auf die Angehörigen erstreckt werden. Hier gilt es Ängste aller Beteiligten zu nehmen und Hilfestellung bei der organisatorischen und emotionalen Bewältigung der neuen Situation zu leisten. Wie bei Jugendlichen sollte die Betreuung auch auf die Zeit der Strafvollstreckung erstreckt und insbesondere im Strafvollzug sichergestellt sein.

Durch die Aufgaben, die die Altengerichtshilfe zu leisten hätte, entstünden zwar, ähnlich wie beim Bewährungshelfer - Konflikte, da einerseits der ältere Mensch vertrauensvoll unterstützt werden soll, andererseits das Gericht von der Altengerichtshilfe Ermittlungshilfe erwartet. Die Altengerichtshilfe wäre aber, wie auch die Jugendgerichtshilfe, nicht verpflichtet, zur direkten Tataufklärung beizutragen. Daneben ist jedoch auch eine weitere Konfliktsituation vorstellbar: Unter Bezugnahme auf die Analyse des Umfangs und der Struktur der Alterskriminalität[862]stelle man sich einen 73jährigen, unter Betreuung stehenden Straftäter vor, der zum wiederholten Male, während laufender Bewährung, Ladendiebstähle begeht. Der Täter untersteht, neben seinem Betreuer, aus dem früheren Verfahren einem Bewährungshelfer. Er nimmt regelmäßig an psychotherapeutischen Gruppensitzungen der Caritas teil und muss sich jetzt auch noch mit der Altengerichtshilfe auseinander setzen. Für den Strafrichter bedeutet dies, neben der Einholung diverser Schweigepflichtsentbindungserklärungen, dass er vier Sachkundige laden und anhören muss. In der Folge müsste ein fünfter psy-

861 Zur Durchführung der Ermittlungshilfe verfasst die Jugendgerichtshilfe einen schriftlichen Ermittlungsbericht, der in der Hauptverhandlung eingeführt werden kann, vgl. Schaffstein/Beulke, § 34 III. 1.

862 Vgl. Teil 1 B.

chiatrischer Sachverständiger berufen werden müssen, vom Pflichtverteidiger ganz zu schweigen…und das wie eingangs dargestellt für einen wiederholten Ladendiebstahl[863]! Dies zeigt, dass die grundsätzlich sinnvolle Schaffung einer „Altengerichtshilfe“ zu grotesken Situationen führen kann, d.h. bei einer Etablierung unbedingt auf gravierende Straftaten (Verbrechen) begrenzt werden müsste, bei denen der ältere Straftäter nicht ohnehin durch andere Stellen aufgefangen wird.

Die Schaffung einer „Altengerichtshilfe“, analog der im Jugendstrafverfahren beteiligten Jugendgerichtshilfe, ist im Ergebnis allein bei Taten im Sinne des § 12 Abs. 1 StGB zu befürworten und könnte in Abhängigkeit vom Lebensalter des Beschuldigten fakultativ (etwa ab 65 Jahren), später obligatorisch (etwa ab 75 Jahren) hinzugezogen werden. Die Einführung dieser zusätzlichen Verfahrensbeteiligten muss jedoch nicht notwendigerweise in einem eigenständigen, neu zu schaffenden Gesetz geregelt werden. Hier reicht die Aufnahme einer verfahrensrechtlichen Sondervorschrift in der StPO.

Aufgrund der vielfältigen Besonderheiten der Kriminalität älterer Menschen, ihrer Situation als Insassen in Strafvollzugsanstalten und möglicher Alternativen in der Sanktions- und Vollzugspraxis gibt es immer wieder Forderungen nach Einführungen gesetzlicher Sonderregelungen wie etwa einem speziellen Altersstrafrecht, so auch jüngst Diskussionsgegenstand der AG 3 "Alter schützt vor Strafe nicht" im Rahmen des 31. Strafverteidigertag am 31.03.2007[864]. Angesichts der gegebenen Möglichkeiten, auf die Kriminalität älterer Menschen zu reagieren, ist die Einführung eines Alterstrafrechts und damit einer Sonderbehandlung des alten Menschen im Ergebnis jedoch kaum begründbar. Eine solche Sonderbehandlung könnte durch eine Verstärkung des dem Alter anhaftenden Stigma u.U. unerwünschte negative Folgen zeitigen, die die derzeitige gerontologische Forschung zu bekämpfen sucht. In Anbetracht der derzeit vergleichsweise noch geringen Zahl inhaftierter älterer Menschen würde die Einführung eines speziellen Altersstrafrechts zudem jeglichem rationalen Kosten-Nutzen-Verhältnis widersprechen. Auch die Schaffung eines gesonderten Altersstrafvollzugsgesetzes, analog der Forderung nach einem eigenen Jugendstrafvollzugsgesetz[865] ist aus den gleichen Gründen zumindest zum jetzigen Zeitpunkt und angesichts der derzeitigen Zahlen abzulehnen. Schließlich dürfen allein statistische Erkenntnisse zur Lebenserwartung nicht zu Lasten ökonomischer Vernunft gehen. Besser, und aufgrund rechtlicher Grundlagen möglich, scheint eine altersgerechte Betreuung im Vollzug[866] bzw. eine individuelle Betreuung durch Bewährungs- oder eine neu zu schaffende Altengerichtshilfe zu sein.

---

863 Vgl. Teil 1 B. I. und II.

864 Vgl. zum Ganzen Amelunxen, 1960, S. 40 ff.; Bürger-Prinz/Lewerenz, S. 51; Fopp, S. 87 ff.; Körner, S. 192 ff.; Schneider, S. 713; Cavan, Criminal Justice Policy Review 1987, S. 213 (216), Schramke, S. 347 und 387 ff.

865 BVerfG, NJW 2006, S. 2093 mit Anm. in NJW-Spezial 2006, S. 329.

866 Vgl. dazu Teil 3 C.

Die Entwicklung im Strafvollzug, die die Rechtsprechung auch im Rahmen der Gesamtwürdigung bei Beantragung der Halbstrafenaussetzung gemäß § 57 Abs. 1 StGB hinzuzieht, ist als Beurteilungskriterium ausdrücklich vom Gesetzgeber angeordnet. Die HIV-Infektion eines Verurteilten kann im Rahmen dieser Prüfung erhebliche Bedeutung erlangen.

Auch in die Gesamtabwägung nach § 57 Abs. 2 StGB sind solche Umstände einzubeziehen. Im Gegensatz zur Stellung der Sozialprognose in § 56 Abs. 2 StGB können solche Umstände, die in der Person des Täters liegen, gegenüber den Tatumständen größere Bedeutung erlangen[867]. Schließlich geht es im Rahmen der Entscheidung um die Strafaussetzung nicht darum, ob überhaupt eine Strafe für ein bestimmtes Delikt verbüßt wird. Es geht vielmehr allein darum, ob derjenige, der bereits die Hälfte einer nicht unerheblich langen Strafe verbüßt hat, vor Ablauf von zwei Dritteln der Haftzeit bedingt entlassen werden kann. Insoweit könnte den besonderen Umständen in der Persönlichkeit des Täters im Einzelfall ein größeres Gewicht beigemessen werden[868]. So muss § 57 Abs. 2 StGB im Hinblick auf HIV-positive Verurteilte größere Bedeutung zukommen[869]. Dies sollte insbesondere dann gelten, wenn der Verurteilte zudem drogenabhängig ist, vor seiner Entlassung substituiert wird[870] und im Zusammenhang mit seiner Entlassung eine psychosoziale Nachbetreuung erfährt. In diesen Fällen sollten dem Betroffenen zusätzlich entsprechende Weisungen gemäß §§ 57 Abs. 3, 56 c StGB erteilt werden[871], z.B. dahingehend, sich mit einschlägigen Beratungsstellen für HIV-Positive in Verbindung zu setzen. Einflussmöglichkeiten bestehen auch im Rahmen der Führungsaufsicht und durch Beiordnung eines Bewährungshelfers gemäß § 56 d StGB.

Fiedeler führt im Rahmen der Diskussion um die Möglichkeiten der Haftverkürzung die jedem sterbenskranken und hochbetagten Insassen innewohnende Hoffnung auf frühzeitige Entlassung an, welcher de lege lata kaum, höchstens mittelbar Rechnung getragen werden könne[872]. Bei Entscheidungen über die Aussetzung eines Strafrests zur Bewährung rechtfertigten täterorientierte Gesichtspunkte allein nur in besonders schwerwiegenden Ausnahmefällen eine vorzeitige Entlassung; zudem fielen Entscheidungen insbesondere in den Fällen zu spät und damit zu Lasten eines sterbenden Gefangenen aus, wo die Entscheidungsträger angesichts schwerer Schuld, nicht getilgten Strafanspruchs oder nicht auszuschließender Gefährlichkeit weder die Notwendigkeit noch die Vertretbarkeit frühzeitigen Handelns sehen[873].

---

867 OLG Stuttgart, StV 1995, S. 261 (262); Schönke/Schröder-*Stree*, StGB, § 57 Rn. 23b.

868 OLG Stuttgart, StV 1995, S. 261 (262).

869 Dencker, StV 1992, S. 125 (130 f.) und Nestler-Tremel, S. 101 m.w.N. sind in diesem Zusammenhang der Ansicht, dass die Norm im Hinblick auf HIV-Infizierte aus ihrem „Schattendasein" treten müsse.

870 OLG Hamm, StV 1991, S. 427; Tröndle/Fischer, StGB, § 57 Rn. 6.

871 Tröndle/Fischer, StGB, § 56c Rn. 1 a; § 57 Rn. 38.

872 Fiedeler, ZfStrVo 2003, S. 285.

873 Ebd.

Unabhängig von der Tatsache, dass gerade nicht jeder Gefangene vorgerückten Alters und auch nicht jeder sterbenskranke Insasse[874] von diesem Hoffnungsgedanken geleitet wird, darf nicht außer Acht gelassen werden, dass der Strafvollzug gemäß § 2 S. 2 StVollzG auch der Sicherung der Allgemeinheit und der Sühne für begangenes Unrecht dient. In Anbetracht etwaiger Grundrechtskollisionen mit anderen, mindestens gleichwertigen Grundrechten – Grundrecht auf Menschenwürde eines sterbenskranken bzw. hochbetagten Insassen mit Blick auf den nahenden Tod vs. Grundrecht auf körperliche Unversehrtheit der Allgemeinheit, darf die Verantwortbarkeitsentscheidung hinsichtlich des Aspektes einer nicht auszuschließenden Gefährlichkeit nichts an Gewissenhaftigkeit und Gewichtigkeit einbüßen. Gleichwohl erscheint eine rasche, mitunter von Pragmatismus und Unkonventionalität – beziehungsweise von Humanaspekten sowie dem Vernunftsaspekt der Ökonomie[875] - getragene Entscheidungsfindung aufgrund der Rechtsprechung des Bundesverfassungsgerichts zur Verfassungsmäßigkeit der lebenslangen Freiheitsstrafe und zu ihrer Aussetzung auf Bewährung[876] unabdingbar.

II. Lockerungen des Vollzuges

Gerade im Bereich der Vollzugslockerungen sind sich Rechtsprechung und Literatur uneins, inwieweit neben der Spezialprävention auch der Strafzweck des Unrechtsausgleichs im Vollzug eine Rolle spielen darf. Diese Frage stellt sich insbesondere im Hinblick auf § 46 S. 1 StGB, der den Schuldausgleich in den Mittelpunkt stellt. Anlass zu entsprechenden Diskussionen ergaben sich in der Vergangenheit im Hinblick auf die Rechtmäßigkeit von Entscheidungen, die im Zusammenhang mit der Verhängung lebenslänglicher Freiheitsstrafen bei NS-Tätern standen. Dabei ging es speziell darum, ob trotz des Vorliegens der gesetzlichen Voraussetzungen des § 13 Abs. 1 S. 2, Abs. 2 und 3 StVollzG, wonach frühestens nach zehn Jahren Hafturlaub gewährt werden kann, die Gewährung desselben wegen der Schwere der Schuld versagt werden kann[877].

Die Argumente der Rechtsprechung gehen dahin, aus § 13 Abs. 3 StVollzG könne bereits geschlossen werden, dass der Schuldgedanke bei der Gewährung von Urlaub eine Rolle spielen dürfe, da schließlich bei lebenslanger Freiheitsstrafe dies erst nach zehn Jahren möglich sei. Zudem würde die Einheit der Rechtsordnung es gebieten, den Schuldausgleich bei der Strafe allgemein zu beachten. Zumindest wenn eine Außenwirkung bestünde, sei dies zulässig. Hierbei vertritt die Rechtsprechung die Ansicht, dass der Urlaub gerade nicht unmittelbar zum Vollzug gehöre, sondern diesen vielmehr unterbreche[878].

---

874 Vgl. in diesem Zusammenhang etwa die von Stieber, ZfStrVo 2003, S. 287 ff. geschilderten Fälle.

875 Ostendorf, BewHi 2005, S. 57 (65 f.).

876 BVerfG, NJW 1977, S. 1525 (1529); NJW 1986, S. 2241 (2242); NStZ 1996, S. 53 ff.

877 Nach OLG Karlsruhe, JR 1978, 213, wobei der seinerzeit 68jährige Gefangene den Antrag auf Urlaub erstmals nach 16 Jahren Haft stellte.

878 BVerfGE 64, S. 261 (272); OLG Frankfurt, NStZ 1983, S. 140; OLG Nürnberg, NStZ 1984, S. 92.

Nach Ansicht der Literatur[879] herrscht hingegen im Vollzug das Schuldprinzip gerade nicht. Dieses finde lediglich in der Strafzumessung gemäß § 46 StGB Berücksichtigung. Aus § 13 Abs. 3 StVollzG lasse sich im Gegenteil schließen, dass hier eine abschließende Regelung gefunden worden sei, die den Schuldgedanken außen vor lasse. Zudem sei die Einheit der Rechtsordnung nicht zwingend. Auch würde der Urlaub den Vollzug nicht unterbrechen, er gehöre als Bestandteil der Resozialisierung dazu. Gestatte man dem lebenslänglich Gefangenen den Urlaub nicht, so sei dies im Übrigen auch vollzugspraktisch nicht sinnvoll, da damit den schädlichen Folgen des Freiheitsentzuges nicht entgegengewirkt werden könne (vgl. § 3 Abs. 2 StVollzG). Entscheidend sei jedoch vor allem, dass die Auslegung der Rechtsprechung eindeutig den Willen des Gesetzgebers unterlaufe, der die Resozialisierung als Hauptziel angeordnet habe[880].

Eine absolute Trennung der Funktionen von Strafe und Strafvollzug ist jedoch nicht möglich. So räumen auch Vertreter des Schrifttums ein, dass die allgemeinen Strafzwecke heranzuziehen sind, wenn es um Statusentscheidungen geht, d.h. um Entscheidungen, die den Status des Verurteilten als Gefangenen berühren[881]. Der Strafzweck des Unrechtsausgleichs, speziell der in § 46 Abs. 1 S. 1 StGB normierte Schuldausgleich, behält damit auch im Hinblick auf Straftäter höheren Alters seine Bedeutung. Es wäre schwer begründbar, warum - wenn man ihn bei jungen Straftätern für erforderlich hält - bei Senioren auf den Gedanken des Schuldausgleichs verzichtet werden sollte[882].

Neben dem unter den Voraussetzungen des § 13 StVollzG zu gewährenden Urlaub versteht man unter den Auflockerungen des Vollzugs den offenen Vollzug gemäß § 10 StVollzG und die Lockerungen des § 11 StVollzG. Schramke erhebt in diesem Zusammenhang die Forderung, den offenen Vollzug für die ältere Insassenpopulation zum Regelvollzug zu entwickeln[883]. Die h.M. sieht jedoch den offenen Vollzug im Gegensatz zum geschlossenen Vollzug als Regelfall[884]. Dies ergebe sich aus der Formulierung des § 10 StVollzG: Der Gefangene „soll" im offenen Vollzug untergebracht werden (§ 10 Abs. 1 StVollzG), „im Übrigen" ist der geschlossene Vollzug zu wählen (§ 10 Abs. 2 StVollzG).

Dennoch müssen für eine Verlegung in den offenen Vollzug, die in § 10 StVollzG normierten Voraussetzungen nach der Zustimmung des Gefangenen und der fehlenden Flucht- oder Missbrauchsgefahr erfüllt sein. Diese Form der Auflockerung des Vollzugs wird demnach nur dann nicht gewährleistet, wenn der konkrete Hinweis auf eine

879 Kaiser, NStZ 1983, S. 142 f.; Müller-Dietz, JR 1984, S. 353 (357 ff.); Calliess/Müller-Dietz, StVollzG, § 2 Rn. 6 m.w.N.

880 BT-Drs. 7/918, S. 44 f; BT-Drs. 7/3998, S. 5 f.

881 Calliess/Müller-Dietz, StVollzG, § 2 Rn. 8.

882 Schramke, S. 339, kritisch dazu Feinberg, 1984 (b), S. 83 (93).

883 Schramke, S. 391.

884 Kaiser/Schöch, § 10 Rn. 34.

nicht unerhebliche Gefahr vorliegt[885]. Dies wird in der Regel bei solchen Gefangenen der Fall sein, die bereits Ausbruchsversuche unternommen haben, oder bei süchtigen Gefangenen[886], so dass bei HIV-Infizierten, die zudem betäubungsmittelabhängig sind, entsprechende Lockerungen nahezu ausgeschlossen sind.

Die Missbrauchsgefahr wird dahingehend teleologisch reduziert, dass nicht jede zu befürchtende Straftat zum Ausschlussgrund wird. Ein gewisses Risiko muss eingegangen werden. Die Formulierung in § 10 StVollzG *„...nicht zu befürchten ist, daß..."* muss im Kontext mit anderen Prognoseentscheidungen gesehen werden. So muss etwa bei der bedingten Entlassung gemäß § 57 StGB auch keine sichere Prognose vorliegen: die Entlassung ist möglich, wenn *„verantwortet werden kann zu erproben,..."*. Nach dem Grundsatz „a maiore ad minus" kann die Auslegung bei der bloßen Vollzugs*lockerung* nicht strenger gehandhabt werden. Zweifel gehen bei dieser Entscheidung unabhängig vom Alter zu Lasten des Gefangenen.

Ein Ansatz für Alternativen in der diesbezüglichen Vollzugspraxis liegt insbesondere bei der Gruppe der Inhaftierten, die im Zuge der Verbüßung einer langen Haftstrafe das Rentenalter erreichen. Hier könnte man darauf achten, dass die Überstellung aus dem geschlossenen in den offenen Vollzug nicht erst gegen Ende der Haftzeit, sondern zu einem möglichst frühen Zeitpunkt erfolgt. Die neben der Zustimmung des Gefangenen erforderliche weitere Voraussetzung der fehlenden Flucht- oder Missbrauchsgefahr dürfte in Anbetracht der grundsätzlich geringeren Gefährlichkeit älterer Insassen zumeist vorliegen und eine solche Vorgehensweise rechtfertigen. Zwar kann man keinen Menschen zu besonderen Aktivitäten zwingen, aber ein entsprechendes Angebot sollte auch die Anstalt bereithalten[887]. Der Forderung nach derartigen Angeboten innerhalb des Vollzuges begegnet dieser allerdings mit Argumenten der geringen Anzahl älterer, lange einsitzender Straftäter sowie der knappen finanziellen und personellen Mittel des Strafvollzuges und hält sie daher nicht für angebracht. Für die im offenen Vollzug befindlichen Senioren könnte dem bestehenden Missstand aber dadurch begegnet werden, dass eine enge Zusammenarbeit mit sozialen oder staatlichen Trägern erfolgt, die altenspezifische Programme anbieten[888].

§ 11 StVollzG sieht im Gegensatz zur Auflockerung in § 10 StVollzG Lockerungen im engeren Sinne vor, wobei zwischen Lockerungen mit Aufsicht (Außenbeschäftigung und Ausführung) und solchen ohne Aufsicht (Freigang und Ausgang) unterschieden wird. Voraussetzung ist auch nach § 11 Abs. 2 StVollzG, dass der Gefangene der Lockerungsmöglichkeit zustimmt und keine Flucht- oder Missbrauchsgefahr besteht. Insoweit wird auf die obigen Ausführungen Bezug genommen.

Bei der Außenbeschäftigung und dem Freigang (§ 11 Abs. 1 Nr. 1 StVollzG) ist das Ziel des Verlassens der Haftanstalt, dass der Betroffene einer Beschäftigung nachgeht.

885 Hauf, S. 108.
886 Kaiser/Schöch, § 10 Rn. 33.
887 Siehe hierzu Teil 3 C.
888 z.B. Evangelisches Hilfswerk, Caritas, Arbeiterwohlfahrt etc.

Dies ist bei der Ausführung und dem Ausgang nicht notwendig. Unter Freigang fallen z.B. das freie Arbeitsverhältnis (§ 39 Abs. 1 StVollzG), was auf Grund des Alters und der Arbeitsmarktsituation für ältere Menschen nur in Ausnahmefällen in Betracht kommen dürfte, die Ausbildung und die Selbstbeschäftigung außerhalb der Anstalt (§ 39 Abs. 2 StVollzG). Voraussetzung hierfür ist jedoch, dass der Beschäftigung regelmäßig, nicht notwendigerweise an jedem Werktag, nachgegangen wird[889]. Nahezu jede Universität in Deutschland sieht mittlerweile ein besonderes Studienangebot für Senioren vor[890]. Derartige oder vergleichbare Angebote außerhalb der Vollzugsanstalt jenseits der „klassischen" Arbeitsverhältnisse sollten im Rahmen der gesetzlichen Möglichkeiten gemeinsam mit der Anstaltsleitung gesucht werden, um dadurch die Möglichkeiten des Freigangs auch für diese Altersgruppe weitestgehend auszuschöpfen.

III. Möglichkeiten der Strafunterbrechung

Während die Vollzugslockerungen nach §§ 10, 11 StVollzG altersbedingt zwar nicht unbedingt großzügig, jedoch frühzeitig gewährt werden sollten, stellt sich im Zusammenhang mit dem Institut der Strafunterbrechung wegen Vollzugsuntauglichkeit nach § 455 Abs. 4 StPO die Frage, ob dieses zwar nicht unbedingt frühzeitiger, aber großzügiger gewährt werden könnte.

Voraussetzung für die Strafunterbrechung ist, dass der Verurteilte in Geisteskrankheit verfällt, wegen einer Krankheit von der Vollstreckung eine nahe Lebensgefahr für den Verurteilten zu besorgen ist oder der Verurteilte sonst schwer erkrankt und die Krankheit in einer Vollzugsanstalt oder einem Anstaltskrankenhaus nicht erkannt oder behandelt werden kann und zu erwarten ist, dass die Krankheit voraussichtlich für eine erhebliche Zeit fortbestehen wird. Die Vollstreckung darf nicht unterbrochen werden, wenn überwiegende Gründe, namentlich der öffentlichen Sicherheit, entgegenstehen. Der als Ermessensvorschrift ausgestaltete § 455 Abs. 4 StPO gibt mithin selbst schwerstkranken Gefangenen keinen Anspruch auf Vollzugsunterbrechung, sondern lediglich auf eine ermessensfehlerfreie Entscheidung[891].

Schramke spricht sich daher auch in diesem Fall für eine großzügige Handhabe des Rechtsinstituts für hochbetagte Gefangene aus, wobei er für Grenzfälle eine Mindestverbüßungsdauer von etwa einem Drittel der Freiheitsstrafe vorsieht, deren Unterschreiten nur in Extremfällen möglich sein solle[892]. Dieser Handhabe muss jedoch ent-

---

889 Calliess/Müller-Dietz, StVollzG, § 11 Rn. 5.

890 Interessant ist in diesem Zusammenhang insbesondere das Berliner Modell: Ausbildung für nachberufliche Aktivitäten – kurz BANA, ein Weiterbildungsangebot der TU Berlin für Erwachsene ab 45 Jahre. Ein Abitur ist nicht unbedingt erforderlich. Das besondere Ziel dieser Weiterbildung ist es, das neu erworbene Wissen konkret in einem gesellschaftlich wichtigen Aufgabenfeld anzuwenden, vgl. Technische Universität Berlin, www.tu-berlin.de/zek/bana.htm.

891 Meyer-Goßner, StPO, § 455 Rn. 7, Löwe/Rosenberg-*Wendisch*, StPO, § 455 Rn. 20.

892 Schramke, S. 396.

gegengehalten werden, dass der Alterungsprozess als solches, wie bereits im Zuge der Ausführungen zu Alterns- und Alterstheorien[893] festgestellt, keine Krankheit ist und ältere Insassen nicht per se auf Grund Ihres Alters eine Phase des Siechtums in einer Justizvollzugsanstalt durchleben. Älteren Insassen allein auf Grund ihres Alters einen Anspruch auf Vollzugsunterbrechung zuzusprechen kann somit nicht gerechtfertigt sein.

In Anbetracht der Tatsache, dass das Vollzugspersonal grundsätzlich nicht gerontologisch geschult ist und zudem, auf Grund der geringen Anzahl an älteren Gefangenen, bislang vergleichsweise wenig mit der Problematik in Berührung kommt, kann es zu Fehleinschätzungen über den Geistes- und Gesundheitszustand der Gefangenen kommen. Steht jedoch fest, dass ein betagter Insasse an (altersbedingten) Krankheiten leidet, gebietet es nicht zuletzt der Grundsatz der Unverletzlichkeit der Menschenwürde und das Grundrecht auf körperliche Unversehrtheit nach Art. 2 Abs. 1 GG, dass nicht die Erreichbarkeit des Vollstreckungsziels, sondern die Behandlungsbedürftigkeit des Gefangenen die Grundlage der Entscheidung nach § 455 Abs. 4 StPO bildet[894]. Dafür spricht nicht zuletzt die Entscheidung des Bundesverfassungsgerichts in Bezug auf die Verfassungsmäßigkeit der lebenslangen Freiheitsstrafe[895].

§ 455 StPO setzt einer Haftunfähigkeit enge Grenzen. Zwei der damit geregelten Fälle, wonach Haftunfähigkeit vorliegt, wenn auf Grund einer Erkrankung Lebensgefahr besteht (§ 455 Abs. 2, Abs. 4 S. 2 StPO) bzw. es sich um eine Krankheit handelt, die im Vollzug nicht erkannt oder behandelt werden kann (§ 455 Abs. 4 Nr. 3 StPO)[896], sehen sich einer immer leistungsfähiger werdenden Medizin ausgesetzt. Dies gilt auch für die medizinische Versorgung in Vollzugskrankenhäusern. Vorrangig ist daher immer zu prüfen, ob es nicht ausreicht, den Gefangenen ohne Strafunterbrechung in ein Krankenhaus außerhalb des Vollzuges zu verbringen[897]. Der Grund hierfür liegt darin, dass ein einmal begonnener Strafvollzug - auch im Interesse des Gefangenen - grundsätzlich zu Ende zu führen ist[898]. Kreuzer bedauert allerdings, dass die Vollstreckungsbehörden der vorrangigen Behandlung in einem Vollzugskrankenhaus ein zu starkes Gewicht einräumen[899]. Dadurch würden sie der psychischen Ausnahmesituation des AIDS-Kranken in der Haft nicht gerecht. Auch Fiedeler kritisiert, dass die verbesserte

893 Teil 1 A.

894 Lesting, RUP 1992, S. 81 (86).

895 BVerfGE 45, S. 187 ff.

896 Diese Vorschrift erfasst nur schwerwiegende Erkrankungen, vgl. OLG Stuttgart, StV 1991, S. 478; OLG Karlsruhe, NStZ 1991, S. 53 (54); Meyer-Goßner, StPO, § 455 Rn. 10. In den Hamburger JVAen wurden im Untersuchungszeitraum 1990-2001 lediglich im Jahr 2001 eine Person wegen AIDS entlassen, vgl. die Antwort des Senats der Bürgerschaft der Freien und Hansestadt Hamburg vom 05.03.2002 auf die Große Anfrage der SPD vom 06.02.2002, Drs. 17/321, S. 5.

897 BT-Drs. 10/2720, S. 16.

898 OLG München, NStZ 1988, S. 294; OLG Karlsruhe, NStZ 1001, S. 54; Löwe-Rosenberg-*Wendisch*, StPO, § 455 Rn. 16.

899 Kreuzer-*Kreuzer*, Handbuch des BtM-Strafrechts, § 4 Rn. 120.

Leistungsfähigkeit medizinischer Einrichtungen innerhalb des Vollzuges und die Tendenz im Strafvollzug, durch eine Verbesserung der medizinischen Versorgung auch sterbenskranke Insassen möglichst lange ihrer Strafe zuzuführen, einer Entlassung sterbenskranker Häftlinge wegen Vollzugsuntauglichkeit im Sinne von § 455 Abs. 4 StPO weitgehend die medizinische Grundlage entzogen würde[900]. Der Strafvollzug hat jedoch die Pflicht, auch mit Blick auf die intramurale Medizin, sich den extramuralen Verhältnissen anzugleichen (§ 3 Abs. 1 StVollzG). Die allgemein verbesserte medizinische Versorgung innerhalb wie außerhalb des Vollzuges führt ganz grundsätzlich intramural wie extramural zu einer insgesamt steigenden Lebenserwartung[901]. Es ist somit allein denknotwendige Konsequenz, dass innerhalb des Vollzuges die verhängten Strafe auch über einen längeren Zeitraum ausgeschöpft werden als dies früher der Fall war, was allerdings entsprechende Konsequenzen und Herausforderungen für den Strafvollzug nach sich zieht[902]. Der Befürchtung, dass die Entlassung des Inhaftierten erst dann gewährt wird, wenn dieser „bettlägerig und dauerhaft pflegebedürftig“[903] ist, kann zumindest dadurch begegnet werden, dass man sich im Strafvollzug um eine soziale Stabilisierung des Inhaftierten, etwa durch Substituierung, bemüht und ihm dadurch die Aufnahme einer Kombinationstherapie ermöglicht. Angesichts der neuen Behandlungsmethoden der HIV-Infektion[904] dürfte es sich bei dieser nicht mehr um einen schwerwiegenden Fall im Sinne des § 455 Abs. 4 S. 1 Nr. 3 StPO handeln. Bricht die Krankheit AIDS dagegen aus, so ist - da sie nach jetzigem medizinischen Stand zum Tod führt - offensichtlich, dass die Krankheit eine erhebliche Zeit fortbesteht. Kann die AIDS-Erkrankung in der Vollzugsanstalt oder in einem Anstaltskrankenhaus nicht ausreichend behandelt werden, so ist die Freiheitsstrafe in jedem Fall zu unterbrechen[905].

---

900 Fiedeler, S. 26 ff. (30) m.w.N.

901 So auch Görgen/Greve, BewHi 2005, S. 116 (119), die aufzeigen, dass Merkmale und Tendenzen justizieller Strafzumessung den Beeinflussungstrend der demographischen Veränderungen hinsichtlich der Altersstruktur der zu Freiheitsstrafen Verurteilten und damit auch der Insassen verstärken oder abschwächen können. Eine negative Beeinflussung lässt sich am Beispiel des kalifornischen Three-Strikes-Gesetzes aus dem Jahr 1994 ausmachen, wonach der Kanon der Straftaten, die bei der dritten Verurteilung zu einer Freiheitsstrafe von mindestens 25 Jahren (bis, im Gegensatz zu deutschen Verhältnissen, tatsächlich lebenslang) führen, besonders ausgedehnt ist und z.B. auch Betäubungsmitteldelikte und Wohnungseinbruch umfasst.

902 Siehe hierzu insbesondere Teil 3 C.

903 Kreuzer-*Kreuzer*, Handbuch des BtM-Strafrechts, § 4 Rn. 121.

904 Siehe Teil 2 A. VI.

905 Eine Vollstreckungsunterbrechung zugunsten des Häftlings wegen seiner AIDS-Erkrankung hatte das LG Ellwangen 1988 abgelehnt, weil seiner Ansicht nach für die von § 455 Abs. 4 Nr. 2 StPO geforderte „Besorgnis naher Lebensgefahr“ die Möglichkeit des Fortschreitens der Erkrankung nicht ausreiche. Dass die Haftsituation kein Umfeld darstelle, das einen Krankheitsverlauf positiv zu beeinflussen vermag, könne allein nicht zur Annahme des § 455 StPO führen, vgl. LG Ellwangen, NStZ 1988, S. 330 (331).

IV. Entlassung im Gnadenwege

Sollte ein Reststrafengesuch für den Inhaftierten ohne Erfolg geblieben sein oder eine außerordentliche Situation eintreten, aufgrund derer der Inhaftierte unbedingt vorzeitig entlassen werden möchte, kann erwogen werden, eine gnadenweise vorzeitige bedingte Haftentlassung zu beantragen. Das Gnadenrecht ist nach § 452 S. 2 StPO zumeist Ländersache[906]. Alle Bundesländer haben aufgrund der vorgenannten Ermächtigungsgrundlage Gnadenordnungen erlassen[907], die das Verfahren bei Gnadenanträgen regeln. Da die Gnadenordnungen wie auch ihre praktische Umsetzung in den einzelnen Bundesländern sehr verschieden sind, lassen sich nur schwer allgemeine Aussagen zum Gnadenrecht machen. Erschwerend Hinzu kommt ein Mangel an veröffentlichter Rechtsprechung[908], was möglicherweise damit zusammenhängt, dass es sich bei Gnadensachen um Einzelfallentscheidungen handelt, deren gerichtliche Überprüfbarkeit umstritten ist[909].

Zuständig für Gnadenanträge ist die Gnadenbehörde des Landes, in dem die Verurteilung ausgesprochen wurde, wobei es sich in den meisten Fällen um eine Abteilung bei der Vollstreckungsbehörde handelt[910]. Bei der Antragstellung sind weder Formvorschriften noch Fristen zu beachten. In der Regel erwartet die Gnadenbehörde jedoch, dass in der Angelegenheit schon der Rechtsweg und alle anderen Möglichkeiten ausgeschöpft worden sind[911]. Der Inhalt eines Gnadenantrags ist nicht beschränkt, kann sich also auf die unterschiedlichsten Gegenstände richten. In der Regel wird es Gefangenen im Rahmen des Gnadengesuchs darum gehen, vorzeitig aus der Haft entlassen zu werden oder eine Strafunterbrechung zu erlangen, obwohl entsprechende Anträge nach § 57 StGB bzw. § 455 StPO gescheitert sind.

Gnadenrecht dient in erster Linie dazu, besondere Härten auszugleichen, wenn das Recht keinen regulären Weg eröffnet[912]. Hierbei können im Einzelfall allein täterorien-

---

906 Cornel/Kawamura-Reindl/Maelicke/Sonnen-*Gebhardt*, S. 322 Rn. 4 f. Die verbreitete Vorstellung, der Bundespräsident sei aufgrund von Art. 60 Abs. 2 GG für Gnadenerlasse zuständig ist mithin - von wenigen Ausnahmefällen, nämlich solchen die qua Zuständigkeit erstinstanzlich schon vor dem BGH verhandelt wurden, bei denen die Bundesanwaltschaft die Anklage vertreten hat, abgesehen - falsch. Zum Begnadigungsrecht des Bundespräsidenten vgl. AO des Bundespräsidenten über die Ausübung des Begnadigungsrechts des Bundes vom 05.10.1965 (BGBl I S. 1573), geändert durch AO vom 03.11.1970 (BGBl S. 1513). Gesetz über Straffreiheit vom 09.07.1968 (BGBl. S. 773) und Gesetz über Straffreiheit vom 20.05.1970 (BGBl. I S. 509).

907 Vgl. die Angaben in Gesetzessammlung Schönfelder, Deutsche Gesetze, Anm. 2 zu § 452 StPO bzw. Schätzler, S. 289 ff.

908 Vgl. zur Literatur: Schätzler; Cornel/Kawamura-Reindl/Maelicke/Sonnen-*Gebhardt*, S. 321 ff.; Löwe/Rosenberg-*Böttcher*, Vor §§ 12 bis 21 GVG, Rn. 10 ff.; Müller-Dietz, DRiZ 1987, S. 474 ff.

909 BverfGE 25, S. 352; BVerfGE 30, S. 108.

910 Löwe/Rosenberg-*Böttcher*, Vor §§ 12 bis 21 GVG, Rn. 10.

911 Vgl. etwa § 8 Abs. 2 GnO Nordrhein-Westfalen, § 4 Abs. 2 GnO Schleswig Holstein.

912 Schätzler, 1.6.3. ff.; Müller-Dietz, DRiZ 1987, S. 474 (476).

tiertere Gesichtspunkte trotz Schwere der auf sich geladenen Schuld Berücksichtigung finden und ein Handeln notwendig machen. Bei AIDS-kranken oder hochbetagten Gefangenen kann die (Rest-)Strafe bei nur noch kurzer Lebenserwartung oder plötzlicher Verschlechterung des Gesundheitszustandes gnadenweise erlassen werden. Möglich ist insoweit auch die Kombination von gnadeweisem Erlass der Haftstrafe und Haftunterbrechung nach § 455 StPO: So kann zunächst ein Antrag auf Haftunterbrechung gestellt werden und, etwa wenn sich der Gesundheitszustand noch drastischer verschlechtert - während der Unterbrechung dann ein Gnadenantrag.

Gnadeweiser Erlass wird allerdings, obgleich in der StPO verankert und sich entsprechende Verweise auch im StGB finden (vgl. §§ 45 a Abs. 3, 79 a Nr. 2 b StGB), nicht nach strafrechtlichen Maßstäben bewilligt[913]. Gnade ist ein Privileg, das gewährt werden kann, auf das es jedoch keinen einklagbaren Rechtsanspruch gibt. Hieraus folgt, dass Inhaftierte keine Möglichkeit haben, einen abgelehnten Gnadenentscheid gerichtlich überprüfen zu lassen[914].

C. Ansätze für einen sinnvollen Umgang mit älteren Menschen und Sterbenskranken im Strafvollzug

Bereits aufgrund der im 1. Teil[915] verneinten Frage, ob es sinnvoll wäre, eigenständige Haftanstalten für ältere Gefangene einzurichten, muss in der Konsequenz der Frage nachgegangen werden, wie sich der Strafvollzug auf die mit großer Wahrscheinlichkeit auch in Zukunft wachsende Gruppe älterer Strafgefangener[916] einstellen muss. Die Vergleichbarkeit der Schwierigkeiten, mit denen ältere und sterbenskranke Insassen im Vollzugsalltag teilweise konfrontiert sind, bedeutet in der Folge eine entsprechende verfassungsrechtlich gebotene[917], rechtsstaatliche Handlungspflicht des Staates[918], Angebote für beide Insassengruppen in verstärktem Maße bereit zu halten. Die obigen Ausführungen[919] zeigen jedoch, dass der Strafvollzug auf die besondere Perspektive

---

913 OLG Saarbrücken, NJW 1973, S. 2037; OLG Düsseldorf, NJW 1975, S. 1526; OLG Oldenburg, MDR 1984, S. 772; Tröndle/Fischer, StGB, § 57 Rn. 4; Schätzler, 20.5.3.

914 Müller-Dietz, DRiZ 1987, S. 474 (476). Die Ablehnung eines Gnadengesuchs ist nach einer mit 4:4 Stimmen ergangenen Entscheidung des Bundesverfassungsgerichts (BverfGE 25, S. 352 ff.) gerichtlich nicht nachprüfbar, zuletzt BVerfG, NJW 2001, 669. Allerdings ist stets eine Gnadenbeschwerde an die vorgesetzte Stelle der Gnadenbehörde möglich. Dies bedeutet, dass besonders im Landesrecht zahlreiche Stufen der Beschwerde zur Verfügung stehen (inkl. Justizministerium, Landesregierung und dem jeweiligen Ministerpräsidenten). Gerichtlich nachprüfbar ist dagegen der Widerruf einer Gnadenentscheidung, BVerfGE 30, S. 108 ff.

915 Siehe Teil 1 E.

916 Langenhoff, BewHi 2005, S. 99 ff.

917 BVerfGE 35, S. 202 (235 f.); 45, S. 187 (239);98, S. 169 (200).

918 Zur Kernfrage, inwieweit das Strafrecht im Allgemeinen an Prinzipien der Rechtsstaatlichkeit gebunden, also auf die Beachtung bürgerlicher Freiheiten verpflichtet bleiben muss, oder ob dies ein Luxus ist, über den die Zeit hinwegrollt: Frehsee, Neue Kriminalpolitik 1999, S. 16 ff.

919 Insbesondere Teil 1 D. und Teil 2 C.

älterer Insassen[920] und Sterbenskranker[921] kaum eingestellt ist[922]. Abschließend sollen daher Ansätze für einen sinnvollen Umgang mit älteren Menschen im Strafvollzug aufgezeigt werden.

I. Grundlegende Anforderungen

Das Bild, das wir uns heute - verstärkt durch negative demographische Schlagzeilen - von alten Menschen machen, beschreibt den zunächst von Sinnlosigkeit geplagten alten Menschen, der keine gesellschaftliche Aufgabe hat[923]. Bei HIV-infizierten und an AIDS erkrankten Menschen sind nach wie vor derartig viele Ängste und Vorurteile vorhanden, dass auch sie im Alltag weiterhin vor großen Problemen stehen. Vor dem Strafvollzug machen diese Bilder nicht halt, so dass man sich bei der Suche nach dem sinnvollen Umgang mit alten und sterbenskranken Menschen auch damit auseinandersetzen muss, wie viel Sinn ältere und sterbenskranke Menschen überhaupt benötigen bzw. Ihnen zugeschrieben wird.

Die Interdisziplinarität der Gerontologie hat die Erforschung des Alters mit vielen Facetten angereichert[924], die medizinische HIV-Forschung liefert immer neue Erkenntnisse über die Entwicklung des Virus und die daraus möglicherweise entstehende Krankheit AIDS. Der Gewinn, der mit der Differenzierung in junge Alte, alte Alte und Hochbetagte[925] bzw. HIV-Infizierte und medikamentös behandelte AIDS-Kranke verknüpft ist, zerrinnt zwischen den Fingern, wenn man sich die einzelnen Gruppen näher ansieht. Ist der gruppenreisende Senior mit dem alten, viel reisenden Klassik-Fan vergleichbar? Beide sind aktiv! Was hat die verwirrte alte Dame im Altenheim mit dem AIDS-kranken Arbeitgeber, der eine Kombinationstherapie erhält, gemeinsam? Beide sind pflegebedürftig! Reduziert sich die Bestimmung der Kategorie Alter im hohen Alter auf die Pflegebedürftigkeit und der Ausbruch der Krankheit AIDS auf den sofortigen Tod? Der Sozialpolitikwissenschaftler Naegele hat die Vor- und Nachteile eines solchen Vorgehens für ältere Menschen exemplarisch deutlich gemacht: Altenhilfepo-

---

920 Ausnahmen bilden das Singener Modell sowie die JVA Schwalmstadt, vgl. Teil 1 E.

921 S.o. Teil 2 C.

922 Und sich angesichts massiver Personalnot dazu offenbar auch nicht in ausreichendem Maße in der Lage sieht, vgl. AK-StVollzG-*Huchting/Lehmann*, Vor § 139 Rn. 3. Zur Geschlechtsblindheit des (britischen) Strafvollzugssystems mit Blick auf ältere weibliche Inhaftierte, die eine „Diskriminierung durch Gleichbehandlung" erfahren, da spezifische Bedürfnisse im Bereich der Gesundheitsfürsorge, Bildung, Weiterbildung und Beschäftgung weitgehend ignorieren, vgl. Wahidin, die gleichfalls Vorschläge zur Verbesserung der Situation älterer weiblicher Gefangener unterbreitet.

923 So direkt bzw. im Umkehrschluss etwa Rabbata/Rieser, Dtsch. Ärztebl. 2005, S. 2596 ff., die sich unter dem Titel „Es kommt drauf an, was man draus macht" den Herausforderungen des demographischen Wandels stellen; oder Annette Kögel, die in ‚Der Tagesspiegel' vom 01.09.2006, S. 11, unter dem Titel „Die sehen gar nicht alt aus" das Angebot der Berliner Seniorenwoche für aktive Alte vorstellt; schließlich widmet sich ‚Der Tagesspiegel' am 21.05.2006, K1, in seiner Rubrik „Karriere" dem „Wachstumsmarkt Alter".

924 Vgl. Teil 1 A. I. bis III.

925 Die ersteren gelten dabei meist als aktiv, die letzteren meist als (multi)morbid.

litik soll demzufolge als Altenpolitik geplant werden und eben nicht mehr nur die hilfebedürftigen alten Menschen einbeziehen, sondern auch explizit die "Hilfeunabhängigen"[926]. Gleiches muss aufgrund der ständigen Weiterentwicklung im Bereich der Behandlung der Krankheit AIDS auch für diese Gruppe gelten, da AIDS-Kranke heute durch die Behandlungsmöglichkeiten oft – wenn auch mit Einschränkungen – ihrem Alltag nachgehen können.

Bisher setzte die klassische Alternsforschung jedoch zumeist gesellschaftskritisch eine über ein Wertezentrum integrierte Berufs-, Leistungs- oder Arbeitsgesellschaft voraus, in der diejenigen, die nicht arbeiten, am Rande stehen und eventuell sogar von Identitätsverlust bedroht sind[927]. Auch bei Aufkommen der Thematik HIV und AIDS war eine der ersten Folgen die Kündigung bzw. die Nichteinstellung, da von genereller Ansteckungsgefahr und sofortigem Tod ausgegangen wurde. Im Gefolge des demographischen Wandels hat jedoch das Thema Alter an Prominenz gewonnen und aufgrund der medizinischen Forschung stehen inzwischen Therapieangebote für HIV-Infizierte/AIDS-Kranke zur Verfügung. Dezentriert man die gesellschaftstheoretische Betrachtung des Alters vom Thema Alter bzw. der HIV-Infektion vom sofortigen Tod und vergleicht stattdessen, welchen Bedingungen alte und sterbenskranke Menschen genauso unterworfen sind wie andere auch, werden moderne Freiheiten sichtbar, die von beiden Gruppen genutzt werden können. Alte Menschen werden von der Wirtschaft mit normalen Angeboten und zum Teil speziellen Seniorenpreisen bedient, sie werden von der Politik als einflussreiche Klientel umworben, sie können sich aus unterschiedlichsten Lebensgestaltungsoptionen bedienen und werden von der Wissenschaft noch dazu mit neuem Sinn versorgt[928]. Die individuelle Situation vieler Menschen, die mit HIV oder AIDS leben, hat sich durch die Therapieangebote[929] stark verändert. Patienten mit Kombinationstherapien können wieder aktiv ihre Zukunft planen, sie haben Beziehungen, Sexualkontakte und Kinderwünsche und versorgen dadurch ihr Leben selbst mit neuem Sinn. Diese Freiheiten neben die „klassischen Problemlagen" des Alters und der Infektion mit dem HI-Virus zu stellen, ist wichtig, um den Generalverdacht einer Schlechterbehandlung zu entkräften. In weiten Teilen machen uns gerade die Alten bereits heute vor, welche Freiheiten in einer immer weniger arbeitszentrierten Gesellschaft alle einmal nutzen können und welche Last damit verbunden sein wird[930]. Die Angst vor der Lobby der Rentner entwirft alles in allem eher ein Bild der privilegierten als der marginalisierten Alten[931]. Der Verdacht auf fehlenden Sinn im Leben alter und sterbenskranker Menschen stellt sich mithin als Resultat einer theoretisch unscharf argumentierenden (Alterns-)Forschung bzw. gesellschaftlich nach wie

926 Naegele/Schmidt, S. 1 (2).

927 Saake; so offenbar auch Fichte, der die Singener Situation, in der zwar nur 42,2 % Gefangene zur Arbeit verpflichtet waren, tatsächlich aber 80 % der Inhaftierten gearbeitet haben, als besonders positiv erachtet, vgl. KrimPäd 2007, S. 33 (35).

928 Vgl. Fn. 910 sowie Kohli/Künemund, APuZ B20/2003, S. 18.

929 Siehe dazu Teil 2 A. VI.

930 Siehe dazu Kohli/Künemund, APuZ B20/2003, S. 18 (20 ff.); Kruse/Schmitt, APuZ 49-50/2005, S. 9 (10 f.).

931 Vgl. Fn. 910.

vor bestehender Vorurteile heraus, wobei immer schon geholfen werden will, aber nicht gefragt wird, ob Hilfe überhaupt erwünscht ist.

Auch in der Aufklärung wurde die staatliche Strafe bedacht. Der Gesichtspunkt der Vernunft rückte in den Mittelpunkt, wobei es etwa Wilhelm von Humboldt vor allem um Menschlichkeit ging[932]. Immanuel Kant, der den Schlussstein der Aufklärung legte, unterschied zwischen reiner und praktischer Vernunft. Letztere beeinflusse den Willen und stelle Postulate auf, die der Mensch aus praktischen Vernunftgründen anerkennen muss[933]. Dieser Lehre der praktischen Vernunft entspringt die dahingehende Erweiterung des Kategorischen Imperativs, dass es nicht nur möglich ist, nach Prinzipien zu denken, sondern auch nach Prinzipien zu handeln. Die Kraft der einzelnen Willen, die sich autonom gegenüberstehen, hebt das äußere Verhältnis der Beteiligten in die Qualität des Rechtsverhältnisses, das durch „Freiheit", „Gleichheit" und „Selbständigkeit" positiv bestimmt wird[934]. Das Streben nach Selbständigkeit, d.h. aus überkommenen Ordnungen auszuscheren und eigene Wege zu suchen und zu finden, und diese Wege dann tatsächlich zu beschreiten, kann zunächst als bloße Auflehnung gegenüber bereits vorgefundener Selbständigkeit verstanden werden[935]. Im Staat selbst – so Kant – müsse jedem einzelnen die Möglichkeit eingeräumt werden, sich zur Selbständigkeit emporarbeiten zu können. Anspruch auf diese Möglichkeit haben nach Kant auch die Unselbständigen, wobei er genaue Anforderungen dafür nicht aufstellt. Es sind somit Gesetze zu erlassen, die Bedingungen zum Emporarbeiten hervorbringen[936]. Ein solches Gesetz ist für die hier in Rede stehende Thematik mit dem Strafvollzugsgesetz grundsätzlich gegeben. So muss der Staat in Gestalt des Strafvollzuges im Hinblick auf § 3 StVollzG auch Hilfen zur sinnvollen Lebensgestaltung „Unselbständiger", hier namentlich älterer und sterbenskranker Insassen bereithalten. Die Auseinandersetzung mit wiedergewonnenen Lebensperspektiven bei HIV-Infizierten bzw. AIDS-Kranken mit Kombinationstherapie berührt viele Fragen zur Berufstätigkeit und zur sozialen Sicherheit, die somit auch Konsequenzen für Ansätze im Vollzugsalltag haben.

II. Ausgestaltung im Einzelnen

Der Staat muss sich in einer koordinierten Vorgehensweise dafür einsetzen, dass bestehende Ungleichheiten im Zusammenhang mit Krankheit, Berufsausübung und Versicherungen bereits im Vollzugsalltag systematisch abgebaut werden. Er muss also diejenigen Insassen, die körperlich zur Berufsausübung in der Lage sind, wie alle anderen arbeitsfähigen Insassen im Rahmen des Resozialisierungsauftrages zu einem konstanten Arbeitsverhalten anleiten. Der Staat ist gefordert, präventionshinderliche Barrieren

---

932 Einsele, ZfStrVo 2005, S. 11.

933 Harzer, 1995 (a), S. 334 (335 f.).

934 Harzer, 1995 (a), S. 334 (336); dies. 1995 (c), S. 41 mit dem Hinweis darauf, dass in der Nichtanerkennung des Selbständigkeitsprinzips die eigentliche Gefahr für den Rechtsstaat liegt: das geltende Prinzip wäre dann reine Stärke und Machtdemonstration. Vgl. zur Kantschen Staats- und Rechtsphilosophie ganz allgemein Harzer, 1994.

935 Harzer, 1995 (c), S. 39.

936 Harzer, 1995 (a), S. 334 (336 f.); dies., 1995 (c), S. 40; sowie allgemein dies. 1994.

abzubauen und Strukturen zu schaffen, die einen Zugang zu Angeboten und Dienstleistungen am Arbeitsplatz erleichtern. Auf keinen Fall dürfen sich ausgrenzende, gegen Grundrechte verstoßende Strukturen, die extramural bestehen, im Vollzug erhärten.

Bei älteren Insassen geht es vor allem darum, andere Behandlungsaspekte als das Training für ein konstantes Arbeitsverhalten in den Vordergrund zu stellen. Der Strafvollzug muss in diesem Zusammenhang lernen, Arbeit zwar als wesentlichen, nicht aber ausschließlichen Aspekt der Resozialisierung von Strafgefangenen zu begreifen. Hier gilt es, Umgang mit Geld (insbesondere die Rentenproblematik), den Aufbau tragfähiger Beziehungen und eine sinnvolle Freizeitgestaltung in den Vordergrund zu rücken, um das Vollzugsziel erreichen zu können. Diese Aspekte können für HIV-infizierte Insassen, bei denen die Krankheit ausbricht und die dann unter Umständen (zeitweise) einer Arbeit nicht mehr nachgehen können, von gleichem Interesse sein. So müssen sich auch die Sozialversicherungen der Situation von Menschen, die mit HIV und AIDS leben, stellen. Zum Beispiel haben seit dem Einsatz der Kombinationstherapien viele Menschen mit HIV/AIDS, die bereits eine Rente beziehen konnten, ihre Arbeitsfähigkeit zurückerlangt. Sie wissen aber nicht mit Sicherheit, wie sich ihr Gesundheitszustand langfristig entwickelt. Aufgrund dieser Situation sind etwa Modelle der Teilberentung zu diskutieren und betroffene Vollzugsinsassen spätestens im Zuge der Entlassungsvorbereitung als eine (re-)sozialisierende Maßnahme bei der Durchsetzung der Anträge zu unterstützen.

Im Vordergrund der Angebote sollten kreative Tätigkeiten stehen, wie etwa musikalische Angebote[937]. Die Regelmäßigkeit des Rhythmusses sowie Geduld beim Erlernen von musikalischen Stücken sind Fähigkeiten und Eigenschaften, die sich auch auf ältere und kranke Insassen positiv auswirken. Außerdem kann Musik die geistige Aktivität steigern und der Stimmungsaufhellung dienen[938]. Mit dem Medium Musik können Gefangene schließlich lernen, Eigenständigkeit zu unterstützen, das Selbstwertgefühl zu heben, unangenehme Situationen auszuhalten und letztlich ihre Durchsetzungsfähigkeit zu stärken[939].

Weitere Angebote könnten im künstlerischen Bereich liegen, etwa der Malerei. Kunst und Strafvollzug scheinen zwar auf den ersten Blick unvereinbar, setzt doch Kunst auch in seinem verfassungsmäßigen Verständnis nach Art. 5 GG in einem besonderen Maß Freiheit voraus, während dem Strafvollzug gerade ein besonderes Maß an Unfreiheit immanent ist. Gerade geschlossene Institutionen, wie der Strafvollzug, rufen aber ein gesteigertes Verlangen nach Individualität und Kreativität hervor, das vornehmlich bei älteren und kranken Insassen ausgelebt werden soll und kann[940]. In

---

937 Vgl. dazu etwa Porada, KrimPäd 2007, S. 23 (25).

938 Beauvoir, S. 196; Geisler, S. 115.

939 Meder, S. 7.

940 Das österreichische Strafvollzugsgesetz normiert in § 63 StVG sogar einen Rechtsanspruch auf künstlerische Betätigung im Strafvollzug.

diesem Zusammenhang ist auf die Untersuchung von Bammann[941] hinzuweisen, der aufzeigt, welche Aufgaben künstlerische bzw. kreative Tätigkeit insbesondere im Blick auf die Resozialisierung der Gefangenen leisten kann. In dem mit zunehmendem Alter bzw. ausgeprägterem Krankheitsstatus als besonders eintönig wahrgenommenen Strafvollzug kann bildende und darstellende Kunst als Element der Freizeitgestaltung und des Zeitvertreibs dienen, die aufgrund der Mithilfe externer, ehrenamtlicher Mitarbeiter und Gruppen ohne großen Kostenapparat im Vollzugsalltag integriert werden kann. Ferner kann künstlerische Arbeit unter Umständen auch als (frei-)berufliche Tätigkeit in Haft dienen[942], zumal mit Blick auf die in der Haft bzw. nach der Haft bei den hier untersuchten Gruppen aus Alters- und/oder Krankheitsgründen die Gefahr der Arbeitslosigkeit relativ wahrscheinlich ist. Mithin kann über den Weg der künstlerischen Betätigung das Ziel der Freiheitsbeschränkung gemäß § 2 StVollzG alters- und krankheitsgerecht unterstützt werden[943], da es bei diesen Tätigkeiten nicht auf Kraft und Arbeitstempo ankommt, sondern auf Phantasie und Geduld.

Auch schriftstellerische/literarische Tätigkeiten müssen im Rahmen kreativer Angebote aufgeführt werden. Ein geradezu klassisches Beispiel für Kreativität und Wirkmächtigkeit im Alter bildet dabei Johann Wolfgang von Goethe, dessen Werke sich altersgerecht unterteilen lassen: der jugendlichen Sturm- und Drang-Phase folgte nach der prägenden Italienreise im Mannesalter der Klassikerverbund mit Friedrich Schiller: Das Spätwerk mit seinen nunmehr spielerisch gemischten Formen kann man – als hätte es damals schon die rentenpolitische Zäsur gegeben – mit dem 65. Lebensjahr beginnen lassen[944]. Der alte Goethe schafft wunderbare Werke wie den *West-östlichen Diwan*, *Faust II* und *Wilhelm Meisters Wanderjahre*. Ebenso in Zuchthäusern und Gefängnissen ist seinerzeit ein Schrifttum entstanden, das, wie Fried bemerkt, durchaus ansehnliche Tradition hat[945]. Es handelt sich um Werke politischer Gefangener, die zum Teil Schriftsteller waren[946] und teils erstmals im Gefängnis schrieben[947].

941 Bammann, ZfStrVo 2006, S. 150 ff.

942 Vgl. hierzu etwa Bammann, ZfStrVo 2006, S. 150 (151) mit Verweis auf die Bildhauerwerkstatt der JVA Bremen.

943 Kreuzer, 2001, S. 8.

944 Blaschke, fundiert 2004, S. 42 (44).

945 Erich Fried zit. nach Klein, S. 11 f.; Schneider, ZfStrVo 2005, S. 138 f.

946 Etwa Dostojewski, Verlaine, Hikmet Ran, Ritsos oder Solschenizyn.

947 Zum Beispiel Francois Villon, der als bedeutendster Dichter des französischen Spätmittelalters gilt und in seinen beiden parodistischen Testamenten sowie zahlreichen Balladen die Erlebnisse seines abenteuerlichen Lebens als Scholar, Vagant und Krimineller verarbeitete. So verbrachte er etwa den Sommer 1461, wie er zu Beginn des *Testament* angibt, ohne jedoch den Grund zu nennen, in Meung-sur-Loire im Kerker des Bischofs von Orléans, was in „*Débat du coeur et du corps de Villon*" zu zerknirschten Reflexionen über seine Zeit im Kerker von Meung führt; vgl. zum Ganzen: *Francois Villon: Des Meisters Werke* (Leipzig, 1907); oder der französischer Romanautor, Dramatiker und Poet Jean Genet, der von Juli 1936 bis Juli 1937 als Deserteur auf der Flucht war und mehrfach, für ein paar Tage oder Wochen, inhaftiert wurde. In der Zeit von 1937 bis 1942 folgen teilweise mehrmonatige Haftaufenthalte in Frankreich, insbesondere wegen Diebstahls. Zwischen 1941 und 1942 entsteht im Gefängnis sein erster Roman „*Notre-Dame-des-Fleurs*", vgl. zum Ganzen: Urban.

So schildert etwa der russische Schriftsteller Fjodor Michailowitsch Dostojewski in seiner Prosaarbeit *„Aufzeichnungen aus einem Totenhaus“*[948] präzise und authentisch in einer losen Folge von Szenen und Beschreibungen das Leben in einem sibirischen Gefängnislager anhand eigener Erfahrungen während der Zeit seiner Verbannung von 1849 bis 1853. Auch Leo Tolstoi widmet sich in *„Auferstehung“* der Gerichtsbarkeit und dem Strafvollzug im Russland des 19. Jahrhunderts[949]. Der griechische Schriftsteller Giannis Ritsos, der aufgrund seiner kommunistischen Überzeugungen von 1948 bis 1952 sowie während der Junta-Zeit von 1967 bis 1970 inhaftiert war, entwickelte während seiner Internierung die Maske seiner Monologe *„Die Rückkehr der Iphigenie“*, *„Agamemnon“* und *„Chrysothemis“*[950]. Schließlich schildert der russische Schriftsteller und Dramatiker Alexander Issajewitsch Solschenizyn in seiner Erzählung *„Ein Tag im Leben des Iwan Denissowitsch“*[951] (1962) den inhumanen Alltag eines Gefangenen in einem sowjetischen Arbeitslager und liefert in seinem 1974 veröffentlichten Hauptwerk *„Der Archipel Gulag“* die Beschreibung des sowjetischen Lagersystems[952]. Schließlich veranschaulicht auch Oscar Wilde in seiner *„Ballade vom Zuchthaus zu Reading“* in lyrischer Dichtung die Bedingungen, unter denen man damals in englischen Zuchthäusern lebte[953]. Radbruch nahm etwa Dostojewskis *„Aufzeichnungen aus einem Totenhaus“* als Anlass zum Nachdenken über die Frage, wo am ehesten, wenn nicht aus authentischen Berichten von Insassen, über die psychische Wirkung von Gefängnissen Kenntnisse zu gewinnen seien, aus denen schließlich Aspekte zur Strafvollzugsreform abzuleiten wären[954].

Auch wenn mit der Forderung nach schriftstellerischen bzw. literarischen Angeboten im Strafvollzug nicht das Ziel der Schaffung literarischer Meisterwerke verfolgt wird, können gleichwohl im Rahmen der bereits an anderer Stelle angesprochenen Erwachsenenbildung[955] Interesse geweckt und bestehende Fähigkeiten in diesem Bereich unterstützt bzw. schlicht eine Form von Kommunikation hergestellt werden, die eine als sinnvoll empfundene Beschäftigung darstellen kann[956]. Schließlich gibt es in nahezu jeder Vollzugsanstalt interne, von Insassen herausgegebene Zeitschriften[957], die von erfahrungsgesättigten Weisheiten älterer und/oder sterbenskranker Insassen profitieren dürften.

---

948 Dostojewski.
949 Tolstoi.
950 Ritsos, 1986; ders., 1988; ders., 1990.
951 Solschenizyn, 1999.
952 Ders., 1978.
953 Wilde.
954 Radbruch, ZStW 1911, S. 339 (340, 346 und 350 f.).
955 Siehe Teil 3 B. II.
956 So auch Klein, S. 12.
957 Klein, S. 205 ff.; Klein/Koch-*Weigel*, 1988, S. 69 ff.; Klein/Koch-*Seeger*, 1988, S. 187 ff.

Im Rahmen der Weiterbildungsangebote[958] sollten zudem Computerkenntnisse vermittelt werden[959]. Erlernte oder vertiefte Kenntnisse können Ältere nach ihrer Entlassung weiter nutzen, sei es in der Aufnahme eines Senioren-Studiums, in der auch universitäre Computerarbeitsplätze genutzt werden können, in Stadtbibliotheken oder Internetcafés etc. Auch gibt es Interessengemeinschaften, wie etwa die "SeniorenNet Stuttgart", bei denen ältere Menschen auch nach ihrer Entlassung wieder eine Gemeinschaft finden können. Computer und Internet machen in dieser Altersstufe im Falle einer schweren Krankheit alles andere als einsam. Gerade wenn man aus Alters- oder Krankheitsgründen körperlich abbaut, erlaubt das Internet zumindest virtuell die Teilnahme am gesellschaftlichen Geschehen.

Auch altersgerechte bzw. dem Gesundheitszustand angepasste sportliche Angebote sollten für einen sinnvollen Umgang mit älteren und sterbenskranken Insassen in den Vollzugsalltag integriert werden[960]. Gesundheit, Leistungsfähigkeit und Wohlbefinden gelten nicht nur als Attribute von Jugendlichkeit – bis ins hohe Alter sind sie erstrebenswert und werden auch als Kriterien für ein „erfolgreiches Altern“ verstanden. In diesem Zusammenhang kommen altersspezifische Maßnahmen zum Tragen, die ältere Menschen, mit dem Wunsch zu körperlicher Aktivität bestärken oder bei der Aneignung und Aufrechterhaltung von körperlichen Aktivitäten unterstützend wirken. Eine gute Absicht allein reicht jedoch nicht aus – sie muss in die Tat umgesetzt und die Kluft zwischen guten Vorsätzen und konkreter Durchführung mit Hilfe von ausformulierten, detaillierten Plänen überbrückt werden. Um nachweisbare positive Effekte für die Gesundheit zu erzielen, wird aus wissenschaftlicher Sicht empfohlen, an mindestens drei Tagen pro Woche eine halbe Stunde körperlich aktiv zu sein[961]. In Bezug auf die Leistungsfähigkeit ist wissenschaftlich ebenso erwiesen, dass eine Zunahme körperlicher Aktivität positive Auswirkungen auf Stimmung, Lebenszufriedenheit und Alltagskompetenz hat[962]. Nicht zuletzt bewirkt körperliche Aktivität auch die Verringerung von Depressionen und Angstzuständen und geht mit verbesserten Gedächtnisleistungen einher[963]. Hierfür muss der ältere Insasse motiviert werden und es sollten - im Dialog mit dem Anstaltsarzt – konkrete Handlungspläne formuliert werden, die bei Bedarf, etwa bei körperlichem Abbau, den gesundheitlichen Fähigkeiten angepasst werden können[964].

---

958 Zu den spezifischen Bedürfnissen älterer Frauen, vgl. grundsätzlich Köhler und mit Blick auf die Inhaftierungssituation Wahidin.

959 Nach Feststellungen der GfK im Erhebungszeitraum 04.12.2000 bis 28.01.2001 waren nur 5 % aller Internet-Nutzer zwischen 60 und 69 Jahre alt, von denen 80 % Männer sind; Der Anteil der 60-69jähigen an der Gesamtbevölkerung lag in dieser Zeit bei 17 %; vgl. GfK Online-Monitor, GfK-Studien, 7. Untersuchungswelle GfK Medienforschung Märkte in Bewegung, www.gfk.de. Ein entsprechender Umgang kann etwa in der JVA Schwalmstadt erlernt werden, vgl. Porada, KrimPäd 2007, S. 23 (25).

960 So wie etwa in der JVA Schwalmstadt, vgl. Porada, Krimpäd 2007, S. 23 (25).

961 Ziegelmann/Lippke, fundiert 2004, S. 72 (74).

962 Ebd.

963 Ebd.

964 Ziegelmann/Lippke, fundiert 2004, S. 72 (78 f.).

Jede im Strafvollzug angebotene Maßnahme ist in erster Linie abhängig von den extramuralen Verhältnissen[965]. Grundvoraussetzung der bisher aufgeführten Ansätze ist mithin, dass Angebote gemacht werden, die angesichts der Verhältnisse außerhalb des Vollzuges dort (noch) sinnvoll sind[966], bzw. von den Betroffenen auch nach ihrer Entlassung fortgeführt werden können. Große Bedenken bestehen daher gegen die oftmals als positiv dargestellte Arbeitssituation in der Singener Vollzugsanstalt[967], da im allgemeinen zu erwarten ist, dass diese Arbeitsverhältnisse nach Entlassung der Inhaftierten – sei es aufgrund Wegzuges und der im Allgemeinen nicht zu erwartenden Neueinstellung zumeist noch geringqualifizierter (Hoch-)Betagter oder aufgrund des entlassungsbedingten Wegfalls finanzieller Förderung des Arbeitsplatzes – nicht mehr fortgeführt werden können. Daher lohnt sich auch die frühzeitige Einbindung externer Stellen, wie etwa vor Ort ansässiger ehrenamtlicher Vereine, z.B. „Freunde alter Menschen e. V. - les petits frères des Pauvres"[968], deren Ziel es ist, armen und einsamen alten Menschen nicht bloß Hilfe in materiell schwierigen Situationen anzubieten, sondern ihnen Zuneigung und Freundschaft zu geben. Für HIV-infizierte und AIDS-kranke Menschen steht die Deutsche AIDS-Hilfe e.V. als Ansprechpartner zur Verfügung.

Die konkreten Behandlungsangebote[969] können allerdings nur einen Gesichtspunkt darstellen. Im Zusammenhang mit dem sinnvollen Umgang mit älteren und sterbenskranken Insassen müssen auch personelle, räumliche, kommunikative und medizinische Aspekte eine Rolle spielen:

In personeller Hinsicht ist es erforderlich, dass sich Vollzugsbedienstete in internen Fortbildungsveranstaltungen der Thematik „Alter und Altern im Vollzug" bzw. „HIV und AIDS im Vollzug" annähern, sei es von seelsorgerischer, gerontologischer, sozialwissenschaftlicher und/oder medizinischer Seite durch entsprechende Fachvorträge, sei es durch einen aktiven Austausch mit den Kollegen der JVA Konstanz – Außenstel-

965 Schriever, ZfStrVo 2006, S. 262 (265).

966 Ebd.

967 Vgl. etwa Fichte, KrimPäd 2007, S. 33 (35).

968 Les petits frères des Pauvres - Freunde alter Menschen e.V., 1946 in Paris von Armand Marquiset gegründet, ist eine internationale Föderation, die sich gegen Einsamkeit und Armut im Alter einsetzt. Es handelt sich um einen gemeinnützigen Verein, der sich durch Spenden (nie jedoch durch Spenden von betreuten alten Menschen) finanziert und Mitglied des paritätischen Wohlfahrtsverbands ist. Alte Menschen werden regelmäßig besucht, man verreist und macht Ausflüge mit ihnen. In Deutschland hat der Verein Büros in Berlin, Frankfurt und Mainz.

969 Die von Schriever in ZfStrVo 2006, S. 262 (266) vertretene Ansicht, wonach in Zukunft im Strafvollzug konsequent von Rückfallvermeidung und nicht von Behandlung gesprochen werden sollte, da das, was darüber hinaus ginge, überhöht und nicht zielführend sei, trifft zumindest auf die hier behandelte Gruppe der älteren Insassen aufgrund deren geringen Rückfallwahrscheinlichkeit nicht zu, vgl. hierzu nicht zuletzt Görgen/Greve, BewHi 2005, S. 116 (126).

le Singen[970] oder HIV-Ambulanzen. Fakt ist, dass das Vollzugspersonal den direkten und unmittelbaren Kontakt mit den Insassen und eine Mittlerfunktion zwischen den verschiedenen Insassengruppen inne hat. Der Aus- und Weiterbildung des Personals kommt deshalb eine große Bedeutung zu. Alle Beteiligten und Institutionen müssen sich dafür einsetzen, bewährte Erfahrungen und neue Erkenntnisse in den Bereichen „ältere Insassen" und „HIV/AIDS" anzuwenden und weiter zu verbreiten. Dies bedeutet insbesondere, dass fehlende Wissensgrundlagen für eine verbesserte Umsetzung erarbeitet werden müssen[971] und das Beratungspersonal so ausgebildet sein muss, dass eine kompetente und bedürfnisorientierte Beratung der Insassen möglich ist[972].

Nicht zuletzt müssen bauliche Konzeptionen der Strafvollzugsanstalten sicherstellen, dass alle grundlegenden Aktivitäten des täglichen Lebens möglich bleiben. Diesbezügliche Schwierigkeiten der Strafvollzugsarchitektur werden durch die Begehung erlebt: Eine Strafvollzugsanstalt wird von ihren Benutzern sehr unterschiedlich wahrgenommen, nicht zuletzt, weil es den unterschiedlichen Personengruppen (Insassen, Personal, Besuchern) nicht gestattet ist, sich auf die gleiche Art durch das Gebäude zu bewegen[973]. So kommt es auch dazu, dass verschiedene Räume unterschiedlich erlebt werden. Widersprüche zwischen theoretischen und praktischen Nutzen der Raumaufteilung bzw. Ausstattung werden erst bei körperlichen Einschränkungen sicht- und vor allem spürbar[974]. Die Typologie der Strafvollzugsarchitektur hat insoweit auch eine „psychische Dimension", die für ältere und sterbenskranke Insassen eine größere Bedeutung erlangen kann[975]. Aufgrund der unterschiedlichen Bauten[976] und deren Benutzern ist es unmöglich, gleichwertige Strafvollzugbedingungen zu schaffen. Ein weiteres Problem besteht darin, dass sich das Gesetz schneller ändert als es der Architektur möglich ist. So kommt es unter anderem dazu, dass in den Hafträumen Tätigkeiten erlaubt sind bzw. die Zunahme pflegebedürftiger Insassen Therapieangebote nach sich

---

970 Hirsch, psycho Sonderheft 1/97, S. 14, stellt dar, dass es zunehmend Weiterbildungslehrgänge und Angebote gibt, die gerontopsychiatrische Kompetenzen berufsbezogen vermitteln (durch Sozialarbeiter, Psychologen, Pädagogen, Krankenpflegeberufe u.a.). Erheblich zugenommen haben offenbar auch regional und überregional berufsbezogene und interdisziplinäre Fortbildungsangebote in der Gerontopsychiatrie.

971 Auch Görgen/Greve, BewHi 2005, S. 116 (124), die die bislang nur kaum vorliegenden Erfahrungen kritisch betrachten, da in der Folge auch keine elaborierten und erprobten Konzepte für die spezifische Ausbildung von Bediensteten im spezifischen Umgang mit älteren Gefangenen vorliegen.

972 So auch Aday, S. 156, der für den Strafvollzug an älteren Menschen entsprechend qualifiziertes Vollzugspersonal fordert.

973 Seelich, S. 131 (133).

974 Wie etwa zu hoch angebrachte Regale oder fehlende Ablageflächen, vgl. Seelich, S. 131 (142).

975 Seelich, S. 131 (133).

976 Seelich teilt diese wie folgt ein: Neubauten, d.h. Bauten der letzten 20 Jahre, sowie Altbauten, d.h. entweder adaptierte Bauten (Schlösser, Klöster, Burgen) oder Bauten, die von Anfang an zum Zweck des Strafvollzugs gebaut wurden (Gerichtsgefängnisse, meist um 1900, im Stadt- oder Ortszentrum gelegen), vgl. S. 131 (133 f.).

zieht, für die kein Platz bei der Dimensionierung bzw. beim Bau bedacht wurde[977]. Um die Probleme der Strafvollzugsarchitektur beseitigen zu können, fordert Seelich daher ganz allgemein eine Analyse: (1) aller bestehenden Bauten, ihrer baulichen Möglichkeiten und deren Nutzung, (2) der aktuellen Bedürfnisse und Funktionen, auch der nicht im StVollzG angeführten sowie (3) der Tendenzen des Strafvollzuges unter Einbeziehung aller strafvollzugseigenen Ressourcen und interdisziplinärer Fachkräfte[978]. Bei dieser Analyse sollte Aspekte etwaig zunehmender Pflegebedürftigkeit und die demographische Entwicklung entsprechend einbezogen werden. Görgen und Greve fordern daher zu recht in Bezug auf Waschgelegenheiten, Treppen, Helligkeit und vieles mehr die Schaffung von Umgebungen, die auch zunehmenden funktionalen Einschränkungen angepasst sind[979]. Räumlich ist dabei insbesondere darauf zu achten, dass die Anstalten – dies dürfte hauptsächlich bei alten Anstalten problematisch sein – rollstuhl- und gehhilfengerecht ausgestattet sind.

Daneben sollte in jedem Fall auf die Einhaltung des Grundsatzes der Einzelunterbringung nach § 18 Abs.1 StVollzG geachtet werden[980]. Denn die Nichteinhaltung dieses Grundsatzes und die zunehmende Überbelegung im Strafvollzug verschlechtern das Anstaltsklima und haben zur Folge, dass die Gefangenen dem Strafvollzug und seinen Angeboten feindlich gegenüberstehen und nicht bereit sind, mit denen, die dem ersten Anschein nach für ihre unzureichenden Haftbedingungen verantwortlich sind, zusammenzuarbeiten[981].

Der sinnvolle Umgang mit älteren und sterbenskranken Insassen muss sich ganz wesentlich auch über die Kommunikation definieren. Die sich auftuende Leere, die etwa mit einem positiven Testergebnis bei HIV-Infizierten einhergeht, fördert das In-sich-hinein-Horchen, das Sich-Beobachten, das ständige Bewerten und damit auch Überbewerten und Missdeuten körperlicher und anderer Symptome. Dazu passen die folgenden Ausführungen de Beauvoirs[982] in Bezug auf ältere Menschen:

> *"Oft wendet der im Ruhestand lebende Mensch seinem Körper all die Aufmerksamkeit zu, die er vorher auf seine Arbeit konzentriert hat. Er klagt über Schmerzen, um zu verbergen, dass er unter einem Prestigeverlust leidet. Vielen dient die Krankheit als Entschuldigung für die gesellschaftlich niedrigere Stufe, die von nun an ihr Los ist. Krankheit kann auch eine Rechtfertigung ihrer Egozentrik sein - der Körper verlangt jetzt ihre ganze Fürsorge. Aber die Angst, die diesem Verhalten zugrunde liegt, ist absolut real."*

977 Seelich, S. 131 (144).
978 Seelich, S. 131 (147).
979 Görgen/Greve, BewHi 2005, S. 116 (124).
980 Vgl. zur Einzelunterbringung gem. § 18 Abs. 1 S. 1 StVollzG und der Berücksichtigung der räumlichen Verhältnisse der Anstalt gem. § 201 Nr. 3 Satz 1 StVollzG, BGH 5 Ars (Vollz) 54/05 sowie Kreuzer, 1985, S. 459 (464), der die Einzelunterbringung als „unabdingbaren Standard“ bezeichnet.
981 Mushoff, Forum Recht 2004, S. 21.
982 Beauvoir, S. 256.

Die beste Kommunikation ist daher immer noch das aktive Zuhören. Gespräche mit älteren und sterbenskranken Insassen haben im Vergleich zu solchen mit jüngeren oftmals gewisse Eigenheiten[983], die es auch für Vollzugsbedienstete zu berücksichtigen gilt. Eine pauschale Vorstellung von Verhaltens- und Reaktionsweisen alter und sterbenskranker Menschen kann einer individuellen Betreuung im Wege stehen. Verharmlosung, Entmündigungsstrategien und überflüssige Belehrungen sollten vermieden werden. Die Erkenntnis, dass die Reaktion auf das Altwerden und Altsein, das Sterbenskranksein, die Anpassungsphänomene und die Verarbeitung gänzlich unterschiedlich verlaufen können, ist eine Grundvoraussetzung für den kommunikativen Umgang mit alten und sterbenskranken Insassen. Im Umgang mit ihnen müssen daher drei Grundphänomene berücksichtigt werden: Die Gewichtung der Dinge im Alter und im Zeitpunkt einer schweren, zum Tode führenden Krankheit, wandelt sich. Soziale Kontakte bekommen einen anderen Stellenwert. Krankheit und vor allem Tod rücken wirklich und nicht nur gedanklich näher, auch wenn ältere Menschen und Menschen mit HIV/AIDS heute von der modernen Medizin profitieren und um ein Jahrzehnt jugendlicher bzw. „gesünder“ wirken als Menschen gleichen Alters bzw. mit dem gleichen Krankheitsbild noch vor ein oder zwei Generationen. Einsamkeit und das Gefühl des Verlassenseins bestimmen das Leben vieler alter und sterbenskranker Menschen, gerade auch derer im Strafvollzug. Hemingway[984] beschreibt das Gefühl wie folgt:

> *"Der schlimmste Tod für einen Menschen ist der Verlust dessen, was den Mittelpunkt seines Lebens bildet und ihn zu dem macht, was er wirklich ist. Ruhestand ist das abstoßendste Wort der Sprache. Ob man sich freiwillig dazu entschließt oder ob er einem aufgezwungen wird: In den Ruhestand zu treten und seine Beschäftigungen aufzugeben - diese Beschäftigungen, die uns zu dem machen, was wir sind - ist gleichbedeutend mit dem Abstieg in das Grab."*

Die moderne Gerontopsychologie lehrt, dass beim alten Menschen das Grundgefühl der "erlebten Unveränderlichkeit" maßgeblich ist für depressive Verstimmungen und den Abbau von Kompetenzen, wobei Kompetenz als Fähigkeit definiert wird, Anforderungen zu bewältigen, die in angemessenem Verhältnis zu den eigenen Ressourcen stehen. Die meistgeübte Praxis der Fürsorge und Entlastung durch Verwahrung stärkt aber gerade dieses Gefühl der Unveränderlichkeit und reduziert in einer Art Teufelskreis Fähigkeiten und Kompetenzen. Wahrscheinlich wirkt eine Mischung aus Forderungen und Hilfestellungen durch Vollzugsbedienstete, Ärzte und medizinisches Personal im Umgang mit älteren Insassen dieser ungünstigen Entwicklung am besten entgegen. Ein *"milder Stress"* ist offenbar das adäquate Mittel, um kognitive und physische Kompetenz im Alter zu erhalten[985].

---

983 alterstypische Kommunikationsbarrieren sind dabei etwa Schwerhörigkeit, Sehbeeinträchtigung, Immobilität oder Gedächtnisstörungen. Daneben gibt es spezifische Fallgruppen wie Pseudomultimorbidität, Depression, Alkohol- und Medikamentenabhängigkeit, Krankheit als Maske, Mittel oder Signal.

984 Zit. nach de Beauvoir, S. 224.

985 Geisler, S. 158.

Weder der alte noch der HIV-infizierte bzw. an AIDS erkrankte Mensch bedarf allein aller Segnungen einer hochtechnisierten Medizin. Hier sind auch andere Qualitäten gefragt, zumal gerade alte und sterbenskranke Menschen Ermunterung, Stärkung, konstanter Zuwendung und Erfolgserlebnisse bedürfen. Hier reichen oft bescheidene Mittel aus, wie die regelmäßige kurze, aber intensive Zuwendung durch Gespräche, Beseitigung bestimmter Schwierigkeiten im psychosozialen Bereich, Hilfe durch die Umgebung, Training des allgemeinen Lebensablaufs, um eine Stabilisierung und damit oft auch eine Milderung der Symptome zu gewährleisten.

Letztlich müssen beim sinnvollen Umgang mit älteren und sterbenskranken Insassen auch die Anstaltsärzte und das medizinische Personal in die Verantwortung genommen werden. Demgegenüber erscheint das Gesundheitssystem nur unzureichend auf die veränderten Strukturen in der Bevölkerung, die sich wandelnden Wertevorstellungen und auf gegenwärtige gesellschaftliche Erfordernisse vorbereitet zu sein. Im Zuge der Gesundheitsförderung, die seit 1989 eine Pflichtaufgabe der gesetzlichen Krankenkassen geworden ist (vgl. § 20 SGB V), sind Ärzte nicht nur für die Krankheiten, sondern auch für gesundheitsfördernde und –erhaltende Maßnahmen, einschließlich des psychischen und sozialen Wohlbefindens, zuständig. Hinzu kommt, dass sie hierbei mit anderen Professionen zusammenarbeiten müssen. Ohne ein interdisziplinär arbeitendes Team ist auch im Strafvollzug, etwa in der Versorgung alter und sterbenskranker Menschen, keine effektive Arbeit möglich. Hingegen wird heute über eine Verbesserung des Gesundheitswesens und dessen Weiterentwicklung in erster Linie unter Kostengesichtspunkten diskutiert und weniger danach gefragt, welche Leistungen für die betroffenen Menschen erforderlich sind[986]. Eine notwendige, gesellschaftlich lohnende Investition, die Patienten nutzt, Qualitätsmängel und hohe Folgekosten bei Fehlentscheidungen und –handlungen vermeiden hilft, ist daher die Qualifikation von Ärzten und medizinischem Personal[987]. Auch hier ist eine Weiterbildung in den entsprechenden Bereichen Gerontopsychiatrie, HIV und AIDS dringend erforderlich.

Hinsichtlich HIV/AIDS ist speziell auf folgende Besonderheiten zu achten: neueste medizinische Entwicklungen[988] zeigen, dass diese Krankheit weiterhin ein wichtiges Thema der öffentlichen Diskussion bleibt. Umsichtige Planung gerade auch im Strafvollzug macht es darum erforderlich, mögliche Zukunftsentwicklungen gedanklich durchzuspielen und ihre Wahrscheinlichkeit für die Entscheidungsfindung immer wieder neu zu überprüfen. Mutationen von HI-Viren sowie sich bildende Resistenzen gegen bereits etablierte Medikamente erhöhen die Komplexität im Umgang mit HIV und AIDS. In der Folge werden daher interdisziplinär erarbeitete Entscheide immer wichtiger werden. Die Zusammenarbeit von Fachleuten aus Prävention, Therapie, Betreuung und Kommunikation muss angesichts der aktuellen Situation weiterhin gesichert werden. Gerade im Strafvollzug, wo man auf engstem Raum aufeinander trifft und Ängste

---

986 Geisler, S. 176.

987 So auch Aday, S. 156, der für den Strafvollzug an älteren Menschen entsprechend qualifiziertes Vollzugspersonal fordert.

988 Vgl. z.B. Mutation des AIDS-Virus, Cremes zur Behandlung von AIDS etc.

bzw. Vorurteile einen besonderen Nährboden haben, muss dieser Gesichtspunkt eine große Rolle spielen. Die verschiedenen Optionen in Prävention und Therapie erschweren oft auch deren adäquaten Einsatz. Die Bedeutung von Prävention, der Stellenwert von neuen Therapieangeboten und des HIV-Antikörpertestes sind immer wieder zu überprüfen und zu kommunizieren. HIV-positive Menschen brauchen Informationen über verschiedene Therapieformen, deren Vor- und Nachteile und mögliche Konsequenzen. Mittels qualitativ hochstehender Beratung wächst auch die Entscheidungskompetenz HIV-positiver Menschen. Ein guter Zugang zu den als wichtig empfundenen Therapieformen ist weiterhin zu gewährleisten. Entscheidend für den Erfolg der medikamentösen Therapien wird jedoch die Therapietreue sein, d.h. die Bereitschaft des Patienten, ärztlichen Anweisungen zu folgen aber auch die Bereitschaft des Arztes, therapeutische Anweisungen und Strategien auf die Möglichkeit und Wünsche des Patienten abzustimmen[989]. Hinreichende Informationen über Risikosituationen und entsprechendes Schutzverhalten dürfen trotz zahlreicher Therapieangebote gerade im Strafvollzug auf keinen Fall vernachlässigt werden. Der Zugang zu adäquater Beratung muss bereits aus dem Vollzug heraus, etwa durch Benennung von Ärzten, die sich auf die Betreuung HIV-kranker Menschen spezialisiert haben, sichergestellt werden.

Bei älteren Menschen gilt es, insbesondere bei der Diagnose die Lebensgeschichte des Insassen mit einzubeziehen. Sollten die Akten hierüber keine Hinweise enthalten und der Insasse von sich aus keine Details preisgeben, so sollte der Arzt Merkmale wie bestimmte Jahrgänge, Geburtsorte und historische Ereignisse in seine Diagnose mit einbeziehen. Die Novelle von Günter Grass *„Im Krebsgang“*[990] macht z.B. auf zwei Folgen des Dritten Reiches und des Zweiten Weltkrieges[991] aufmerksam, nämlich Flucht/Vertreibung und Bombenkrieg. Seit 2002 hat sich die Diskussion darüber intensiviert. Sie spiegelt sich in den Medien durch Fernsehberichte und -serien, Rundfunk-, Bücher- und Zeitschriftenbeiträgen wider. Viele (auto-)biografische Publikationen befassen sich mit familiären Ereignissen. Die Zeitzeugen informieren (teilweise erneut, teilweise erstmalig) über ihre damaligen schrecklichen Erlebnisse und über ihre Prägungen durch Krieg und Nachkriegszeit. Der Eindruck wird vermittelt, als ob das Dritte Reich und der Zweite Weltkrieg als Ereignisse des vorigen Jahrhunderts keine Bedeutung mehr für heutiges individuelles oder gesellschaftliches Befinden hätten, weil die Beteiligten bzw. Betroffenen längst verstorben seien. Dieser Eindruck ist falsch: 75 Prozent der heute über 60-Jährigen erlebten die damalige Zeit als Kinder/Jugendliche und damit als passiv Betroffene. Eine weitere Teilgruppe erlebte das Dritte Reich und den Zweiten Weltkrieg als jüngere Erwachsene[992]. Als Beschädigungen, teilweise

---

989 Vgl. Ausführungen in Bezug auf ‚Compliance' in Pschyrembel, S. 338 f.

990 Grass.

991 Der Zweite Weltkrieg hinterließ ca. 1,8 Millionen Witwen und 2,5 Millionen Halbwaisen in Deutschland, vgl. Greb/Pilz/Lamparter, psychosozial 2000, S. 39; nach US-amerikanischer Schätzung in Europa ca. 20 Millionen Halbwaisen, vgl. Werner, 2001, S. 11. Vermutlich wurden 14 Millionen Menschen vertrieben. Auf der Flucht starben ca. 0,5 Millionen und weitere 0,5 Millionen aufgrund von Bombenangriffen (weitgehend Frauen, Kinder und Ältere), vgl. Radebold, Dtsch. Ärztebl. 2004, S. 1637.

992 Ebd. sowie Fliedner, S. 178 f.

traumatisierender Art, kommen in Frage: langfristige oder dauerhafte väterliche Abwesenheit, ständige Bombenangriffe/Ausbombung, Flucht/Vertreibung mit Heimatverlust, Aufwachsen in einer teils feindselig eingestellten Umwelt mit starken sozialen und materiellen Einschränkungen. Etwa 20 bis 25 Prozent der damaligen Kinder/Jugendlichen (geboren zwischen 1929 und 1945) wuchsen Schätzungen zufolge unter dauerhaft beschädigten familiären, sozialen und materiellen Bedingungen auf, weitere 25 bis 30 Prozent unter lang anhaltenden vergleichbaren Bedingungen[993]. Die wenigen Forschungsergebnisse belegen als Folgen der Erlebnisse massive Auswirkungen auf die Lebenszufriedenheit und die psychosoziale Gesundheitsfunktionsfähigkeit bei Depressivität und sozialem Rückzug, häufig fortbestehende Panikattacken und Angstzustände, Beziehungs- und Bindungsstörungen sowie zunehmende psychische Ermüdung[994]. Ärzte begegnen den betroffenen über 60-Jährigen in Praxen diverser Fachrichtungen, in geriatrischen und gerontopsychiatrischen Institutionen, Rehabilitationskliniken, in Altenpflegeeinrichtungen aber auch im Strafvollzug und in Vollzugskrankenhäusern.

Eine Nachfrage ohne Vorwürfe[995] erlaubt, Ereignisse und mögliche Zusammenhänge anzusprechen. Parallel zu der Entlastung wird oft eine Beratung darüber möglich, welche therapeutischen Maßnahmen erneute Stabilität bewirken könnten. Immer wieder wird gefragt, ob man nicht die alten Geschichten ruhen lassen sollte. Dies ist eindeutig die Angst der Jüngeren, dass die Älteren psychisch dekompensieren könnten. Ein behutsames Gespräch kann denen, die schon immer und jetzt erst recht unter ihrer Geschichte leiden, helfen[996].

Neben dem medizinischen Umgang muss der Strafvollzug pflegerische Leistungen für bedürftige, ältere und sterbenskranke Insassen verfügbar machen[997]. Insoweit müssen im Rahmen der Gesundheitsfürsorge die Grenzen zwischen der Medizin inner- und außerhalb der Haftanstalten hinsichtlich der Behandlung von sterbenskranken und älteren Insassen durchlässiger werden. Dies stellt zwar eine der größten Herausforderungen für den Strafvollzug dar, dient aber letztlich der Qualitätsverbesserung. Denkbar wären z.B. verzahnte medizinische Versorgungsmodelle, wie dies für die Betreuung HIV-infizierter Insassen bereits im Justizvollzugskrankenhaus Fröndenberg in Zusammenarbeit mit der Medizinischen Poliklinik der Universität Münster etabliert ist[998]. Aday, Görgen und Greve weisen in diesem Zusammenhang auf verschiedene in Pennsylvania praktizierte Modelle und Strategien des Umgangs mit pflegebedürftigen Gefangenen hin[999]. Dazu gehören neben der Pflege im Haftraum durch professionelle Pflegekräfte, die Überstellung einer Fachabteilung innerhalb des Strafvollzugs, Tages-

993 Schulz/Radebold/Reulecke, S. 12.
994 Radebold, Dtsch. Ärztebl. 2004, S. 1637 (1638).
995 So handelt sich in den meisten Fällen nicht um zur Zeit des 2. Weltkrieges kriegsbeteiligte Erwachsene, sondern vielmehr um kriegsgeschädigte Kinder und Jugendliche.
996 Radebold, Dtsch. Ärztebl. 2004, S. 1637 (1639).
997 Langenhoff, BewHi 2005, S. 99 (115).
998 Vgl. hierzu die Ausführungen in Teil 2 C. II. 2. a.
999 Aday, S. 161; Görgen/Greve, BewHi 2005, S. 116 (122).

pflege im Krankenbereich der Anstalt, die systematische Unterstützung hilfebedürftiger Inhaftierter durch Mitgefangene bei Alltagsaktivitäten, ganz selbstverständlich für die Sterbenden auch anstaltsinterne Hospizeinrichtungen[1000]. Derartige Hospize, die sich bereits zu einem Dachverband, der „National Prison Hospice Association", zusammengeschlossen haben, gibt es mittlerweile in zahlreichen Haftanstalten der USA[1001].

Zwar dürfte eine Auseinandersetzung mit Fragen zum Lebensende in Unfreiheit sowie Reflexionen zum Umgang mit Sterben und Sterbebegleitung im Vollzug für Deutschland in Anbetracht diverser Entscheidungen des Bundesverfassungsgerichts[1002] zur Verfassungsmäßigkeit der lebenslangen Freiheitsstrafe und zu ihrer Aussetzung auf Bewährung eigentlich kein Anlass bestehen. Denn danach muss selbst demjenigen Verurteilten, der schwerste Schuld auf sich geladen hat, grundsätzlich eine realisierbare Chance verbleiben, je wieder der Freiheit teilhaftig zu werden; nur unter dieser Grundvoraussetzung werde die lebenslange Freiheitsstrafe dem in Art. 1 Abs. 1 GG normierten obersten Konstitutionsprinzip gerecht[1003]. Gleichermaßen sei es mit der Würde des Menschen unvereinbar, wenn sich die Chance, der Freiheit wieder teilhaftig zu werden, auf einen von Siechtum und Todesnähe gekennzeichneten Lebensrest reduziere[1004].

Dennoch, so die Untersuchungen von Fiedeler[1005] im Strafvollzug in elf Bundesländern für den Zeitraum 1990 bis 2000, versterben nicht nur zu lebenslanger, sondern auch zu zeitiger Freiheitsstrafe Verurteilte in Haft, und dies mit insgesamt steigender Tendenz[1006]. Anhaltspunkte für den Anstieg dieser Zahlen der sogenannten tot Entlassenen seien dabei zum einen rechts- und gesellschaftspolitische Phänomene im Um-

---

1000 Mara, C. A./McKenna, C. K./Sims, B.: Unintended consequences of sentencing policy: Key issues in developing strategies to address long-term care needs of prison inmates. Middletown, PA: Pennsylvania State University at Harrisburg 2000, zit. nach Görgen/Greve, BewHi 2005, S. 116 (122).

1001 So bis 1998 etwa in Haftanstalten der Staaten California, Colorado, Illinois, Louisiana, Maryland, Missouri, New York, North Carolina, Pennsylvania, South Carolina und Texas; vgl. U.S. Department of Justice National Institute of Corrections Information Center Longmont, Colorado, S. 2. Zur Auseinandersetzung mit Fragen nach dem "Wie" des Todes Älterer in Haft, vgl. Aday, S. 8.

1002 BVerfGE 45, S. 187 (228 f., 239, 242, 245); 64, S. 261 (270 ff., 281); 72, S. 105 (113 ff.); 86, S. 288 (312); BVerfG, NStZ 1996, S. 53 (54 f.).

1003 BVerfG NJW 1977, S. 1525 (1529); wobei der BGH in seinem Urteil vom 27.04.2006, NJW 2006, S. 2129 (2130), ausdrücklich darauf hinweist, dass es einen Rechtssatz des Inhalts, dass jeder Straftäter schon nach dem Maß der verhängten Strafe die *Gewissheit* haben muss, im Anschluss an die Strafverbüßung in die Freiheit entlassen zu werden, nicht gebe. Insbesondere könne sich aus dem hohen Lebensalter eines Angeklagten, etwa unter Berücksichtigung statistischer Erkenntnisse zur Lebenserwartung, keine Strafobergrenze ergeben.

1004 BVerfG NJW 1986, S. 2241 (2242).

1005 Fiedeler, S. 17 ff.

1006 Fiedeler, ZfStrVo 2003, S. 285 ff. Die Untersuchungen weisen im Zeitraum 1990 bis 2000 nicht weniger als 361 krankheitsbedingte Sterbefälle aus, vgl. Fiedeler, S. 17 ff.

gang mit Delinquenz und dessen Konkretisierung auf gesetzlicher Ebene bzw. entsprechende Rechtsanwendung[1007]. Zum anderen führe die verbesserte Leistungsfähigkeit medizinischer Einrichtungen innerhalb des Vollzuges zwangsläufig zu einer möglichst langen Strafverbüßung, deren Folge unter anderem darin bestehe, dass einer Entlassung sterbenskranker Häftlinge wegen Vollzugsuntauglichkeit im Sinne von § 455 Abs. 4 StPO weitgehend die medizinische Grundlage entzogen würde[1008].

Unabhängig davon manifestiert sich bei einigen Insassen, deren Lebensende absehbar ist, der ausdrückliche Wunsch, ganz bewusst und selbstbestimmt in der Haftanstalt sterben zu wollen[1009]. Die Motive dieser Insassen reichen dabei vom Wunsch, in dem ihnen vertrauten, gleichsam als „Zuhause" akzeptierten sozialen Milieu, im Kreise der vertrauten Bediensteten wie der Mitgefangenen sterben zu wollen[1010], bis hin zum Gegenteil, es nämlich dem Vollzug so schwer wie möglich zu machen und diesem die Pflicht abzuringen, sich tunlichst auch mit seiner Leiche befassen zu müssen[1011].

Diese Tendenz und die stetig zunehmende Zahl älterer und/oder sterbenskranker Menschen erfordern konkrete Ansätze auch hinsichtlich der Gestaltung des Lebensendes sterbender Menschen in Unfreiheit, in dessen Rahmen es genügend Gelegenheiten gibt, Menschwürde walten zu lassen und die Unverbrüchlichkeit unserer Rechtsordnung unter Beweis zu stellen. Schließlich ist die Art und Weise des Umgangs mit Sterbenden innerhalb wie außerhalb des Vollzuges in besonderer Weise ein Gradmesser für das ethisch-moralische Niveau einer Gesellschaft, im Strafvollzug aber zudem auch ausschlaggebend für die Befindlichkeit und Gültigkeit unserer verfassungsrechtlichen Ordnung[1012]. Dies berührt gleichermaßen eine Vielzahl seelsorgerlicher, psychologischer und sozialer Aspekte einerseits wie auch medizinisch/pflegerischer andererseits.

Fiedeler betont dabei die Ausnahmesituation der Todeserwartung, die ihrer Ansicht nach durch den Freiheitsentzug von einem erhöhten Maß an Ohnmacht und Hoff-

---

1007 Auswirkungen dieses Phänomens seien Verhängung längerer Freiheitsstrafen und Sicherheitsverwahrung einerseits und sinkende Bereitschaft zur vorzeitigen Entlassung andererseits. Dies führe zu erheblich längeren Verweildauer im Vollzug und damit auch zu einer deutlichen Verschiebung der Alterspyramide, vgl. Skirl, ZfStrVo 2003, S. 283 (284) unter Bezugnahme auf Fiedeler, S. 17 ff. Zur Kritik hierzu siehe oben Teil 3 B.

1008 Fiedeler, S. 26 (30) m.w.N. Zur Kritik hierzu vgl. Teil 3 B.

1009 So menschlich nachvollziehbar ein solcher Wunsch sein mag, so komplex stellt sich seine Bewertung allein schon auf verfassungsrechtlicher Ebene dar: Hier treffen der staatliche Strafanspruch und die Ausübung des Selbstbestimmungsrechts des betroffenen Gefangenen nach Art. 2 Abs. 1 GG in Bezug auf den Ort seines Todes auf den grundsätzlichen Anspruch aus Art. 1 Abs. 1 GG auf einen lebenswerten Lebensrest in Freiheit auch desjenigen, der schwerste Schuld auf sich geladen hat, vgl. BVerfG NJW 1977, S. 1525 (1529); BVerfG NJW 1986, S. 2241 (2242); Skirl, ZfStrVo 2003, S. 283 (284 f.); Stieber, ZfStrVo 2003, S. 287.

1010 Dieser Wunsch, in der zur „Heimat" gewordenen Umgebung sterben zu wollen, anstatt für die letzten Lebenswochen in eine völlig fremde Einrichtung außerhalb des Vollzugs entlassen zu werden, deckt sich inhaltlich mit den Grundgedanken der Hospizbewegung. Vgl. Leitsätze 2 und 3 des Landeskonzepts NRW zur Hospizbewegung, MAGS NRW, S. 6 f.

1011 Skirl, ZfStrVo 2003, S. 283 (284); Stieber, ZfStrVo 2003, S. 287.

1012 Fiedeler, ZfStrVo 2003, S. 285 (286 f.).

nungslosigkeit geprägt ist. Sinnen und Streben eines Gefangenen seien in der Regel vorrangig darauf gerichtet, möglichst schnell die Freiheit zurückzuerlangen, vor allem, um nicht hinter Gittern sterben zu müssen[1013].

Die Auseinandersetzung mit dem eigenen Sterben bedeutet eine ungeheure seelische Arbeit[1014], veranlasst sie doch zu der grundethischen Frage nach dem „Morgen", was also nach dem Tode kommt. Der leibliche Tod, zumal in Unfreiheit, muss aber nicht unbedingt ein erschreckender, sondern kann im Gegenteil durchaus ein tröstender Gedanke sein. Die fast schon banale Frage: Gibt es ein Leben nach dem Tod? – muss jeder für sich selbst beantworten[1015]. Aber wie die Antwort auch ausfallen mag – immer scheint es eine Antwort gegen die Angst, die in unfreier Situation möglicherweise ungleich schwerer zu beantworten ist als außerhalb des Vollzugs ohnehin schon. Wem die Vorstellung eines persönlichen Weiterlebens nichts zu sagen vermag, tröstet sich in dem Gedanken an ein friedliches Entschlafen, ein Ende aller Kümmernisse, Sorgen, Zweifel und Nöte. Vielleicht umrankt von der Hoffnung, als Teil eines unendlichen Universums weiterhin vorhanden zu sein, als Stoff im physikalischen Sinne oder auch als unkörperlicher Stoff der unsterblichen All-Seele. Wer an das reale Fortleben nach dem Tod glaubt, denkt bei genauerem Hinsehen ebenfalls nicht an eine bloße Fortsetzung des Hier und Jetzt. Ganz im Gegenteil. Jeder Gedanke an ein Weiterleben nach dem Tode beinhaltet den tiefen Glauben an den Beginn eines neuen Lebens, befreit von allem Irdischen. Zu den Aufgaben der Seelsorge, gleich ob kirchlich oder weltlich, gehört es, Antworten auf ethische Grundfragen zu geben. Zu diesen Grundfragen gehört auch, wie wir mit Sterben und Tod umgehen. Hier kann keine Modelllösung erwartet werden. Stattdessen gilt es, um eine Antwort zu finden, möglicherweise eine ganz andere Frage zu stellen als diejenige, ob es ein Leben nach dem Tod gibt, nämlich die, ob es ein Leben nach dem Leben gibt.

Um derartige seelische Arbeit leisten zu können, müssen drei unverzichtbare Rahmenbedingungen gegeben sein: die Gewährleistung einer guten Pflege, eine adäquate Schmerztherapie und schließlich der Kontakt zu Menschen, zu denen eine Vertrauensbeziehung besteht bzw. aufgebaut werden kann[1016]. Die nachfolgend aufgestellten Forderungen hinsichtlich der konkreten Ausgestaltung dieser Rahmenbedingungen folgt dabei weitestgehend den Ausführungen Stiebers, der die im Rahmen erfolgter Sterbebegleitungen im Strafvollzug gemachten positiven wie defizitären Erfahrungen mit Blick auf zukünftige Sterbegleitung ausgewertet hat[1017]:

Bei lebensbedrohlicher Erkrankung bzw. nahendem Lebensende in Haft sollte zunächst unmittelbar nach entsprechender Diagnose eine gemeinsame Beratung von An-

1013 Fiedeler, ZfStrVo 2003, S. 285; Fliedner, S. 174 f.

1014 Stieber, ZfStrVo 2003, S. 287 (288).

1015 Zu der mit der Inhaftierung einher gehenden religiösen Bekehrung und entsprechenden Gedanken, vgl. schon Radbruch, ZStW 1911, S. 339 (342 f.).

1016 Stieber, ZfStrVo 2003, S. 287 (289).

1017 Stieber, ZfStrVo 2003, S. 287 (290 f.). Vgl. aber auch Skirl, ZfStrVo 2003, S. 283 (285), der auch die rechtlichen Probleme der Sterbebegleitung in Unfreiheit aufzeigt, wie etwa die Garantenstellung des Vollzuges §§ 56 ff., 101 StVollzG; Höflich, ZfStrVo 1991, S. 77 (80 f.).

staltsleitung und Fachdiensten erfolgen, mit dem Ziel der Klärung, ob aus medizinischer Sicht eine Betreuung innerhalb der Anstalt möglich erscheint[1018]. Ist dies der Fall, sollte unverzüglich ein möglichst konstanter Kreis qualifizierter Betreuungspersonen mit klarer Kommunikationsstruktur und eindeutigen Auskünften gebildet werden, um für den Insassen einen stabilen und verlässlichen Rahmen zu schaffen. Besuche etwaiger Angehöriger[1019] auf Wunsch des Betroffenen in der Krankenabteilung bzw. auf der zuständigen Abteilung müssen mit Blick auf den nahenden Tod ermöglicht werden. Parallel sollte in der Anstalt auf verschiedenen Ebenen eine Sensibilisierung für das Thema „In Würde sterben (wollen) im Vollzug" erfolgen, damit Sterbegleitung nicht nur als zusätzliche Arbeitsbelastung empfunden wird[1020].

Zumindest die für Langstrafige und Sicherungsverwahrte zuständigen Justizvollzugsanstalten sind gefordert, Voraussetzungen für eine angemessene Sterbebegleitung im vorgenannten Sinne auch in Unfreiheit zu schaffen[1021], wobei die entsprechende Betreuung weitestgehend durch dafür originär zuständige Externe erfolgen sollte. Eine Übertragung auf eigene Bedienstete könnte sich aufgrund möglicherweise entstehender funktionaler Gemengelagen, unerfüllbarer Erfolgserwartungen und Widersprüche der Zielsetzungen als unzuträgliche Belastung für alle Beteiligten erweisen. Insoweit sollten Hospizeinrichtungen wie etwa in den USA auch in Deutschland als eine Behandlungsalternative im Umgang mit sterbenskranken Insassen eingeführt werden. Derartige Einrichtungen innerhalb des rechtsstaatlichen Strafvollzugssystems würden nicht zuletzt einen interdisziplinären Betreuungsrahmen schaffen, der sterbenskranken und sterbenden Insassen ein weitestgehend schmerzfreies Lebensende in Würde und Menschlichkeit ermöglicht.

1018 So darf in diesem Zusammenhang der Hinweis auf die Grenzen der Sterbebegleitung in Haft gegenüber dem Insassen nicht fehlen, die dann erreicht wird, wenn keine adäquate Pflege bzw. Schmerztherapie mehr gewährleistet werden kann; so Stieber, ZfStrVo 2003, S. 287 (290) für den Fall der seitens eines Insassen gewünschten Sterbebegleitung.

1019 Als zu weit gehend wird dabei die generelle Forderung Stiebers nach Besuchsmöglichkeit durch Mitgefangene erachtet, vgl. Stieber, ZfStrVo 2003, S. 287 (291); diese sollte in Anbetracht möglicher Sicherheitsrisiken nur in absoluten Ausnahmefällen ermöglicht werden.

1020 Stieber begreift dies auch als Chance, neue Erfahrungen im Umgang mit Gefangenen machen zu können, sowie als Ausdruck eines humanen Strafvollzuges, vgl. Stieber, ZfStrVo 2003, S. 287 (291).

1021 Skirl, ZfStrVo 2003, S. 283 (285).

Schlussbemerkungen

Auf den ersten Blick mag die Beschäftigung mit der Situation älterer Inhaftierter einerseits bzw. sterbenskranker, insbesondere an HIV/AIDS erkrankter Inhaftierter andererseits vielleicht überraschen. Aber die Vollzugswirklichkeit bringt in ihrer Form eines „Zwangssystems" nicht nur die durchschnittlichen Straftäter mittleren Alters und Gesundheitszustandes zusammen, sondern zwingt auch Menschen höheren und hohen Lebensalters sowie chronisch und unheilbar kranke Menschen in diese Gemeinschaft hinein. Die Begegnung derartiger Extreme, die nicht charakter-, intelligenz- oder kriminalitätsbedingt sind, schafft für den Vollzug erhebliche Probleme, die der Gesetzgeber im einzelnen nicht vorausgesehen hat und die nur schwer im Alltag zu bewältigen sind.

Insoweit haben die vorangegangenen Ausführungen gezeigt, dass insbesondere der Umgang mit älteren Straftätern für das gesamte System der strafrechtlichen Sozialkontrolle neu ist. Mit Blick auf HIV beschränkt sich die Neuartigkeit für das Strafvollzugssystem auf die Tatsache, dass seit Einführung der Kombinationstherapien AIDS nunmehr als „Langzeitkrankheit" wahrgenommen werden muss, woraus sich spezifische Herausforderungen für den Strafvollzug im Allgemeinen sowie in der Bewältigung des Vollzugsalltages chronischer HIV/AIDS-Patienten im Besonderen ergeben. Ältere sowie chronisch und unheilbar kranke Inhaftierte bedürfen aufgrund der besonderen und zunehmenden gesundheitlichen Anforderungen, des erforderlichen Perspektivenwechsels und des Resozialisierungsauftrages des Strafvollzugs eines alters- und situationsgerechten Angebots, um ihre persönliche Wiedereingliederung in die Gesellschaft sicherzustellen. Sofern jedoch mehr stereotype Vorstellungen, fallweise auch diskriminierende Vorurteile das Bild älterer und HIV-infizierter bzw. an AIDS erkrankter Strafgefangener bestimmen, wird der Strafvollzug mit den hinsichtlich deren Behandlung einhergehenden (neuen) Herausforderungen kaum angemessen umgehen können[1022].

Diese Tendenzen und die stetig zunehmende Zahl älterer und/oder sterbenskranker Menschen[1023] konfrontierten den Vollzug aber nicht nur zunehmend mit medizinischen, juristischen und ethischen Problemen, sondern auch mit dem gewandelten Umgang der Gesellschaft im Zusammenhang mit Alter, Krankheit und Tod sowie den psychischen Befindlichkeiten des einzelnen betroffenen Gefangenen.

Das vielleicht charakteristischste Element des gesellschaftlichen Wandels ist das der auch bei der vorliegenden Untersuchung im Rahmen des Vollzuges zum Ausdruck kommenden Individualisierung: Unsere Welt entwickelt sich, so Frehsee im Rahmen seines Vortrages „Die Strafe auf dem Prüfstand", von einer Welt sozialer Gemeinschaften zu einer Welt der Einzelwesen[1024]. „Die Einbindung in klar gegliederte gesell-

---

1022 Görgen/Greve, BewHi 2005, S. 116 (121, Fn. 2;125).
1023 Siehe Teil 1 B. und Teil 2 B. sowie Langenhoff, BewHi 2005, S. 99 ff.
1024 Frehsee, 2003 (a), S. 253 (254).

schaftliche Strukturen nimmt ab; die soziale und geographische Mobilität führt zum Verlust dauerhafter, soziale Sicherheit vermittelnder Beziehungsmuster; es verflüchtigt sich die Bindungskraft von Verwandtschaften, Nachbarschaften, Kirchen, traditionellen Sozialmilieus und sonstigen Solidarität gewährenden Gemeinschaften"[1025]. An die Stelle unentgeltlicher sozialer Hilfeleistung tritt ein zunehmend ausgeprägtes Anspruchsdenken. Mit den gleichfalls wachsenden Gleichheitsansprüchen werden jedoch die tatsächlichen Zugangshürden und Beschränkungen gesellschaftlicher Partizipation umso deutlicher wahrgenommen. Die neue Armut muss vor dem Hintergrund der ideologischen Behauptung der Chancengleichheit besondere Sprengkraft entfalten.

Mit Blick auf den Strafvollzug sind die Voraussetzungen entscheidend, die jemand in Freiheit vorfindet. Gerade bei der hier untersuchten Insassenpopulation sollte folglich mehr als bisher das Augenmerk darauf gelegt werden, bestehende positive Einflussfaktoren bei dem Gefangenen zu erhalten bzw. zu schaffen. In den letzten Jahrzehnten hat sich eine Entwicklung vollzogen von der vertikalen Anweisung zur horizontalen Vereinbarung, vom Befehlen und Gehorchen zum Verhandeln. Jeder soll und will in seiner Rolle und Funktion anerkannt und als mündiges Subjekt ernstgenommen werden. Frehsee weist in diesem Zusammenhang auf die Beobachtungen eines neuen Utilitarismus hin, in dem Entscheidungen immer weniger von Gewohnheiten, wertrationalen oder traditionellen Festlegungen bestimmt, sondern nach einem zweckrational-abwägenden Kosten-Nutzen-Kalkül getroffen werden[1026]. Dies gilt extramural wie auch intramural gleichermaßen. Und so fehlen daher in kaum einer Ausführung über ältere bzw. sterbenskranke Inhaftierte entsprechende Hinweise auf „Qualitätssicherung", „Gesundheitsmanagement", „Effektivität der Gesundheitsversorgung", „Personalabbau" und „Kosten-Nutzen-Relation"[1027]. Sehr unterschiedlich sind die Ansichten über Alter und Altern sowie Krankheit[1028] und Tod.

Aus oben genannten Gründen jedoch keine bzw. nur halbherzige Angebote für alte und sterbenskranke Insassen im Vollzug vorzuhalten, was im Ergebnis zu einer reinen Verwahrung führen würde, darf jedoch nicht die Folge sein. Unterforderung ist wahrscheinlich eine weit unterschätzte häufige Ursache von Befindensstörungen und Krankheiten, nicht nur im Alter. Gerade heutige alte Menschen sowie chronisch und unheilbar kranke Menschen leiden nicht selten unter einem Gefühl der Nutzlosigkeit. Dieses resultiert aus dem Paradoxon, dass sich sowohl alte Leute als auch mit HIV infizierte Menschen heute einer besseren Gesundheit erfreuen als früher, also länger „jung" bzw. „gesund" bleiben, aber in Relation zur Lebenserwartung früher in den Ruhestand treten bzw. keine Chance auf eine Beschäftigung erhalten. Mit anderen Worten: beide Gruppen erleben ihre Untätigkeit stärker als die alten bzw. HIV-infizierten Menschen früherer Zeiten. Man muss sich darüber im Klaren sein, dass es psycholo-

---

1025 Ebd.

1026 Frehsee, 2003 (a), S. 253 (256).

1027 Siehe etwa Schriever, ZfStrVo 2006, S. 262 (266); Görgen/Greve, BewHi 2005, S. 116 (125).

1028 Insbesondere die Nutzungsmöglichkeiten von erforderlichen Therapie- und Interventionsangeboten.

gisch und soziologisch unmöglich ist, die letzten 20 Jahre seines Lebens in guter körperlicher Verfassung, aber ohne nützliche Tätigkeit hinter sich zu bringen[1029].

Die finanziellen Einschnitte, von denen der Strafvollzug betroffen ist, führen inzwischen in einigen Bundesländern[1030] zur (Teil-)Privatisierung der Gefängnisse[1031]. Theoretisch fügt sich diese Entwicklung in neo-liberales Bemühen ein, den Staat von solchen Aufgaben zu entlasten, die privatwirtschaftlich gleich oder besser wahrgenommen werden können[1032]. Grenzen sind in unserer Rechtsordnung der Privatisierung gesetzt, soweit es um Kernbereiche hoheitlichen Handelns geht, rechtsstaatlich um das staatliche Gewaltmonopol und Grundrechtseingriffe, sozialstaatlich um die Wahrung des Resozialisierungsauftrags[1033]. Gegen eine moderate Erweiterung privater Beteiligungen in der Haftgestaltung ist nichts einzuwenden, wenn sie dem Behandlungsauftrag dient und ihn nicht schmälert. Das Nebeneinander privater und staatlicher Bediensteter sollte aber nicht zu Reibungsverlusten und zu hinderlichem Konkurrenzdenken zwischen Beamten und Privat-Angestellten zum Nachteil der Inhaftierten führen. Das auch für den Behandlungsvollzug ausgebildete staatliche Personal darf nicht in die „Buhmannrolle“ des seinerzeitigen „Schließers“ oder „Wärters“ zurückfallen.

Im ausufernden betriebswirtschaftlichen Denken ist hingegen die größte Gefahr für die Resozialisierungsidee im Strafvollzug zu sehen: Die Gesellschaft ist schlicht nicht bereit, für die "unnützen Esser" im Strafvollzug hinreichende Gelder zur Verfügung zu stellen[1034]. Verwertungsdenken breitet sich immer weiter auf alle gesellschaftlichen Bereiche aus und bedroht die Grundrechte derjenigen, die nicht in der Lage sind, zur gesellschaftlichen Gewinnschöpfung beizutragen. Dies sind auch unter den Strafgefangenen die Alten und Kranken. Extramurale Rationalisierungsüberlegungen im sozialen Netz machen offenbar auch intramural nicht Halt. Nicht nur im Strafvollzug gilt es jedoch, menschenwürdige Standards im Sozialbereich vehement einzufordern. Eine moderne Industriegesellschaft kann und muss es sich leisten, auch den Alten und Schwerstkranken ein würdiges Leben zu ermöglichen. Insoweit wird es nötig sein, die originär zuständigen gesellschaftlichen Institutionen stärker in die Pflicht zu nehmen und konstruktive Kooperationsweisen, insbesondere für die Zeit nach der Entlassung,

---

1029 Beauvoir, S. 232 f.

1030 JVA Büren in Nordrhein-Westfalen und JVA Hünfeld in Hessen, vgl. Kreuzer, ZfStrVo 2006, S. 136 (139).

1031 Man erwartet günstigere finanzielle Belastungen, flexiblere Bedingungen in der privatrechtlichen Personalstruktur und bessere Beschäftigungssmöglichkeiten für die Gefangenen. Zudem kann man an vielfältige Erfahrungen mit privatwirschaftlichen Anreicherungen des Haftvollzugs knüpfen, etwa bei Ausbildung, Arbeit, Gesundheitsdienst, seelsorgerischer Betreuung, Drogenberatung und anstaltsinternem erlaubtem Handelsgewerbe, vgl. AK-StVollzG-Huchting/Lehmann, Vor § 139 Rn. 7; Kreuzer, ZfStrVo 2006, S. 136 (139 f.).

1032 Kreuzer, ZfStrVo 2006, S. 136 (139).

1033 So äußert Böhm rechtliche Bedenken: „Der Strafvollzug als Teil der Rechtspflege und als das in die Grundrechte des Verurteilten tief eingreifende Maßnahme staatlichen Gewaltmonopols entzieht sich der Rechtsfigur der Beleihung, durch die ein Privater zu der Ausführung konkret definierter Behördenaufträge ermächtigt werden kann.“, vgl. Böhm, S. 41, Rn. 80.

1034 Mushoff, Forum Recht 2004, S. 22.

ergebnisoffen zu evaluieren[1035]. Das Strafvollzugsrecht als solches muss sich dabei durch eigene Wandlungsbereitschaft dem sozialen und demographischen Wandel stellen.

Schon aus den vorangegangenen Überlegungen wird deutlich, dass ein auf ältere und sterbenskranke Gefangene eingestellter Strafvollzug sich in Vielem wird neu ausrichten müssen. Es ist insoweit nicht nur mit der traditionellen Verhaftung an jenes längst säkularisierte Konzept zu erklären, dass Arbeit nach wie vor das zentrale Mittel der Sozialisation und des Behandlungsziels des Vollzuges ist. Vielmehr drückt sich darin ein Bewusstseinsstand aus, der dem einer sich mehr und mehr als Bildungsgesellschaft verstehenden Gesellschaft nicht mehr gerecht wird. Ersichtlich ist die strenge Trennung gesellschaftlichen Lebens in streng voneinander getrennte Bereiche - Arbeit und Freizeit, Öffentlichkeit und Privatheit - in erster Linie Ergebnis der Entwicklung zur Industriegesellschaft. Nur in diesem statischen Denkmodell ist auch im Strafvollzug die keineswegs zwingende scharfe Trennung von Arbeit und Freizeit und die Zuordnung der Erwachsenenbildung zum „privaten“ Freizeitbereich sinnvoll. Doch in der Bildungsgesellschaft beginnt sich die Grenze von Arbeit und Freizeit in dem Maße und Sinn zu verflüssigen, als in beiden Bereichen gleichermaßen eine reflexive Lebensweise gefordert ist. Die Dynamisierung aller Verhältnisse in der wissenschaftlich-technischen Gesellschaft, die dazu führt, dass das einmal erworbene Wissen rasch veraltet, fordert vom Einzelnen eine ständige Lernbereitschaft, sich die in den Bereichen von Freizeit und Arbeit stets neu geforderten Verhaltensmuster zu erarbeiten.

Wenn die Bildungsfrage *die* soziale Frage des 20. Jahrhunderts geworden ist, dann darf der Strafvollzug im sozialen Rechtsstaat der Gegenwart nicht mehr allein als „ultima ratio der Sozialpolitik“ verstanden, sondern er muss vor allem als Teil der Bildungspolitik konzipiert werden. Strafanstalten müssen neben Schule und Hochschule als „Sozialisationsinstanzen“ mit spezifischer Aufgabenstellung fungieren, als Erwachsenenbildungseinrichtungen besonderer Art also, die den Bildungsanspruch der Gefangenen in der Gesellschaft als Anspruch auf Nach-Sozialisation in der Form von berufs- und lebensbegleitender Bildung, Therapie und Arbeit zu realisieren trachten. Je mehr der Sozialstatus der Gesamtgesellschaft wie auch der des Einzelnen von der Leistungsfähigkeit des Bildungssystems abhängt und je mehr dieses sich zur zentralen sozialen Dirigierungsstelle für künftige Lebenschancen und Partizipationsmöglichkeiten entwickelt hat, desto unübersehbarer werden die Anforderungen auch an die Sanktionsinstanzen des sozialen und demokratischen Rechtsstaats, den straffälligen Mitbürgern zu alternativen Teilnahmemöglichkeiten an gesellschaftlichen Prozessen zu verhelfen.

Arbeit stellt dabei dann in dieser Sicht nur *ein* Medium im Lehr- und Lernprozess des Strafvollzuges dar. Indem sie ihre beherrschende Rolle als Mittel, das Vollzugsziel zu erreichen, verliert, wird es möglich, sie im Verein mit bildungsmäßigen und therapeutischen Maßnahmen als Teil eines Komplexes von Sozialisationsmitteln pragmatisch auf die Bedürfnisse des konkreten Gefangenen zugeschnitten im Vollzugsplan

1035 Frehsee, DVJJ-Journal 1995, S. 269 (278); Kreuzer, ZfStrVo 2006, S. 136 (140).

einzusetzen. Die Überbewertung der Arbeit als Mittel zur Erreichung des Behandlungszieles erweist sich so als eine zwar historisch begründete, aber gegenwärtig nicht mehr haltbare ideologische Position, die im konkreten Fall eine rational-pragmatische und effektive Gestaltung des Vollzugsverlaufs beim einzelnen Gefangenen mehr hindern als fördern kann. Statt gezielter Arbeits- und Ausbildungsangebote werden gegenüber älteren und kranken Inhaftierten andere sinnstiftende Tätigkeiten nicht nur angeboten, sondern auch gelehrt werden müssen. Das sinnvolle Füllen freier Zeit ist vielfach eine schwierige Herausforderung für alte bzw. kranke Menschen und dürfte für inhaftierte Ältere bzw. (Sterbens-)Kranke eine besonders problematische Entwicklungsaufgabe darstellen[1036]. Die individuelle Betreuung, Behandlung und Versorgung unter humanitären Gesichtspunkten ist dabei von grundsätzlicher Bedeutung für die besonderen Belange älterer und sterbenskranker Menschen im Strafvollzug.

Abschließend gilt es, festzuhalten, dass der Strafvollzug ältere und chronisch bzw. unheilbar kranke Insassen nicht als „Tote auf Abruf" begreifen und dementsprechend nicht von der Investition in adäquate Angebote absehen darf. Es sollte auf der anderen Seite jedoch nicht dazu führen, älteren und sterbenskranken Insassen eine Art „Freibrief" für besonders sensiblen Vollzug im Gegensatz zu anderen Insassen zu gewährleisten. Um soziale Stereotype in Bezug auf ältere und sterbenskranke Menschen nicht zu wiederholen oder gar zu verstärken, wird es vielmehr darauf ankommen, gerade auch die besondere psychische Situation älterer und sterbenskranker Menschen zu verstehen, die neben spezifischen psycho-sozialen Bedürfnissen auch durch veränderte Entwicklungsziele und –aufgaben, besondere Entwicklungsperspektiven und –ressourcen gekennzeichnet ist[1037]. Eine Anleitung der inhaftierten älteren und sterbenskranken Insassen zu *Selbstverantwortung* und *Selbstbewusstsein,* ja zur *Selbständigkeit* benötigt spezielle Angebote, die sich deutlich vom Jugendstrafvollzug bzw. „normalen" Erwachsenenvollzug unterscheiden müssen. Entscheidende Voraussetzung für einen den Vollzugszielen entsprechenden Strafvollzug muss daher die Erkenntnis der den Staat im Strafvollzug repräsentierenden Organe sein, dass es kein Alter und keinen Gesundheitszustand gibt, in dem man keinen Anspruch mehr auf das Leben erheben kann. Damit einhergehen muss ein Verständnis von Strafe, das auf Erhaltung und Herstellung von Kommunikations- und Partizipationschancen in der Gesellschaft zielt und das mit der Staatszielbestimmung des Grundgesetzes vom demokratischen und sozialen Rechtsstaat in Einklang zu bringen ist. Dies zugrundegelegt hat der Strafvollzug im Zusammenhang mit dem Erreichen des Vollzugsziels der Resozialisierung den älteren wie auch den sterbenskranken Insassen ganzheitlich zu erfassen und zwar im Sinne des Aufbaus einer der Zukunft zugewandten Persönlichkeit.

1036 Görgen/Greve, BewHi 2005, S. 116 (123).
1037 Görgen/Greve, BewHi 2005, S. 116 (122).

LITERATURVERZEICHNIS

Aday, Ronald H.: Aging Prisoners: Crisis in American Corrections, Westport 2003.

Aday, Ronald H./Webster, Edward L.: Aging in prisons, in: Offender Rehabilitation 1979, S. 271-282.

AIDS-Hilfe Köln e.V.: HIV-Therapie – Antiretrovirale Therapiestrategien, MED-Info, Medizinische Informationen zu HIV und AIDS, Nr. 43, Köln 2004.

AIDS-Hilfe NRW e.V. (Hrsg.): Kondome und Gleitmittel im Alltag nordrhein-westfälischer Justizvollzugsanstalten, Köln 2000.

Akers Ronald L./*La Greca*, Anthony J./*Sellers*, Christine/*Cochran*, John K.: Fear of crime and victimization among the elderly in different types of communities, in: Criminology 1987, S. 487-505.

Akers, Ronald L./*La Greca*, Anthony J./*Sellers*, Christine: Theoretical perspectives on deviant behavior among the elderly, in: McCarthy, Belinda/Langworthy, R. (Hrsg.): Older offenders: perspectives in criminology and criminal justice, New York/Westport/London 1988, S. 35-50.

Albota, Maria: Erhebung zur HIV-Prävalenz intravenöser Drogenabhängiger im Hamburger Strafvollzug, in: Untersuchungshaftanstalt Hamburg mit Zentralkrankenhaus- Gesundheitsüberwachung (Hrsg.), Hamburg 1993.

Albrecht, Hans-Jörg/*Dünkel*, Frieder: Die vergessene Minderheit - alte Menschen als Straftäter -, in: Z Gerontol 1981, S. 259-273.

Altfeld, Marcus/*Walker*, Bruce D.: Die akute HIV-1-Infektion, in: Hoffmann, Christian/Rockstroh, Jürgen/Kamps, Bernd Sebastian (Hrsg.): HIV.NET, Köln 2007, S. 87-92.

Althoff, Martina/*Schmidt-Semisch*, Henning: Methadon- Substitution im Strafvollzug. Kritische Überlegungen zwischen Theorie und Pragmatismus; in: Wiener Zeitschrift für Suchtforschung 1992, S. 23-28.

Amelung, Manfred: Sozial abweichendes Verhalten. Entstehung-Verbreitung-Verhinderung, Berlin 1986.

Amelunxen, Clemens: Alterskriminalität, Hamburg 1960.

Amelunxen, Clemens: Zur Prophylaxe der Alterskriminalität, in: Fortschritte der Medizin 1966, S. 41-43.

Annan, Kofi: Erklärung des Jahres 1999 zum „Internationalen Jahr der Senioren" vom 01. Oktober 1998, http://www.un.org/french/esa/socdev/iyop/iyopsgsm.htm.

Backes, Otto: Detlev Frehsee als Strafrechtswissenschaftler, in: Schild, Wolfgang (Hrsg.): Der Rechtsstaat verschwindet: Strafrechtliche Kontrolle im gesellschaftlichen Wandel von der Moderne zur Postmoderne. Gesammelte Aufsätze von Detlev Frehsee, Berlin 2003, S. 465-473.

Backes, Gertrud M.: Alter(n) und Geschlecht: ein Thema mit Zukunft, in: APuZ 49-50/2005, S. 31-38.

Bales, Stefan/*Baumann*, Hans Georg/*Schnitzler*, Norbert: Infektionsschutzgesetz, 2. Auflage, Stuttgart 2003 (zit.: Bales/Baumann/Schnitzler, IfSG).

Baltes, Paul B.: The many faces of human ageing: Toward a psychological culture of old age, in: Psychological Medicine 1991, S. 837-854.

Bammann, Kai: Sonderregelungen für HIV-positive Gefangene?, in: Deutsche AIDS-Hilfe e.V. (Hrsg.): Betreuung im Strafvollzug. Ein Handbuch, 3. Auflage, Berlin 2003, S. 99-101.

Bammann, Kai: Kunst und Kunsttherapie im Strafvollzug, in: ZfStrVo 2006, S. 150-154.

Bannenberg, Britta: Möglichkeit der strafrechtlichen Verfolgung von Wirtschaftsstraftaten und Korruption. Gutsche, Günter/Thiel, Knuth (Hrsg.): Gesellschaft und Kriminalität im Wandel. Zur Funktionalität des Verbrechens, Mönchengladbach 2001, S. 113-137.

Barton, Russel: Hospitalisierungsschäden in psychiatrischen Krankenhäusern, in: Finzen, Asmus (Hrsg.): Hospitalisierungsschäden in psychiatrischen Krankenhäusern, München 1974, S. 11-79.

Beauvoir, Simone de: Das Alter, Taschenbuchausgabe, Reinbek bei Hamburg 1989.

Bergener, Manfred/*Husser*, Joachim/*Kähler*, Harro/*Mehne*, Peter: Die gesundheitliche und soziale Situation älterer Menschen in der Großstadt am Beispiel der Stadt Köln, Schriftenreihe des Bundesministers für Jugend, Familie und Gesundheit, Bd. 74, Stuttgart 1979.

Bergman, Shimon/*Amir*, Menachem: Crime and delinquency among the aged in Israel, in: Geriatrics 1973, S. 149-157.

Berkowitz, Bernhard/*Green*, Russel F.: Changes in intellect with age: Differential changes as functions of time interval and original score, in: J Genet Psychol 1965, S. 179-192.

Bilsky, Wolfgang/*Mecklenburg*, Eberhard/*Pfeiffer*, Christian/*Wetzels*, Peter: Persönliches Sicherheitsgefühl, Angst vor Kriminalität und Gewalt, Opfererfahrung älterer Menschen. Deskriptive Analysen zum persönlichen Sicherheitsgefühl und zur Kriminalitätsfurcht, KFN- Opferbefragung 1992, Teilband III, Hannover 1993.

Blaschke, Bernd: Altersphantasien in modernistischer Literatur, in: Das Präsidium der Freien Universität Berlin (Hrsg.), fundiert „Alter und Altern" 2004, S. 42-49.

Blau, Günter: Anmerkungen zum Beschluß des OLG Hamm vom 25.9.1991 – 1 Vollz (Ws) 41/91, in: JR 1992, S. 215-217.

Blau, Günter: Bemerkungen zur nichtstaatlichen Entlassenenhilfe, in: Feuerhelm, Wolfgang/Schwind, Hans-Dieter/Bock, Michael (Hrsg.): Festschrift für Alexander Böhm zum 70. Geburtstag am 14. Juni 1999, Berlin/New York 1999, S. 497-515.

Boers, Klaus: Kriminalitätsfurcht, Pfaffenweiler 1991.

Böhm, Alexander: Strafvollzug, 3. Auflage, Neuwied/Kriftel 2003.

Bottke, Wilfried: Was bleibt von der Resozialisierung übrig?, in: de Boor, Wolfgang/Frisch, Wolfgang/Rode, Irmgard (Hrsg.): Resozialisierung, Utopie oder Chance, Schriftenreihe des Instituts für Konfliktforschung, Heft 16, Köln 1995, S. 43-50.

Botwinick, Jack: Gerontopsychology, in: American Review of Psychology 1970, S. 239-272.

Brandstädter, Jochen/*Wentura*, Dirk: Veränderungen der Zeit- und Zukunftsperspektive im Übergang zum höheren Erwachsenenalter: entwicklungspsychologische und differentielle Aspekte, in: Z Entwickl Padagogis, S. 2-21.

Bruns, Manfred: AIDS und Strafvollzug, in: StV 1987, S. 504-507.

Bruns, Manfred: AIDS, Alltag und Recht, in: MDR 1987, S.353-358.

Buggisch, Walter: Das „Intensive Supervision Program" des Staates New Jersey" - Vorbild für neue Ansätze im Bereich der strafrechtlichen Sanktionen, in: ZRP 2002, S. 38–40.

Bundesanstalt für Straßenwesen Bereich Unfallforschung (Hrsg.): Kongressbericht 1989 der Deutschen Gesellschaft für Verkehrsmedizin e.V., 10. und 1. März 1989 Ulm – Der ältere Mensch im Straßenverkehr, in: Unfall- und Sicherheitsforschung Straßenverkehr 1989 (Heft 76).

Bundeskriminalamt (Hrsg.): Polizeiliche Kriminalstatistik 2006 Bundesrepublik Deutschland, Wiesbaden 2007 (zit.: PKS 2006).

Bundesministerium des Innern/Bundesministerium der Justiz (Hrsg.): Erster Periodischer Sicherheitsbericht, Berlin 2002 (zit.: BMI/BMJ).

Bundesministerium für Bildung und Forschung (Hrsg.): Chronischer Schmerz: Forschung im Verbund, Bonn 2001 (zit.: BMBF).

Bundesministerium für Gesundheit und Soziale Sicherung (Hrsg.): Substitutionsbehandlung von Drogenabhängigen - Zukunft der Substitutionstherapie - Hausarzt, Schwerpunktpraxis oder Ambulanz, 2003, http://www.bmgs.bund.de/deu/gra/themen/praevention/drogen/2396_3358.cfm, (zit.: BMGS).

Bundesministerium für Gesundheit/Bundesministerium der Justiz (Hrsg.): Dokumentation der Expertenanhörung zu dem Thema Drogen und HIV-Prävention im Justizvollzug am 17./18. August 1994 in Bonn, Bonn (Manuskript), 22.02.1995 (zit.: BMG/BMJ).

Bürger-Prinz, Hanz/*Lewerenz*, Herbert: Die Alterskriminalität, Stuttgart 1961.

Busch, Max: Möglichkeiten sinnvoller Vollzugsgestaltung bei langen Strafen, in: ZfStrVo 1982, S. 18-26.

Busch, Max/*Fülbier*, Paul/*Meyer*, Friedrich-Wilhelm: Zur Situation der Frauen von Inhaftierten, Bände I-III, Stuttgart/Berlin/Köln/Mainz 1987.

Bussmann, Kai-D.: Nachruf für Prof. Dr. jur. Detlev Frehsee, DVJJ Journal 2001, S. 103 f.

Calliess, Rolf-Peter/*Müller-Dietz*, Heinz: Strafvollzugsgesetz, 10. Auflage, München 2002 (zit: Calliess/Müller-Dietz, StVollzG).

Cavan, Ruth S.: Is special treatment needed for elderly offenders?, in: Criminal Justice Policy Review 1987, S. 213-224.

Clayton, Susan L.: Special housing, in: Corrections Compendium 2001, S. 6-15.

Clemente, Frank/*Kleimann*, Michael B.: Fear of crime in the United States: a multivariate analysis, in: Social Forces 1977, S. 519-531.

Clemmer, Donald: Prison community, New York 1965.

Cornel, Heinz/*Kawamura-Reindl*, Gabriele/*Maelicke*, Bernd/*Sonnen*, Bernd-Rüdeger (Hrsg.): Handbuch der Resozialisierung, 2. Auflage, Baden-Baden 2003 (zit.: Corne/Kawamura-Reindl/Maelicke/Sonnen-*Bearbeiter*).

Cressey, Donald R.: The Prison: Studies in Institutional Organization, New York 1961.

Cullen, Francis T./*Wozniak*, John, F./*Frank*, James: Rise of the Elderly offender: Will a "New" Criminal Be Invented?, in: Crime and Criminal Justice 1985, S. 151-162.

Cumming, Elaine/*Henry*, William E.: Growing old: The process of disengagement, New York 1961.

Curtis, Howard James: Biological mechanisms of aging, Springfield 1966.

Dargel, Helmut: Die rechtliche Zulässigkeit der Bekanntgabe von HTLV-III-Infektionen oder AIDS-Erkrankungen der Gefangenen durch die Vollzugsbehörde, in: ZfStrVo 1987, S. 156-161.

Dargel, Helmut: Ist eine rechtliche Grundlage für HIV-Reihentests bei Gefangenen zur AIDS-Prophylaxe in den Justizvollzugsanstalten notwendig?, in: ZfStrVo 1988, S. 148-153.

Dargel, Helmut: Die rechtliche Behandlung HIV- infizierter Gefangener, in: NStZ 1989, S. 207-210.

Degel, Fritz: Immunchemische Tests im Urin zur Verlaufsbeurteilung von Drogenabusus, in: Dtsch. Ärztebl. 2004, S. 963-965.

Degenhardt, Heinz: Hilfen für ältere Gefangene und Entlassene, in: Bundeszusammenschluß für Straffälligenhilfe (Hrsg.): Straffälligenhilfe gestern - heute - morgen, Bonn 1978, S. 215-218.

Dencker, Friedrich: Strafrecht und AIDS - Strafprozesse gegen Sterbende, in: StV 1992, S.125-134.

Dertinger, Christian: Vom Umgang des Vollzuges mit AIDS, in: Busch, Max/Heckmann, Wolfgang/Marks, Erich (Hrsg.): HIV/AIDS und Straffälligkeit - Eine Herausforderung für Strafrechtspflege und Straffälligenhilfe (Schriftenreihe der deutschen Bewährungshilfe e.V., Band 18), Bonn 1991, S. 169-172.

Deutsche AIDS-Hilfe e.V.: Informationen für Männer in Haft, 1. Auflage, Berlin 1994.

Deutsche AIDS-Hilfe e.V.: Positiv, was nun ? - Ein Ratgeber für Menschen mit HIV/AIDS in Haft, 3. Auflage, Berlin 1995 (zit.: 1995 a).

Deutsche AIDS-Hilfe e.V.: Positiv in Haft. Ein Ratgeber für Menschen mit HIV/AIDS, Berlin 1995 (zit: 1995 b).

Deutsche AIDS-Hilfe e.V.: Leitfaden. Medizinische Behandlungsmöglichkeiten bei HIV und AIDS, 3. Auflage, Berlin 2000.

Deutsche AIDS-Hilfe e.V.: Heutiger Wissenstand HIV – AIDS, 28. Auflage, Berlin 2002.

Deutsche Vereinigung zur Bekämpfung von Viruskrankheiten e.V. (Hrsg.): Gemeinsame Stellungnahme des Diagnostikausschusses der Deutschen Vereinigung zur Bekämpfung von Viruskrankheiten (DVV) und der Kommission für Virologische Diagnostik der Gesellschaft für Virologie (GfV) - Stellenwert der Teste zum Nachweis von HIV-Infektionen: Teste zur Bestimmung von Anti-HIV bzw. Anti-HIV und HIV-Antigen versus HIV-Nukleinsäure-Nachweis, http://www.med.uni-jena.de/dvv/start.html.

Deutscher Bundestag (Hrsg.): AIDS: Fakten und Konsequenzen: Endbericht der Enquete-Kommission des 11. Deutschen Bundestages „Gefahren von AIDS und wirksame Wege zu ihrer Eindämmung“, Bonn 1990.

Dostojewski, Fjodor Michailowitsch: Aufzeichnungen aus einem Totenhaus, 1860.

Dreher, Gunther/*Feltes*, Thomas (Hrsg.): Das Modell New York. Kriminalprävention durch `Zero Tolerance´? Beiträge zur aktuellen kriminalpolitischen Diskussion, Holzkirchen, 2. Auflage 1998.

Dünkel, Frieder: Alte Menschen im Strafvollzug, in: ZfStrVo 1991 (40), S. 350-357.

Durkheim, Émile: Die Regeln der sozialen Methode, 2. Auflage, Neuwied 1965.

Durkheim, Émile: Über die Teilung der sozialen Arbeit, Frankfurt 1977.

Eberbach, Wolfram: Anmerkung zu: LG Bonn, Beschluß vom 15.5.1986, in: NStZ 1987, S.141-143.

Eberbach, Wolfram: AIDS im Strafvollzug, in: Schünemann, Bernd/Pfeiffer, Gerd (Hrsg.), Die Rechtsprobleme von AIDS, 1. Auflage Baden-Baden 1988, S.249-270.

Einsele, Helga: Zum humanen und liberalen Strafvollzug, in ZfStrVo 1/2005, S. 11-12.

Eisenberg, Ulrich: Kriminologie, 6. Auflage, München 2005.

Eisenberg, Ulrich: Jugendgerichtsgesetz, 12. Auflage, München 2007.

Ellis, Desmond/*Grasmick*, Harold G./*Gilman*, Bernard: Violence in prisons: a sociological analysis, in: Am J Sociology 1974, S. 16-43.

Europäische Beobachtungsstelle für Drogen und Drogensucht (Hrsg.): Jahresbericht „Drogenproblematik in der Europäischen Union", Lissabon 1999 (zit.: EBDD).

Fattah, Ezzad Abdul: Alterskriminalität, in: Sieverts, Rudolf/Schneider, Hans-Joachim (Hrsg.), Handwörterbuch der Kriminologie, Berlin/New York 1991, S. 239-265.

Fattah, Ezzad Abdul/*Sacco*, Vincent F.: Crime and victimization of the elderly, New York/Berlin/Heidelberg/London/Paris/Tokyo 1989.

Feest, Johannes (Hrsg.): Kommentar zum Strafvollzugsgesetz, 5. Auflage, 2006 Neuwied Kriftel (zit.: AK-StVollzG-*Bearbeiter*).

Feinberg, Joel: Profile of the elderly shoplifter, in: Newman, Evelyn S./Newman, Donald J./Gewirtz, Mindy I. (Hrsg.): Elderly criminals, Cambridge 1984, S. 35-50 (zit.: 1984 a).

Feinberg, Joel: White Haired Offenders: An Emergent Social Problem, in: Wilbanks, William/Kim, Paul K. H. (Hrsg.): Elderly Criminals, New York 1984, S. 83-108 (zit.: 1984 b).

Feldmann, Klaus: Tod und Gesellschaft - Thantosoziologie im Wandel, Hannover 2002.

Fichte, Günter: Strafvollzug an älteren Menschen – ein Plädoyer für eine eigene Vollzugsform, in: KrimPäd 2007, S. 33-36.

Fiedeler, Silke Maria: Das verfassungsrechtliche Hoffnungsprinzip im Strafvollzug - ein hoffnungsloser Fall? Grundlagen, Grenzen und Ausblicke für die Achtung der Menschenwürde bei begrenzter Lebenserwartung eines Gefangenen, zugl. Universität Bielefeld Dissertation, Frankfurt/Berlin/Bern/Bruxelles/New York/ Oxford/Wien 2003.

Fiedeler, Silke Maria: Sterben im Strafvollzug – Seismograph der Verfassung unseres Rechtsstaats?, in: ZfStrVo 2003, S. 285-287.

Filipp, Sigrun-Heide/*Mayer*, Anne-Kathrin: Zur Bedeutung von Altersstereotypen, in: APuZ 49-50/2005, S. 25-31.

Fischer, Gisela Charlotte (Hrsg.): Geriatrie für die hausärztliche Praxis, Berlin/ Heidelberg, u.a. 1991 (zitiert: Fischer-*Bearbeiter*).

Flanagan, Timothy J.: Correlates of institutional misconduct among state prisoners, in: Criminology 1983, S. 29-37.

Fliedner, Gerhild: Altwerden in Unfreiheit: eine Analyse über Verlauf und Folgen des Haftaufenthalts älterer Inhaftierter sowie Perspektiven der Integration nach der Entlassung, zugl.: Kassel Univ. - Gesamthochsch. Dissertation, Kassel 1994.

Fopp, Elisabeth: Die Straftaten des alten Menschen, Bern 1969.

Franck, Katharina: Strafverfahren gegen HIV- Infizierte unter besonderer Berücksichtigung der Situation jugendlicher Beschuldigter, zugl. Heidelberg Univ. Dissertation 2000, Berlin 2001.

Frehsee, Detlev: Für weniger Strafrecht – und ein Hinweis auf Alternativen, in: Der Kriminalist 1982, S. 313-319.

Frehsee, Detlev: Polizei – Kriminalität – Strafrecht – Gesellschaft, in: Der Kriminalist 1985, S. 409-417.

Frehsee, Detlev: Schadenswiedergutmachung als Instrument strafrechtlicher Sozialkontrolle (Habilitationsschrift), Berlin 1987.

Frehsee, Detlev: Abweichung der Angepassten, in: KrimJ 1991, S. 25-45.

Frehsee, Detlev: Strafreife – Reife des Jugendlichen oder Reife der Gesellschaft?, in: Albrecht, Peter-Alexis (Hrsg.): Festschrift für Horst Schüler-Springorum zum 65. Geburtstag, Köln u.a. 1993. S. 379-395.

Frehsee, Detlev: Sozialer Wandel und Jugendkriminalität, in: DVJJ-Journal 1995, S. 269–278.

Frehsee, Detlev: Verbrechenskontrolle zwischen Effizienzsteigerung und Freiheitsgarantien, in: Rössner, Dieter/Jehle, Jörg-Martin (Hrsg.): Kriminalität, Prävention und Kontrolle, Heidelberg 1999, S. 37-58.

Frehsee, Detlev: Verschwindet der Rechtsstaat?, in: Neue Kriminalpolitik 1999, S. 16-21.

Frehsee, Detlev: Kritische Kriminologie und Strafrechtswissenschaft, in: KrimJ 2000, S. 242-255.

Frehsee, Detlev: Die Strafe auf dem Prüfstand – Verunsicherungen des Strafrechts angesichts gesellschaftlicher Modernisierungsprozesse, in: Schild, Wolfgang (Hrsg.): Der Rechtsstaat verschwindet: Strafrechtliche Kontrolle im gesellschaftlichen Wandel von der Moderne zur Postmoderne. Gesammelte Aufsätze von Detlev Frehsee, Berlin 2003, S. 253-274 (zit.: 2003 a).

Frehsee, Detlev: Kriminalität in den Medien – Eine kriminelle Wirklichkeit eigener Art, in: Schild, Wolfgang (Hrsg.): Der Rechtsstaat verschwindet: Strafrechtliche Kontrolle im gesellschaftlichen Wandel von der Moderne zur Postmoderne. Gesammelte Aufsätze von Detlev Frehsee, Berlin 2003, S. 397-420 (zit.: 2003 b).

Gallwas, Hans-Ullrich/*Riedel*, Eibe/*Schenke*, Wolf-Rüdiger (Hrsg.): AIDS- und Recht, Stuttgart/München/Hannover/Berlin/Weimar 1992 (zit.: Gallwas/Riedel/Schenke *-Bearbeiter*).

Geisler, Linus: Arzt und Patient - Begegnung im Gespräch, Wirklichkeit und Wege, 4. Auflage, Frankfurt/Main 2002.

Geppert, Klaus: Die ärztliche Schweigepflicht im Strafvollzug, Schriftenreihe der Juristischen Gesellschaft zu Berlin Heft 81, Berlin/New York 1983.

Gillig, Volker Kurt: Soziologische Dimension der staatsanwaltlichen Ermittlungstätigkeit und Sanktionskriterien bei geringwertigen Ladendiebstahlsverfahren, zugl. Frankfurt Univ. Dissertation, Frankfurt 1976.

Goetting, Ann: Prison programs and facilities for elderly inmates, in: Newman, Evelyn S./Newman, Donald J./Gewirtz, Mindy I. (Hrsg.): Elderly criminals, Cambridge 1984, S. 169-175.

Goetting, Ann: The elderly in prison: a profile, in: Criminal Justice Review 1984, S. 14-24.

Goetting, Ann: "Racism, Sexism and Ageism" in the prison community, Federal Probation 1985, S. 10-22.

Golden, Delores: Elderly offenders in jail, in: Newman, Evelyn S./Newman, Donald J./Gewirtz, Mindy I. (Hrsg.): Elderly criminals, Cambridge 1984, S. 143-152.

Göppinger, Hans: Kriminologie, 5. Auflage, München 1997 (zit.: Göppinger-*Bearbeiter*).

Görgen, Thomas: Ältere Menschen als Opfer polizeilich registrierter Straftaten, KFN-Forschungsbericht Nr. 93, Hannover 2004.

Görgen, Thomas: Ältere und hochaltrige Gefangene – Herausforderungen (und Entwicklungschancen) für den Strafvollzug, in: KrimPäd 2007, S. 5-12.

Görgen, Thomas/*Greve*, Werner: Alte Menschen in Haft: der Strafvollzug vor den Herausforderungen durch eine wenig beachtete Personengruppe, in: BewHi 2005, S. 116-130.

Görgen, Thomas/*Greve*, Werner/*Tesch-Roemer*, Clemens/*Pfeiffer*, Christian: Kriminalität und Gewalt im Leben alter Menschen: Opfererfahrungen, Sicherheitsgefühl und Kriminalitätsfurcht älterer Menschen im alltäglichen Lebensumfeld und in häuslichen Pflegekontexten, KFN-Forschungsbericht Nr. 94, Hannover 2004.

Görgen, Thomas/*Nägele*, Barbara: Ältere Menschen als Opfer sexualisierter Gewalt, KFN-Forschungsberichte Nr. 89, Hannover 2003.

Görgen, Thomas/*Nägele*, Barbara: Nahraumgewalt gegen alte Menschen – Folgerung der wissenschaftlichen Begleitung eines Modellprojekts, in: Z Gerontol Geriatr 2005, S. 4-9.

Görgen, Thomas/*Newig*, Antje/*Nägele*, Barbara/*Herbst*, Sandra: „Jetzt bin ich so alt und das hört nicht auf“: Sexuelle Viktimisierung im Alter, KFN-Forschungsbericht Nr. 95, Hannover 2005.

Göttinger, Georg: Wie geht der Strafvollzug mit der AIDS- Problematik um?, in: Schriftenreihe der deutschen Bewährungshilfe e.V., Band 18, 1991, S. 173-188.

Grant, Anna: Elderly inmates: Issues for Australia, Trends & Issues in Crime and Criminal Justice n°115, Canberra 1999.

Grass, Günter: Im Krebsgang, Göttingen 2002.

Greb, Tillmann/*Pilz*, Ursula/*Lamparter*, Ulrich: Das Erleben von Krieg, Heimatverlust und Flucht in Kindheit und Jugend bei einem Kollektiv bypassoperierter Herzinfarktpatienten, in: Radebold, Hartmut (Hrsg.): Kindheit im II. Weltkrieg und ihre Folgen, psychosozial 2000, S. 39–44.

Haensch, Günther/*Tümmers*, Hans J. (Hrsg.): Frankreich: Politik, Gesellschaft, Wirtschaft, 1991.

Haferkamp, Hans: Herrschaftsverlust und Sanktionsverzicht. Kritische Bemerkungen zur Theorie des starken Staates, der neuen sozialen Kontrolle und des ideellen Abolitionismus, in: KrimJ 1984, S. 112-131.

Ham, Joseph N.: The forgotten minority - an exploration of long-term institutionalized aged and aging male prison inmates, Ann Arbor 1976.

Hanks, Lucien: Preliminary for a study of problems of discipline in prisons, in: J Crim L, Criminology & Police Sci 1940, S. 879-887.

Harbordt, Steffen: Die Subkultur des Gefängnisses: Eine soziologische Studie zur Resozialisierung, Stuttgart 1972.

Harman, Denham: Role of free radicals in mutation, cancer, aging and the maintenance of life, in: Radiation Research 1962, S. 753.

Hartwig, Jürgen: AIDS im Strafvollzug: Das Bremer Modell, in: ZfStrVo 1990, S. 98–101.

Harzer, Regina: Der Naturzustand als Denkfigur moderner praktischer Vernunft. Zugleich ein Beitrag zur Staats- und Rechtsphilosophie von Hobbes und Kant, zugl. Frankfurt am Main Univ. Dissertation 1993, Frankfurt am Main 1994.

Harzer, Regina: Kant, in: Michael Stolleis (Hrsg.), Juristen. Ein biographisches Lexikon, München 1995 (a), S. 334-337.

Harzer, Regina: Franz von Liszt, in: Michael Stolleis (Hrsg.), Juristen. Ein biographisches Lexikon, München 1995 (b), S. 381-382.

Harzer, Regina: Die Selbständigkeit und ihre straftheoretische Bedeutung, in: Institut für Kriminalwissenschaften Frankfurt am Main (Hrsg.): Vom unmöglichen Zustand des Strafrechts, Frankfurt am Main 1995 (c), S. 31-44.

Hasenpusch, Burkhard: Worüber sprechen wir? Ältere Gefangene im Spiegel der Statistik, in: KrimPäd 2007, S. 13-18.

Hauf, Claus-Jürgen: Strafvollzug, Neuwied/Berlin u. a. 1994.

Hemmens, Craig/*Marquardt*, James W.: Friend or foe ? Race, age, and inmate perceptions of inmate-staff relations, in: J Crim Just 2000, S. 297-312.

Hermanns, Karin: Knast statt Seniorenheim: Altern im Strafvollzug, in: Seeberger, Bernd/Braun, Angelika: Wie die anderen altern, Frankfurt/Main 2003, S. 119-128.

Hirsch, Rolf D.: Gesundheitspolitische Aspekte der Gerontopsychiatrie, in: psycho 1997, Sonderheft 1/97, S. 14-24.

Hirschi, Travis: Causes of delinquency, Berkeley 1969.

Höflich, Peter: AIDS und Vollzug: Verfassungsrechtliche Überlegungen, in: ZfStrVo 1991, S. 77-82.

Hooyman, Nancy R./*Kiyak*, H. Asuman: Social gerontology - a multidisciplinary perspective, Boston/London/Sydney/Toronto 1988.

Hoppensack, Hans Christoph: Über die Strafanstalten und ihre Wirkung auf Einstellung und Verhalten von Gefangenen, Göttingen 1969.

Horschk, Roswitha: Strukturwandel des Alters, München 1997.

Hübner, Klaus: Ein Krankenhaus für den Justizvollzug – vier Jahre Erfahrungen mit einer neuer medizinischen Einrichtung des Landes NW in Fröndenberg, in: ZfStrVo 1991, S. 88-100.

Hürlimann, Michael: Führer und Einflußfaktoren in der Subkultur des Strafvollzugs, Pfaffenweiler 1993.

Jacob, Jutta/*Keppler*, Karlheinz/*Stöver*, Heino (Hrsg.): Kondome und Gleitmittel in den Haftanstalten Nordrhein-Westfalens, in: LebHaft: Gesundheitsförderung für Drogen Gebrauchende im Strafvollzug, (AIDS-FORUM DAH, Band 42/2), Berlin 2001, S. 87-90.

Jäckle, Lothar: Aspekte der Alterskriminalität in kriminologischer Sicht, zugl. Freiburg i. Br. Univ. Dissertation, Freiburg 1988.

Jäger, Hans (Hrsg.): AIDS – Management der Erkrankung, AIDS und HIV-Infektion in Klinik und Praxis, Landsberg/Lech 1996.

Janeway, Charles A. Jr./*Travers*, Paul/*Walport*, Mark/*Shlomchik*, Mark: Immunologie, 5. Auflage, Heidelberg/Berlin/Oxford 2002.

Jansen, Birgit: Die Vorbereitung auf das Altenheim, in: Actuelle Gerontologie 1971, S. 285-289.

Jensen, Gary F.: Age and rule breaking in prison - a test of sociocultural interpretations, in: Criminology 1977, S. 555-568.

Johnson, Eric A.: Pilot study: age, race and recidivism as factors in prisoner infractions, in: Canadian Journal of Corrections 1966, S. 268-283.

Justizministerium des Landes Nordrhein-Westfalen (Hrsg.): Informations- und Merkblatt über das Erkennen selbstmordgefährdeter Gefangener und Verwahrter und das Verhüten von Selbstmorden in Justizvollzugsanstalten in der Anlage zur RV vom 27. April 1987 (4518-IV A. 3), http://www.jvv.nrw.de/htm/4518_19872704.htm.

Justizministerium Niedersachsen: Kein Seniorengefängnis in Niedersachsen, in: ZfStrVo 1987, S. 163.

Justizvollzugsanstalt Konstanz: Strafvollzug an älteren Gefangenen in unserer Außenstelle Singen, Erzbergerstraße 32, 78224 Singen/Htwl., Selbstdarstellung Stand: 1996.

Justizvollzugsanstalt Konstanz: Strafvollzug an älteren Gefangenen in unserer Außenstelle Singen, Erzbergerstraße 32, 78224 Singen/Htwl., Selbstdarstellung Stand: März 2001.

Kaiser, Günther: Anmerkungen zum Beschluß des OLG Frankfurt, Beschl. v. 2.9.1982 – 3 Ws 518/82 (StVollz), in: NStZ 1983, S. 142 f.

Kaiser, Günther: Kriminologie, 3. Auflage, Heidelberg 1996.

Kaiser, Günther/*Kerner*, Hans-Jürgen/*Schöch*, Heinz: Strafvollzug - Ein Lehrbuch, 4. Auflage, Heidelberg 1992 (zit.: Kaiser/Kerner/Schöch-*Bearbeiter*).

Kaiser, Günther/*Schöch*, Heinz: Strafvollzug, 5. Auflage, Heidelberg 2003.

Kalinowski, Hermann/*Schaper*, Gangolf: Vollzugsinterne und psychosoziale Hilfen für drogengebrauchende Gefangene, in: Jacob, Jutta/Keppler, Karlheinz/Stöver, Heino: Drogengebrauch und Infektionsgeschehen (HIV/AIDS und Hepatitis) im Strafvollzug, Berlin 1997, S. 61-72.

Kamann, Ulrich: Die Rückkehr des humanen Strafvollzuges? Gedanken zur neueren Rechtsprechung des Bundesverfassungsgerichts auf diesem Gebiet, in: StV 1994, S. 459–462.

Kassenärztliche Vereinigung Berlin (Hrsg.): Qualität in der ambulanten medizinischen Versorgung, Qualitätsbericht 2006 der KV Berlin, Prüfjahr 2005, Berlin 2006.

Kaufmann, Hilde: Kriminologie III - Strafvollzug und Sozialtherapie, Stuttgart 1977.

Keppler, Karlheinz: Gesundheitsförderung in Haft, in: Deutsche AIDS-Hilfe e.V. (Hrsg.), Betreuung im Strafvollzug. Ein Handbuch, 3. Auflage, Berlin 2003, S. 103-113.

Keppler, Karlheinz: Besonderheiten der Anstaltsmedizin, in: Deutsche AIDS-Hilfe e.V. (Hrsg.): Betreuung im Strafvollzug. Ein Handbuch, 3. Auflage, Berlin 2003, S. 167-190.

Keppler, Karlheinz/*Schaper*, Gangolf: Das Spritzenaustauschprogramm in der JVA für Frauen in Vechta/Niedersachsen, in: Jacob, Jutta/Keppler, Karlheinz/Stöver, Heino (Hrsg.): LebHaft: Gesundheitsförderung für Drogen Gebrauchende im Strafvollzug (AIDS-FORUM DAH, Band 42/2), Berlin 2001, S. 31-34.

Kerner, Hans-Jürgen: Vom „Verein Bewährungshilfe e.V." zum „DBH-Fachverband für Soziale Arbeit, Strafrecht und Kriminalpolitik", in: BewHi 2002, S. 5-14.

Kerscher, Ignatz: Sozialwissenschaftliche Kriminalitätstheorien: eine Einführung, 2. Auflage, Weinheim/Basel 1978.

Keßler, Isabel: Theoretische Perspektiven zur Alterskriminalität, in: BewHi 2005, S. 131-148.

Keßler, Isabel: Straffälligkeit im Alter: Erscheinungsformen und Ausmaße, Münster 2005.

Keuchel, Irene: Psychologische Alternstheorien, in: Oswald, Wolf D. (Hrsg.), Gerontologie, Stuttgart 1984, S. 350-354.

Killias, Martin: Grundriss der Kriminologie, Bern 2002.

Klein, Uta: Gefangenenpresse – Ihre Entstehung und Entwicklung in Deutschland, Bonn 1992.

Kleinhubbert, Guido: Strafvollzug: Der ganz normale Horror, in: Der Spiegel 8/2007, S. 5 und 34 ff.

Knapp, Rudolf: Zur Situation HIV- infizierter und AIDS- kranker Strafgefangener unter besonderer Berücksichtigung der Problematik intramuralen Drogenkonsums: Ergebnisse einer empirischen Erhebung und rechtliche Konsequenzen, zugl. Bonn Univ. Dissertation, Bonn 1996.

Knorr, Bärbel: Arbeit, Sozialversicherung und Geld hinter Gittern, in: Deutsche AIDS-Hilfe e.V. (Hrsg.): Betreuung im Strafvollzug. Ein Handbuch, 3. Auflage, Berlin 2003, S. 71-78.

Kohli, Martin: Altern in soziologischer Perspektive, in: Baltes, Paul B./Mittelstraß, Jürgen: Zukunft des Alterns und gesellschaftliche Entwicklung, Berlin/New York 1992, S. 231-259.

Kohli, Martin/*Künemund*, Harald: Der Alters-Survey: Die zweite Lebenshälfte im Spiegel repräsentativer Daten, in: APuZ B20/2003, S. 18-25.

Köhler, Helga: Wissenschaftliche Bildung im Alter – ein Beitrag zur Emanzipation der Frau? – eine qualitative empirische Studie, zugl. Berlin Univ. Dissertation, Berlin 2005.

Körner, Harald Hans: Sexualkriminalität im Alter, Stuttgart 1977.

Körner, Harald Hans: Betäubungsmittelgesetz, Arzneimittelgesetz, 5. Auflage, München 2001 (zit.: Körner, BtMG).

Krajick, Kevin: Growing old in prison, in: Corrections Magazine 1979, S. 32-46.

Krämer, Klaus: Delinquenz, Suchtmittelumgang und andere Formen abweichenden Verhaltens - Ein Geschlechtervergleich, Freiburg 1992.

Kreuzer, Arthur: Gefängnisüberfüllung - eine kriminalpolitische Herausforderung, in: Festschrift für Blau, Berlin/New York 1985, S. 459-486.

Kreuzer, Arthur: Cherchez la femme?, in: Hirsch, Hans Joachim/Kaiser, Günther/Marquardt, Helmut (Hrsg.): Gedächtnisschrift für Hilde Kaufmann, Berlin/New York 1986, S. 291-308.

Kreuzer, Arthur: Strafrecht als Hindernis sinnvoller AIDS-Prophylaxe? Verunsicherung bei Apothekern wegen der Abgabe von Injektionsgerät an Drogenabhängige, in: NStZ 1987, S. 268-270.

Kreuzer, Arthur: Therapie und Strafe, in: NJW 1989, S. 1505-1512.

Kreuzer, Arthur: Handbuch des Betäubungsmittelstrafrechts, München 1998 (zit.: Kreuzer-*Bearbeiter*).

Kreuzer, Arthur: Behandlungsdenken und das Modell Kunst im Strafvollzug, in: Gefangenenhilfe Butzbach e.V. (Hrsg.): Kunst im Knast. Projekt der JVA Butzbach seit 1981, Butzbach 2001, S. 8-31.

Kreuzer, Arthur: 30 Jahre Strafvollzugsgesetz – Wie steht es um den Strafvollzug?, in: ZfStrVo 2006, S. 136-144.

Kreuzer, Arthur/*Gebhardt*, Christoph/*Maassen*, Marcel: Opfer innerhalb krimineller Subkulturen - unter besonderer Berücksichtigung der Drogen-Subkulturen, in: Schneider, Hans Joachim: Das Verbrechensopfer in der Strafrechtspflege, Berlin/New York 1982, S. 264-275.

Kreuzer, Arthur/*Hürlimann*, Michael: Alte Menschen in Kriminalität und Kriminalitätskontrolle - Plädoyer für eine Alterskriminologie, in: Kreuzer, Arthur/Hürlimann, Michael (Hrsg.): Alte Menschen als Täter und Opfer - Alterskriminologie und humane Kriminalpolitik gegenüber alten Menschen, Freiburg 1992, S. 11-86.

Krumsiek, Rolf: Das Drogen-Problem im Strafvollzug, in: ZfStrVo 1992, S. 3-8.

Kruse, Andreas/*Schmitt*, Eric: Zur Veränderung des Altersbildes in Deutschland, in: APuZ 49-50/2005, S. 9-17.

Kruse, Wolfgang/*Nikolaus*, Thorsten: Geriatrie, Berlin/ Heidelberg, u.a. 1992.

Landesarbeitsgemeinschaft ehrenamtlicher Mitarbeiter im Strafvollzug Bayern e.V. (Hrsg.): 1628 meint, LAG-Info Nr. 36, 2003, S. 12 f.

Landesverkehrswacht Bayern e.V. (Hrsg.): Ältere Menschen als Verkehrsteilnehmer, Sonderheft anlässlich des Internationalen Jahres der Senioren, München 1999.

Lang, Ferdi: Vorbereitung der Haftentlassung und Nachsorge. in: Deutsche AIDS-Hilfe e.V. (Hrsg.), Betreuung im Strafvollzug. Ein Handbuch, 3. Auflage, Berlin 2003, S. 155-166.

Lang, Ferdi/*Stark*, Klaus: Die Berliner Modellprojekte zur Spritzenvergabe in Haft, in: Jacob, Jutta/Keppler, Karlheinz/Stöver, Heino (Hrsg.): LebHaft: Gesundheitsförderung für Drogen Gebrauchende im Strafvollzug (AIDS-FORUM DAH, Band 42/2), Berlin 2001, S. 52-61.

Langenhoff, Georg: Demographischer Wandel – auch in der Strafrechtspflege, in: BewHi 2005, S. 99-115.

Legat, Stefan: Alkoholbeeinflusste Verkehrsteilnahme im Bereich bayerischer Untermain, in: Blutalkohol 1985 (Bd. XXII), S. 272-289.

Lehr, Ursula M.: Institutionalisierung älterer Menschen als psychologisches Problem - Ergebnisse der empirischen Forschung, in: Schubert, René (Hrsg.): Veröffentlichungen der Deutschen Gesellschaft für Gerontologie, Band III, Darmstadt 1970, S. 344-352.

Lehr, Ursula M.: Depression und „Lebensqualität" im Alter - Korrelate negativer und positiver Gestimmtheit, in: Z Gerontol 1982, S. 241-249.

Lehr, Ursula M.: Psychologie des Alterns, 7. Auflage, Heidelberg 1991.

Lehr, Ursula M./*Thomae*, Hans (Hrsg.): Formen seelischen Alterns, Ergebnisse der Bonner Gerontologischen Längsschnittstudie (BOLSA), Stuttgart 1987.

Lemert, Edwin M.: Social Pathology, New York/Toronto/London 1951.

Leonard, Wilbert Marcellus: Sociological and social-psychological correlates of anmia among a random sample of aged, in: Journal of Gerontology 1977, S. 303-310.

Lesting, Wolfgang: Die Abgabe von Einwegspritzen im Strafvollzug zur AIDS- Prävention - strafbar oder notwendig?, in: StV 1990, S. 225-230.

Lesting, Wolfgang: Wohin mit psychisch kranken Strafgefangenen, in: RUP 1992, S. 81-89.

Lesting, Wolfgang: Zur Bedeutung einer Substitutionsbehandlung für strafrichterliche Sanktionsentscheidungen, in: MschrKrim 1993, S. 320-327.

Lettau, Sabine/*Sawallisch*, Peter/*Schulten*, Inge/*Tieding*, Klaus: Das Spritzenaustauschprogramm der Justizvollzugsanstalt Lingen, in: Jacob, Jutta/ Keppler, Karlheinz/Stöver, Heino (Hrsg.): LebHaft: Gesundheitsförderung für Drogen Gebrauchende im Strafvollzug (AIDS-FORUM DAH, Band 42/2), Berlin 2001, S. 35-40.

Leygraf, Norbert: Verschiedene Möglichkeiten als nicht therapierbar zu gelten, in: RUP 2002, S. 3–7.

Lieberman, Morton A.: Institutionalization of the aged: affects on behavior, in: Journal of Gerontology 1969, S. 330-340.

Lindemann, Michael: Die Behandlung der Unbehandelbaren - Eine Skizze des niederländischen Longstay- Pilotprojektes Veldzicht, in: RUP 2001, S. 21-27.

Löschper, Gabriele: Detlev Frehsee und die Kritische Kriminologie, in: Schild, Wolfgang (Hrsg.): Der Rechtsstaat verschwindet: Strafrechtliche Kontrolle im gesellschaftlichen Wandel von der Moderne zur Postmoderne. Gesammelte Aufsätze von Detlev Frehsee, Berlin 2003, S. 474-484.

Löwe, Ewald/*Rosenberg*, Werner: Die Strafprozessordnung und das Gerichtsverfassungsgesetz, Großkommentar, hrsg. von Peter Rieß, 25. Auflage, Berlin/New York 2003 (zit.: Löwe/Rosenberg-*Bearbeiter*, StPO).

Mabli Jerome/*Holley*, Charles/*Patrick*, Judy/*Walls*, Justina: Age and prison violence: increasing age heterogenity as a violence-reducing strategy in prisons, in: Crim Just Behav 1979, S. 175-186.

Malinchak, Alan A.: Crime and gerontology, New Jersey 1980.

Marquart, James W./*Merianos*, Dorothy E./*Doucet*, Geri: Health-related concerns of older prisoners: implications for policy, in: Ageing Soc 2000, S. 79-96.

McShane, Marilyn D./*Williams*, Frank P.: Old and ornery: the disciplinary experiences of elderly prisoners, in: Int J Offender Ther Comp Criminol 1990, S. 197-211.

Meder, Harald: Musik im Strafvollzug, Regensburg 1981.

Mênil, Béatrice du: Die Resozialisierungsidee im Strafvollzug: Bestandsaufnahme und Reformanregungen hinsichtlich der Ausgestaltung der Vollzugsgrundsätze des § 3 StVollzG, Rechtswissenschaftliche Forschung und Entwicklung Band 458, zugl. Augsburg Univ. Dissertation, Augsburg 1994.

Merton, Robert K.: Social theory and social structure, 3. Auflage, New York 1968.

Meyer-Goßner, Lutz: Strafprozessordnung mit GVG und Nebengesetzen, 50. Auflage, München 2007 (zit.: Meyer-Goßner, StPO).

Ministerium für Arbeit, Gesundheit und Soziales des Landes Nordrhein-Westfalen (Hrsg.): Hospizbewegung und Sterbebegleitung – Konzepte und Leitsätze, Düsseldorf 2006 (zit.: MAGS NRW).

Mörs, Klaus-Jürgen: Das Freizeitproblem im deutschen Erwachsenenstrafvollzug, Stuttgart 1969.

Mößle, Regine/*Greve*, Werner: Gelingendes Altern im Strafvollzug – Überlegungen zu einer scheinbar paradoxen Konstellation, in: KrimPäd 2007, S. 37-42.

Müller-Dietz, Heinz: Schuldschwere und Urlaub aus der Haft, in: JR 1984, S. 353-361.

Müller-Dietz, Heinz: Recht und Gnade, in: DRiZ 1987, S. 474-481.

Mushoff, Tobias: Keine Privatsphäre im Strafvollzug?, in: Forum Recht 2004, S. 20-22.

Muthmann, Peter: Der alte Mensch im Strafvollzug, in: Z Gerontol 1981, S.274-279.

Naegele, Gerhard/*Schmidt*, Waldemar: Zukünftige Schwerpunkte kommunalpolitischen Handelns in Altenpolitik und Altenarbeit vor dem Hintergrund des demographischen und soziostrukturellen Wandels des Alters, in: Naegele, Gerhard/Kühnert, Sabine (Hrsg.): Perspektiven kommunaler Altenpolitik, Hannover 1994, S. 1-26.

Nass, Gustav: Die Ursachen der Kriminalität, Köln u.a. 1973.

Nationales Referenzzentrum für Retroviren, Institut für Klinische und Molekulare Virologie Universität Erlangen-Nürnberg (Hrsg.): Mutter-Kind-Transmission von HIV-1 – ein Update 2003, in: Retrovirus Bulletin 4/2003, S. 1 f.

Nelles, Joachim/*Fuhrer*, Andreas (Hrsg.): Harm reduction in prison: strategies against drugs, AIDS and risk behavior - Risikominderung im Gefängnis: Strategien gegen Drogen, AIDS und Risikoverhalten, Bern 1997.

Nestler-Tremel, Cornelius: AIDS und Strafzumessung, Frankfurt am Main 1992.

Nix, Christoph: Anhalten der Broschüre „Positiv, was nun?“, in: NStZ 1992, S. 559-560.

Nowak, Martin A./*McMichael*, Andrew J.: Die Zerstörung des Immunsystems durch HIV, in: Spektrum der Wissenschaft - Dossier: Seuchen - 1997, S. 82-89.

Ohm, August: Persönlichkeitswandlung unter Freiheitsentzug, Berlin 1964.

Olbrich, Erhard: Kompetenz im Alter, in: Z Gerontol 1987, S. 319-330.

Olbrich, Erhard/*Lehr*, Ursula M.: Social roles and contracts in old age: consistency and patterns of change, in: Thomae, Hans (Hrsg.): Patterns of aging, Basel/New York 1976, S. 113-126.

Ostendorf, Heribert: Mehr Prävention und weniger Strafe, weniger Prävention und mehr Strafe oder mehr Prävention und mehr Strafe?, in: BewHi 2005, S. 57-66.

Osterheider, Michael: Longstay-Abteilungen - Vorbedingungen, Möglichkeiten und Begrenzungen, in: RUP 2002, S. 17-20.

Panton, James H.: Personality charasteristics of aged inmates within a state prison population, in: Offender Rehabilitation 1977, S. 203-208.

Perik, Johannes C. A.: Achtergronden en praktijk van chroniciteit in de TBS, in: Proces 2000, S. 99-102.

Perik, Johannes C. A.: Longstay in der Praxis, in: RUP 2002, S. 23-27.

Pollak, Otto: The criminality of old age, in: Journal of Criminal Psychopathology 1941, S. 213-235.

Porada, Wilfried: Seniorenabteilung: Gemeinsame (altersgerechte) Unterbringung älterer Gefangener oder zielgruppenspezifischer Behandlungsvollzug? Erfahrungen und aktuelle Entwicklungen aus der JVA Schwalmstadt, in: KrimPäd 2007, S. 23-26.

Preusker, Harald: Bericht über die Beratungen der Arbeitsgruppe VIII, in: Bundeszusammenschluß für Straffälligenhilfe (Hrsg.): Straffälligenhilfe gestern - heute - morgen, Bonn 1978, S. 225-233.

Pschyrembel: Klinisches Wörterbuch, 261. Auflage, Berlin/New York 2007.

Püschel, Klaus/*Lieske*, Klaus: In der Rechtsmedizin: Todesursachen bei HIV- Infizierten – selten AIDS, in: AIFO 1989, S. 29-31.

Rabbata, Samir/*Rieser*, Sabine: Herausforderung demographischer Wandel - Es kommt drauf an, was man draus macht, in: Dtsch. Ärztebl. 2005, S. 2596-2600.

Radbruch, Gustav: Die Psychologie der Gefangenschaft, in: ZStW 1911, S. 339-354.

Radebold, Hartmut: „Kriegskinder" im Alter: Bei Diagnose historisch denken, in: Dtsch. Ärztebl. 2004, S. 1637-1639.

Rebmann, Kurt/Uhlig, Sigmar: Bundeszentralregistergesetz, München 1985 (zit.: Rebman/Uhlig, BZRG).

Rennhak, Peter: Alte Menschen im Justizvollzug – Erfahrungen aus Baden-Württemberg, in: KrimPäd 2007, S. 19-22.

Rex, Rainer: Anforderungen an die medizinische Versorgung von HIV-Infizierten und AIDS-Kranken im Strafvollzug, in: Schriftenreihe der deutschen Bewährungshilfe e.V. Band 18, 1991, S.189-202.

Rex, Rainer, Drogenabhängige in Haft, in: Gölz, Jörg (Hrsg.): Der drogenabhängige Patient, München/Wien/Baltimore 1995, S. 372-382.

Rieger, Walter: Die Subkultur im Strafvollzug, in: ZfStrVo 1977, S. 218-221.

Ritzel, Günther: Untersuchungen zur Altersdelinquenz, in: MschrKrim 1972, S. 345-356.

Ritsos, Giannis: Die Rückkehr der Iphigenie, Übertragen von Asteris Kutulas, Köln 1986.

Ritsos, Giannis: Chrysothemis, Übertragen von Asteris und Ina Kutulas, Köln 1988.

Ritsos, Giannis: Agamemnon, Herausgegeben und übertragen von Asteris Kutulas, Echternach 1990.

Robert Koch-Institut (Hrsg.): Risiken und Wege der HIV-Übertragung – Auswirkungen auf Epidemiologie und Prävention der HIV-Infektion, in: Bundesgesundheitsblatt-Gesundheitsforschung-Gesundheitsschutz 6-2000, S. 449-458 (zit.: RKI, Bundesgesundheitsblatt 6/2000).

Robert Koch-Institut (Hrsg.): Die HIV-Infektion (AIDS) – Merkblatt für Ärzte, in: Bundesgesundheitsblatt-Gesundheitsforschung-Gesundheitsschutz 12-2000, S. 1021-1030 (zit.: RKI, Bundesgesundheitsblatt 12/2000).

Robert Koch-Institut (Hrsg.): Chronische Schmerzen, Gesundheitsberichterstattung des Bundes, Heft 7, Berlin 2003 (zit.: RKI, 2003).

Robert Koch-Institut (Hrsg.): Epidemiologisches Bulletin Nr. 47/2006 v. 24.11.2006 (zit.: RKI, Epidemiologisches Bulletin 47/2006).

Rodstein, Manuel: Crime and the aged, in: The journal of the American Medical Association 1975, S. 639.

Romkopf, Ute: Drogenabhängigkeit und Strafvollzug, Langzeittherapie für drogenabhängige Strafgefangene in der Justizvollzugsanstalt Münster, in: ZfStrVo 1980, S. 92-94.

Rotthaus, Karl Peter: Der alternde Gefangene, in: MschrKrim 1971, S. 338-344.

Rubenstein, David: The elderly in prison: a review of the literature, in: Newman, Evelyn S./Newman, Donald J./Gewirtz, Mindy I. (Hrsg.), Elderly criminals, Cambridge 1984, S. 153-168.

Rübsamen-Waigmann, Helga: Neue Konzepte zur Behandlung von AIDS und der HIV-Infektion, in: Spektrum der Wissenschaft, Dossier: Seuchen, 1997, S. 94-99.

Saake, Irmhild: Sinn und Unsinn der Alternsforschung. Oder: Wieviel Sinn brauchen alte Menschen?, Vortrag gehalten im Institut für Gerontologie in Vechta (29.04.2000), http://www.lrz-muenchen.de/~ls_nassehi/saake/publikationen.htm.

Sapp, Allen D.: Arrests for major crimes: Trends and Patterns for Elderly Offenders, in: Journal of Offender Counseling, Services & Rehabilitation 1989, S. 19-44.

Schäfer, Karl Heinrich/*Buchta*, Anna-Maria: AIDS im Justizvollzug. Ein Bericht über zehn Jahre medizinische und psycho-soziale Betreuung in den hessischen Justizvollzugsanstalten, in: ZfStrVo 1995, S. 323-326.

Schaffner, Paul: Einstellung und Befinden von Inhaftierten unter besonderer Berücksichtigung der Suicidalität, Frankfurt/Bern/New York 1986.

Schaffstein, Friedrich/*Beulke*, Werner: Jugendstrafrecht, 14. Auflage, Stuttgart/Berlin/Köln 2002.

Schätzler, Johann-Georg: Handbuch des Gnadenrechts, 2. Auflage, München 1992.

Schirrmacher, Frank: Das Methusalem-Komplott, München 2004.

Schirrmacher, Frank: Die Revolution der Hundertjährigen, in: Der Spiegel 12/2004 - 15. März 2004, S. 78-85.

Schirrmacher, Gesa: Heroinabgabe an Strafgefangene - eine Chance?, in: ZRP 1997, S. 242-246.

Schleusener, Joachim: Psychische Veränderungen als Reaktion auf die Haftsituation, in: ZfStrVo 1976, S. 19-23.

Schmuck, Rudolf: Probleme mit HIV-Infizierten und an AIDS erkrankten Personen im Vollzug der Untersuchungshaft und Strafhaft, in: ZfStrVo 1989, S. 165-173.

Schneeberger Georgescu, Regine: Gelassenheit oder Handlungsbedarf? Überlegungen zur Situation von älteren Inhaftierten in der Schweiz, in: KrimPäd 2007, S. 27-32.

Schneider, Hans Joachim: Kriminologie, Berlin/New York 1987.

Schneider, Philip H.: Auswirkungen politischer Veränderungen auf den Strafvollzug – Zugleich Besprechung von „Gouverner, enfermer: la prison, un modèle indépassable?“, in: ZfStrVo 2005, S. 138-144.

Schnur, Alfred C.: Prison conduct and recidivism, in: J Crim L, Criminology & Police Sci 1949, S. 36-42.

Schöch, Heinz: Anmerkung zu OLG Celle, Beschl. v. 24.5.1985 - 1 Ws 126/85, in: NStZ 1986, S. 457-458.

Schönke, Adolf/*Schröder*, Horst: Strafgesetzbuch, Kommentar, 27. Auflage, München 2006 (zit.: Schönke/Schröder-*Bearbeiter*, StGB).

Schramke, Hein-Jürgen. Alte Menschen im Strafvollzug - Empirische Untersuchung und Kriminalpolitische Überlegungen, zugl. Bonn Univ. Dissertation, Bonn 1996.

Schreiner, Manfred: Zur zukunftsbezogenen Zeitperspektive bei alten Menschen, zugl. Bonn Univ. Dissertation, Bonn 1969.

Schriever, Wolfgang: Behandlungsvollzug – Abschied von einem überkommenen Begriff, in: ZfStrVo 2006, S. 262-267.

Schröder, Thomas: Infektionsprophylaxe im niedersächsischen Justizvollzug: „Karriere" eines Modellprojekts, in: Jacob, Jutta/Keppler, Karlheinz/Stöver, Heino (Hrsg.): LebHaft: Gesundheitsförderung für Drogen Gebrauchende im Strafvollzug (AIDS-FORUM DAH, Band 42/1), Berlin 2001, S. 127-133.

Schulz, Hermann/*Radebold*, Hartmut/*Reulecke*, Jürgen: Söhne ohne Väter. Erfahrungen der Kriegsgeneration. Berlin 2004.

Schumann, Karl F.: Progressive Kriminalpolitik und die Expansion des Strafrechtssystems, in: Ostendorf, Heribert (Hrsg.): Integration von Strafrechts- und Sozialwissenschaften, Festschrift für Lieselotte Pongratz, München 1986, S. 371-385.

Schüttler, Reinhold/*Schulte*, Ralph: Kriminalität im Alter - Forensisch-psychiatrische und kriminologische Aspekte, in: Kerner, Hans Jürgen/Kaiser, Günther: Kriminalität: Persönlichkeit, Lebensgeschichte und Verhalten, Berlin/Heidelberg 1990, S. 377-398.

Schweitzer, Hans/*Heisterborg*, Bernd: Der Selbstmord im Strafvollzug des Landes Nordrhein-Westfalen in den Jahren 1947-1967, in: Schäfer, Herbert (Hrsg.): Grundlagen der Kriminalistik, Band X, Hamburg 1973, S. 87-193.

Schwieger, Inge: Entwicklung einer Infrastruktur der Hilfe für HIV- Träger in der Justizvollzugsanstalt Dieburg, in: Schäfer, Karl Heinrich/Sievering, Ulrich O. (Hrsg.): AIDS und Strafvollzug: Möglichkeiten und Grenzen psychosozialer Betreuung HIV- Infizierter in Justizvollzugsanstalten, Arnoldshainer Texte - Band 49, Frankfurt/Main 1987, S. 33-40.

Schwind, Hans-Dieter/*Blau*, Günter: Strafvollzug in der Praxis – Eine Einführung in die Probleme und Realitäten des Strafvollzugs und der Entlassenenhilfe, 2. Auflage, Berlin/New York 1988 (zit.: Schwind/Blau-*Bearbeiter*).

Schwind, Hans-Dieter/*Böhm*, Alexander/*Jehle*, Jörg-Martin (Hrsg.): Strafvollzugsgesetz, 4. Auflage, Berlin/New York 2005 (zit.: Schwind/Böhm/Jehle-*Bearbeiter*, StVollzG).

Sebban, Claude : Gerontologie - Concepts - outils, in: Capacité de gérontologie franciliennes, années 2001-02.

Seeger, Frank: Lesen im Strafvollzug. Ergebnisse einer empirischen Untersuchung in der JVA Hamburg-Fuhlsbüttel, in: Klein, Uta/Koch, Helmut H. (Hrsg.): Gefangenenliteratur - Sprechen, Schreiben, Lesen in deutschen Gefängnissen, Hagen 1988, S. 187-197.

Seelich, Andrea: Lösungsansatz der aktuellen Probleme der Strafvollzugsarchitektur, in: akzept e.V./Deutsche AIDS-Hilfe e.V./Wissenschaftliches Institut der Ärzte Deutschlands e.V. (Hrsg.): Dokumentation Zweite Europäische Konferenz zur Gesundheitsförderung in Haft, Wien 2006, S. 131-147.

Singhartinger, Johann: AIDS als Anlass - Kontrolle als Konzept. Entwicklungen am Beispiel Strafvollzug, München 1987.

Solschenizyn, Alexander Issajewitsch: Ein Tag im Leben des Iwan Denissowitsch, Taschenbuchausgabe, Reinbek 1999.

Solschenizyn, Alexander Issajewitsch: Der Archipel Gulag, Bd. I-III, Taschenbuchausgabe, Reinbek 1978.

Sowada, Christoph: Mitteilung zu: Internationales Symposium „AIDS und Strafrecht", in: NJW 1994, S. 2406 f.

Staatliche Pressestelle der Freien und Hansestadt Hamburg: AIDS-Vorsorge im Hamburger Strafvollzug, Mitteilung vom 02. Juni 1987, in: ZfStrVo 1987, S. 345.

Stark, Hans-Dietrich: Sachverständigenvortrag, in: Jescheck, Hans Heinrich/Triffterer, Otto, Ist die lebenslange Freiheitsstrafe verfassungswidrig? Dokumentation über die mündliche Verhandlung vor dem Bundesverfassungsgericht am 22. und 23. März 1977, Baden-Baden 1978, S. 61-87.

Statistisches Bundesamt (Hrsg.): Rechtspflege Strafverfolgung, Fachserie 10 Reihe 3, Wiesbaden 2007 (zit.: SVS 2005).

Statistisches Bundesamt (Hrsg.): Rechtspflege Strafvollzug – Demographische und kriminologische Merkmale der Strafgefangenen zum Stichtag 31.03., Fachserie 10 Reihe 4.1, Wiesbaden 2006 (zit.: Strafvollzugsstatistik 2006).

Statistisches Bundesamt (Hrsg.): Rechtspflege Strafvollzug – Demographische und kriminologische Merkmale der Strafgefangenen zum Stichtag 31.03., Fachserie 10 Reihe 4.1, Wiesbaden 1992 (zit.: Strafvollzugsstatistik 1992).

Steinhagen, Heiner: Die informelle Sozialstruktur einer Gefangenengemeinschaft, Göttingen 1976.

Stieber, Rolf: Seelsorgliche Sterbebegleitung im Gefängnis – Erfahrungen und Reflexionen, ZfStrVo 2003, S. 287-291.

Stöffler-Meilicke, Marina: A I D S F O R S C H U N G : Neue Testverfahren bei der HIV-Diagnostik erlauben schnelleren Nachweis frischer Infektionen, in: Diagnostik im Gespräch 2001, S. 1-8.

Stöver, Heino (Hrsg.), Infektionsprophylaxe im Strafvollzug - Eine Übersicht über Theorie und Praxis, AIDS-FORUM D.A.H. Band XIV, Berlin 1994.

Stöver, Heino: Spritzenaustauschprogramme in drei Hamburger Justizvollzugsanstalten, in: Jacob, Jutta/Keppler, Karlheinz/Stöver, Heino (Hrsg.): LebHaft: Gesundheitsförderung für Drogen Gebrauchende im Strafvollzug (AIDS-FORUM DAH, Band 42/2), Berlin 2001, S. 41-51.

Stöver, Heino: Drug and HIV/AIDS Services in European Prisons, Schriftenreihe: Gesundheitsförderung im Justizvollzug, Band 8, Oldenburg 2002.

Sutherland, Edwin H./*Cressey*, Donald R.: Criminology, Philadelphia 1987.

Tag, Brigitte: Das Arztgeheimnis im Strafvollzug, in: Hillenkamp, Thomas/Tag, Brigitte (Hrsg.): Intramurale Medizin – Gesundheitsfürsorge zwischen Heilauftrag und Strafvollzug, Heidelberg 2005, S. 89-105.

Tartler, Rudolf: Das Altern in der modernen Gesellschaft, Stuttgart 1961.

Teller, Fran E./*Howell*, Robert J.: The older prisoner: criminal and psychological charasteristics, in: Criminology 1981, S. 549-555.

Thiel, Josef Franz: Tod und Jenseitsglaube in Bantu-Afrika, in: Klimkeit, Hans Joachim (Hrsg.): Tod und Jenseits im Glauben der Völker, Wiesbaden 1987, S. 40-47.

Thomae, Hans: Theory of aging and cognitive theory of personality, in: Human Development 1970, S. 1-6.

Thomae, Hans: Reaktionen auf gesundheitliche Belastungen im mittleren und höheren Erwachsenenalter, in: Z Gerontol 1984, S. 186-197.

Tokarski, Walter: Institutionalisierung, in: Oswald, Wolf D. (Hrsg.), Gerontologie, Stuttgart 1984, S. 214-220.

Tolstoi, Leo N.: Auferstehung, Zürich 2002.

Tröndle, Herbert/*Fischer*, Thomas: Strafgesetzbuch und Nebengesetze, 54. Auflage, München 2007 (zit.: Tröndle/Fischer, StGB).

U.S. Department of Justice National Institute of Corrections Information Center Longmont, Colorado (Hrsg.), Hospice and palliative care in prisons - Special Issues in Corrections, Longmont 1998.

UNAIDS (Hrsg.)/*Deutsche AIDS-Stiftung e.V.* (für die deutsche Fassung): Die AIDS Epidemie. Statusbericht, Genf 2006.

Urban, Urs: Der Raum des Anderen und Andere Räume. Zur Topologie des Werkes von Jean Genet, Würzburg 2007.

Verzar, Fritz: Experimentelle Gerontologie, Stuttgart 1965.

Villon, Francois: Des Meisters Werke, Leipzig, 1907.

Vormbaum, Thomas: „Politisches" Strafrecht, in: ZStW 1995, S. 735-760.

Voronoff, Serge: Die Eroberung des Lebens – das Problem der Verjüngung, Stuttgart 1928.

Wahidin, Azrini: Older Woman in the Criminal Justice System: Running Out of Time, London 2004.

Walger, Peter et al.: Die ambulante Betreuung HIV-Infizierter, in: Internistische Praxis 1990, S. 501-522.

Walter, Michael/*Geiter*, Helmut/*Fischer*, Wolfgang: Halbstrafenaussetzung – ein ungenutztes Institut zur Verringerung des Freiheitsentzugs, in: NStZ 1989, S. 405-417.

Walz, Karl-Michael: Soziale Strafrechtspflege in Baden: Grundlagen, Entwicklung und Arbeitsweisen der badischen Straffälligenhilfe, in: Geschichte und Gegenwart, zugl. Freiburg i. Br. Univ. Dissertation, Freiburg i. Br. 1999.

Weber, Ingbert: Internationaler Suchtkongress: Schadensbegrenzung und Therapie, in: Dtsch. Ärztebl. 2000, S. 362.

Wedershoven, Christel: Die HIV-Ambulanz im Justizvollzugskrankenhaus Fröndenberg/Nordrhein-Westfalen, in: Jacob, Jutta/Keppler, Karlheinz/Stöver, Heino (Hrsg.): LebHaft: Gesundheitsförderung für Drogen Gebrauchende im Strafvollzug (AIDS-FORUM DAH, Band 42/2), Berlin 2001, S. 82-86.

Weigel, Sigrid: Zur Geschichte der Gefängnisliteratur, in: Klein, Uta/Koch, Helmut H. (Hrsg.): Gefangenenliteratur - Sprechen, Schreiben, Lesen in deutschen Gefängnissen, Hagen 1988, S. 69-87.

Weigend, Thomas: Privatgefängnisse, Hausarrest und andere Neuheiten, in: BewHi 1989, S. 289-301.

Weinert, Franz E.: Altern in psychologischer Perspektive, in: Baltes, Paul B./ Mittelstraß, Jürgen: Zukunft des Alterns und gesellschaftliche Entwicklung, Berlin/ New York 1992, S. 180-203.

Werner, Emmy E.: Unschuldige Zeugen. Der Zweite Weltkrieg in den Augen von Kindern, Hamburg/Wien 2001.

Wheeler, Stanton: Socialization in correctional communities, in: Am Sociological Rev 1961, S. 697-712.

WHO/Pompidou-Gruppe des Europarats (Hrsg.): Haftanstalten, Drogen und die Gesellschaft - Eine Stellungnahme („Consensus Statement") zu Grundsätzen, Maßnahmen und Praktiken, Projekt Gesundheit in Haftanstalten der WHO (Regionalbüro für Europa) und der Pompidou-Gruppe des Europarats, Bern 2001.

Wiebe, Wolfgang: Pflegethema: Infektionen, HIV und AIDS, Stuttgart 1997.

Wiegand, N. Douglas/*Burger*, Jane C.: The elderly offenders and parole, in: The Prison Journal 1979, S. 48-57.

Wilbanks, William: The Elderly Offender: Placing the Problem in Perspective, in: Wilbanks, William/Kim, Paul K. H. (Hrsg.): Elderly Criminals, New York 1984, S. 1-15.

Wilbanks, William: The Elderly Offender: Relative Frequency and Pattern of Offenses, in: International Journal of Aging and Human Development 1985, S. 269-281.

Wilde, Oscar: De profundis sowie Die Ballade vom Zuchthaus zu Reading, Taschenbuchausgabe, Zürich 1997.

Wilson, Deborah G./*Vito*, Gennaro F.: Imprisoned elders: the experience of one institution, in: Criminal Justice Policy Review 1986, S. 399-421.

Wolf, Sidney/*Freinek*, Wilfried R./*Shaffer*, John W.: Frequency and severity of rule infractions as a criteria of prison maldjustment, in: J Clin Psychol 1966, S. 244-247.

Wolfgang, Marvin E.: Age, adjustment and the treatment process of criminal behavior, in: Psychiatry Digest 1964, S. 21-35.

Woll-Schumacher, Irene: Desozialisation im Alter, Stuttgart 1980.

Wolters, Jörg-Michael: AIDS - psychosoziale Folgeprobleme und sozialpädagogisch verantwortete Strategien der Prävention und Bewältigung, Frankfurt am Main u.a. 1989.

Wormer, Katherine S. van: To be old and in prison, in: Letman, Sloan T. u.a. (Hrsg.), Contemporary issues in corrections, Jonesboro 1981, S. 79-101.

Yerkes, Robert M.: Psychological examening in the United States Army, Washington 1921.

Yin, Peter: Fear of crime among the elderly: some issues and suggestions, in: Social Problems 1980, S. 492-505.

Zamble, Edward/*Porporino*, Frank J.: Coping, behavior and adaption in prison inmates, New York/Berlin/Heidelberg/London/Paris/Tokyo 1988.

Ziegelmann, Jochen P./*Lippke*, Sonia: Erfolgreiches Altern – Prävention im Alter durch körperliche Aktivität, in: Das Präsidium der Freien Universität Berlin (Hrsg.): fundiert „Alter und Altern“ 2004, S. 72-79.

Zimmermann, Robert E.: Alter und Hilfsbedürftigkeit, Stuttgart 1977.

Zink, Theodore M.: Are prison troublemakers different?, in: Journal of Criminal Law, Criminology and Police Science 1958, S. 433-434.

Zuckmayer, Carl: Der Hauptmann von Köpenick, 1930.

Grundlagen Gesamte Strafrechtswissenschaft

Herausgegeben von Regina Harzer

Band 1 Thorsten Gerdes: Tierschutz und freiheitliches Rechtsprinzip. Eine strafrechtlich-rechtsphilosophische Untersuchung über Grundlagen und Grenzen modernen Tierschutzrechts. 2007.

Band 2 Tobias Mushoff: Strafe – Maßregel – Sicherungsverwahrung. Eine kritische Untersuchung über das Verhältnis von Schuld und Prävention. 2008.

Band 3 Maria-Rebecca Legat: Ältere Menschen und Sterbenskranke im Strafvollzug. Eine rechtsstaatliche Analyse des Vollzugsalltags von Gefangenen mit besonderem Pflegebedarf. 2009.

Tobias Mushoff

Strafe – Maßregel – Sicherungsverwahrung

Eine kritische Untersuchung über das Verhältnis von Schuld und Prävention

Frankfurt am Main, Berlin, Bern, Bruxelles, New York, Oxford, Wien, 2008.
XXIII, 690 S.
Grundlagen Gesamte Strafrechtswissenschaft.
Herausgegeben von Regina Harzer. Bd. 2
ISBN 978-3-631-57507-9 · br. € 105.–*

Die Sicherungsverwahrung gilt als die fragwürdigste Maßregel des strafrechtlichen Rechtsfolgensystems. Hinsichtlich der dogmatischen Einordnung der Maßregeln als Straf- oder Polizeirecht und der Bewertung des Verhältnisses der strafrechtlichen Spuren untereinander bestehen große Unsicherheiten. Diese Unsicherheiten sind nicht neu, sondern Ausdruck des bisher nicht gelösten Streits über das Verhältnis von Schuld und Prävention im Strafrecht. Ausgehend von den Straftheorien wird daher die Dogmatik des zweispurigen Rechtsfolgensystems unter besonderer Berücksichtigung der Sicherungsverwahrung untersucht und verfassungs- und menschenrechtlich gewürdigt. Überlegt wird, wie die Spannungen im Maßregelrecht abgemildert werden können und die Renaissance der Sicherungsverwahrung zu erklären ist.

Aus dem Inhalt: Die Geschichte der Sicherungsverwahrung · Das gesetzliche Normprogramm der Sicherungsverwahrung · Zur Theorie staatlichen Strafens · Die Maßregeltheorie · Annäherungen und Überschneidungen von Strafen und Maßregeln · Die Sonderstellung der Sicherungsverwahrung im Maßregelrecht · Die verfassungsrechtliche Problematik der Sicherungsverwahrung · Alternativen zur Sicherungsverwahrung · Kriminalpolitische Analyse

www.ingramcontent.com/pod-product-compliance
Ingram Content Group UK Ltd.
Pitfield, Milton Keynes, MK11 3LW, UK
UKHW021234031026
15588UKWH00001B/79

9 783631 585009